英国普通法
权利保护研究

Research on the Protection of Rights
in English Common Law

刘吉涛 著

知识产权出版社
全国百佳图书出版单位

图书在版编目（CIP）数据

英国普通法权利保护研究 / 刘吉涛著. —北京：知识产权出版社，2018.12
ISBN 978-7-5130-3271-1

Ⅰ.①英… Ⅱ.①刘… Ⅲ.①法律保护－研究－英国 Ⅳ.①D956.1

中国版本图书馆CIP数据核字（2018）第237591号

内容提要

英国普通法是一套富有特色、影响深远的法律体系，特别是它产生伊始就具有并且始终保持和不断发展完善的限制权力、保护人权的特点十分突出，向来引人注目。本书明确提出了普通法的人权保护问题，并作为研究的主题，这在国内学界是不多见的。上篇对英国普通法保护人权的状况分阶段地进行了历史梳理，说明普通法对人权的保护相对而言是较为有力的。该部分概括性强，简明扼要，史论结合，令人信服。下篇探讨了普通法之所以对人权保护较为有力的原因，揭示了普通法具有的崇尚实践理性、追求具体正义、富有宪法性能等特质。该部分条分缕析，挖掘深，逻辑性强，具有一定的学术和理论深度。结束语论述了普通法在人权保护方面的借鉴价值，说明该成果具有重要的实践意义。

责任编辑：李海波　　　　　　　　**责任印制：刘译文**

英国普通法权利保护研究
YINGGUO PUTONGFA QUANLI BAOHU YANJIU
刘吉涛　著

出版发行：**知识产权出版社** 有限责任公司	网　　址：http:// www.ipph.cn
电　　话：010－82004826	http://www.laichushu.com
社　　址：北京市海淀区气象路50号院	邮　　编：100081
责编电话：010－82000860转8582	责编邮箱：lihaibo@cnipr.com
发行电话：010－82000860转8101	发行传真：010－82000893
印　　刷：三河市国英印务有限公司	经　　销：各大网上书店、新华书店及相关专业书店
开　　本：720mm×1000mm　1/16	印　　张：22
版　　次：2018年12月第1版	印　　次：2018年12月第1次印刷
字　　数：382千字	定　　价：78.00元

ISBN 978-7-5130-3271-1

序
PREFACE

　　作为文明标志和治国重器的法律生来具有两大基本价值：一是通过定分止争、调节社会成员之间的利害关系，维护社会的正常秩序；二是通过惩恶扬善、制裁侵权行为，保护人们的自由权利（人权）。从理论上讲，法律的这两种价值是相互依存、和谐统一的，因为建立和保持稳定的社会秩序是有效保护社会成员自由权利的必要前提；反过来，社会成员自由权利的有效保护必然促进社会秩序的稳定。但是，在实践中，二者经常是割裂的，甚至彼此冲突，因为秩序总是趋向于对人们的自由权利进行某种程度的限制与束缚，而自由权利则趋向于否定和突破现有秩序，在极端情况下，二者有可能陷入两难困境，即不是在追求社会秩序中丧失自由权利，就是在追求自由权利中导致社会混乱。因此，如何同时兼顾秩序维护和权利保护两种价值，实现和维持二者关系的平衡，是所有国家无法回避的一大法律难题。职是之故，千百年来世界各国人民一直在不懈地探索和奋斗。但无法否认的事实是，在现代民主法治建立之前，偏重于维护秩序而轻视权利保护，几乎是所有国家法律制度的常态，即使建立现代民主法治之后，维护秩序仍然被各国奉为法律的首要价值，致使自由权利得不到有效保护的现象依然比比皆是，包括少数民主法治先进国家也概莫能外。

　　广泛存在的这种重秩序维护、轻权利保护的现象，与国家语境下法律的双重属性和价值取向有着密切关系。

　　法理学和法史学研究均已证明，法律不是从来就有的，也不是国家的伴生物。在人类社会产生之初，曾经有一个不知法律为何物的野蛮愚昧时代，亦即初民社会（西方学者多称为自然状态，国内学者习惯称为原始社会）。在那时，由于国家尚未产生，社会混乱无序，但并非毫无规则，因为只要有人，就有社会，只要有社会，就必须有某种社会规范来约束暴力冲突和规制人们的行为，以保证社会存在所必要的公共秩序和人类发展所必需的基本自由权利。这些早期社会规范通常称为原始习惯，它们是社会大众约定俗成的自发产物，以习俗、道德、宗教禁忌等形式而存在，其效力主要仰赖人们的共同认可与自觉遵守以及部族首领的威望和社会舆论压力，而不是诉诸物质化、外在化的暴力机关和强制手段（当时也不存在）。可想而知，这种规范的实际效能是极其有限的。用德国法学家耶林的话说，背后没有强力后盾的原始习惯仅仅是"不发光的灯、不燃烧的火"。唯其如此，原始习惯既无力构建稳定的社会秩序，也无力保护人们的自由权利。于是，大量社会冲突只能通过私力救济自行解决，亦即由冲突的受害方依靠个人力量，采用暴力手段，通过同态复仇对加害方实施惩罚，以维护自身权益。私力救济弥补了原始习惯效力不足的缺陷，但由于救济主体是其中一方当事人，而且以暴力为手段，故而以强欺弱、弱肉强食的现象仍然不可避免，弱者的自由权利依旧没有保障。况且，以暴制暴的私人救济很容易被滥用和扩大化，所以也会对社会秩序造成巨大破坏，其结果往往引发大规模的部族械斗或无休止的冤冤相报，致使本来就脆弱不堪的社会秩序深陷危机。

到初民社会的后期，随着生产力的发展，劳动力的价值日益受到重视，以私力救济为主导方式的原始习惯无法适应社会的需要。为减少和避免暴力与牺牲，人们开始采用赔偿赎罪的和平解纷方式，取代了以暴制暴的血亲复仇。改用和平解纷方式是人类告别野蛮、走向文明的重要一步，但强势方依然能够恃强凌弱，在钱财赔偿上欺压弱势方。为求公平正义，人们自然而然地把目光投向当时的社会公共权威——部族首领、宗教祭司或民众大会。于是，由部族酋长、宗教权威或民众大会居中裁判的司法就产生了。无论裁判者是一个人还是一个民众集会，都是凭借自身的社会威望和公众信任，以中立第三方的身份介入纷争的，都是采用说理和裁判的方式来定分止争。尽管裁判规则依旧是既有的习惯规范，但通过司法判决及其执行，习惯规范获得了强制力，转变为"有牙齿"的法律，它在"必要时会咬人，虽则并不时时使用"（霍贝尔语）。从此，人类社会真正走出了混乱无序的丛林世界，跨入正常有序的文明时代，法律也成为一种主要的常规性社会治理手段。

法律的产生过程告诉我们：第一，法律是在国家产生之前借助司法的助产作用从原始习惯的母体中脱胎而来的，最初的法律纯粹是一种社会规范。质言之，社会性是法律（包括司法）与生俱来的固有属性，是法律的本质所在。第二，法律是肩负着维护社会秩序和保护社会成员自由权利两大使命降临尘世的。所以，维护秩序和保护权利是法律的两大基本价值与功能。一言以蔽之，初始法律完全是一种社会公器。

及至阶级和国家产生后，出现了专职政府及各种政治机关，业已存在的法律和司法作为一种现成而有效的社会治理手段，自然而然地被国家所"收编"，这个变化就是法律的"国家化"过程。"归附"国家后的法律成为国家统治机器的一个重要组成部分，不可避免地打上阶级性和政治性的烙印，但其固有的社会性本色并未也不可能丧失。于是，在国家背景下的法律无不兼具国家性和社会性两重属性：它一方面是政府用以统治国家、控制社会的政治工具；另一方面仍是人们赖以保护自由权利的社会公器。

不过，在不同的国家，法律"归附"国家的速度和程度是大不相同的。在"归附"速度和程度比较高的国家，法律的社会性本色消退迅速，国家性增长明显；在"归附"速度和程度比较低的国家，法律保持了较多的社会性本色，国家性增长缓慢。由此导致两种基本法律类型的分野：一种是国家性占主导地位的法律；另一种是社会性占主导地位的法律。对此，有学者分别称为"国家的法律"和"社会的法律"（周永坤语）。当然，上述两种法律类型的区分只是理论概括的产物，它们分别代表着两个极端。在实践上，这两种极端类型都是极其罕见的。一切历史和现实中的国家法律，都只能位于两种类型之间的某个坐标点上，因为一如恩格斯所言，国家的"政治统治到处都是以执行某种社会职能为基础，而且政治统治只有在它执行了它的这种社会职能时才能持续下去"。因此，任何国家的法律，都是国家性与社会性的二位一体，差别仅仅在于二者权重比例的不同。然而，正是这一差别决定了不同国家的法律对自由权利的重视程度与保护力度出现巨大差异——但凡"国家的法律"无一不特别重视秩序的维护，而"社会的法律"则更多地强调权利的保护。

由于在国家与社会的关系结构中，国家通常居于强势地位，所以国家语境下的法律几乎全部属于"国家的法律"类型，由此导致上文所说的从古到今重秩序轻权利现象的广泛存在。但是，普遍之下也有例外，英国普通法就是一个引人注目的特例。唯其如此，英国普通法历来吸引着法学家特别是比较法学家的研究兴趣，各种论著层出不穷。然而，纵观已有的研究成果特别是国内成果可以发现，学者们或者采用综合研究方式，对英国普通法进行全面考察；或者采用专题研究方式，选择一个侧面或一项具体制度进行集中论述；或者采用比较研究方式，通过与欧陆法或中国法的比照来揭示英国普通法的独特之处，但是，以权利保护为视角对英国普通法进行深入探讨的成果在国内尚未见到。刘吉涛推出的这部专著就是为了弥补这一学术不足而作。本书既凝聚了作者多年来对英国普通法的研究心得和独特认知，也隐含着作者对我国人权保护事业的殷切希望，其学术价值和现实意义是不言而喻的。

本书是在作者的博士学位论文基础上修改而成的，分上、下两篇。上篇为历史梳理，分阶段地系统阐述了英国普通法权利保护的来龙去脉以及不同时代的具体内涵与方式，概括出了盎格鲁-撒克逊时代的原初权利保护、早期普通法的主体权利保护和近现代普通法的人权保护三个逐步递进的历史阶段，完整展示了英国普通法与人权保护的发展历程。下篇为法理分析，对英国普通法的独特品质及其与权利保护之间的内在关系进行了较深入的挖掘，并通过与欧陆法和中国法的针对性比较，提出了英国普通法具有四大特质的研究结论，即它是"社会的法"、崇尚"实践理性"的法、追求"具体正义"的法和具有"宪法效能"的法。其中，"社会的法"被置于四大特质之首，说明在作者眼中这一特质具有根本性和基础性的决定意义。作者指出，普通法的"源头是英国人的风俗与习惯，是英国人在历史进化中潜移默化形成的一些独特的传统风尚、礼节、习性，是历代英国人共同遵守的行为模式或规范……普通法的真正创造者应该是社会大众。作为社会大众集体参与创制的一套法律体系，普通法不代表任何个人的意志和立场，因此天然具有独立的品格，当个人自由处于危险的境地——特别是在国家和个人之间发生严重冲突时，普通法通常会选择站在个人这边与政府抗衡"。这样的分析切中肯綮，揭示了普通法在自由权利保护方面较为有效有力的奥秘所在。通篇内容以史为本、以法为魂、夹叙夹议、史论结合，而且逻辑严密、语言流畅，读来轻松愉快，又给人以理论启迪。可以相信，本书的出版将为我国的法治建设和人权保护事业提供有益的借鉴与启示。

作为刘吉涛博士学位论文的指导老师，有幸先睹为快，并写下以上文字，略陈感想，权作为序。

山东师范大学教授　　　程汉大

中南财经政法大学博士生导师

2018年10月于济南市龙泉山庄

前　言

INTRODUCTION

英国素有"人权母国"之称，世界上第一个人权文献《大宪章》便产生于英国；纵观整个历史，英国在权利保护方面也一直保持着世界领先水平。事实上，自古至今在保障或扩展英国人的自由权利这一伟大事业中，普通法可以称得上居功至伟，直到现在还有很多英国人依然坚持认为他们的自由和权利来源于古老的普通法。这种观点对于英国人而言或许太过于普通，固然难以激起任何波澜，但对于英国之外的国家，尤其是那些在历史上缺乏人权保护传统、如今正在奋力追赶的后发国家来说，这个观点依然充满着陌生感和神秘感，人们需要了解英国普通法是如何保护人权的，其背后的原理和奥妙是什么，以资借鉴。

为此，本书先从历史角度切入，考察了英国自盎格鲁-撒克逊时代到近现代社会这一历史时期普通法对人权的保护状况。在导论中，我们提出了英国人权利的来源问题：与大多数国家人们的权利源于成文法律的规定不同，英国人的权利来源于传统，而不是任何抽象的理论和原则；并且这些权利一直受法律保护，而保护它们的法律亦源于古老的习俗，这是英国人权保障的一个非常突出的特点。英国盎格鲁-撒克逊时代的法律主要为习惯法，保护的也是一些习惯权利，主要有财产权、人身权和政治权。由于这一时期英国社会没有形成比较强大的政治权威，较多地保留了古代日耳曼人的自由传统，因此与其他国家相比，英国人享有的自由和权利的含金量是比较高的，并且当这些权利遭到侵害时，实行民众集会式审判的司法机关将会提供救济，因为司法权掌握在人民手中。在13—14世纪，英国形成了统一适应全国的法律——普通法。根据普通法，英国人享有的自由和权利更加全面，《大宪章》明确规定了英国人享有8个方面的权利，但这也只是英国人享有权利中的一小部分，大部分权利没有列入其中。在普通法下，很多重要的权利获得越来越有力的保护，如《大宪章》第39章规定：任何自由人，如未经其同等地位之人并（或）依据这块土地上的法律作出合法审判，皆不得被逮捕、监禁、没收财产、剥夺法律保护权、流放，或加以任何其他形式的损害。这一条对保障英国人人身自由不受非法侵害发挥了重要作用，在当时世界范围内可以称得上是绝无仅有的。实际上，通过权利宣告保护人权并不是普通法保护人权的主要方式，普通法对人权的保护更侧重于权利救济。根据普通法理论，法不禁止即自由，据此人们享有广泛的自由，在社会实践中如果某人受到不公正对待即可诉至普通法庭，法官在审理案件时会寻找合理由帮助其实现公平，即"有侵害必有救济"。此外，普通法亦通过优秀的法律职业群体和科学合理的审判制度，逐步推动司法走向独立，为人权保护奠定了坚实的政治基础。由于普通法是在13世纪适应农业社会需要形成的一套法律体系，到了近现代工业社会，不可避免遭遇来自新时代的挑战，最终在柯克等人的努力下，普通法华丽转身，完成了现代化蜕变。在现代社会，普通法除了对传统权利进行保护之外，始终保持开放的姿态及时回应社会发展需求，不仅通过判例缔造了一些新型权利，还对议会立法创造的各种新权利进行救济，并且与时俱进创造了多种新型救济方式，比较重要的方式有人身保护令制度和司法审查制度。总之，在近现代社会，普通法仍是英国人权保护的主流渠道。

综观英国历史，普通法对权利的保护相对来说一直是比较有力的。透过现象看本质，普通法为什么能够起到保护权利的作用？这是我们在本书下篇主要探讨的问题。在下篇我们深入剖析了普通法具有的四个特质：一是普通法具有社会法的属性，强调普通法的自生自发特色，应当归属于"内部规则"（哈耶克语）的范畴，因而有利于保护人权；二是普通法是崇尚实践理性的法，提出普通法首先是理性的法，其次普通法的理性比一般法律具有的自然理性更高级，是一种"技艺理性"（柯克语）；三是普通法是追求"具体正义"的法，阐释了普通法的正义内涵，提出普通法正义观的核心是"公正地审理案件"，并从司法独立、诉讼制度的科学合理化、高素质的法律职业群体三个层面进行了解读；四是普通法是具有宪法性能的法，通过论述普通法和宪法之间的内在逻辑关系，提出了一般法律所不具备的"分权"和"限权"功能。普通法的分权功能主要体现在两个层面：宏观分权（法律权和统治权）和微观分权（纵向分权和横向分权）。普通法的限权功能主要体现在三个方面：一是对行政权的限制，主要对国王和政府权力进行限制；二是对立法权的限制，主要对议会的特权和立法权进行限制；三是对司法权的限制。通过分权和限权作用的发挥，将权力运行牢牢束缚在法治的轨道，防范法官恣意审判，普通法从根本上起到保护人权的作用。

在结束语部分，我们对英国人权保护情况进行了总结与评价，提出英国在保护人权方面之所以能够做得出色是源于自然因素与社会传统因素的相互融合。自然因素是指自然地理环境，可以进一步理解为环境塑造下的民族性格。社会传统因素是根植于民族性格又超越其上，形而上属于文化层面的东西，包括政治、法律、宗教、风俗等内容。英国普通法的人权保护机制是在自然因素与社会传统因素相互融合的基础上共同缔造的。当然，英国的权利保护模式并非完美无缺，也存在一定缺陷，但是从总体上，普通法保护人权的经验是值得其他国家或地区借鉴的。

当然，由于水平所限，疏漏之处在所难免，敬请读者批评指正！

目录
CONTENTS

上篇　英国普通法与权利保护历史进程考察

导论　人的权利从哪里来

今人多半知道权利为何物，且对权利的重要性也有深切体会，但对于权利从何而来则知者甚少。我们认为，探讨权利的来源问题，其实和探讨权利的概念、种类及标准一样同属本质上的问题，因为权利的起源在某种程度上影响甚至决定着权利的地位、内容以及权利保护的方式。回顾历史，对"人的权利从哪里来"这一深刻命题的回答，在不同历史时期、不同地域或国家曾经产生过三种影响较大的观念：一是神赐论，认为人的权利是神赐的；二是天赋人权论，认为人的权利是天生的；三是生而自由论，认为人的权利是与生俱来从先辈那里继承得来的。

神赐论，顾名思义，认为人的权利来自神的授予，并非人类自身可以决定。这种学说在人类早期社会几乎是通说，虽然版本及故事情节千姿百态，但在本质上是一致的。例如，在古代两河流域的苏美尔人认为，人是由恩凯（Enki）用阿帕苏（地下水）的泥做成的，并由其母娜姆（Nammu）养育长大❶。古希腊人认为，普罗米修斯用河水调和泥土，按照天神的模样，捏成人形，雅典娜吹了神气，使它获得了灵性，由此诞生了人类。印度佛教在《起世经》最后一品《天地成品》中描述：人类最早的地球生命是从光音天下来的。基督教在《旧约》中讲道：上帝耶和华用地上的尘土，按照自己的形象，塑造了人。伊斯兰教的《古兰经》说：

❶ 熊开发.从创世神话看《淮南子》的天、人观[J].海南师范学院学报(人文社会科学版),2001(4):51.

真主安拉创造了大地上的一切事物，用黑泥造了阿丹，并将灵魂注入他体内，于是他有了生命的气息，成为真正的人。在中国流传的则是女娲造人的神话故事，中国人据传是上古女神女娲娘娘从黄河水中捞出泥巴做成的。可见，早期的人类社会几乎毫无例外地相信，包括人类在内的世间万物均是由神创造的，神在创造宇宙之时便安排好了一切，对一切事物的运转设定了规则。具体到人类自身来说，是神确定了谁是统治者和被统治者，并在两者之间设定了具体的权利和义务。因此，人类的权利毫无疑问来源于神的赐予，他们只能遵守、无权改变。神赐论一说，虽然论证了权利来源的神圣性，却在实质上禁锢了多数人的权利。因为统治者最终将这一理论运用到政治和法律领域，将其改造为"君权神授"理论，以神的名义片面强调权力的神圣性和权威性，而对民众的权利则竭力稀释之，淡化之，剥夺之。所以，早期人类社会无论在政教分离的国家如古代中国，或在政教合一的国家如早期伊斯兰国家，还是在政教结合的国家如中世纪西欧诸王国，普通人的权利均受到不同程度的压制。因此，关于权利来源之神赐论，由于"神"本身的虚幻性，再加上"谁是神""神的旨意为何"等问题的解释权牢牢地掌握在少数人手中，这对于多数民众权利的培育和成长是极为不利的，更不可能产生普遍性的人权。当科学与理性的阳光刺穿神话和宗教的阴霾，人类对自身的认识升华到一个新的境界的时候，这一论说便逐渐黯然退场了。

天赋人权论，是近代启蒙思想家格劳秀斯、霍布斯、洛克、孟德斯鸠、卢梭以及斯宾诺莎等人倡导的学说。他们在上帝之下创造了一个"自然社会"，在这个"自然社会"里，无论是处于"普遍的战争状态"❶，还是处于"完全的自由"和"完全的平等"的状态❷，作为社会成员中的一员，且仅凭这一点，任何人即拥有完全平等的"自然权利"。这种权利虽然神圣，却与神赐无关，而是来源于人自身的资格——是一个人而不是动物。启蒙思想家虽然有时也借助神意来论证权利的合法性与神圣性，但在此种语境下的神，在本质上是指一种理性，而非神话或宗教意义上的神。如美国《独立宣言》的起草者杰斐逊便是自然神论者，但"他指的造物主赋予的权利是不同于中世纪的神权政治论的。既然是'造物主'即自然（或自然神）所赋予的，而自然（或自然神）法是恒常不变的，当然这些权利不会因人而异，或因人而变，不会增加，也不会减少，不可买卖，也不可让

---

❶ 霍布斯.利维坦[M].黎思复,黎廷弼,译.北京:商务印书馆,1985:99.

❷ 洛克.政府论:下篇[M].叶启芳,瞿菊农,译.北京:商务印书馆,2007:6.

与。因此是放诸四海而皆准的，流传万世而皆真的，从而这些权利就具有了神圣性"❶。可见，天赋人权论实际上主张人的权利是建立在一种严密逻辑推理基础之上的产物，它是一种"先验"的权利，或曰"应然的权利"，而不是一种实际的权利或历史性的权利。这一理论在破除"君权神授"的迷雾与魅影中发挥了革命性的作用，是近代资产阶级反封建革命的理论武器。但是这种观念最大的硬伤在于，人类对于权利赖以演绎的"自然社会"是否存在没有达成共识，许多人认为"自然社会"是哲学家虚构或臆想的产物。具体到人类的实际生活中，这种理论便显得虚无缥缈，对于普通人来讲更像是一座空中楼阁，可望而不可即。法国的经历便是最佳证明，高举"天赋人权"大旗的法国大革命，尽管普通市民冲锋在前，浴血奋战，但在革命胜利后他们却没有如其所愿地享受到一场"权利的盛宴"，相反许多人被排除在权利的大门之外，法国人民的权利状况直到20世纪才获得根本性改变。由此观之，天赋人权论对于当时大多数人而言，更像是一个时髦的口号，而非正式的承诺或实际的行动。

生而自由论，这是英格兰人的传统权利观念。在英格兰人看来，他们的权利是承袭传统而来，既非神赐也非天赋，而是历史地、自发地形成的，并作为一种习惯权利经由英格兰人世世代代一直享有和流转下来的。就像柏克指出的那样，一切权利都是在历史长河中形成的，它源于传统，而不是源于任何理论和原则，自然权利是没有的，自然状态只是人们在头脑中的臆想❷。换句话说，权利在英格兰人的观念当中是一种既成事实，是一种经验。当一个英格兰人出生时，他的父辈、他的邻居就享有此种权利，因而他也有资格享有，所以英格兰人都认为他们是"生而自由"的，若要问及英格兰人最初的权利和自由究竟源于何时，英国人对此的回答一般是"超出人们的记忆"。英国人这种强调生而自由的传统，在其历史进程中有许许多多的事例可以佐证。我们以人类历史上第一个人权文件《大宪章》为例稍加说明。《大宪章》在人权史上的革命性意义在于，它首次以宪章的形式，书面记载确认了英国人的权利。但是《大宪章》记载确认的权利，对英国人来说并不新鲜，因为这些权利早已被他们或其父辈所实际享有，只不过后来其权利受到了时任国王约翰的蔑视和践踏，他们才被迫使用武力迫使约翰签署《大宪章》，其本意只不过是想"恢复"他们旧有的权利而已，没有进一步提出新

---

❶ 陆镜生.美国人权政治——理论和实践的历史考察[M].北京:当代世界出版社,1997:130.

❷ 钱乘旦,陈晓律.在传统与变革之间——英国文化模式探源[M].杭州:浙江人民出版社,1991:187.

的权利要求。如《大宪章》第2章规定："任何伯爵或男爵，或因军役而自余等直接领有采地之人身故时，如有已达成年之继承者，于按照旧时数额缴纳承继税后，即可享有其遗产，计伯爵继承人于缴纳一百镑后，即可享有伯爵全部遗产；男爵继承人于缴纳一百镑后，即可享有男爵全部遗产；武士继承人于最多缴纳一百先令后，即可享有全部武士封地。其他均应按照采地旧有习惯，应少交者须少交。"❶从内容上看，第2章主要涉及遗产继承方面的权利与义务，其中设定的标准还是恢复过去的，即"旧有的习惯"。因此，英国生而自由的权利观念，是一种"典型的经验式的，事实的推定，而不是先验式的，假设的推定"❷，它来自对不正义的反抗，来源于对不法侵害的救济，最后通过普通法院的判例形成的。❸这种关于权利来源的观念，强调权利发展的历史性和渐进性，最讲求实际，因而可能最符合人类权利发展的真实历史。现在人类学的最新研究成果表明人的权利最原始的形态就是风俗或习惯权利。❹这种权利起源观念，对于普通人而言最为有益，因为风俗和习惯，最终化为传统，而社会大众才是传统的缔造者，大众因传统而获得权利，这种权利与实际掌控于宗教领袖的"神赐权利"，或实际掌控于社会精英中的"天赋权利"相比，它是大众的权利，是大众实际享有的权利。因而，在传统社会就权利的享有来看，英国人无疑是最幸福的。当东方世界人们在极权政治黑幕下艰难生存之际，当海峡对岸法兰克诸国处于专制统治的血雨腥风之时，英国人却过上了相对自由的生活。英国人将之归功于古老的传统，若进一步论及这个古老传统之核心，则必然回归本书之主旨，即英国的普通法传统。英国人的权利之所以能够世代流转，长盛不衰，固然离不开普通法在其中扮演的角色和发挥的关键性作用。正如亚当斯所言："只要我一有闲暇，我就钻研所有立法者所确立的制度，古代的和现代的，幻想的和现实的……在过去的许多年里，这一直是我的兴趣所在。最后……我形成了这样的观点：自由、不可转让且不可取消的人权、人性的高贵与尊严、大众的崇高伟大与光辉荣耀，以及个人的普遍幸福，都从来没有，像在人类艺术最辉煌的殿堂——英国的普通法之中那

---

❶ 英国《大宪章》的具体内容[EB/OL].[2018-10-06].http://www.shijielishi.com.

❷ 夏勇.人权概念的起源：权利的历史哲学[M].北京：中国政法大学出版社，2001：149.

❸ DICEY A V. Introduction to the study of the law of the constitution[M]. 10th ed. London：Macmillan Education Ltd.，1959：202-203.

❹ 霍贝尔.原始人的法[M].严存生，译.贵阳：贵州人民出版社，1992.

样，被如此娴熟、如此成功地予以考虑。"❶正所谓英雄所见略同，早期的古典法治学者戴雪在《英宪精义》中提出了英国人的权利来自普通法的著名论点。哈耶克对普通法在维护个人权利和自由方面所发挥的作用同样给予高度评价："正是由于英国较多地保留了中世纪普遍盛行的有关法律至上的理想——这种理想在其他地方或国家则因君主专制主义的兴起而遭到了摧毁——英国才得以开创自由的现代发展。"❷

❶ 爱德华·S.考文.美国宪法的"高级法"背景[M].强世功,译.北京:生活·读书·新知三联书店,1996:17.
❷ 哈耶克.自由秩序原理:上[M].邓正来,译.北京:生活·读书·新知三联书店,1997:204.

第一章 盎格鲁-撒克逊时代英国人原初权利的保护

关于普通法的起源，在英国历史上一直是一个争议不断的话题。英国著名法律史学家梅特兰（Maitland，1850—1906）认为：诺曼征服是英国法的真正开始。但也有学者将英国法的开端向上追溯至盎格鲁-撒克逊时期。马修·黑尔（Matthew Hale，1609—1676）在《普通法的历史》一书中一再强调，英国法所有的制度至少都可追溯到盎格鲁-撒克逊时期，如果不是更早期的话。更有甚者向上追溯至传说中的不列颠人的祖先布鲁图斯国王时代，爱德华·柯克（Edward Coke，1552—1634）就接受这样的说法：英格兰法的源头是传说中的布鲁图斯国王❶。著名的法律史学者梅因（Maine，1822—1888）也认为，现在塑造并控制我们行为的每一规范，都可以在原始社会找到"印迹"，尽管这种"印迹"在当时仅仅是一种"气氛"❷。

但于我们而言，则大可不必为此烦恼，因为这些表面上看似不同的观点阐释的是同一个主题：英国法有着非常悠久的历史传统，是英国社会历史长期演进的产物。正如有的学者所言："英国法恰恰是一条以古代盎格鲁-撒克逊法为源头，先后汇入了古代丹麦法和诺曼封建契约法的习惯法长河"❸，"盎格鲁-撒克逊人是英国政治法律文明的创始者"❹。直到今天，我们还能看到英国一些法学家和法官有时还提到甚至应用盎格鲁-撒克逊时代所谓这项或那项的法律❺。比利时根特大学的卡内冈教授对盎格鲁-撒克逊法的成就给予了很高的评价，他说："其中的核心问题当然是诺曼国王从其盎格鲁-撒克逊先辈那里究竟获得了多少恩惠，我一直觉得盎格鲁-撒克逊的成就相当辉煌，并在很大程度上解释了诺曼和安茹

❶ 陈永苗.美国宪政的隐秘根基——关于《普通法与自由主义理论》的读书札记[EB/OL].[2018-10-06].https://www.douban.com/group/topic/1071669/.

❷ 梅因.古代法[M].沈景一,等译.北京:商务印书馆,1984:2.

❸ 杨国成.英国法,一个绕不开的话题——法学笔记之三[EB/OL].[2018-10-06].http://bbs.tianya.cn/post-no01-31078-1.shtml.

❹ 程汉大.英国宪政传统的历史成因[J].法制与社会发展,2005(1).

❺ 勒内·达维德.当代主要法律体系[M].漆竹生,译.上海:上海译文出版社,1984:294.

国王们为什么会有那么显著和早熟的意识和成就。"❶托克维尔也说过类似的话："每个民族都留有他们起源的痕迹。他们兴起时期所处的有助于他们发展的环境，影响着他们以后的一切。"❷可见，一个国家法律基本属性的确定与法律诞生时期和童年时期有着极为密切的关系。英国人的权利来自源远流长的古老的不成文宪法，萌生于盎格鲁-撒克逊时代，成形于大宪章运动中，成熟于光荣革命中。就连美国人民在追述其权利来源时，也"如同他们在英国的同胞一样，早期的美国人相信他们的权利是来自11世纪盎格鲁-撒克逊人的古代宪法"❸。由此，若欲系统考察英国普通法与权利保护的历史，无疑可以从盎格鲁-撒克逊时代开始我们的发现之旅。

第一节　盎格鲁-撒克逊时代的法律概况

一、盎格鲁-撒克逊时代的形成

公元前30世纪欧洲大陆的伊比利亚人迁移至大不列颠岛，成为大不列颠岛最早的主人。公元前7世纪左右，居住在欧洲西部的凯尔特人不断移入不列颠群岛，成为这里的新主人，凯尔特人中有一支被称为布立吞人，不列颠这一名称可能来源于此。与仅有一水之隔的欧洲大陆地区的种族相比，居住在不列颠群岛的凯尔特人所处的社会发展阶段明显落后，当对岸国家的贵族在相对华丽的宫殿中审议法律或欣赏戏剧的时候，凯尔特人还处在社会刚刚分化的原始社会末期，他们居住在无法遮风避雨的草棚中整天为吃和穿辛苦劳碌，过着清贫但宁静自由的生活。罗马人的入侵打碎了不列颠群岛的宁静和安逸，公元前55、前54年，罗马皇帝恺撒两度率军入侵不列颠，但均被英勇的不列颠人击退。公元43年，罗马皇帝克劳狄一世终于率军征服了不列颠，不列颠沦陷为罗马帝国的一个地处偏远的行省。罗马人的入侵加速了凯尔特人的分化，除了少数与罗马合作的上层人士外，大多数凯尔特人沦为罗马人或本族贵族的奴隶，被强迫从事耕种、采矿等工作，由是不列颠社会的自发进程被打断了，不列颠进入了阶级社会。

尽管表面上罗马人成为不列颠的新主人，但是新主人们并没有把不列颠当成

---

❶ 卡内冈.英国普通法的诞生[M].李红海,译.北京:中国政法大学出版社,2003(第二版序):2.

❷ 托克维尔.论美国的民主:上卷[M].董果良,译.北京:商务印书馆,1988:30-31.

❸ J.C.亚历山大.国家与市民社会[M].邓正来,译.北京:中央编译出版社,2002:224.

自己的家来经营管理。罗马人在不列颠统治的400年光景，差不多相当于一段纯粹军事占领的历史，凯尔特文化仍然在大多数地区保持不变。罗马人涉足的地方，不列颠在政治、经济和人民生活方面罗马化，也仅仅是浮于表面，罗马的精神却从来没有完全征服过这块在罗马人眼中可有可无的土地，不列颠的经济落后，使得罗马法对它来说是一种奢侈品❶。古代伊比利亚人给不列颠留下了巨石阵，罗马人呢？除了湮没在历史之中的豪华浴池和破败不堪的罗马大道外，在罗马人撤离后帝国精良的法律制度和先进的法律理念却没留下什么痕迹。不列颠人仿佛做了一个梦，梦醒了又回到原点，似乎一切照旧生活在原先的法律和习俗之中。随着西罗马帝国崩溃撤军后，不列颠一下子失去了安全屏障，曾经被罗马人驱逐到北部的斯科特人（凯尔特人的一支）开始南下。凯尔特人抵挡不住，当时的国王弗蒂格尔恩（Vortigern）迫不得已向欧洲大陆的日耳曼人求援，企图以蛮治蛮。日耳曼人最早是以受邀者的身份正式进驻不列颠的，与罗马人不同的是，被称为"蛮族"的日耳曼人进驻不列颠之后，便被不列颠的富饶所征服，在帮助凯尔特人打败斯科特人之后，反客为主定居下来，并将矛头对准了邀请他们来的主人。命途多舛的不列颠接下来迎来了日耳曼人如潮水般的入侵，据比德记载：5世纪中叶"这些新来的人来自日耳曼的三个较为强大的民族即撒克逊人、盎格鲁人和朱特人"❷。这些日耳曼人属于雅利安人种，金发碧眼，身材高大，英勇善战，由许多从公元前2世纪到4世纪生活在波罗的海沿岸和斯堪的纳维亚地区的民族组成，由于这些民族在语言、文化和习俗上较为相近，所以历史学家将他们统称为日耳曼人❸，但实际上，当时这些民族并没有统一的民族意识，他们也不称自己为日耳曼人。入侵的日耳曼人不仅同凯尔特人作战，他们之间为争夺土地等财富相互之间也展开混战，这一时期可堪称英国历史上最混乱黑暗的时代。但黑暗结束后便是黎明的到来，经过一个时期的混战之后，日耳曼人战胜凯尔特人成为不列颠的新主人，并逐渐分化整合成七个主要的王国：撒克逊人的苏塞克斯王国、埃塞克斯王国和威塞克斯王国，盎格鲁人的盎格利亚王国、诺森布里亚王国和麦西亚王国，以及朱特人的肯特王国，史称"七国时代"。这种状况一直

---

❶ 威尔·杜兰.世界文明史:第四卷[M].幼狮文化公司,译.北京:东方出版社,1998:684.

❷ 比德.英吉利教会史[M].陈维振,译.北京:商务印书馆,1997:48-49.

❸ 最先使用"日耳曼人"这个词的是希腊历史学家波希多尼。罗马皇帝恺撒在他的《高卢战记》、历史学家塔西佗在他的《日耳曼尼亚志》中也称他们为"日耳曼人"。

维持到维京人的入侵，在维京人的猛烈进攻下日耳曼人被迫联手迎敌，最终在威塞克斯国王阿尔弗雷德的率领之下战胜入侵者，成功地保住日耳曼人不列颠主人的地位，正是经过这近200年战火的淬炼，日耳曼人浴火重生，终结了原来分裂涣散的局面，修成正果整合成为一个新的民族——英格兰诞生了。正如丘吉尔所说："在黑暗中睡去的是不列颠，在黎明时醒来的已是英格兰。"❶历史学家把日耳曼人入侵开始一直到英格兰实现统一这几百年的时间，称为"盎格鲁-撒克逊时代"。

二、盎格鲁-撒克逊时代的立法

被罗马人称为"蛮族"的日耳曼人在入侵不列颠之前还处于原始公社时期，生产力水平相当低下，主要以种植、畜牧和打猎为生，过着刀耕火种，日出而作、日落而息的氏族部落生活。土地是由公社共有的，基本按人头平均分配给各家各户耕种。和平时期的日常事务和社会秩序由氏族首领负责处理，战争时期则选出握有生杀大权的军事首长负责。他们的生活虽然简单，但是比较自由，即使存在压迫，也是很轻微的。古代日耳曼人"顺应着他本能冲动的自然倾向，遵从着其部落的所有规章制度和戒律"❷，大多是守法公民，即使社会中发生纠纷，通过部落风俗习惯、戒律或者道德规范便可解决，当两者都缺乏的时候，大家还可以依靠朴素的"正义"观念加以解决。因此，处于原始部落时期的日耳曼社会是一个前法律社会，法律正在孕育之中，因此也就不存在法律意义上的权利。但是法律权利的不存在并不意味着这一时期是权利的"真空"时代，民众依然享有一定原始习俗权利，主要包括人的生命权、自由权，部落事务的参与权等，与此对应还存在一套权利救济的机制。例如，当一个部落成员的生命权利受到侵犯时，部落其他成员一般会采取把侵害者打死或将其驱逐出部落的方式进行惩罚，来安慰死者亲属，维持生存秩序，从而恢复社会正义。这种"同态复仇"的理念普遍存在于早期人类社会各个人种或部落之中。然而，随之而来的入侵战争改变了日耳曼人的社会结构和生活秩序。在入侵不列颠的过程中，日耳曼人之间开始分化，战利品不再平均进行分配，部落军事首领和战斗中的功臣通过战争掠夺占有了大量财富，成为部落的上层阶级——贵族。其余的部落成员有的变身为自由民，有的则沦为被压迫阶级——农奴，这直接导致原来的氏族公社解体。定居不

---

❶ 丘吉尔.英语民族史：第一卷[M].薛力敏，林林，译.海口：南方出版社，2004：56.

❷ 马林诺夫斯基.原始社会的犯罪与习俗[M].原江，译.昆明：云南出版社，2002：9.

列颠之后，原来以血缘为纽带的居住方式和社会结构安排被打破了，代之而起的是按地域组成的村社。开始时村社土地公有，归村社自由农民使用，随着生产力发展，土地逐渐变成私有财产归少数人所占有。权威的确立、部落成员的分化、私有制的出现，这一切都表明了不列颠日耳曼人的组织形态从氏族部落过渡到了国家。

国家出现的初期，政治权威的确立需要牢固的维系，社会分化引发的对抗和矛盾需要化解，私有财产需要得到安全的保护。但是原来部落时期的原始习俗和戒律，因为内容过于简单粗糙而不能适应新的形势，已经远远不能满足这种历史性的需求。因此，随着国家的诞生，法律也正式破茧而出，登上了人类历史的舞台，不列颠开启国家法时代。日耳曼人是在入侵、定居不列颠的过程当中建立自己国家的。起初，大多数王国是由部落转型发展起来的，因此不列颠群岛上呈现出小国林立的局面。这些王国刚刚建立，政权并不牢固，彼此之间战乱不断，再加上日耳曼人不具有读写能力，很多国王和贵族都是目不识丁的文盲，更遑论普通百姓了，整个王国的文明水平仍处于初级阶段，因此各国根本无力进行立法，王国内实行的法律基本上来源于对过去习惯规范的修改和补充，只不过法律因为有了国家支撑而获得了比较高的权威。"当不断重复的习惯做法被人们确定下来成为调整社会生活的公认法则时，盎格鲁-撒克逊习惯法就产生了。"❶进入"七国时代"后，经过长期的征服与融合，日耳曼人进入了相对平稳、快速发展的阶段，政权基本稳定，社会发展走上正轨，社会上层积累了一些统治经验，同时也具有了一定的读写能力。再加上这一时期，欧洲大陆的基督教传教士登陆不列颠传教，他们中的许多人受过良好的教育，具有较好的读写能力，甚至精通法律。在这些内外因素综合影响下，几个主要的日耳曼王国先后制定颁布了本王国的成文法典，不列颠进入成文法时代。据统计，到公元1018年的《克努特法典》颁布时为止，盎格鲁-撒克逊时代英格兰总共产生了10余部成文法典。包括公元600年的《埃塞尔伯特法典》，公元685—686年颁布的《赫拉特里法典》和《伊德雷克法典》，公元695年的《米特里德法典》，公元694年的《伊尼法典》和《奥发法典》，公元894年阿尔弗雷德大帝在"研究了肯特的《埃塞尔伯特法典》、威塞克斯的《伊尼法典》、麦西亚的《奥发法典》以及圣经和教会规则"❷后制

---

❶ 程汉大.英国法制史[M].济南:齐鲁书社,2001:4.

❷ 程汉大.英国法制史[M].济南:齐鲁书社,2001:5.

定的《阿尔弗雷德法典》，以及随后的《长者爱德华法典》《阿瑟尔斯坦法典》《埃德蒙法典》《埃德加法典》和《艾恩尔莱法典》。在这些法典中，前四部是肯特王国颁布的，《奥发法典》是麦西亚王国颁布的，其他的几部则出自威塞克斯王国❶。以上法典连同欧洲大陆日耳曼王国颁布的法典，被学术界统称为"蛮族法典"。

"蛮族法典"不是统治阶级有意识立法的结果，它仅是一部法律的汇编，仅是把那些不成文的日耳曼王国习惯法付诸文字，加以记录和汇编，使之成文化。在形式上，这些法典纯粹是法条的堆砌，形式杂乱无章，法条与法条之间没有严密的逻辑关系。在内容上，这些法典"实际上是些非常贫乏琐碎的东西，其中的大部分内容是琐细列举对谋杀、伤害及其他暴力行为的各种罚金和赔偿"。由此可见，此"法典"并非真正的法典，无法和近现代的《民法典》《刑法典》相提并论。"蛮族法典"虽然在技术上非常落后，但其立法观念非常独特——"因为它们从一开始就宣布有一种不依赖于王权而存在，因此能够为王权设定界限的法律"❷。例如，公元7世纪的《伊尼法典》在序言中写道："我，伊尼，承蒙上帝恩典的威塞克斯国王，在我的父亲森列特、我的主教欧森伍德的建议和教导下，在所有我的人民的长老们和主要官吏们的协助下，并且还在一个上帝的仆人大会的协助下，曾经讨论了关于拯救我们的灵魂和使我们的国家安宁的问题，认为应当在我们的人民中建立和加强真正的法律和规章，以便以后任何长老或我们的臣民都不敢破坏我们的法令。"❸另外，"成文法典的制定，增强了习惯法内容的确定性和可操作性，加速了各地区法律之间的融合，缩小了不同地区间的法律差异，昭示了英国法的发展方向，因而被认为是英国法律发展史上具有重要历史意义的一步"❹。

三、盎格鲁-撒克逊时代的司法

有人聚集的地方就有纠纷，即使在原始社会也是如此，甚至在动物之间也适应这条颠扑不破的客观规律。但凡纠纷存在的地方，必然存在纠纷解决的方法和机制。动物之间的纠纷基本靠武力解决，那是因为它们的大脑不发达，没有思考能力，仅靠本能行事。人类则不同，除了和动物一样具有付诸武力的本能外，人

---

❶ 马慧玥.盎格鲁-撒克逊法浅析[J].法律文化研究,2006(2):522.

❷ 曾尔恕.试论美国宪法制定的法治渊源[J].比较法研究,2006(1).

❸ 徐浩.英国中世纪的法律结构与法制传统[J].历史研究,1990(6).

❹ 程汉大.英国法制史[M].济南:齐鲁书社,2001:6.

类通过观察与思考发现和创造了许多保持群体正常生存秩序所必需的"规则",然后利用这些规则来解决纠纷,久而久之便产生了解决纠纷的机制——司法制度。

古代日耳曼人没有严格意义上的司法组织系统。据塔西佗记载:"在日耳曼人中,小事由酋帅们商议,大事则由全部落议决……会议的日期是固定的,或在新月初上的时候,或在月盈的时候;因为他们相信在这个时候处理事务最吉利了;但若有紧急事务则不在此例。……当召集会议时,他们不能立刻集合,而需要费两三天的时间才能召集,这倒是他们自由自在的一个缺点了。在聚合了相当多的人以后,会议便开始,大家都带着武器就座。祭司们宣布肃静,在这时候,他们有维持秩序的权力。于是在国王或酋帅之中,或以年龄、或以出身、或以战争中的声望、或以口才为标准,推选一个人出来讲话;人们倾听他,倒并非因为他有命令的权力,而是因为他有说服的作用。如果人们不满意他的意见,就报以啧啧的叹息声;如果大家很满意他的意见,就挥舞着他们的矛:这种用武器来表示同意的方式,乃是最尊敬的赞同方式。"❶部族大会(folkmoot)是古代日耳曼人的政治生活中心,每星期二举行一次,通常在称为"法律之丘"的山脚下举行,山丘之巅立一巨大石柱,象征法律的至高无上。届时,会场四周竖以木桩,用一根称为"圣围"的长绳圈围起来,圈内之地是"和平圣地"❷。部族大会既是专供祀神的宗教大会,同时也是一次政治集会和军事会议,除此之外,部族大会还行使司法职能,尤其对刑事案件享有司法管辖权,而且只有部族大会才有权将一个自由人宣示判决放逐于和平之外。

总体上看,古代日耳曼各部族法规定了三种不同性质的大会或法院(things or courts):第一种是真正或正规的法院(echte dinge),其聚会开庭都有一定的期间,届时所有自由民无须特别传唤,都有义务出席参与。第二种是根据特别命令集会的法院(bot dinge)。第三种为延期大会(afterdinge or naobdinge),这种大会是指在正常集会后所举行的暂时短期会议,其目的在于完成大会中未竟的事务❸。根据古日耳曼法的规定,当事人应根据事情的大小,向不同的法院诉讼。小事,多为侵犯部落成员个人利益的民事不法行为或侵权案件,一般在基层的百户区法

---

❶ 塔西佗.阿古利可拉传 日耳曼尼亚志[M].马雍,傅正元,译.北京:商务印书馆,1997:60,61.

❷ 程汉大.英国的法治经验[J].中国政法大学学报,2008(1).

❸ 毛玲.论英国民事诉讼的演进与发展[D].北京:中国政法大学,2004:9.

院审理；大事，多为严重损害部落利益的刑事案件，则要提请部族大会（法院）审理。法院受理案件之后，由原告和其血亲数人负责传唤被告到庭。被告经正当传唤之后，都有义务到庭，如拒绝出庭答辩，被认为是心虚自我认罪的表现，法院即可宣示将被告放逐于和平之外。如被告出庭后正式否认原告的控诉，部族大会必须立即审理并作出判决。法庭审理由大家推举出来的一名或几名公认为精通习惯的宣法者主持，法官则由出席大会的所有自由民共同担任。案件审理中主要依赖"神明裁判"的方式查明事实，一般由精通习惯的宣法者提出一个判决的提议，出席大会的全体自由民则通过撞击武器发出声响（spear clash）表示同意。判决一旦作出，败诉者马上就会受到惩罚。据塔西佗记载："刑罚的方式取决于罪行的性质。例如，叛逆犯和逃亡犯将被吊死在树上；怯敌者、厌战者和犯极丑恶之秽行者，则被塞入树枝编成的囚笼而沉入泥潭。他们认为，这种分别处罚的原因在于，表明对犯罪的行为应当明正典刑、悬尸示人，而对可耻的丑行则应当秘而不宣。此外，对轻罪也规定了多种刑罚：被判有罪者，应出若干匹马牛作为罚金；罚金的一半归国王或国家所有，另一半则归受害人或其亲属所有。"❶

入侵不列颠后，盎格鲁-撒克逊人把古日耳曼人的司法传统随身带入英伦，并把它们奉为治理国家、维护社会秩序的主要手段。在日耳曼人建立的王国中，主要存在三种不同层次的司法组织，即贤人会议、郡法院和百户区法院。

（1）贤人会议（witan）。贤人会议来源于古代日耳曼人的部落大会或民众大会，公元7世纪时在英国发展成为重要政治人物的正式集会，一般由拥有财产、智慧和威望的"人民中最杰出的人"组成，主要包括贵族、大乡绅和高级教士。贤人会议拥有立法、行政和司法多种职权。在司法方面，贤人会议主要管辖与国王或贵族利益攸关的重要案件。在行使司法权时，国王仅扮演法庭召集和组织者的角色，法官则由参会的贵族集体充当。

（2）郡法院（county court）。郡法院是地方最重要的统治机构，负责管理地方性的军政、财政和司法等重要事务。郡法院一般每年开庭两次。郡法院的审理方式是一种古老的程序：法庭的组织由郡长（sheriff）负责，但郡长不是法官，无权作出判决，其职责主要是组织和主持审判。虽然不排除经国王和贤人会议任命的郡长，但更多的郡长还是部落首领的后裔。案件的审理权由诉讼人（suitor）集体行使。当时有资格担任诉讼人的是地方包括主教、伯爵、男爵、骑士以及自

---

❶ 塔西佗.阿古利可拉传 日耳曼尼亚志[M].马雍,傅正元,译.北京:商务印书馆,1997: 61.

由民在内的自由土地保有者。司法审判的主要依据是地方性的习俗和惯例，判决一般比较公正。判决作出后，由郡长负责执行。

（3）百户区法院（hundred court）。百户区最早由威塞克斯国王埃德加设置，是早期英国最基层的管理组织。百户区法院，有的学者认为最初的起源就是来自搭乘同一条船来到英格兰定居的盎格鲁-撒克逊人之间解决相互纠纷的机构。百户区法院一般每月开庭一次。百户区法院审案的方式同郡法院一样，审判由百户长主持，判决则由诉讼人集体作出，只不过诉讼人的身份与郡法院相比要卑微一些。

综观英国盎格鲁-撒克逊时代，当时王国之内还没有形成自上而下统一的由国王独占的司法权及其组织。相反，司法权分散在社会中，由社会共同体的成员集体行使，其主要功能是解决社会纠纷和处理共同体公共事务。而且这三类法院都拥有不区分民刑的概括管辖权。贤人会议、郡法院和百户区法院不是现代意义上的上下级法院，三者之间不存在相互隶属关系，它们相互独立，彼此的审理结果皆为终审审理。

第二节　盎格鲁-撒克逊习惯法保护之下的原初权利

从横向比较看，盎格鲁-撒克逊法与同期的中国唐宋法律相比，显然不在一个档次上，无论立法技术还是法律内容都比较落后。但是瑕不掩瑜，盎格鲁-撒克逊法有它自己的闪光之处，尤其是当我们今天站在历史的高度看问题时，这些闪光之处发出的耀眼光芒或许早已完全遮蔽了那些仅仅因立法技术成熟缘故而闪耀一时的立法作品。盎格鲁-撒克逊法的亮点不在其外表，而在其内里——它珍视个人的权利，孕育了一种自由的精神。法国学者基佐在总结日耳曼人的这一传统时曾说："日耳曼人把自由的精神，把我们想象中自由的精神赋予我们，并在今天把它理解为每个个人的权利和财产，而每个个人则都是他的自身、自己的行动和自己的命运的主人，只要他不损害其他个人。只有在现代的欧洲，人才为自己并按照自己的方式活着并谋求自己的发展，我们必须把我们文化的这个显著的特征归溯到日耳曼人的风俗习惯上去。在现代的欧洲，自由的基本概念是从他的征服者那里得来的。"❶与欧洲大陆的日耳曼王国相比，不列颠群岛上的

---

❶ 基佐.法国文明史:第一卷[M].沅芷,伊信,译.北京:商务印书馆,1993:195,196.

盎格鲁-撒克逊人将这一传统更好地延续下来，对英格兰民众的个人权利和自由进行了更好的保护。恩格斯曾指出，英国法律制度不同于欧洲大陆各国的独特之处就在于对个人自由的保障，也就是个人自由、地方自治以及除法庭干涉以外不受任何干涉的独立性❶。

据恺撒和塔西佗考证，古代日耳曼社会是一个自由的社会，和平时期社会上并不存在一个集中的权威部门，对人民发号施令，行使职权进行强制统治。只有在战争时期，出于军事斗争的需要，才推选出若干名联合指挥官，实行集体领导，一旦战事结束，一切即恢复如常。古代日耳曼人未曾经历专制的统治，人们普遍享有包括财产权、人身自由和安全及必要的政治性权利在内的较为完整的原初权利。

一、盎格鲁-撒克逊时代的财产权

古代日耳曼人本是游牧民族，因此早期日耳曼人的习俗自然与以畜牧为业的部落生活习性有关。日耳曼人并不热心农耕，故也就没有私人拥有数量明确、界限分明的土地，官员和首领们每年都把他们认为大小适当、地点合宜的田地分配给集居在一起的氏族和亲属，一年之后又强迫他们迁到他处，以避免出现忘于作战而热衷于农耕、引起爱财之心而结党营私等有违于日耳曼人传统品性的现象❷。至公元2世纪，日耳曼人似乎已从畜牧阶段过渡进入定居性质的时期，因而发展了一种简陋的土地制度，恩格斯称为"马尔克（Mark）"制度——"马尔克制度，直到中世纪末，依然是日耳曼民族几乎全部生活的基础。这种制度在存在了一千五百年之后，终于由于纯粹的经济原因而逐渐没落下去了"❸。在马尔克内部，除了居民住宅周围用篱笆圈围起来的小块地归个人私有外，全部土地包括耕地和草地属于公社所有成员共有，土地每隔几年重新分配一次，"按照位置和土质，分成多少大块，每一大块，再划分成若干大小相等的狭长带状地块，块数多少根据公社内有权分地的人数而定；这些土地采取抽签的办法，分配给有权分地的人"❹。森林、牧场、沼泽、河流、道路等归公社集体所有，全体社员共同使

---

❶ 恩格斯.家庭、私有制和国家的起源[M].北京：人民出版社，2003：148.

❷ 李秀清.日耳曼法研究[D].上海：华东政法大学，2004：207.

❸ 中共中央马克思恩格斯列宁斯大林著作编译局.马克思恩格斯全集：第19卷[M].北京：人民出版社，1995：360，361.

❹ 中共中央马克思恩格斯列宁斯大林著作编译局.马克思恩格斯全集：第19卷[M].北京：人民出版社，1995：355.

用。与早先的马尔克公社时期最大的不同是，定居不列颠后日耳曼人的社会结构和政治秩序均发生了深刻巨变，他们建立了王国，向阶级社会转变，原来的部落首领演变成国王，虽然他们还达不到可以为所欲为进行专制统治的地步，但是毕竟成为一国之内最高的权威，原始的平等和民主被打碎了；原部落首领的亲兵——塞恩，逐渐发展成了贵族阶层，他们和国王共同组成了统治阶级；部落中的自由民——刻尔，成为中间阶级；被征服的土著居民凯尔特人成为被压迫阶级——隶农。

作为一国之主的国王自然拥有相当广大的土地，即王之Tun❶。贵族因追随国王四处作战有功，国王常利用职权将未分配的土地或分散的居民土地分配给他们。自由民刻尔的土地是依照传统从公社分得的份地。入侵不列颠之后的最初一段时期内，盎格鲁、撒克逊等日耳曼部落基本上还是过着聚族而居的公社生活，继续沿用马尔克土地制度对新占的土地进行分配。在公社内部，土地以海得为单位，分给各大家族使用，世代相传，但女系不得继承。他们定居的土地被分为三或四部分，即居住区（包括房舍及其周边的土地）、可耕地、草地、公田。其中居住用地归家长支配，可耕地依据各地的习惯分配给各个家庭定期耕种。草地按照耕地的方式分配给各家供收获饲料用，各家的份地之间以篱笆隔开。公田是指公共用地或不予分配的荒地，供村社成员放牧、打柴之用❷。由此可见，在盎格鲁–撒克逊时代早期的土地分配大致情况是这样的：国王拥有专属土地——王之Tun，贵族从国王那里因军功而受封获得土地，自由民从公社分得份地，奴隶没有土地。"认为土地由国王或某个大领主所有的观念此时还没有产生"❸，所以公社及公社成员对土地的权利是相当巩固的。但到了中期，随着基督教的传入，王权开始神圣化，其权威性不断提高，为了巩固王权，国王开始大量分封土地给教会和贵族。这次分封与以往最大的不同之处在于：一是分封是书面的，所分配的土地称文书地（bocland）。二是分封的对象不限于土地，同时还包括土地上的统治权。获得文书地的贵族，成为国王的"总佃户"，要对国王承担一定的义务。这些领主们回过头来，便把这些义务变本加厉地转嫁给封地上的自由民，向他们

---

❶ Tun这个名称,既指院落,也指村庄,所以洛克称其为地产。参见:马克垚.英国盎格鲁–撒克逊时期国王赏赐土地的问题[J].北京大学学报(哲学社会科学版),1963(1).

❷ 咸鸿昌.论英国土地保有制的建立及结构特点[J].山东师范大学学报(人文社会科学版),2008(4).

❸ DIGBY K E. An introduction to the history of the law of real property with original authorities[M]. 5th ed. Oxford: Clarendon Press,1897:5.

征收沉重的赋税，使许多自由民破产丧失份地而沦为农奴，从而开启了英国社会封建化的进程。

公元9世纪，由于丹麦入侵，不列颠重新陷入战争的汪洋之中。战争在英格兰历史进程中像催化剂一样，加速促进了社会发展与转型。战乱当中，社会中下层平民成为最大牺牲品，许多人在战争中失去了赖以生存的土地，沦为农奴。还有一些人为求自保，避免破产的悲惨命运，不得不投身于豪门列强，成为他们的依附农，这就是在当时社会盛极一时的"委身制"。农民在委身于贵族时，按习惯需要签订一份书面文件，内容大致如下："我因衣食缺乏，无以为主，请求大人将——，准许我委身于大人监护之下，我——，以后您必须供给我衣食，予我以帮助与救济，我将尽我的力量为你服务，不负您的援助与保护。——我将在合乎我一个自由人身份的情形下，为您服务，维护您的荣誉。我不得脱离您的统治与监护，将毕生投靠在您的势力与保护之下。因此，你我之间，如一方欲解除此种契约，必须付与对方若干先令作为赔偿；此种谅解，永久不得破坏。"❶从这份委身协议可以看出，这是一份双方互负权利与义务的协议，委身的农民将土地献给领主，然后再从领主那里领回耕种，并承担交租纳贡的义务，领主则对委身于他的农民提供安全庇护。委身制，虽然没有导致农民失去土地，但致使其在人格上失去了独立，在人身上失去了部分自由，成为和领主具有人身依附关系的农民。当时的英格兰，这种人身依附关系非常普遍，社会上甚至几乎找不到没有领主的农民。公元930年的《阿塞斯坦法典》有这样的规定：凡是没有领主因而无从法办的人，必须由他的族人逮至法庭，并且在公共集会上替他找一个领主。此项法律颁布后，仍没有领主的人则格杀勿论❷。由此可见，到公元10世纪时，"人各有其主"已经成为一条基本的法律原则了。委身制的盛行，使当时社会上的土地加速流向大地主、大贵族手中，最终形成了领主土地所有制。然而领主土地所有制只是土地权属关系的表象，其本质代表的是封建土地所有制的生长。

纵观英国盎格鲁-撒克逊时代土地制度的变迁，主要经历三种不同的形式：农村公社土地所有制、由国王赐地产生的大贵族土地所有制和领主土地所有制。如从静态的法权形态看，盎格鲁-撒克逊时代土地主要可分为民田和文书田。民田，就是自由民的份地，是按照传统从村社分配获得的耕地。这是一种由本地习

---

❶ 郭守田.世界通史资料选辑：中古部分[M].北京：商务印书馆，1981：29.

❷ 曾尔恕.盎格鲁-撒克逊时期英国的法律制度初探[J].内蒙古大学学报（哲学社会科学版），1989（1）.

惯法调整的不完全私有土地，氏族对土地共有的习惯仍然继续保留，份地是由家族世袭使用的，耕种者只享有使用权而不具有所有权，未经全体村社成员同意，耕种者不得将其转让。法律对民田所有者提供相应的保护，盎格鲁-撒克逊法律一直强调，每个人都有权在自己的森林里狩猎和在自己的土地上耕作❶。为了避免陌生人侵害，当时法律规定"如果一个自远方来的人或者一个外国人离开正路穿越树林（按应即指公社之公用林地），既未高声喊叫，又未吹响号角，应被认为窃贼，或者杀死或者以金赎罪"❷。即使在公社内部，为了保护公共或个人土地利益不受损害，法律也作了明确规定，如早期的《伊尼法典》第42条规定："假如在刻尔们公有的草地或其他已经分成份地以便圈离的田地上，有些刻尔已经圈围了自己的份地，而有些刻尔没有圈围，如果牧畜吃光公共庄稼或青草，对缺口有责任的人应去对那些已经把份地筑起篱笆的人赔偿所造成的损失。"❸即使那些委身于领主的依附农民，他们的土地权利也受习惯法的保护，只要他履行自己地产上的义务，可以毫无争议地终身拥有该土地，并可以根据自己的意愿将它在自己死亡后授予他人❹。关于文书田的权利状况比民田要更为清晰一些，因为国王在赐予贵族土地的书面文件中，清晰地记载了这方面的内容。这种赐地文书一般用拉丁文写成，其格式大都是：为了拯救我，即国王的灵魂，故把某块土地共计多少海得赐给你，作为可以继承、转移、出让的财产。然后用古英语标出地界。再后，为对破坏这种赏赐者的咒诅，多系说如有人破坏这种赐地为上帝所不容。最后由国王本人画押和其贤人会议成员画押。在大部分敕书中，还说明赏赐的土地免除对国王的各种负担，即豁免权的赐予❺。现存最早的麦西亚王国公元672/674年的一份赐地文书写道："从今天起，我把我的赐予权、承认权、转交权和指派权赐予你们。"❻公元959年颁布的《埃德维格法典》进一步赐给领主司法权，规定所有领主"皆须对其奴婢、对其家园及土地上之一切人负责"。文书地在法律上不受百户区法院的管辖，由领主法庭对领地上的居民行使司法管辖权。对此，梅特兰曾一再指出，盎格鲁-撒克逊时期的赐地，与其说赐的是土地，毋

---

❶ 李秀清.日耳曼法研究[D].上海：华东政法大学,2004:215.

❷ 马克垚.英国盎格鲁-撒克逊时期国王赏赐土地的问题[J].北京大学学报(哲学社会科学版),1963(1).

❸ 外国法制史资料选编：上册[M].北京：北京大学出版社,1982:194.

❹ 李秀清.日耳曼法研究[D].上海：华东政法大学,2004:218.

❺ 马克垚.英国盎格鲁-撒克逊时期国王赏赐土地的问题[J].北京大学学报(哲学社会科学版),1963(1).

❻ 程汉大.英国法制史[M].济南：齐鲁书社,2001:11.

宁说赐予的是一种政治权力，赐的不是所有权而是一种统治权❶。当然，按照惯例，获得赐地的贵族也要承担相应的义务，除在政治上效忠国王之外，主要承担诸如服兵役、修碉堡、筑路架桥、维持治安等具体义务，只要受封贵族忠实地履行义务，那么他就可以正常行使受封土地上的各种权利。

总之，不列颠直到诺曼征服后的相当长一段时间内，关于土地分配和占有制度实施的是一种封建保有制，所谓的保有制下的权利义务，要求对方为一定行为的可能性，同时也需要向对方为一定行为的必要性。封建保有制之下的个人权利，也就具有了复杂、多元、公私混合性的特征，这与罗马法中的"所有权"概念有很大的不同，地位和身份决定了权利义务分配差异，但是这种差异的内容却不是由私人意愿而改变的，履行何种义务就享有那些权利，义务和权利统一的思想根深蒂固，领主从不得对没有违背义务的封臣处罚，并且这种权利和义务的行使及履行都是通过固定机构，如庄园法庭，得以完成的❷。

除土地之外，日耳曼人的财富还包括其他"动产"❸，比如饲养的牲畜、作战使用的武器、干活使用的农具等。严格地说，王国时期日耳曼人的动产权利并不是一种发达、完全的物权，而只是一种受法律保护的占有权（seisin）而已❹。日耳曼法中有关动产的保护以"动产追及权"制度最为典型。动产追及权，是指动产的占有人在丧失其动产的占有后，都有追及权，而不管该占有人是否为所有人。特别是在动产的占有人在违反自己意思而丧失占有的情况下，如被盗、被抢或者被骗的情形下，不论该动产流转多少次，流转至何人之手，也不论此人以何种方式取得，原动产占有人均有追及权，要求现占有人返还。这种情形下行使动产追及权有三种方法。一是现行犯发觉程序（auf handhafter Tat，hand-having）。动产占有人及时发现动产被盗，并捉住罪犯，可当场取回所属动产。这种方法的不同寻常之处，在于它规定：假如罪犯在被擒时企图反抗，动产占有人可以当场将之杀死而不需要承担任何责任，不难想象此规定对于那些企图偷盗抢夺他人财物的人将产生何等强大的震慑力。二是追迹（spurfolge，following the trail）。"就是为发现逃逸之罪犯及赃物的一种程序。如果并未在犯罪现场当场抓获罪犯及赃

❶ MAITLAND F W. Domesday book and beyond[M].Cambridge :Cambridge University Press,1921:229.
❷ 李红海.普通法的历史解读——从梅特兰开始[M].北京:清华大学出版社,2003:154,155.
❸ 普通法没有动产和不动产的划分，在这里借用大陆法的动产的概念，仅是为了表述的方便。
❹ 李秀清.日耳曼法研究[D].上海:华东政法大学,2004:232.

物，也没有任何人可以被直接指控，被害人得与闻叫喊声聚集而来的邻人一起去追迹。如果在一定期间（通常为3日）内发现形迹可疑者，于是至其家中搜查。假如搜查没有遭到阻拦，并且经搜查后找到赃物，追迹者就拿回财产，而赃物所在地的房主也不受到其他处罚。假如嫌疑人拒绝，则强制进行搜查，但若搜查后并未找到赃物，则搜查者须支付罚金；若找到赃物，则追迹者取回其物，而房主则以盗窃犯论处。"三是捕捉（anefang，hand-laying）。捕捉程序适用于原动产占有人没有追迹但后来却发现动产被第三人占有的情形。原动产占有人发现该动产后，会向法院提起诉讼并宣誓，即使现动产占有人发誓证明自己是通过合法的途径获得该动产，也不妨碍原动产占有人取回丧失的动产。如现动产占有人不能证明自己通过合法的途径获得该动产，他还必须承担盗窃或抢夺等不法行为的责任。❶

日耳曼人的这种带有绝对性质的"追及权"，对动产占有人的保护是相当严格的，而其他国家，所有人虽然也有"追及权"，但权利的行使受到一定的限制，如追及到通过合法途径获得的该动产的现在占有人那里时，原动产占有人就不能取回该动产了，现在占有人可以因为"善意"而取得该动产❷。

二、盎格鲁-撒克逊时代的人身权

人身权利是指公民依法享有的与人身直接相关的权利，是公民享有的一项基本权利。人身权利是一个具有历史性的概念，现代社会的人身权利的内涵非常丰富，包括的内容比较广泛，如人格权和身份权、生命和健康、人身自由和人格尊严，人格尊严又包括肖像权、名誉权、荣誉权、姓名权和隐私权等。早期社会人类也享有人身权利，但受当时社会发展阶段的局限，人身权的内涵比较单薄一些，主要包括以下两个方面的权利：自由权和安宁权。自由权就是"免于强制"的权利，人格独立，行为自由。安宁权包括生命权、健康权、个人住宅不受侵犯等方面的权利。下面将紧紧围绕上述两项内容对盎格鲁-撒克逊时代的人身权利进行一番简要的考察。

古代日耳曼人由于未曾经历专制统治，他们享有的人身权利相比较而言比较充分，由此形成的传统奠定了他们人身权利的历史基础。入侵不列颠之后，盎格鲁-撒克逊人逐步过渡到阶级社会，社会开始分化，形成了统治阶级和被统治阶

---

❶ 李秀清.日耳曼法研究[D].上海：华东政法大学，2004：233-236.

❷ 法律有特殊规定的除外，如赃物或违禁品。

级，社会上出现了阶级压迫，出现了以国家武力为保障的"强制"，社会成员的人身自由和安全受到一定程度的损害。尽管如此，从横向比较看，无论与其他民族相比，还是与其他地区的日耳曼民族相比，盎格鲁-撒克逊人的人身自由和个人安宁受保护的程度还是比较高的。恩格斯曾指出，英国法律制度不同于欧洲大陆各国的独特之处就在于"对个人自由的保障"。在这一时期，英格兰产生了"个人安宁"受法律保护的观念，每一个自由人的人身、住所、财产都是神圣不可侵犯的，任何侵犯他人"安宁"的行为都是犯罪，都应受到法律的严惩。❶个人安宁受法律保护，是一个较为笼统的概念，往往被解读为每个人的权利受到法律平等的保护。实际上并非如此，因为盎格鲁-撒克逊时代是一个等级社会，个人这个词语是对社会不同等级的一个概括，具体包括三个层次：国王、贵族和刻尔；个人安宁也依次分为国王的安宁、贵族的安宁和刻尔的安宁三个不同层次。

　　"安宁"（peace），也译作和平，是指权利未受损害或影响的一种美好状态。在古代日耳曼人的观念中，社会上发生的任何一种不当行为（wrongs）都会被认为是对"安宁"的一种破坏，其中以破坏"王之安宁"（king's peace）造成的后果最为严重。在盎格鲁-撒克逊时代，为了维护国王人身安全不受侵犯，日耳曼人以其身体为核心，以投石、标枪或弓箭的射程为半径，划定一个区域，这个区域为"不可侵犯之圈"（marghin；inviolable precinct）❷，但有侵犯，则由国王亲自处置。之后，随着王权的扩大，国王的权威日增，原来划定的"不可侵犯之区"显然不能满足保护国王的要求，因此"王之安宁"的内涵和"不可侵犯之区"的范围也随之不断延伸和扩大。在内涵方面，原来"王之安宁"保护的对象，仅指国王本人的人身安全，后来又把国王的住宅、国王的家人和亲随、部分教俗贵族也包括在内，再后来又将一些较为严重的刑事犯罪，如斗殴（affray）、伏击（ambush）以及袭击住宅（attacks on homes）等也囊括其中，因为这些犯罪的社会危害性大，对王国的统治秩序造成很大冲击。在空间方面，原来"王之安宁"的范围受时空的双重限制，即只有在重要节日期间如圣诞节、复活节，在国王身体为中心，以投石、标枪或弓箭的射程为半径的范围里，才能算侵犯"王之安宁"。后来将地理范围逐渐扩展到以王宫的宫门为中心，以其周围3英里、3浪（furlong）、9英尺为半径划定范围。再后来则将一些重要的地方，如教堂、宫殿

❶ 李栋.试论英格兰盎格鲁-撒克逊时期的原始民主遗风[J].北方法学,2009(4).

❷ 穗积陈重.法律进化论[M].黄尊山,萨孟武,陶汇曾,等译.北京:中国政法大学出版社,1997:321.

和一些交通要道也划入其中。例如，当时英格兰最重要的四条交通要道沃特林大道（Watling）、尔明大道（Erming）、福斯大道（Foss）以及海克尼尔德大道（Hykenild）都受到国王安宁制度的保护。总之，"王之安宁"的含义越来越广泛，越来越接近于公共安宁的概念。一般来说，凡是破坏"王之安宁"的不法行为将会受到严厉惩罚，可以被处死或缴纳罚金，即使逃脱了也不能免除。法律规定：胆敢在国王所在的宫殿里制造骚乱者，将丧失生命，除非他能从国王那里赎回他的生命。在国王巡视所处的地方制造骚乱，即使没有任何的袭击行为，若他为自由民，须缴纳12索尔第，若为奴隶，缴纳6索尔第；既制造骚乱且有袭击行为的，自由民缴纳24索尔第给国库，此外他还另须为所造成的具体伤害而支付赔偿金，奴隶则须缴纳12索尔第。❶

国王的安宁之下是贵族的安宁，如郡长安宁（peace of ealdorman）、领主安宁（peace of the lord）。贵族之下是平民的安宁。无论贵族还是平民，其安宁均受法律保护。例如，法律规定：侵犯贵族的安宁，须支付赔偿金12先令；破坏刻尔的安宁，须支付赔偿金6先令。对贵族和平民而言，其个人安宁主要体现在对其居所安全的保护上面。例如，法律规定，晚上在他人庭院里被人发现，而且拒绝被缚绑者，若他遭杀害，其亲戚得不到任何赔偿；假如是奴隶，他被杀死后，其主人得不到任何赔偿，但如果该奴隶自愿被缚，则可以支付40索尔第而赎回自由。因一时发怒而在他人庭院外向里面射箭或掷矛而导致庭院里的人受伤者，须赔偿20索尔第，此外还须根据法令为具体的伤害后果支付赔偿金。❷早期的《埃塞尔伯特法典》规定：强入国王住所，赔偿金为120先令；强入大主教住所，赔偿金为90先令；强入主教或郡长的住所，赔偿金为60先令；强入刻尔的住所，赔偿金为5先令。后期的《阿尔弗雷德法典》第40条规定：擅自闯入有防卫的王室住宅及其宅地，应赔偿120先令；闯入大主教的住宅及其宅地罚款90先令，闯入主教或郡长住宅受罚60先令；闯入赔偿金为1200先令的人的房地，处以罚金30先令；闯入赔偿金为600先令的人的房地，处以15先令的罚金；闯入平民家的篱笆，处以罚金5先令。如若大斋节期间，发生上述行为处以双倍罚款❸。有

❶ 李秀清.日耳曼法研究[D].上海:华东政法大学,2004:320.

❷ 李秀清.日耳曼法研究[D].上海:华东政法大学,2004:321.

❸ ABELS C P. Lordship and military obligation in Anglo-Saxon England[M].California：University of California Press,1998:87.

的王国把住宅的概念延伸到非居住使用的其他住所，在公元7世纪肯特王国的简短的《洛西尔和埃德里克法典》中，规定某人在酒馆里拔出武器，即使并没有导致任何伤害，也须向房屋所有人赔偿1先令。有的王国还把土地列入安宁的保护对象，《埃塞尔伯特法典》第13条规定：如果有人在贵族的地产里杀死人，罚12先令。

除个人安宁外，生命权和健康权也是人身权利的重要内容。对生命权和健康权的侵犯主要是杀人和伤害等暴力不法行为。日耳曼人自古以来一直保持尚武好斗的秉性，迁移至不列颠后民风依然彪悍，再加上战争连绵不断，生存环境较为恶劣，所以诸如杀人、伤害等案件较为常见，这种严重的暴力犯罪行为不但对正常的生活秩序造成极大破坏，而且对包括国王、贵族在内所有成员的生命安全造成极大威胁。因此，为保护王国居民的生命安全，盎格鲁—撒克逊时代的法律对杀人和伤害进行了规制。早期日耳曼社会并不把杀人和伤害行为视为犯罪，仅是把它当作一种侵权行为，因为在古代日耳曼的观念中，杀人或伤害是社会成员之间的"私事"，损害的是私人利益，与社会公共利益无关，通过"私了"解决即可。在这种观念支配之下，最公平的解决方案就是"同态复仇"，通过"以牙还牙，以眼还眼"的方式维护原始的公平和正义。但是这种原始的"同态复仇"存在很大弊端——受害人或其亲属不但从中获取不到任何利益，而且反复复仇使更多的人卷入血腥的武斗之中，严重冲击社会秩序。不知道从何时起，在日耳曼社会中开始流行用"偿命金"制度替代"同态复仇"。在杀人或伤害案件中，社会允许通过缴纳偿命金的方式来避免"同态复仇"，即"或者收买长矛，或者接受长矛"（buy the spear or accept the spear）。偿命金（wergild）在日耳曼法中指杀人者向被害者亲属支付一定数额的金钱作为处罚的制度。"王之安宁"制度兴起之后，杀人者还须向国王缴纳一定的罚金，因为其杀人行为破坏了"王之安宁"。纵观盎格鲁—撒克逊时代各国的立法，很大一部分内容都是围绕赔偿金展开的，这使他们的法典看上去就像一个详细的"价目表"。在不列颠的"蛮族法典"中，《埃塞尔伯特法典》就是以详细规定偿命金价格而著名。

偿命金制度在现代文明社会的人看来，简直是无法理喻和难以接受的，因为人的生命是无价的，绝对不可以用金钱去衡量的法治观念已经深深地植入我们每一个人心中。但对于还没有完全走出野蛮社会的日耳曼人而言，偿命金制度与同态复仇相比，体现的是一种阶段性历史进步。同态复仇，以牙还牙，以眼还眼，从表面上看这种处理方式比较公平，但这种方式背后的理念是"以暴制暴"，非但不能从根源上化解纠纷，反而使旧怨未解又添新恨，只会酝酿更大的暴力冲突，因此同态复仇实际等于鼓励或放纵暴力。与之相反，偿命金制度的价值目标是约束和减少暴力，并非放纵暴力。这与现代社会中那些拿钱捞人的司法腐败现象有本质上的区别，拿钱捞人造成的后果是让罪犯逍遥法外，免于法律的制裁，实质上是在纵容，甚至鼓励有钱有权的群体去犯罪。而日耳曼法中的偿命金，在本质上是一种约束暴力的制度，法律约定杀人者向被害者亲属支付赔偿金，其根本目的在于化解双方家族之间的仇恨，恢复到之前"和平"状态，尽可能避免复仇行为的发生。它在客观上有效地避免了人类之间毫无理性的相互残杀，保全了很多人的生命或身体的安全。"任何替代血亲复仇的解决纠纷的法律手段都是一种真正的进步。因此，如果盎格鲁-萨克逊法律给现代读者的第一印象是很粗糙、很不完善的话，那么他必须牢记它不得不解决的那些困难。简陋的时代需要的是朴素的正义……"●那么，偿命金为何能够起到制止暴力复仇、恢复和平的功能呢？主要原因是偿命金作为一种惩罚措施，它的严厉程度实际上不亚于"同态复仇"。关于这一点，我们可以从英国民族史诗《贝奥武甫》中发现一些端倪，故事中讲述了这样一个情节：贝奥武甫的父亲剑奴奇其瑟因为"杀死了狼子族的何索拉，惹出了一桩大仇，风族的人惧怕战争的报复，不敢将他收留"。这种"不敢将他收留"的做法，其实是一种变相的死刑，因为在古代将一个人逐出部落，意味着他将失去部落的保护，别人可以随意将他杀死，不需要负任何法律责任。奇其瑟的运气不错，外出逃命后有人收留了他，还帮助他"用赎金了结这场仇隙"。●从这个故事中我们约略可以看出，虽然剑奴奇其瑟杀死的是狼子族一个名不见经传的人物何索拉，但是大概因为风族付不起偿命金，又害怕对方复仇，所以只好将奇其瑟逐出部落，以平息纷争。最后是丹麦国王"希尔德子孙的护主"罗瑟迦支付了偿命金才化解这场复仇，而丹麦国王的赎金是"古代的珍宝"，虽然古代珍宝确切的数目是多少难以确定，但"似乎惟有国王倾其国力才能给付一个人的赔命价"●。公元8世纪的《萨克森法典》（Lex Saxonum）在第14条明确规定一个贵族的赔命价为1440索里达，德国学者林策指出这笔钱在当时的购买

---

❶ KNAPPEN M M. Constitutional and legal history of England[M]. New York：Harcourt Brace，1942：53.

❷ 贝奥武甫[M].冯象，译.北京：生活·读书·新知三联书店，1992：25.

❸ 高仰光.论日耳曼法中的赔命价制度[J].比较法研究，2006（3）.

力是 700 只牛❶。如果按一个贵族的偿命金是一个自由民的 6 倍这个比例来计算的话，一个普通自由民的偿命金大概相当于 100 多头牛的价格，而 100 多头牛在当时绝对是一大笔财富。不列颠日耳曼王国的情形应该与此相差不大。因此可见，虽然当时的习惯法规定杀人不用偿命，但是高昂的偿命金产生的惩罚力度丝毫不亚于甚至超越死刑的威慑，足以让人望而生畏，不敢随意杀人或伤害。从同态复仇到偿命金制度的过渡，意味着日耳曼社会开始步出放任使用暴力解决纠纷的阶段，开始注重控制和约束暴力，安定感和秩序的价值正在被有意识地加以强化，这在客观上有利于对社会成员生命和身体安全的保护。

　　当然，站在历史的高处看，偿命金制度往往和落后的社会发展阶段相联系，因为偿命金制度的存在表明这一国家或地区还没有把刑事案件提升到国家权力管辖的范围，还停留在把刑事案件当成"私人事件"来对待的阶段。从这一点上来说，与同时期许多国家相比，盎格鲁-撒克逊诸王国在法律发展方面是落后的。但是这种落后，并非完全毫无历史价值，它在一定程度上反映了一个国家王权的强弱，凡是在王权成熟较早、权威确立的国家中偿命金不可能有存在的空间和必要。不列颠的偿命金制度一直贯穿盎格鲁-撒克逊时代始终，这说明盎格鲁-撒克逊时代的王权一直不是很强大。历史经验告诉我们，在王权孱弱的地方，只要人们的生命安全有保障，人们享有的自由自然是比较多的；相反，在高度专制社会里，那种"朕即法律"极权政治越发达，人们拥有的权利和自由就越可怜。

三、盎格鲁-撒克逊时代的政治权

　　政治权利又称参政权或政治参加的权利、民主权利，是人们参与政治活动的一切权利和自由的总称。政治权利作为一个现代性的概念，在古代社会是不可能出现的，但是政治权利作为一种现象是具有历史性的，在不同的社会发展阶段具有不同的内涵。即使在原始社会的部落里面也有政治生活，也存在超越个人的公共事务，人们如何参与部落公共事务的处理，便构成了当时人们政治权利的内涵。

　　在古代日耳曼人的部落中，社会结构一般是这样的：在一个部落之中，酋长是核心人物，一般由德高望重的人担任，其他部落成员的社会地位基本相同。部落的日常事务由酋长负责处理，如遇大事，如战争，则须提交给民众大会解决，

❶ 高仰光.论日耳曼法中的赔命价制度[J].比较法研究,2006(3).

民众大会是部落的最高权力机关，负责部落一切重大事务的决断。从人类社会早期阶段看，这种原始的民主生活几乎各个民族都曾经历过，并非古代日耳曼人的专利。不同的是，对于许多国家或地区的民族来说，这一历史阶段仿佛"惊鸿一瞥"，他们很快大跨步进入漫长的阶级社会，这种原始的民主生活对后来历史产生的影响极为细微。但对于古代日耳曼人而言，尤其是迁移至不列颠的日耳曼人，他们披着原始民主生活厚重的胎衣，在奴隶制这一社会阶段仅仅跟跄了几步，便开始向"封建社会"过渡了，这一时期正是英国历史上的盎格鲁-撒克逊时代，"撒克逊时期是一个自由的时代，人民享有充分的自由，国王的权力受到限制"❶。在这一时期日耳曼人的政制由部落向国家过渡。开始的时候大的部落演变成较大的王国，小的部落演变成小的王国，后来经过不间断的兼并征伐战争，小的王国被大的王国消灭或吃掉成为大的王国的一个组成部分，到了公元7世纪初叶，英格兰大致形成七国并立的政治格局。这七个主要的日耳曼王国的社会结构和政制基本相同，都没有彻底摆脱古代日耳曼传统的窠臼。盎格鲁-撒克逊诸王国中，社会上主要存在以下四个等级：处于社会金字塔的顶端是国王，国王之下是贵族，贵族之下是自由农民或半自由农民，处于社会最底层的是奴隶。权利和社会资源按等级进行分配，这是等级社会中万世不移的金科玉律。盎格鲁-撒克逊王国中国王的法律地位最高，享有的政治权利自然也是最多的。但与其他地区或民族的王权相比，盎格鲁-撒克逊王国的王权并不强大，法律规定杀死国王和杀死普通自由民一样都以偿命金作为处罚，虽然具体的数目有所不同。另外，国王的权力行使受到氏族传统的严格约束，绝对不可能仅凭个人意志恣意行事，否则有可能遭到罢免或废黜。贵族和国王同属于社会上层，与国王"共治"天下，盎格鲁-撒克逊时代贵族的前身是国王的亲兵哥塞特，他们因为在战场上和国王并肩作战、英勇杀敌，立下战功、受到封赏而跻身贵族行列。贵族和国王的关系，从表面上看是一种主从关系，贵族从国王那里获得大片封地，向国王宣誓效忠，认国王为他们主子，但在本质上，国王和贵族之间是一种"伙伴"关系，国王的统治离不开贵族的支持，如果失去贵族的支持，意味着这个国王的统治不会长久，所以有人将盎格鲁-撒克逊时代的国王视为"贵族班的班长"，贵族和国王的身份相差并不悬殊。贵族的政治权利体现在方方面面，从大的方面讲，他们可以选举和罢免国王，可以出席王国的高级会议参政议政，可以参加国

---

❶ 钱乘旦,陈晓律.在传统与变革之间——英国文化模式探源[M].杭州:浙江人民出版社,1996:30.

王的法庭充当法官审理重大案件等。从小的方面讲，如果贵族被杀，他的偿命金的数额仅次于国王，是自由民的6倍。除此之外，贵族还享有其他许多特权，如《伊尼法典》第45条规定："进入国王的塞恩的住宅，六十先令；进入一个有土地的出身哥塞特的住宅，三十五先令，拒绝这些，则受相应的〔罚〕。"第68条规定："假如一个哥塞特出身的人被驱逐，只能从住处被逐出，而一定不能没收其耕地。"❶总之，盎格鲁-撒克逊时代贵族的政治地位，从横向比较来看，中国历史同期的贵族无论地位和政治权利都难以望其项背。中国贵族参政基本上只有建议的权利，而没有决定的权力。即使行使建议之权，也如履薄冰，有时甚至要冒生命的危险。商朝的忠臣比干就是活生生的例子，他因为在"摘星楼强谏三日不去"，终于触怒了纣王，结果被剖心而死。

　　在政治权利方面，相对于那些生活在政治旋涡中的王公贵族们，那些处庙堂之远的普通民众基本上对政治和权力兴趣不大，他也可能并不知道自己在这个国家内究竟拥有多少政治权利，但他对于自己在这个国家"受强制"的程度是强还是弱肯定是有感觉和体会的。国家对他的"强制"越多，他就会感觉压迫越重，自由就越少；相反，国家对他的"强制"越少，甚至"免于强制"，他自然会感觉享有自由越充分。英国人素来就以"生而自由"的传统而倍感自豪，许多人将英国这种"自由的传统"向上追溯到盎格鲁-撒克逊时代，认为英国人的自由传统正是在那个时代形成的。"1735年，詹姆斯·汤姆森发表一首长诗，在这首诗中自由女神描绘了她从古代到当代的统治史。她说，从雅典战败到罗马共和国战败以来，自由就只残存在日耳曼部落之间了。他们迁移到英格兰，在那里确立了自由的民族精神，繁荣了许多个世纪，直到被诺曼底人的征服所扑灭。"❷所以在英国历史上有个名词叫作"诺曼枷锁"，他们认为在诺曼征服之前，英国是一个自由的国度，而诺曼征服褫夺了英格兰人固有的权利与自由。当时有一首歌这样唱道："诺曼人的锯子架上了英国人的栎树，英国人的脖子戴上了诺曼人的枷锁，诺曼人的汤匙伸进了英国人的菜盘，英国人的土地变成了诺曼人的天下；不把这四大灾难清除出英国，英国人就休想过太平的日子。"❸这种为枷锁禁锢了的权利和自由，直到《大宪章》出现之后才有所恢复。由此可见，盎格鲁-撒克逊时代

❶ 外国法制史资料选编：上册[M].北京：北京大学出版社，1982：195-198.

❷ 斯科特·戈登.控制国家——西方宪政的历史[M].应奇，译.南京：江苏人民出版社，2001：277.

❸ 司各特.英雄艾文荷[M].项星耀，译.上海：上海译文出版社，1996：149.

普通民众享有的自由应是比较充分的，他们依照氏族传统享有自由和权利，大多数过着虽不富裕但是比较自由的生活。他们从公社那里获得份地进行耕种，基本可以解决温饱问题；他们的生命安全、土地和住宅受传统法律的保护；他们人格较为独立，与贵族之间没有法律上的依附关系，行动自由，"可以去他愿意去的地方"，"在诺曼征服之前，一个自由人可以放弃原来的领主，带着自己的土地投奔另一个领主；即使是对于农奴，盎格鲁-撒克逊人也有条不成文但是却没有被轻视的规定，这个习惯权利就是自由人只要服劳役或者付土地租金就可以拥有一块土地，而农奴在其领主的土地上服劳役，也可以占有一块土地，这种规定使得自由人与农奴的区分的界限非常的模糊"❶。他们的负担主要是缴纳教会税和服兵役，除此之外，别无其他。在政治上，他们沿袭古老的氏族传统，有权参加普通会议，对公共事务发表意见和进行表决；有权出席村社法庭，充当法官裁决案件。另外，在盎格鲁-撒克逊时期，除了自由人以外，社会上还存在大量的奴隶，奴隶在法律上没有独立的人格，被视为主人的私有财产，如根据当时的法律规定，杀死奴隶是不需要支付偿命金的，只须按奴隶的身价偿付给主人。尽管如此，奴隶根据习惯仍保留了某些权利。他有权在主人允许的他自己的时间里赚钱。《阿尔弗雷德法典》规定，准许奴隶在斋戒的几个星期里有四个星期三出卖主人给他们的东西或者出卖他们在空闲时能够赚来的东西。有时奴隶还能赎买他们的自由身份。❷

总而言之，在盎格鲁-撒克逊时代，普通人生活的村社基本上处于完全自治的状态，自由民是自治的主体而非对象，享有比较充分的政治权利。同时期同为日耳曼族的欧洲大陆的普通民众就没这么幸运，他们大多生活在大贵族的直接统治之下，这些大贵族独霸一方，异常跋扈，连国王也奈何不了他们；他们为了争夺利益相互之间武争不断，自身生活骄奢淫逸，对治下居民索需无度，普通民众受压迫程度普遍较重，导致普通民众家破人亡流离失所，甚至不得不沦为农奴，失去了宝贵的自由。在遥远的中国，从秦朝之后，建立实行了中央集权制，地方上都有皇帝委任的官吏进行治理，地方大小事务均由官吏按照皇帝的旨意处理，这种统治方式在古代被称为代天子"牧民"，普通百姓在统治者眼中如同一群牛或马一样的牲畜，彻底沦为被统治的对象，政治权利根本没有生存的空间。

---

❶ 寒啸.传统的力量——诺曼征服前的英格兰历史进程对普通法的影响[J].法制与经济,2009(2).

❷ 曾尔恕.盎格鲁-撒克逊时期英国的法律制度初探[J].内蒙古大学学报(哲学社会科学版),1989(1).

第三节　盎格鲁-撒克逊时代权利保护的评价

通过以上对盎格鲁-撒克逊时代社会各阶层权利状况所作的简短梳理，以及通过与其他国家所作的初步比较，我们不难看出：盎格鲁-撒克逊时代英国人享有的自由和权利明显优于历史发展同期的许多国家和地区。而且，这种局面的造就并不是盎格鲁-撒克逊人刻意追求的结果，因为当时包括国王、贵族在内的盎格鲁-撒克逊人，多数是一些斗大的字不识一筐的野蛮人，根本不可能理解诸如"权利"这一类高度抽象的概念，更不可能有意识地去追求权利。这一切的发生可以说是源于一种历史性的巧合，是不列颠独特的社会环境和独特的历史发展进程相结合后不经意之间造就了这种"无心插柳柳成荫"的局面。

不列颠是一个孤悬于大西洋中和欧洲大陆仅有一水之隔的海岛，由于特殊的地理位置，不列颠走上了一条和欧洲大陆国家完全不同的历史发展之路，并在历史中形成自己特色鲜明的法律文化。不列颠的气候条件比较好，适合耕种，有利于作物生长，不列颠的各种矿产和物产也比较丰富，非常适合人类居住。当盎格鲁-撒克逊人侵入不列颠之后，除了在军事上攻城略地之外，在文化上也没有遭到有效的阻击，凯尔特人大部分被赶到偏远地区的山沟里，还有一部分做了盎格鲁-撒克逊人的奴隶。盎格鲁-撒克逊人面临的不仅是地理上的空白，还包括文化上的空白。于是，他们把早先在欧洲森林里的生活方式和生活习惯随身带到不列颠，重新开启了不列颠的文明史。"不同于被征服的大陆地区——意大利、高卢、西班牙——盎格鲁-撒克逊治下的不列颠失去了它的语言、它的拉丁文化、它的基督教信仰、它的硬币，最后是它的城市。拉丁和凯尔特语言让位于日耳曼语言；盎格鲁-撒克逊异教席卷了基督教。简而言之，撒克逊不列颠丢失了过去。"❶鉴于古代日耳曼风俗习惯对英格兰的深远影响，许多学者在探究英国法制文明的时候经常向上追溯至这一时期，并将这些风俗和习惯称为古代日耳曼社会的"原始民主遗风"。盎格鲁-撒克逊王国正是在这些"原始民主遗风"的基础上经过几个世纪的努力后终于形成了自己的法律和政制传统，这种传统在诺曼征服后虽然受到剧烈冲击，但依然受到相当程度的尊重，得到承认与保留，成为英国文明的源头活水。古代日耳曼社会的"原始民主遗风"是对古代日耳曼人原始政

---

❶ HOLLISTER C W.The making of England：55 B. C. to 1399[M].Toronto：D. C. Heath Company，1992：28.

治生活的概括，它对不列颠社会演进产生的深远历史影响主要体现在以下三个层面。

第一，古代日耳曼社会的"原始民主遗风"使盎格鲁-撒克逊时代没有培育出一个可以凌驾于社会之上的超级权威。任何社会的发展都离不开权威的存在，正如恩格斯所言："一方面是一定的权威，不管它是怎样形成的，另一方面是一定的服从，这两者都是我们所必需的，而不管社会组织以及生产和产品流通赖以进行的物质条件是怎样的。"❶马克思则把权威比作乐队的指挥，他说："许多个人进行协作的劳动，过程的联系和统一都必然要表现在一个指挥的意志上，表现在各种与局部劳动无关而与工场全部活动有关的职能上，就像一个乐队要有一个指挥一样。"❷这是权威客观性的一面，但是对于一个具体的国家来说，权威又是历史性的，每个国家的权威都具有独一无二的个性，它的来源与形成、它的合法性、它的发育成熟程度，都是不一样的，它对这个国家政治产生的影响也注定是不一样的。正常的情况下，权威缺失，则社会大乱，如《吕氏春秋·审分》所云："万邪并起，权威分移。"权威适度，则社会和谐；权威过度，则社会禁锢，就像黄宗羲所指出的那样"为天下之大害者君而已矣"。历史经验告诉我们，人类早期权威的培育与战争有着十分密切的关系。社会在面临巨大压力时，总是倾向于支持执政官权力的加强，这是一条政治学公理。战事的频繁程度和战事的规模，对于这个国家或地区权威的确立将起到至关重要的作用。因为战争的性质决定了它需要一个说一不二的核心人物，这个核心人物调度部落的人力物力、制订作战计划、负责战场上实时指挥。为了确保战争的胜利，部落所有成员必须遵从他的意志，服从他的命令，如有违背将遭到严厉处罚。由此可见，战争需要权威，又会培植权威，强化权威。有句古谚反映了这种发展：战争孕育国王。

中国古代国家建构过程是通过部落之间彼此征战完成的，这直接导致中国古代的权威发育成熟比较早。中国古代在形成国家之前也存在许多部族，如炎黄族、东夷族、苗蛮族以及吴越族等，夏之前的史前时期（主要指传说中的三皇

---

❶ 中共中央马克思恩格斯列宁斯大林著作编译局.马克思恩格斯全集:第25卷[M].北京:人民出版社，1995:431.

❷ 中共中央马克思恩格斯列宁斯大林著作编译局.马克思恩格斯全集:第25卷[M].北京:人民出版社，1995:431.

五帝时期）则是中国国家形态的萌芽阶段。中国古代部族之间的征战不同于盎格鲁－撒克逊时期英格兰各小王国的争霸战争，因为中国古代部族之间征战的目的不是满足于被他国尊为名义上的"霸主"地位，而是为了消灭对方。一旦某一氏族或部族战败，就集体成为战胜者的奴隶。《国语·周语》把这描述为"人夷其宗庙，而火焚其彝器。子孙为隶，不夷于民"❶。这样的结果必然导致中原大地长期笼罩在战争的阴云之下，大规模的部族战争连绵不断。为了适应战争的需要，各部族不断强化效率，减少协商，使权力加剧流向部落军事首领手中，各部族军事首领逐渐取得了对部族事务乾纲独断的权力，形成了高度权威。部落的首领无论在和平时期还是在战争时期，都是部落的绝对核心，而且终身任职，部落首领的权力已经具有独断的性质，事情无论大小概由首领负责，并且具有否决权，不受习惯法的约束。例如，《史记·五帝本纪》记载："轩辕之时，神农氏世衰。……於是轩辕乃习用干戈，以征不享，诸侯咸来宾从。""天下有不顺者，黄帝从而征之，平者去之，披山通道，未尝宁居。"从这段文献的内容可以看出，作为部落首领的黄帝其权威是很大的，拥有号令征伐、收取贡赋等许多凌驾于社会之上的权力。从黄帝开始，至尧、舜、禹三代，权威不断得到加强。据《国语·鲁语下》记载："昔禹致群神于会稽之山，防风氏后至，禹杀而戮之，其骨节专车。"防风氏是防风族的部落首领，因为开会迟到，就被处死，由此可见当时的禹帝权柄是何等的威严。禹帝过世后通过禅让的方式将帝位传于伯益，三年后帝位便被大禹的儿子启通过武力所夺取，从此中国历史进入了"家天下"的专制时代，历朝历代的国王都以"天子"自命，获得了凌驾于社会之上超越一切的绝对性权威。

古代日耳曼则是另一个类型的社会。据塔西佗记载：日耳曼人中，小事由酋帅们商议，大事则由全部落议决，在部落时期，古代日耳曼人社会是存在权威的，每个部落权威的代表一般就是本部落的首领——酋长。但是酋长们的权威显然又不够大，仅限于处置"小事"，对于部落中的"大事"，酋长们的权威就失灵了。例如，当本部落与别的部落发生战争时，这样的大事必须提交到部落大会上集体讨论解决。在战争时期，日耳曼人社会将产生另一个权威——军事首领，军事首领是由本部落公民在部落大会上通过民主推选的方式产生的，军事首领的数目往往不止一个，战争中集体指挥本部落作战。一旦战争结束后，军事首领们也

---

❶ 李栋.试论英格兰盎格鲁－撒克逊时期的原始民主遗风[J].北方法学,2009(4).

随之卸任，恢复原来平民的身份。可见军事首领的权威仅限于战争时期，而早期的部落战争大多时间非常短暂，少则两三天，多则十来天。由此观之，古代日耳曼社会的权威基本处于刚好够用这样一个水准，权威的成熟程度还很弱，不存在一种凌驾于社会之上的超级力量。这样的社会自然既是民主的，又是自由的。众所周知，古代日耳曼的原始社会形态是在入侵西罗马帝国的征战中逐渐解体的。但是入侵大陆的日耳曼部族和入侵不列颠的盎格鲁、撒克逊部族所经历的演进道路还是有所区别的。因为最早登陆不列颠的盎格鲁、撒克逊人严格来说不能算武力入侵，根据《盎格鲁-撒克逊编年史》记载，公元433年不列颠人为了抵御皮克特人的入侵，派员造访盎格鲁人，"请其酋长帮助他们"❶。在日耳曼人侵入不列颠的整个历史过程中，如果用"兵不血刃"加以形容有些夸张的话，那么用"局部战役"来描绘的话还是比较贴近历史事实的，英国早期历史文献中很少有大规模战争的记载可以佐证这一点。盎格鲁-撒克逊人在受邀进入不列颠之后，社会开始分化，由部落向国家过渡。这当中当然也避免不了部族战争，但是盎格鲁-撒克逊诸部族之间的战争主要目的在于称霸，这种民族性格使不列颠各王国之间的战争无论规模还是频次和上古中国相比绝对是不可同日而语的。各部族的军事首领虽然通过有限的战争获取了不少权力，确立了相应的权威，但是最终没有实现取得凌驾于社会之上的超然地位和权力。他们的权力普遍受到部落原始民主遗风的限制和约束，王权不大，权威较弱。这意味着盎格鲁-撒克逊时代的英格兰虽然步入了人类历史上第一个阶级社会——"奴隶社会"，但是"此"奴隶社会不同于"彼"奴隶社会❷，区别在于"此"奴隶社会始终没有经历过"彼"奴隶社会的专制统治。

专制社会，首先要有一个权力的"寡头"。在盎格鲁-撒克逊时代各王国都有国王，但是没有"寡头"。国王的权力和地位虽已远远超越部落时期的酋长，但终究是有限的、受限的。从当时的政制来看，国家的统治权是执掌在贵族这个阶层集体手中，而非某个人手中。国王只是贵族阶层的"领头羊"，需要通过和其他贵族合作才能统治国家。在中央层面，最高的政治机构是贤人会议，这是由大贵族组成的最高议事机构，它拥有十分广泛的权力，举凡国家大事都在此会上协商解决，包括罢免或废除国王。例如，公元757年，威塞克斯王希格伯特因违反

---

❶ 蒋孟引.英国史[M].北京:中国社会科学出版社,1988:41.

❷ 一般意义上的奴隶制社会。

习惯法被夺去王位。公元774年，诺森伯利亚国王阿尔莱德因行为不轨被废，另选塞尔莱德主政；5年后，塞尔莱德也因失职被废，阿尔莱德行状好转，被贤人会议重新召回，再登王位[1]。会议举行时国王仅扮演召集人和主持人的角色，事情经讨论协商后由参会的贵族集体裁定。在地方层面，由国王任命的郡长进行统治，但是郡长的责任主要体现在照看国王在地方的领地的利益，地方公共事务基本由本地居民"自治"，治理方式和原理与中央基本一致，举凡地方重要事务均在由地方代表参加的政治集会上集体讨论协商后解决，郡长只负责召集和主持。由此可见，盎格鲁-撒克逊时代不是一个权力高度集中的社会，不存在主宰社会的权力寡头，每个社会阶层都按法律或惯例分享一定的权力，这使盎格鲁-撒克逊社会的权力无意中实现了"纵向分权"和"权力制衡"。国王享有的特权最多，但是不具备压倒性优势，单个贵族的特权可能无法和国王相提并论，但是多个贵族联合起来其权势有可能胜过国王，对国王的权力形成强大的制约，限制了国王的恣意统治。反过来讲，盎格鲁-撒克逊时代的王权虽不强大，但是正常情况下国王对付少数大贵族还是绰绰有余的，一个平民如果受到贵族的欺凌，他可以到国王那里寻求正义，国王可以通过制裁贵族恢复当事人的正义。国王对贵族的制约使贵族不能在自己的领地之上为所欲为，恣意欺压百姓。正是由于盎格鲁-撒克逊时代存在这种特殊的政治条件，有效地抑制了权威的膨胀，才使当时普通平民享有较多的权利和自由。

第二，古代日耳曼社会的"原始民主遗风"使盎格鲁-撒克逊时代的立法主导权没有被权威垄断。上古时代的不列颠和中国社会的权威如前所述，一个是典型的晚熟型；另一个是典型的早熟型。这两个不同类型的权威，对各自国家民众的权利又会产生什么样影响呢？自国家产生之日起，人类便进入了阶级社会——对抗的社会，为了维护社会秩序，人类社会莫不开始"立法"工作，统治阶级希望用制度来约束人的行为，稳定统治，达到"明礼以导民、定律以绳顽"的目的。普通民众则希望通过法律来确认自己的权利，保护自己的利益。由于两大对抗阶级对法律的功能和价值存在截然相反的认知，这意味着谁全面掌握着立法的主导权，法律就会体现谁的意志，维护谁的权益。而由谁全面掌握立法的主导权，与这个国家或地区权威的高低大有关系。在权威至高无上的国家里，"朕即法律"，法律自然出自权威手中。在权威没有确立或虽然确立但是不够强大的国

---

[1] JOLLIFFE J E A. The constitutional of history of medieval England[M].London：Adam and Charles Black,1937:31.

家中，法律出自人民之手或是权威与人们共同协商产生的，早期表现为将民族风俗习惯奉为法律，近现代表现为代议机构的立法程序。

在古代中国第一个国家夏朝建立的前夕，部落的首领就确立了自己的权威，获取了很多至关重要的权力，"立法"便是其中之一。部落首领的立法权主要体现在两个方面：一是他可以不受习惯法的约束，即他对习惯法拥有否定权，可以宣布特定的习惯法无效；二是他有权另立新法，随着社会的不断发展，部落时期的原始习惯由于难以跟上历史潮流，大多数慢慢地被淘汰了，被部落首领的"立法"所替代。因此，关于中国法律的起源问题，学界已基本达成了共识，可概括为八个字："刑起于兵，礼起于祀。"刑，是指刑事方面的法律，也可以扩大理解为公法范畴的法律，是在战争中形成的，发端于战时军事首领发布的"军令"。礼，是指民事方面的法律，也可以扩大理解为私法范畴的法律，是在祭祀过程中形成的，发端于祭祀时的礼仪、纪律等方面的规范。"军令"体现的是部落首领的意志，"礼"虽然披上了一层宗教性质的外衣，但是最终体现的还是部落首领的意志，因为古代中国并没有形成一个可以和部落首领分庭抗礼的宗教阶层，部落首领既是世俗的领袖，同时也是宗教或精神方面的领袖。所以，民事方面的法律也体现了部落首领的意志，虽然里面掺杂的其他成分较多。进入阶级社会后，中国进入了"家天下"时代，国君至高无上的权威初步确立，执掌包括立法在内的一切军政大权，为了维护统治开始较为正式的立法工作，"夏有乱政，而作禹刑；商有乱政，而作汤刑；周有乱政，而作九刑"（《左传·昭公六年》）。"禹刑""汤刑"和"九刑"分别是夏、商、西周时期的刑法典，都以最高统治者的名义颁布实施的，但它们基本上是一些案例的汇编，没有系统而精确地体现统治阶级的意志。经过春秋战国时期的立法实践和努力，到秦朝时期由于中央集权制度的确立，统治者开始大规模创制法律，甚至达到了"凡事皆有法式"的程度。如秦律这些纯粹意义上的"立法"，都是在皇帝的授意或亲自参与下完成的，系统而精确地体现了最高权威的意志。自此之后，中国传统社会的立法基本沿袭这一做法，未曾改变。这意味着，古代中国的法律是由统治阶级一手包办的，被权威彻底垄断了，人们被排除在立法之外。通过这种方式产生的法律，只能是权威手中用来"牧民"的工具罢了，民众的权利自然少得可怜。

在一个权威不够强大的社会，立法的主导权自然落在社会上，由社会成员集体来掌控，盎格鲁–撒克逊王国即如此。古代日耳曼人的观念中从来没有产生过

"立法"的概念，在部落时期他们把风俗习惯当作法。迁移至不列颠之后，部落解体，国家建立，但是法律的变化不大，依旧沿袭原来的风俗习惯，当然这期间适应社会发展也会废弃一些过时的风俗，产生一些新的惯例，但这个过程是在日常生活中自然而然、不动声色地完成的，等大家觉察到的时候，谁也不知它具体产生于何时。分散的习惯显然不利于国家的统治，因此当王权稳定增长，许多王国开始了有意识的"立法"工作，但盎格鲁-撒克逊时代所谓的"立法"指的是法律的汇编，并非法律的创制。由官方出面，把社会上盛行的习惯法成文化，汇编成法典的形式。至于法典的内容，实质性的变化不大，体现的还是隐喻在风俗习惯中的大众意志。如法典的产生并非国王任意所为，而是经一定的民主程序（国王提议，智者和地方长老商讨、汇集和编纂，全体人民同意）获得的；有关案件判决称为"宣示法律"，所谓的法官称为"宣示者"；处理案件的根据是以前同类案件的判决；判决须经出席审判的自由人的同意方为生效；对案件的管辖权将最终取决于双方当事人的同意，等等❶。国王对法律的态度相当敬畏，制定于公元894年的《阿尔弗雷德法典》的序言中写道："我，阿尔弗雷德，现将我的祖先尊奉的法律集中在一起记述下来……我认为这些都是好的法律，那些我认为不好的法律没有记入……我未敢擅自写入我自己制定的法律，因为我不知道哪些能获得人们的赞同。"❷阿尔弗雷德大帝，是盎格鲁-撒克逊时代最伟大的国王，因为率众抵抗丹麦人的入侵挽救了英格兰，深受当时民众的爱戴，在社会上具有很高的威望。即便如此，他也没有建立起超越法律的权威，其地位仍然低于法律。既然盎格鲁-撒克逊时代的法律是社会成员共同缔造的，权利的初次分配的合理性显然应当优于那种推崇"君主立法"的社会。

第三，古代日耳曼社会的"原始民主遗风"使盎格鲁-撒克逊时代的权利救济形成了以司法为中心的机制。亚里士多德将正义划分为两个层次：一是分配的正义，指的是社会成员和群体成员之间进行权利、权力、义务和责任如何符合比例的配置；二是矫正正义，指的是分配正义被破坏的时候，使之恢复到原来的状态。权利，是按正义原则应得的利益，在早期阶级社会分配的正义只存在理论上的可能性，追求权利的初次分配公平性显然是一种难以企及的奢望。所以对于古代大多数普通人来说，他们最关心的是"矫正正义"能否得到

❶ 张彩凤.现代英国法治的古代渊源[J].公安大学学报,2001(2).

❷ 程汉大.英国法制史[M].济南:齐鲁书社,2001:6.

实现，"矫正正义"的实现又有赖于当时社会权利救济的机制是否合理有效。中国传统社会的权利救济机制——司法体制是典型的行政主导型，学者们通常称为"行政兼理司法"。在行政主导型的司法体制里，不存在纯粹意义上的法官，负责审理案件的官员和其他官员本质上没有什么区别，他们都是在替君主办事，他们判断是非的标准是君主的意志而不是正义。不以正义为追求的司法必然是腐败的，在这种情形之下，当一个普通人的权利遭到侵害时，他是否能得到很好的救济绝对是值得怀疑的。尽管中国历史上也不乏能断案的清官，但毕竟凤毛麟角，总体上的情况，我们从社会上流传至今的一些法律谚语可以窥豹一斑。如"衙头府底赔杯酒，赢得猫儿卖了牛""一场官司一场火，任你好汉没处躲""被盗经官重被盗""人命官司两家穷""一事到官，十家牵缠；一人入狱，一家尽哭""屈死不告状，穷死不借钱""好战者阵亡，好讼者狱死"。谚语是民间世代社会经验的总结和写照，它形象地向我们描绘了传统中国社会民众权利救济的状况。

传统中国社会的老百姓非常忌讳"打官司"，说明他们对当时社会的权利救济机制持否定态度。盎格鲁-撒克逊时代的司法体制和我们有本质上的不同，盎格鲁-撒克逊王国由于王权不大，没有建立起自上而下统一的官僚机构体系，司法的体制继续沿用旧制，在司法实践当中贯彻实行"同等人审判"原则，案件的管辖归属，主要依据当事人的身份来确定。在盎格鲁-撒克逊时代如果有人的习惯权利受到侵害，他的第一反应是向法院起诉。如果他是一个重要政治人物，如贵族、大乡绅和高级教士，他会向贤人会议寻求正义。贤人会议在审理案件时由参加会议的大贵族集体充当法官，他们作出的司法判决，国王也无权进行修改。例如，在埃加德国王统治威塞克斯王国期间，一个名叫埃格弗尔斯的人因犯盗窃罪被贤人会议判处没收财产，他的妻子通过坎特伯雷大主教邓斯向国王求情，希望从轻发落，国王却无奈地表示"爱莫能助"，理由是"我的贤人会议已作出判决"[1]。中小贵族的案件一般在郡法院审理，法官由地方上包括主教、伯爵、男爵、骑士以及自由民在内的自由土地保有者组成，集体行使案件的审理权。司法审判的主要依据是地方性的习俗和惯例，判决一般比较公正。普通百姓的案件由百户区法院负责审理，审案的方式同郡法院一样，程序由百户长主持，判决则由案件当事人的邻居集体作出。可见，在盎格鲁-撒克逊时代由于行政力量没有发

❶ 程汉大,李培锋.英国司法制度史[M].北京:清华大学出版社,2007:20.

育成熟，社会纠纷全由司法机构负责处理，甚至大量的行政事务也通过司法的方式进行处理，形成了以司法为中心的权利救济机制。以司法为中心的权利救济机制与以行政为主导的权利救济机制相比，其最大的优点在于公平的保障上。"在国家、公民和社会三者利害关系中，法官代表的是社会，任务是平衡国家与公民之间的利益关系。"❶而行政官员主导下的审判，肯定优先考虑的是国家及其代理人各级官僚的利益，普通人的利益恐怕被作为最后考虑的对象。更应特别指出的是，盎格鲁-撒克逊时代的法官是由当事人的邻居来担任，对保障案件公平是非常有利的。其一，这些平时和当事人有密切接触的邻居们对案情无疑是最为了解的，不易被蒙蔽，对查明事情真相非常有利。其二，邻居审理邻居的案件，更容易换位思考，如果今天自己充当法官对案件审理不公，那么明天当自己成为当事人时，也可能遭到同样的结果，所以公正地对待邻居的案件其实等于公正地对待自己。《阿尔弗雷德法典》开篇规定："判决应当非常公允：不能对富人是一种判决，对穷人是另一种判决；也不能对你的朋友是一种判决，对你的敌人是另一种判决。要公正地裁判每一个人。你不想人家那么待你，你也不要那么待人。"❷因而，从今天的立场看，盎格鲁-撒克逊时代司法权是真正意义上的"社会之公器"，其情形正如18世纪英国著名法学家布莱克斯通在其巨著《英国法释义》所说："根据社会的基本属性，最初的司法权属于整个社会。"❸因而当普通百姓的权利无论遭到谁的侵犯，差不多总是能给予公平的救济。也正是由于司法权从来就没有集中于国王政府手中，而是保留在了社会大众手中，故而建国伊始英国就形成了"王在法下"的法治传统❹。

本章小结

本章的主题是回顾和评析盎格鲁-撒克逊时代人们的权利保护状况，并与东方或欧陆社会作了简要的对比，给我们总体的印象还是比较好的，但是我们也应清醒地意识到，这种"好感"只能是相对意义上的。因为盎格鲁-撒克逊时代毕竟刚刚从野蛮步入文明，社会的发达程度还很低，在许多方面与历史同期其他国

❶ 郝铁川. 法治随想录[M]. 北京：中国法制出版社，2000：89.

❷ 伯尔曼. 法律与革命[M]. 贺卫方，高鸿钧，夏勇，等译. 北京：中国大百科全书出版社，1996：3.

❸ 布莱克斯通. 英国法释义：第一卷[M]. 游云庭，缪苗，译. 上海：上海人民出版社，2006：291.

❹ 程汉大. 英国的法治经验[J]. 中国政法大学学报，2008(1).

家相比，还有很大的差距。而且就权利论，虽然习惯法比君主立法更具民主性，更关注大众社会的利益，在某一历史阶段内它对于权利保护具有无比优越的进步性，但是就法律的发展规律来说，习惯法毕竟还是处于历史落后阶段的法，自身也有许多缺陷，不可能为人们的权利提供长期性的保护。另外，盎格鲁-撒克逊时代人们的权利保护状况与我们列举的国家相比是要好一些。但并不意味着在早期人类社会它是最好的，倘若将它与过去的雅典共和国或罗马共和国相比，它恐怕也会星光黯淡，自惭形秽。以雅典为例，从国家的政体上论，雅典是共和国政体，国家的最高领袖——首席执行官由全体公民选举产生，而且不是终身制，有效地杜绝了专权。雅典的立法非常发达，最早的"宪法"即出自雅典人之手。因此，从公民的权利上论，雅典无疑达到了早期人类社会的最高峰，远远超越了盎格鲁-撒克逊时代。我们在上文之所以没有将雅典等列为比较的对象，并不是有意回避，而是考虑到两者之间没有多少可比性，因为雅典是人类历史上的一个绝无仅有的特例。雅典是一个典型的城邦国家，比盎格鲁-撒克逊时代足足早了近两千年，后来它被波斯灭亡了，如昙花一现，没有经历过一个完整的历史发展过程。

第二章　早期普通法与主体权利的保护

1066年诺曼人用武力征服了盎格鲁–撒克逊王国，但幸运的是诺曼人居然奇迹般地继承了盎格鲁–撒克逊王国的法律政治遗产，并在此基础上加以改造、发展，使之与时俱进，最终形成了通行全国的普通法，对社会大众的权利给予了更加周全的呵护，直到如今还有许多英国人坚信他们的权利来源于普通法。

第一节　英国普通法的形成

一、普通法形成的历史背景

尽管学术界对普通法产生的精确时间一直争议不断，但是无人能够否认诺曼征服对普通法形成的关键性影响。盎格鲁–撒克逊王国国王忏悔者爱德华死后无嗣，英国贵族推选本土大贵族哈罗德为王，但是与英国隔海相望的诺曼公国大公威廉也对英国王位提出了"合法"要求❶，于是一场争夺英国王位的战争不可避免地发生了。这本来是一场悬念不大的战争，但怎奈哈罗德时运不济，在面临外患时又遭其弟背叛，陷入南北两线作战的困境，应该以逸待劳的他，却终因来回奔波筋疲力尽，在黑斯廷斯战败身亡。威廉趁势率军征服了英格兰，并在伦敦加冕为王，史称"诺曼征服"。历史证明，这次征服与英国历史上的罗马征服和蛮族征服相比，影响最为深刻和持久。正如梅特兰在《爱德华一世以前的英国法律史》一书中所说，"诺曼征服决定了英国法律史的未来，我们无法想象，假如哈罗德击败了入侵者，英国法的历史会是怎样?"❷

（一）诺曼征服使英国社会结构发生了根本性变革

盎格鲁–撒克逊时代的英国保留了大量原始社会残余，当时社会成员的主体是自由民，除此之外还有部分奴隶。自由民主要源于部落时代的氏族成员，但是随着时代变迁，氏族成员之间由于贫富分化出现了等级差别，少数成员如原先的部落长老、酋长或立功人员晋升为贵族，成为王国的统治者；绝大部分成员是依

---

❶ 威廉是忏悔者爱德华国王的表亲,忏悔者爱德华国王曾答应将王位传给威廉。

❷ POLLOCK F, MAITLAND F W.The hisroty of English law before the time of Edward Ⅰ：Vol.1[M]. Cambridge：Cambridge University Press,1898:79.

赖份地生存的平民百姓，当然也有一部分成员因为破产沦为奴隶。即便如此，直到盎格鲁-撒克逊时代末期，仍未形成严格的等级制度和观念，权力没有被少数人彻底垄断，人们普遍享有较多的自由。有人曾将社会是否产生明确的等级作为判断进入封建社会的标准，若以此观之，盎格鲁-撒克逊时代仍然处于前封建社会时期，或曰封建社会的萌芽时期；如若假以时日，盎格鲁-撒克逊王国也会按照自己的步伐跨入封建社会。但这一进程突然被诺曼征服打断了，诺曼人通过全面引入其公国的封建制度，对盎格鲁-撒克逊社会的结构动了一个"大手术"。威廉一世基本消灭了盎格鲁-撒克逊王国的大贵族，没收了他们的土地，然后将没收来的土地按纯粹的封建原则进行层层分配。这样一来，全国上下以土地分封为纽带，形成了全新的社会结构，国王和他的直接佃户是社会的第一等级，中间佃户为中小贵族，是社会的第二等级，经营份地的自由民为第三等级，身处社会最底层的是没有自由的农奴和奴隶。

（二）诺曼征服对盎格鲁-撒克逊社会的权力（利）系统进行了解构与重构

威廉一世征服英国后将反抗者赶尽杀绝，对合作者进行安抚并重新加以利用，在此基础上重新构建王国的权力（利）系统。一是威廉一世本人，他是英国最有权势的人；二是他分封的180个总佃户，作为他的直属封臣，权势和地位仅次于他，他们一起构成国家权力（利）系统的核心；三是中间佃户，他们的政治影响力主要体现在地方政治中；四是普通的自由人，主要参与基层社会组织的管理。由是，自上而下，随着土地的分封，权力（利）也随之一层一层被分配到不同的群体。这种权力（利）的分配模式，学者称为"金字塔式"的结构。"金字塔式"结构最显著的特点：一是权力相对集中，表现为金字塔顶层的人数相对较少；二是权力分布虽不平等但没走向极端，金字塔底层的普通百姓也享有一定权利，并且受到保护。现代政治理论表明，权力分配的最佳结构是"橄榄球式的"，即两头小、中间大的结构模式，但这种权力结构在古代社会是不太可能存在的。古代社会较为典型的权力结构，除了"金字塔式"外，还有"蜂巢式"和"大屋顶式"。古代法国是"蜂巢式"结构的代表国家，其在跨入封建时代后和英国一样实行分封制，将权力和土地一起进行层层分封，不同之处在于，由于历史原因，法国国王自己的封地并不多，甚至比一些大贵族的土地还要少，这种分封方式导致国王权势逐步衰微，而其他大贵族财大气粗，割据一方，根本不把国王放在眼里，最终在一国当中出现多个权力中心，形成"蜂巢式"的政治结构。在这种权力结构中，国王无力约束贵族，贵族在自己的领地上横征暴敛、鱼肉百姓，平民的权利受到极大的损害。古代中国则是"大屋顶式"结构的代表性国家，在这种权力结构下，以皇帝为代表的少数人垄断政权，通过官僚系统对人民进行直接统治，老百姓鲜有权利可言。

（三）诺曼征服在英国实践了新的社会治理方式

盎格鲁–撒克逊社会是一个政治统治比较松散的社会，国王和贵族联合起来对国家进行统治，王权并不强大，行政权力对社会的干预力度比较小，社会上保留了大量的原始民主遗风，因而人们享有程度比较高的自由。但这种社会治理模式弊端也是比较明显的，由于王权不够强大，无法对社会冲突进行有效管控，人们的自由和权利受侵害的风险比较高，而且权利一旦受到侵害，主要依靠私力进行救济，公权力的救济十分有限，很显然这对弱者来说是极为不利的。诺曼征服后，诺曼诸王秉承民族传统，发挥精于行政管理的才能，一方面建立了强大的王权；另一方面建立了新的治理模式。强大的王权在英国建立了前所未有的政治权威，将王国的一切活动纳入其监管之下，有效地维系了社会秩序的稳定，使人们的生活更有安全感。但是，诺曼人的王权并没有强大到"至高无上"的地步。最终，这种有限强大的王权和日耳曼传统相结合，逐渐形成了"以司法为中心"的社会治理模式。"以司法为中心"意味着法律在社会上享有崇高的地位，意味着专断的行政权力受到了遏制，意味着权利的救济是公开和透明的。总而言之，诺曼征服之后，尽管公权力对社会的干预力度加大，人们生活的自由度可能有所减少，这或许是有人将诺曼征服称为"诺曼枷锁"的真正原因，但从权利的救济的视角看，人们的权利反而更有保障了，一旦受到损害，公权力将会给予及时的救济。

通过以上对诺曼征服之后英国社会变化的考察可以看出，诺曼征服后的英国和欧陆国家相比，既有共性，也存在差异。这种差异是英国法律传统与欧陆分道扬镳的重要原因之一。众所周知，法律是一个国家权力（利）分配的记录。英国社会独特的权力（利）分配结构虽不能完全决定英国法律的未来，但它对普通法产生的影响是意味深长的。

二、英国普通法的形成过程

众所周知，普通法属于判例法，不是立法机构花费三年五载立法的产物。普通法的形成从11世纪诺曼征服起开始发轫，中间经历了大约300年的光阴，最终形成于13世纪中叶，学术界很多人将亨利三世时期布拉克顿（Bracton，约1210—1268）的《关于英国的法和习惯》（*On the Laws and Customs of England*）作为普通法最终形成的标志。所以，对普通法的形成必须进行"历史地解读"才能予以正确的理解。

（一）威廉一世对盎格鲁-撒克逊政治法律遗产的继承

诺曼征服后，威廉一世如愿以偿地登上了英国王位，但是登基之初，诺曼人的统治地位是非常不稳固的。据历史记载，在威廉一世登基加冕的涂圣油仪式上，周围群众放鞭炮进行庆祝时，威廉本人竟然吓得浑身发抖，他的亲兵更是害怕得不知所措，以为有敌来袭，放火焚烧了教堂周围的民房。从这一历史细节我们不难看出，威廉一世对英国人民的反抗还是十分担忧的，因为当时入侵英国的诺曼人在数量上与英国本土居民相比毕竟是少数，而且很多英国人对诺曼人的入侵怀有很深的仇恨。面对不利局势，威廉一世审时度势，采取了极为灵活有效的政治举措来化解困局，稳固了自己的统治。

首先，威廉一世采取强硬措施，打击叛乱、确立权威、强化王权。威廉加冕为王之后，组织军事力量四处平叛，通过血腥镇压基本上消除了英国人的反抗力量。他在全国修建了许多坚固的城堡，为诺曼统治者提供安全保障。此外，为保障诺曼人的人身安全，他制定的新的法律规定：某地发生凶杀案，如果死者的身份无法确定，那么法律推定死者是诺曼人，当地村社要负责找出凶手，否则将面临大笔罚款。通过这些举措，诺曼人逐渐在英国站稳了脚跟并逐步和英国居民融合在一起，形成一个新的民族。为了强化王权，威廉一世在引进封建制度的时候进行了一系列制度创新。在分封土地的时候，威廉一世自己就占据了英国四分之一的土地和大部分森林，成为实力最大的封建主。然后把剩余的土地分封给了180个大贵族，这些大贵族获封的土地除了在数量上与威廉一世相差悬殊外，还被威廉一世有意识地加以分割，分布在全国各处，因此单个贵族的实力根本无法同国王相抗衡。为了防止大贵族联合中小贵族对抗自己，威廉一世在1086年的"索尔兹伯里盟誓"中还确立了"我的附庸的附庸还是我的附庸"的原则，要求各级封建主都必须向他本人行臣服礼，以此实现了对中小贵族的控制。此外，为加强经济上的控制，威廉一世派人到全国各地清查居民的土地、财产和收入状况，为征收赋税提供依据。由于他派出的调查员个个如凶神恶煞，调查内容又极细致，甚至连一只鸡或鸭都不放过，被调查者如履薄冰，好像在接受上帝使者的末日审判一样，所以调查结果被称为《末日审判书》。这些措施一举消除了政治上纷乱割据的隐患，将全国的居民纳入了统一王权的有效控制之下，使英国结束了松散无力的统治局面。威廉一世借此建立起了当时西欧社会最强大的王权。

其次，威廉一世也表现出一定的妥协和让步。这方面最显著的体现，是威廉一世对盎格鲁-撒克逊政治法律遗产的继承上。诺曼征服后，威廉一世为了站稳脚跟，争取民心，竭力淡化入侵者的角色，一直以忏悔者爱德华国王的合法继承者自居，因此并没有挥刀割断与盎格鲁-撒克逊王朝的联系，而是在继承盎格鲁-撒克逊传统的基础上有所创新。从政治上看，威廉一世强化了中央集权，但是并未建立专制，只是把盎格鲁-撒克逊王朝时代的贤人会议改组成御前会议，两者的职能并没有发生根本性的变革。在地方上，威廉一世保留了盎格鲁-撒克逊王朝的郡、百户、村社等地方管理机构，虽然通过委任郡守等地方官强化了中央与地方的联系，但是地方仍然保留了大量的自治权。从法律上看，威廉一世虽然从诺曼带来了征服者的法律，但是并没有强迫英国人服从征服者的法律，宣布诺曼的法律只适应诺曼人，英国人仍遵守忏悔者爱德华时期的法律和他本人制定的法律，实际上威廉一世本人制定的法律极少。由此可见，诺曼征服后英国依然保留了原来的法律，这些法律主要是分散的习惯法，威廉一世并没有对英国旧有的法律作出多大的改变❶。

最终，在威廉一世治下，强大王权的建立以及对盎格鲁-撒克逊习惯法的继承，为英国普通法的滋生铺就了温床。鉴于诺曼征服对于英国法律的发展产生的深远影响，梅特兰称其是"一场决定整个英国法未来历史的巨大变革"。

（二）亨利一世和亨利二世的司法改革

威廉一世之后，威廉二世接任，威廉二世在一次狩猎时被手下一名仆人意外射杀，在位时间比较短暂，其弟亨利一世走马上任。由于威廉二世在位期间不尊重贵族利益，先后和教俗贵族发生严重冲突，一度使英国处于紧张混乱的局势当中，亨利一世登基之后，为获得英格兰贵族的支持，发布宪章承诺遵守爱德华国王时期的法律和其父威廉一世时期制定的法令，废除其兄威廉二世时制定的那些

❶ POLLOCK F, MAITLAND F W.The hisroty of English law before the time of Edward Ⅰ : Vol.1[M]. Cambridge：Cambridge University Press，1898：88-90.

他本来无权制定的法令❶，从而使英国政局大为缓和。其后，亨利一世大力整饬朝纲，在政治和法律方面颇有建树。在政治上，亨利一世在位时创立了财政署，这是英国最古老的政府机构，财政署的主要职能是帮助国王打理全国的财政，负责征收各种赋税和裁判与赋税有关的争讼案件。在法律上，亨利一世创立了巡回审判制度，不定期任命一些"钦差大臣"到地方进行视察，巡回法官所到之处，既审查地方账目，纠察地方官员的不法行为，同时也听取民怨，审理重要案件，对受害人进行救济。亨利一世去世后，由于王位继承出现了重大失误，英国陷入了长达19年的"斯蒂芬乱世"。这种局面一直持续到亨利二世继位之后才告结束。

亨利二世是亨利一世之外孙，即位之后励志革故鼎新，重振朝纲，恢复王国的和平，对英国进行了一系列改革，由于亨利二世的改革主要着重于司法领域，对普通法的产生起到了极大的推动作用，因此亨利二世被史家称为"普通法之父"。亨利二世的司法改革主要体现在以下几个方面。

第一，令状的司法化。令状，原本是国王发布的书面命令，责令接受令状的人为或不为某事，令状早在盎格鲁-撒克逊时代就存在。诺曼征服之后，国王把令状当成一种行之有效的管理工具，由于行政令状带有命令性质，执行效率非常高，有的当事人为了满足自己的私欲，编造虚假理由向国王申请令状，而负责签发令状的机构——文秘署不可能逐一加以审核，结果使许多本身有错误的令状得到了执行，这使部分无辜者的合法权利受到损害，同时在一定程度上破坏了国王的权威和声望。亨利二世即位后着手对令状制度加以改造，为其褪去了行政命令的色彩，披上了公正的司法外衣——使令状司法化。当国王收到一个救济申请时，不再直接下达命令，责令某人去做某事，而是给申请人提供一个权利救济的机制和平台，国王会下令给某位领主或地方郡守要求他们给予公正的处理，至于事情的是非与曲直一旦进入司法的渠道自然就会水落石出。令状的司法化，既维护了国王的权威，避免了国王在不知情的情况下发出错误的命令，同时又对申诉人提供了一个正式的权利救济渠道——司法裁判。另外，令状司法化之后，只要缴纳一定的费用即可申请一道以国王名义颁发的令状，这使社会普通大众在权利受损后也能享受到国王法庭的救济。随着令状签发数量的增多，令状本身越来越复杂化，越来越类型化，最终形成了每一种令状只能对应一种诉讼的局面。也就

---

❶ 蒋孟引.英国史[M].北京:中国社会科学出版社,1988:92.

是说，案件的当事人必须根据自身的案情去选择对应的令状，如果令状选择不当，会直接导致案件败诉。所以，在普通法中有"没有令状，就没有权利"的说法。令状的司法化，使英国法律形成了"程序优先"的鲜明特色。

第二，陪审制度的引入。陪审制度是普通法最有特色的制度之一，陪审制虽不是亨利二世的创举，法兰克国王曾用它来调查处理国事，威廉一世则将之用于进行全国赋役大调查，但是将陪审制引入司法审判无疑是亨利二世的创举。亨利二世首先建立的是民事审判陪审制。1164年，亨利二世颁布《克拉伦敦宪章》（Constitutions of Clarendon），其第9条规定：当某块土地是教会保有制还是世俗保有制出现争议时，应从当地居民中选出12名骑士或自由人组成陪审团，经宣誓后作出裁决。后在1166年、1176年及1179年的国王法令中，陪审制被推广应用于新近被夺地产案、土地继承案和土地所有权争议案的审判，并对陪审员的产生规定了"二级遴选法"，即首先由郡长从与当事人双方均无任何关系的当地骑士中选出4人，再由这4人从当地土地保有者中另选出12人组成陪审团。在刑事诉讼领域，最先建立的是陪审团起诉制度。1166年的《克拉伦敦法令》（Assize of Clarendon）规定，当巡回法院开庭时，郡长应从各百户区召集12名骑士或"合法自由人"，从各村镇召集4名"合法自由人"出席，经宣誓后检举亨利二世即位以后本地所发生的一切重大刑事犯罪，这是现代大陪审团即控诉陪审团的最初萌芽。在以后的一段时间内，受到大陪审团检举的犯罪嫌疑人仍沿用神判法进行审判。1215年第四次拉特兰宗教大会作出决议，禁止教士参与神判，这等于宣布废除了神判法。拉特兰宗教大会的决议在英国得到彻底的落实，陪审团审判制迅速普及开来❶。陪审制度的确立是司法审判方式上的一次革命，在此之前的法庭审判中毫无例外实行的是"神判法"，即诉诸神灵来确认被告有无犯罪的一种验证方法，主要有热铁法、热水法、冷水法、吞食法、摸尸法和决斗法等几种形式。陪审制度引入司法之中，其本质上是将"理性"引入审判，以"人的推理判断"取代"神的声音"，"这意味着一种理性的查证方式对于那些古老的、非理性的、诉诸上帝或其他神秘力量的方式的胜利"❷。亨利二世引入的陪审制度在维护英国人的权利方面发挥了巨大的作用，布莱克斯通将这一制度誉为每一个英国人"自由的伟大堡垒"，是人民的自由和国王特权之间的

❶ 程汉大.亨利二世司法改革新论[J].环球法律评论,2009(2).

❷ 卡内冈.英国普通法的诞生[M].李红海,译.北京:中国政法大学出版社,2003:80.

"强有力的和双重屏障"。

第三，巡回审判制度的完善。巡回审判制度滥觞于亨利一世时代，但是亨利一世时代的巡回审判与其称为"巡回法院"，倒不如称为"巡回政府"更为贴切，因为亨利一世时代巡回的重点不在司法而在于财政，因此带有一定的"搜刮"功能，巡回法院的法官们每到一处核查账目，追缴各种欠税，纠察各类违法行为，进行罚款。因此，巡回法院越来越被人们反感和憎恨，有的地方居民闻知巡回法院要光临本地，甚至集体逃到森林里进行躲避。亨利二世即位后仍然继续沿用这种巡回审判制度，但对其进行了改革完善，创制出另外一种巡回审判模式——特别委任巡回审判，将巡回审判回归本义，使巡回审判真正成为一种纯司法性活动。并于1166年出台《克拉伦敦法令》，派遣两名王室法官巡回全国审案，于1176年出台《北安普敦法令》（Assize of Northampton），在全国成立6个巡回审判区，组建6个巡回审判法庭，分赴各区受理案件，从此，巡回审判成为一种定制。"如果说中央王室法庭免除了民众追赶国王以求王室救助的辛劳，那么巡回法庭则将国王的恩惠送到了千家万户的门口。"❶巡回审判制度的完善，使普通民众的权利在获得及时救济的同时，又大大减轻了他们的维权成本。

第四，王室法院系统的构建与扩张。在诺曼征服之前，英国在世俗领域没有统一的中央司法，司法权分散在社会之中，由郡法院、百户区法院等公共机构分别行使，整个英格兰王国的司法体系被撕成若干碎片，司法权呈现多元化状态。为了加强对王国的控制，改善司法混乱的状况，亨利二世在司法领域进行了积极而又不动声色的权力扩张。他采取的第一个步骤是建立了自己的王室法院。亨利一世时期从御前会议中分离出财政署（理财法院）这一机构，亨利二世时期又从中分离出另一个重要的司法机构——高等民事法院，从1178年开始，亨利二世挑选了两名教士、三名俗界人士常驻威斯敏斯特，听审王国境内的争讼，这就是后来的皇家民事法庭。后来，亨利二世又将跟随他进行全国巡游审理案件的法官也固定在威斯敏斯特升堂问案。这样早期的三大中央法院逐步建立了，理财法院处理与财税有关的争议，高等民事法院主要负责普通民事案件，王座法院审理国王的诉讼，即与王室有关联的民事和刑事案件。尽管最初王室法院的管辖权十分有限，审案的范围仅限于与国王利益相关的案件，但是实体机构的建立为将来国王控制司法权奠定了物质基础。正是通过王室法院系统的帮助，英王逐步削弱地

❶ 卡内冈.英国普通法的诞生[M].李红海，译.北京:中国政法大学出版社,2003(译者序):4.

方势力，在同地方势力争夺权力的斗争中，"争得特别激烈的，是谁有权审判和从而建立法庭，因为罚款和审理费是一种最丰富的现金来源"❶。国王采取的第二个步骤是通过各种手段不断侵蚀地方公共法庭、领主法庭和教会法庭的管辖权，不断扩张王室法院的管辖权。王室法院借助令状从其他法庭攫取了大量司法管辖权，如通过移卷令与郡法院竞争司法管辖权，通过权利令状与领主法庭竞争司法管辖权，通过确定土地性质令状与教会法庭竞争司法管辖权。王室法院还借助巡回审判和陪审等明显合理与先进的制度，通过"竞争"的方式，将原本不属于王室法院管辖的案件源源不断地吸引过来，"令状制剥夺了领主的一些司法管辖权；陪审制取代神明裁判和决斗为当事人提供了更理性的裁决方式，也使证据制度发生了革命；巡回审判将'优质'的司法服务'送货上门'，方便了民众，加强了中央与地方的联系"❷，这使王室法院的管辖权不断扩大，其他法庭的管辖权则不断萎缩，从而渐进式地完成了司法的中央化，最终实现了国王对绝大部分司法权的控制。

　　总而言之，亨利二世的司法改革对普通法的产生起到极为关键的催化作用。普通法诞生之前的英国社会基本处于分散的习惯法统治之下，全国大致可以分成三大法区，法律体系极为凌乱。当时的英国还不存在具备制定一部统一法典能力的专门立法机构，而且根深蒂固的盎格鲁-撒克逊"法律是被发现的，而不是制定"的传统观念也会极大阻碍这样的立法行为。因此，统一法律的任务，历史地落在法官身上。亨利二世的改革，建立统一的王室法院系统，引入陪审制度，完善巡回审判制度，可以说是招招中的，为职业法官的成长营造了良好的历史环境。法官们马不停蹄地到全国各地巡回审判，每到一处地方，法官都要向陪审员深入了解当地的习惯法，然后据此裁决案件。这样一来二去，经过经年持久的努力，王室法院的法官们把全国各地的习惯法汇聚在一起，并加以认真细致的研究，从中抽象出一些重要的法律原则，然后再按这些重要的法律原则去指导案件的审判，经过反复的试验与考核，凡是经得起时间考验的法律原则便逐渐沉积下来，最后形成了全国统一适用的普通法。丘吉尔对亨利二世的司法改革给予高度评价，他说："在英格兰历代国王中，有比亨利二世杰出的军人，也有比他敏锐的外交家，但就法律和制度方面的贡献而言，却无人能同他相媲美……善于解决

❶ 泰格，利维. 法律和资本主义的兴起[M]. 纪琨，译. 上海：学林出版社，1996：9.

❷ 李红海. 普通法的历史解读——从梅特兰开始[M]. 北京：清华大学出版社，2003：73.

行政和法律方面的难题，这是他的成就所在。他的各次战斗的名字早已湮没无闻，但他的名望将同英国宪法和普通法一起永世长存。"❶

（三）爱德华一世的"立法"改革

亨利二世的司法改革"奠定了习惯法的基础，使后人得以在此基础上添砖加瓦，其'图案'会有所变化，但'外形'不会发生任何变化"❷。亨利二世之后的统治者对普通法的贡献主要体现在不断地"添砖加瓦"进行完善上。亨利二世的后继者"狮心王"理查一世热心于宗教战争，不关心内政，在他统治期间普通法平稳发展。其后继承大统的是"无地王"约翰，约翰执政时期为争夺领地与法国展开激战，但最后以失败告终，将其祖辈在欧洲大陆创立的基业丢失殆尽。此举使英国贵族遭受重大损失，但对国家而言未必完全是坏事，失去欧洲大陆领地之后，英国君主们不必再牵挂大陆的领地，自然将政治重心转移到对不列颠的统治上，更重要的是放弃了大陆领地使英王彻底摆脱了法国属臣的身份，使英国成为一个政治独立的国家，这对英国法律政治的发展无疑是大有裨益的。据记载，约翰回归不列颠之后，便对英国的法律产生了兴趣，在位期间加强了王座法院的建设。约翰在英国法上最大的"贡献"是签署了《大宪章》。亨利三世即位后，王权进一步下降，为缓和政局亨利三世对《大宪章》进行了三次确认，并被迫签署了《牛津条例》，在他统治时期，英国议会开始形成雏形，人民的自由和权利在政治上进一步获得保障。亨利三世统治时期，还重建王座法院，巩固了普通诉讼法院、理财法院等王室司法机构，各个法院机构开始有了各自的印玺和卷宗档案，司法越来越职业化。亨利三世时期的法官布拉克顿是英国历史上的伟大法学家之一，他从王室法院的诉讼案卷中选取了500多个判例作为写作的基础，用拉丁文写成了《关于英国的法和习惯》一书，全书围绕法的理论、人法、物法、诉讼法和债法、王权之诉及各种令状，对英国13世纪司法实践作了相当广泛和仔细的研究，被梅特兰誉为"英国中世纪法学的王冠和花环"❸。这一切表明，亨利三世时期英国法逐渐发展成熟，甚至可以和民法与教会法并驾齐驱，至此英国

---

❶ 程汉大.英国政治制度史[M].北京:中国社会科学出版社,1995:48.

❷ 李红海.亨利二世改革与英国普通法[J].中外法学,1996(6).

❸ POLLOCK F, MAITLAND F W.The hisroty of English law before the time of Edward Ⅰ: Vol.1[M].Cambridge: Cambridge University Press,1968:174.

中世纪法律的架构基本上形成了，后世所需做的只是填充具体材料而已❶。

　　中世纪继亨利二世之后，对普通法发展贡献最大的非爱德华一世莫属。这位被誉为英国"查士丁尼"的国王一生热衷于立法，制定了大量的成文法律，对普通法进行了修补和完善。英王爱德华一世时，"普通法"一词已广为流传❷。波威克说，爱德华一世制定法令的目的是对普通法进行澄清或修正，如果法律无效，则制定新的法律❸。爱德华一世颁布的重要法令有1275年的《威斯敏斯特1号令》、1285年的《威斯敏斯特2号令》、1290年的《威斯敏斯特3号令》以及1278年的《格洛斯特法》、1279年的《永久产业管理法》、1285年的《温切斯特法》和《商人法》等。这些法律虽然在形式上是制定法，但它们本身还是普通法的一部分，因为爱德华一世统治时期英国议会虽然有所发展，但还不具有立法的政治功能，真正的议会立法是从近代以后才开始的。从内容上看，《威斯敏斯特1号令》对普通法的程序法作了重要改造，以保护国民免受官吏的打扰和侵害，还规定刑事案件必须实行陪审制；《威斯敏斯特2号令》几乎涉及了普通法所有领域，规定郡长等官职的自由选举，重申禁止过多罚金以及对刑法、刑诉的修改等❹；《威斯敏斯特3号令》对普通法上的土地转让作出了规定：每一个自由人都可以按自己的意愿出卖部分或全部封地，新的持有者将对这块土地的领主负有和前一个持有者同样的义务，意即自由人可以不经过领主的同意自主转让土地。除此之外，爱德华一世统治时期，英国司法制度也有重大进展，突出表现在法律职业共同体的形成。据考证，在亨利三世时期，英国的法官基本达到了职业化的程度，法官基本由通晓法律的人士担任，并且形成了法官领薪制。到了爱德华一世时期，律师执业群体开始形成，并且开始从精通法律知识和司法经验丰富的职业辩护律师中选任职业法官。与此同时，法律教育开始蓬勃发展，在英国形成了四大律师会馆，许多贵族子弟进入律师会馆，以法官为师，开始演习普通法，学成后便步入律师行业，其中的优秀者在开业多年之后会被委任为法

❶ POLLOCK F，MAITLAND F W.The hisroty of English law before the time of Edward Ⅰ：Vol.1[M].Cambridge：Cambridge University Press，1968：174.

❷ POLLOCK F，MAITLAND F W.The hisroty of English law before the time of Edward Ⅰ：Vol.1[M].Cambridge：Cambridge University Press，1968：117.

❸ POWICKE M. The Oxford history of England：the thirteenth century，1216—1307[M].Oxford：Clarendon press，1953：279.

❹ 钱道弘.英美法讲座[M].北京：清华大学出版社，2004：26.

官。由于出身背景相似，接受同样的法律教育，因而律师与法官之间在价值观念和对法律的认识上几乎如出一辙，两者的紧密结合促动了英国法律职业共同体的形成，这是英国普通法制度中极为重要的一个组成部分，法律职业共同体的形成为英国法治建成和人权保障奠定了坚实的基础，标志着英国普通法的成熟。

　　以上对普通法形成的历史背景和大致过程进行了简单扼要的概述，为了叙述的便利，我们主要以几个重要的朝代为线索进行了叙事，这种安排可能会对部分读者产生"误导"，以为普通法是英国少数有为国王的杰作，因而于此有必要作一下说明。对于英国普通法的诞生，我们非常赞成英国法史学家密尔松的观点，他说："普通法是在英格兰被诺曼人征服后的几个世纪里，英格兰政府逐步走向中央集权和特殊化的进程中，行政权力全面胜利的一种副产品。"❶密尔松的话揭示了普通法诞生的真正奥秘，普通法的形成不是英国统治者刻意追求的结果，更不是由统治者制定颁布的，英格兰国王们的努力仅在客观上为普通法的形成创造了条件，普通法是属于典型的"无心插柳柳成荫"，即密尔松所言的"副产品"。由于普通法是经过无数王室法官之手，经过成年累月的审判积淀形成的，因此现在比较广泛的说法是：普通法是法官法。这个观点笼统上说是正确的，尤其是在与大陆法进行立法上的比较时。但是从更严格的意义上论，英国法官虽然参与了普通法的缔造，并且在其中发挥了至关重要的作用，但是王室法官对于普通法的形成来说也只是一个载体，因为普通法的内容和原则不是法官凭空想象而来的，对普通法而言，法官只是法律的发现者，而不是创造者，普通法的真正来源是英格兰存在历史久远的习惯法，而习惯法是人民缔造的，也就是说归根结底是英格兰整个民族创造了普通法，只不过参与创作的个人对此都没有意识，因为这种立法创作不是通过召开声势浩大的立法会议实现的，而是在平凡的生活中无声无息实现的。普通法就是在生活中发生纠纷的时候，大家围拢在一起商讨解决办法中产生的，一个好的解决办法，便喻示着一个新惯例的形成，惯例一旦使用久远便会融入传统，成为有权威的习惯法。当普通法院法官们巡回到某地裁判案件时，他会事先通过当地人了解此地的习惯法，然后据此裁判。如果这是一个非常成功的判例，便会得到全体法官的承认，当他们在另一个地方时遇到类似的案件，便会参考这个案例进行裁决，这样周而复始，一个新的法律原则便被发现了，并在全国统一得到适用，这个新的原则可能就是普通法诸多原则当中的一个。由此可

---

❶ 密尔松.普通法的历史基础[M].李显冬,等译.北京:中国大百科全书出版社,1999:3.

见，普通法没有像大陆法一样存在一个明确的立法者，它是在社会变迁中伴随着纠纷解决和权利救济"自生自发"出来的。

第二节　英国早期普通法确认的权利与自由

一、特权、主体权利与普遍权利

"权利"或许是当今社会使用频率最高的词汇之一，即使普通市民百姓也经常将权利一词挂在嘴边，津津乐道，以至于《牛津法律便览》的"权利"词条直截了当地把权利说成"一个严重地使用不当和使用过度的词汇"。但是对于什么是权利，权利的内涵及概念是什么，不仅这些普通市民百姓说不出个所以然，恐怕就是那些饱读诗书的法学家也难以透彻地说明，原因在于"权利"这个词，就像"人"一样，看似简单，但其内在含义异常丰富和复杂，且始终处于变动之中，很难给出一个"放之四海而皆准"的定义。

公民的基本权利是一个现代性的概念，公民是相对于现代化国家而言的，是一个普遍性的概念，意指不管你是谁，国家总统或者人力车夫、百万富翁或者乞丐，只要你是一国成员，那么就依法享有平等的基本权利。但在人类的早期社会，公民这个概念是不存在的，那时社会上的芸芸众生一般统称为"臣民"或"子民"，并且"臣民"内部存在着巨大的等级鸿沟，一言以蔽之，人类早期社会是一个"等级社会"，权利按等级的不同进行分配，等级不同享有的权利自然不同。这种权利分配的原则，今天看来固然荒谬，但在当时社会是得到普遍认可和遵守的。因此，考察人类早期社会的权利状况，我们必须穿越现代社会，尽量重返古代社会现实，以当时的观念分析和评价权利。

在古代的等级社会中，虽然不存在普遍性的权利，但也不是权利的真空时代，当时人们享有的权利大多数是以"特权"的名义存在。"特权"在现代社会的含义是指"政治上、经济上在法律和制度之外的权利"，但在中世纪英国社会"特权"的含义恰恰与之相反，它是指社会上某个人，譬如国王，或某个阶层，譬如律师，按照惯例或法律规定享有的权利。换言之，现代社会的"特权"是指法外之权，多指一种见不得光的非法权利；英国中世纪的"特权"，则是法内之权，是一种光明正大的合法权利。英王有国王的特权，贵族有贵族的特权，平民有平民的特权，商人有商人的特权，总之每个阶层都依据法律和惯例享有不同的特权和自由。由于中世纪社会特权分配的主要依据是人的身份和等级，因此有学者从法理上对特权进行了形而上的分析与总结，用"主体权利"来指称中世纪英国人的权利，并对"主体权利"的含义进行阐释：其一，中世纪的主体权利既包括个人权利，又包括某个等级或团体的集体权利，如村社的权利、行会的权利、市民的权利、贵族的权利等；其二，中世纪的主体权利不等同于近代意义上的个人权利或个人基本权利，中世纪主体权利的实质是一种身份权利或等级权利，或者称为原始个人权利；其三，作为主体的人的权利，它是中世纪西欧的法律和法律结构向近代变化的重要标志……❶

我们认为"主体权利"的提法一语中的，切中肯綮，为我们分析中世纪英国人的权利状况提供了一种非常有益的理论框架和语词环境。首先，主体权利从词义上与权利进行了分割，很容易让人意识到中世纪的权利不是一般意义上的权利或普遍性的权利，它是一种依附于主体的权利，内涵的差别性揭示了权利的历史性和阶段性。其次，主体权利比臣民的权利外延更宽泛。臣民的权利是一个感情色彩比较浓重的语词，这一语词透着那么一股"谄媚"和"自卑"相混合的气息，它给人的暗示是臣民的权利是一种来自君王恩赐的又不太确定的权利，而且它的范围仅限于臣民个人的权利，不但把君主的权利排除在外，而且似乎也没有包含集体性权利。相比之下，"主体权利"一词的感情是中性客观的，几乎可以涵盖中世纪所有的权利。最后，主体权利比特权的含义更清晰。由于现代社会仍在继续使用"特权"一词，而且多数人对特权的理解停留在现代意义上，很少人了解中世纪"特权"一词的真正含义，因此用"特权"一词进行权利考察与叙事难免让读者产生一些困惑。而主体权利是一个专门用语，一个专业性词汇，它的含义是确定无歧义的，更有利于读者理解中世纪社会人们的权利状况。

二、《大宪章》：英国人权利和自由的总体印象

（一）《大宪章》签署之前英国人权利状况

盎格鲁-撒克逊时代英国人享有比较普遍的自由，主要原因是盎格鲁-撒克逊时代保留了大量原始社会的生活传统，但是这一时期公权力还没有发育成熟，因而对权利和自由的保障并不是非常有力。诺曼征服之后，公权力强大了，能够对人民的权利和自由提供更有力的保障，但公权力的膨胀肯定是以压缩社会成员

---

❶ 侯建新.社会转型时期的西欧与中国[M].北京:高等教育出版社,2005:129.

的自由和权利空间为代价的。好在中世纪英国的王权始终没有强大到可以为所欲为的程度,因而实现了十分难得的有限"平衡",国民的权利和自由虽然或多或少被克减,但是与其他地区、国家的人民相比较,英国人还是颇感自豪的。概括地说,《大宪章》签署之前,英国人主要享有两种性质的权利。一是习惯法上的权利,这些权利大多数是从马尔克公社的生活传统中保留下来的。例如,村民在公共牧地放羊的权利,参加村社法庭的权利等。二是封建法上的权利,诺曼征服将封建原则引入不列颠,将英国社会带入了封建时代。根据封建法,各级宗主和封臣之间形成了一种"契约"的关系,双方根据"契约"互负权利和义务。例如,作为全国最高宗主的英王享有在政治上要求直属封臣效忠的权利,在军事上要求封臣提供骑士参加战争的权利,在经济上要求封臣交赋纳贡的权利;作为国王的封臣,在满足国王的权利要求之后,享有要求国王提供保护的权利,享有领地自主管理的权利等。总之,约翰之前的朝代,人民的权利基本处于稳定的状态。"12世纪的英格兰没有宪法,也没有一个一般的政府体制,其中权力得到制衡、职能得到很好的分配和界定,权利受到保护,政府原则得到明确公布或受到认可。"❶ "12世纪末期,权利的概念不管对王权而言,还是对以贵族为代表的社会而言所具有的意义与价值已得到理论与实践上的廓清,王室特权应有所限制的观念在学术研究和实践磨合的前提下已经成熟。"❷

(二)《大宪章》签署的经过及其历史影响

1199年约翰加冕为王不久,英国社会便陷入了重重危机之中。约翰为收复大陆领地与法王爆发战争,这场战争耗资巨大,但最终以约翰的失败告终。在战争中,约翰为筹措军费,完全置封建法则于不顾,滥用权力,横征暴敛,肆无忌惮地践踏国人的权利和自由,激起了英国人民的普遍不满。英国人称他为"可恨的暴君",指责他"能使一个人名誉扫地的罪行他全占了,作为国王应尽的一切义务他样样不尽,他丢掉了祖宗遗产的一半,而把其余的也毁坏荒废了"❸,最终爆发了"反约翰武装起义"。1215年6月15日,走投无路的约翰在伦敦附近泰晤士河畔的兰尼米德草地上签署了《大宪章》。从内容上来看,《大宪章》记载和确认了英国人民的一些重要习惯权利,这些重要习惯权利一直存在于英国社会之

---

❶ 霍尔特.大宪章[M].2版.毕竞悦,李红海,苗文龙,译.北京:北京大学出版社,2010:23.

❷ 齐延平.自由大宪章研究[M].北京:中国政法大学出版社,2007:133.

❸ STUBBS W. Constitutional history of England:Vol. 2[M]. Oxford:Oxford University Press,1887:17.

中，而且大多数权利已被普通法所确认和保护，《大宪章》只不过将其成文化而已。英国人之所以这样做，其目的是将权利以更明确的方式宣示出来，进一步强化对约翰国王的约束，迫使其尊重英国人民的习惯权利，所以说《大宪章》在本质上不外乎也是一份普通法文件。正如霍尔特所言："《大宪章》一度不是作为博物馆文件去封存，而是作为英格兰普通法的一部分得到维护，并且根据法律需要的功能而保持或废止，现在存留下来的多数条款都与个人自由有关。"❶《大宪章》公布后，在历史上先后多次被确认，柯克曾指出《大宪章》被确认过32次。菲丝根据议会卷档的记录，计出的结果是37次❷。《大宪章》颁布后，只要英国人的权利和自由遭受到威胁，他们便会高举《大宪章》这杆旗帜来捍卫人权，并且根据时代的需要，不断对《大宪章》进行新的解释，从而使《大宪章》的精神从未中断过，一直延续至现代社会。特别在英国历史上最有可能发展成为专制社会的斯图亚特王朝，国王大力宣扬"君权神授"，极力模仿法国国王欲建立一个"朕即法律"的专制政权，英国人的传统自由和权利遭受前所未有的危机。在此关键时刻，以柯克为代表的法律家正是以《大宪章》作为思想武器，同专制君主进行针锋相对的斗争，坚决捍卫了英国人的权利和自由。柯克宣称：《大宪章》是英国的基本法律，在诺曼征服之前便已经存在了，具有至高无上的权威性，《大宪章》规定了王权的范围和臣民的自由，并和普通法紧密结合在一起，国王无权修改和解释普通法，国王的特权只能由普通法加以规定和解释。在英国人民的不懈努力下，《大宪章》"一直作为国王应遵守法律的象征而矗立着，成为英国有限君主制传统的永久的历史见证"❸。正因为如此，有人说："《大宪章》所体现的自由，其实是一个共同体的自由，这个共同体不是由这种或那种特殊地位的人所组成，而是指整个王国。"

（三）《大宪章》记载的权利

《大宪章》一共有63章，通篇贯穿、渗透着限制王室特权与保障英国人自由和权利的民族情感，齐延平教授将这63章记载的权利归纳为以下8个方面。❹

第一，对王室封建特权的限制。①对封地继承金的限制（第2、3、43章）。

---

❶ 霍尔特.大宪章[M].2版.毕竟悦,李红海,苗文龙,译.北京:北京大学出版社,2010:2.

❷ THOMPSON F. Magna Carta: Its role in the making of the English constitution, 1300—1629[M]. Minneapolis: University of Minnesota Press, 1950:10.

❸ 钱乘旦,许洁明.英国通史[M].上海:上海社会科学院出版社,2002:61.

❹ 齐延平.自由大宪章研究[M].北京:中国政法大学出版社,2007:169-185.

第2章规定贵族的封地继承金为100镑。这一条是针对约翰为了搜刮钱财，随意提高继承金规定的，据记载一名叫威廉·得·布劳斯的贵族为继承利默里克的封地，曾被迫答应向约翰缴纳了3333镑的继承金。②对监护权、监管权的限制（第4、5、32、37、46章）。要求国王正当行使监护权、监管权，不得侵犯未成年继承人和教会的合法权益。③对封建捐税、贡金的征收限制（第12、14、15章）。一是规定未经同意不能增加征收项目，这一条为后代"无代表不纳税"宪政原则奠定了历史基础。二是规定原有的征收项目应保持合理的数额。④对寡妇改嫁控制权的限制（第6、7、8章），基本剥夺了国王对婚姻市场的控制权。⑤对封建军役、劳役的限制（第16、23、29章），不得强迫贵族骑士额外服役。⑥对地方官吏的限制（第25、28、30、31章），禁止地方官吏滥用职权，以权谋私，侵害自由人的利益。

第二，债务与地产管理（第9、10、11、26、27章）。规定了债务清偿的处理原则和程序，旨在保护债务人的合法权利。

第三，市镇与商业贸易管理（第13、33、35、41、42章）。确认了伦敦等市镇享有的自由与自由习惯的权利。

第四，教会事务的规定（第1、63章）。规定教会应当享有的自由，其权利不受克减，其自由不受侵犯。

第五，审判与司法的管理规定。①司法便捷化与规范化（第17、18、19章）。②司法规范化管理（第24、34、36、38、44、45、54章）。③刑事处罚的原则与规则（第20、21、22章）。第20章规定对自由人包括维兰的处罚不得剥夺生活必需品，且要有邻居作出评估。第21章规定贵族非经同级陪审不得课以罚金。④正当法律程序（第39、40章）。第39章规定：任何自由人，如未经其同等地位之人并（或）依据这块土地上的法律作出合法审判，皆不得被逮捕，监禁，没收财产，剥夺法律保护权，流放，或加以任何其他形式的损害。第40章规定：余等不得向任何人出售、拒绝或延搁其应享之权利与公正裁判。

第六，王室具体错误行为的纠正。

第七，《大宪章》的执行机制。

第八，《大宪章》的总则条款。第63章规定：英国臣民及其子孙后代永远适当而和平、自由而安静、充分而全面地享受上述各项自由、权利与让与。

从文本的形式上看，《大宪章》很多条款的主语是"伯爵或男爵"或"自由人"，参照当时社会的结构分层，自由人是一个有特定含义的概念，它是指持有自由地产的人，主体是各级贵族和平民的上层，这个群体只占13世纪英格兰人口的一小部分。一般平民和社会下层是被排斥在自由人范围之外的。鉴于《大宪章》通篇充斥着对贵族等社会上层人士权利的规定，很少提及普通人的权利，因此有人将《大宪章》看成"一个彻头彻尾的封建性文件"。也有人认为，《大宪章》"陈述了旧法律，却未制定新法律"，在内容上并没有创新。更有甚者把它贬为"一个反动倾向十分明确的封建文件"❶，"阻碍宪政进步的绊脚石"。归根结底，这些观点对《大宪章》在保障人权方面的重要历史地位提出了质疑。如果真如批评者所质疑的那样，《大宪章》的生命力、影响力根本不可能延续到当今社会。《大宪章》最易为人诟病的地方在于它保护少数人的利益，忽略了大多数人的权利，但是《大宪章》并非一经公布就一成不变，约翰以后的朝代对《大宪章》进行确认的时候，不断对《大宪章》进行修改和解释，特别是"自由人"这个词的含义发生了深刻的改变，不再仅仅局限于贵族等社会上层，而是逐渐把社会上绝大部分成员都囊括其中，甚至包含维兰在内。在国王颁发的许多法令中，"自由人"一词逐渐被"人"或"任何人"所取代，如在1331年和1352年爱德华三世早期法令中，这个词仅仅是"人"。在1354年的法令中，第一次提到"正当程序的法律"时，"自由人"换成"任何人，无论其财产和地位如何"❷。总之，《大宪章》之所以直到今天仍被公认为人类历史上第一个人权保障文件，其奥秘在于《大宪章》之大，不在于文本或篇幅之大，而在于文本背后隐匿的精神之大。《大宪章》的文本今天看来杂乱无章，琐碎不堪，很多内容早已过时，不知所云，"它的措辞听起来没有什么矫饰做作，它远不是什么处理高深的一般原理的哲学宣传册子，它只为手头的问题提供答案，只是针对实际的侵害逐项提供救济。但是，由于司法公正问题，对官吏的权力限制问题、自由民和政府的关系问题，简言之也就是说对法治的诉求问题是具有超出兰尼米德反叛贵族的普遍性的，所以这份实用性的文件就成为那些热爱自由的人们伟大天赋权利的一部分并持续至今"❸。

❶ 阎照祥.英国政治史[M].北京：人民出版社，1999：45.

❷ 28 Edward Ⅲ，cap.9；25 Edward Ⅲ，cap.4（Statutes of the Realm，1，267，321）；Thompson（1948），p.92.

❸ DICK HOWRAD A E. Magna Carta: text & commentary[M]. Charlottesville: University Press of Virginia，1998：8.

三、英国人的"主体权利"

如果把《大宪章》比作一面镜子的话，它使我们对中世纪英国人的权利和自由有了一个整体性的印象，但是由于这面镜子毕竟年代久远，留给我们的印象已经模糊不清了，因此，欲透彻了解中世纪英国人的权利状况，还须结合其他史料进行更细致的考察与分析。尤其在等级社会中，谈权利必须分清结构，逐一去谈，否则无法厘定清楚。中世纪的社会结构，从不同角度出发，有不同划分方法。从宗教的角度，整个社会可以划分为教、俗两大领域。从等级的角度，整个社会可以划分为自由人和不自由人两大等级。其中，自由人又可划分为贵族和平民，贵族又可再分为国王、大贵族和中小贵族，他们的权利并非完全一致；平民又可再分为自由农民及市民等，自由农民可以细分为约曼、中农和茅舍农、边地农，其权利也存在差别。不自由人包括农奴和奴隶。为了便于系统地考察、阐释中世纪英国人的主体权利，本着照顾主流、不纠缠于细枝末节的原则，我们将中世纪英国人的社会结构大致划分为以下三个主体：贵族、平民和维兰。

（一）贵族的权利与自由

早在盎格鲁-撒克逊时代，英国就产生了贵族这一社会阶层，他们的前身多是源于蛮族征服后的部落首领或立有战功的武士塞恩。诺曼征服之后，原盎格鲁-撒克逊贵族基本被消灭干净了，威廉一世按照封建原则进行了重新册封，再造了一个新的贵族阶层，开创了封建贵族制发展的新阶段。据记载，英格兰领受封地的国王直属封臣1400人，其中180人为高级封臣。高级封臣分为两类：150名世俗贵族和30名教会贵族。高级贵族多是威廉的亲属、原诺曼底公爵的宠臣和军事要员，他们的封地约占全国耕地面积的80%。大贵族得到领地后，在自己家臣、部下和扈从中进行再分封，即封给封臣的封臣。编年史专家如实描绘了当时领主向封臣封赐领地的场面：封臣双膝跪地，卑恭诚恳地向领主表示臣服，伸出双手向领主宣誓效忠；领主将他扶起，慈祥、庄重、威严地亲吻额头，并将某种物品递交到封臣手中，象征封地的恩赐。此后，封臣要以军役、效忠、贡献等，酬报领主的恩赐。而领主则有着保护封臣的生命和经济安全、珍视他的忠诚和情意的法律责任❶。截至1086年，多数大贵族将至少一半的田产分给下属，如

---

❶ 阎照祥.英国贵族史[M].北京：人民出版社，2000：35-36.

领地大多集中于白金汉郡的吉法德男爵，将其71个田庄中的51个分给家臣❶。广义的贵族既包括大男爵和男爵，也包括由国王直接赐予一块领地的骑士，有时还把教俗大贵族的骑士笼统地包括在内❷。很多人把中世纪西欧君主和封臣之间的关系视为一种"双向契约关系"，将受封仪式看作一种契约的签订仪式。我们认为这种观点有一定的合理性，但是并不十分精确，因为这种分封契约毕竟不同于商业领域内的合同，不是纯粹的经济关系。它带有浓厚的人身属性，同时它也并不是一份完全对等的契约，我们认为将这种封臣封君关系定性为具有"准契约"性质的政治关系更为合理。在这种"准契约"性质的政治关系的结构框架内，封君和封臣之间按照惯例，互担义务、互享权利。

1.贵族的财产权

中世纪英国有一个非常重要的政治惯例："国王也要靠自己生活"，由此类推下去，作为贵族更得靠自己生活。因此，贵族要维持高尚的生活和奢侈的消费必须有足够的财力支持。中世纪社会财富的最大象征是土地，土地的多少决定了一个人财富的水平。因此，就财产权而言，土地权利是最为重要的权利。根据英国土地分封原则，全国所有土地名义上都属于国王一人所有，除国王外，任何人都是在持有他人土地的基础上对土地享有权利。也就是说，民法国家法律大典中"所有权"的概念在英国的法律语汇中是不存在的，英国土地法中充斥的是令人费解的"保有"❸或"占有"，同一块土地上可能凝结着不同的义务。譬如，A可能以不自由地形式从B处保有土地L，而B却是以服杂役为条件从教会C处取得此地，教会C则是从E处获赠此地，E可能是以服军役为条件自国王保有此地。❹这是英国土地法最鲜明的特色，也是最复杂的地方。据梅特兰记载，爱德华一世在位时期，在同一块土地上曾同时存在8个保有制关系❺。因此，要理解贵族的土地权利，必须先了解一下贵族是怎么得到这块土地的，即持有土地

❶ BARLOW F. The feudal kingdom of England, 1042—1216[M].London: Longmans, 1999: 115.

❷ 阎照祥.英国贵族阶级属性和等级制的演变[J].史学月刊, 2000(5).

❸ 保有制(tenure)在拉丁语中为 tenor 或 tenor investiture, 本义指领主封授土地时设定的条件。在英国土地法中, 用该词表示保有人(tenant)以某种义务为条件向领主持有土地。

❹ POLLOCK F, MAITLAND F W.The hisroty of English law before the time of Edward Ⅰ: Vol. 1 [M]. Cambridge: Cambridge University Press, 1968: 239.

❺ POLLOCK F, MAITLAND F W.The hisroty of English law before the time of Edward Ⅰ: Vol. 1 [M]. Cambridge: Cambridge University Press, 1968: 233.

的方式是什么。

第一种是以提供军役方式持有土地，此种土地持有制度为军役保有制或骑士役保有制，是封建制度中最主要、最典型的保有制形式❶。中世纪英国国内没有常备军，一旦战争需要，国王的封臣便会披挂上阵，武装并带领一支由骑士组成的军事力量随同国王作战，国王对这些贵族的报酬是分给他们土地。这种以必须向领主提供一定的骑士才能持有土地的制度，就是军役保有制。威廉一世时代，国王的1400多家直属封臣大多以提供军役的方式保有土地：每块采邑每年都必须为国王提供至少1名全副武装的骑士为国王服役40天，12位伯爵应该提供40～60名骑士，140名男爵提供10～40名骑士。据记载，中世纪培养一名骑士的成本是很高的，一般从7~8岁开始学习各种技能和武艺，一直到21岁之后经过考核合格才能授予骑士称谓。骑士的作战装备也是十分昂贵的，要有1~2匹带装备的马、1套全身铠甲、1支长矛和1副盾牌，还有1~2名侍从。在8世纪的时候，仅1匹带装备的马就相当于45头母牛或者15匹牝马的价值。除此之外，贵族还要负担自己为国王40天服役期间的开销，只有超过40天才由国王支付。12世纪中期开始，骑士役保有人开始用支付盾牌钱（shield money）的方式替代实际提供作战骑士。由此可见，军役保有制的负担并不轻松，如国王要求骑士超期服役或擅自提高盾牌钱的数量必然会加重贵族的负担，等于间接损害了他们的土地权利。亨利一世和理查德王在位45年间共征收盾牌钱11次，每次的标准一般为每骑士领2马克或1镑；但是约翰在位仅16年间的征收次数竟高达16次，且除两次以前王标准征收外，其余每次均按每骑士领2.5马克或2镑起征。❷因此，在《大宪章》第16、23、29章等条款规定，不得强迫贵族骑士额外服役，盾牌钱应保持合理的数额。

第二种是教役保有制。教役保有的主体是特定的，一般为教会组织中高级神职人员，如主教或大主教等。中世纪军事力量并非社会的唯一需要，包括国王在内的领主的其他各种欲求引出了随后的多种土地保有形式。在除军事需求之外，他们对教会提供涉及灵魂的服务有同样迫切的需求，如国王加冕时需要坎特伯雷大主教为之施行涂油圣礼，以昭告"君权神授"；其他领主需要教会人士为其先

---

❶ HOLDSWORTH W S. An historical introduction to the land law[M].Oxford：Clarendon Press，1927：24.

❷ BARROW G W S. Feudal Britain：the completion of the medieval kingdoms，1066—1314[M]. London：Edward Arnold，1971：197.

人的灵魂祈祷或者提供日常性的宗教服务，如每年做几次弥撒等。以对国王或其他领主提供宗教服务而持有土地的叫作教役保有制。与军役保有制度相比，教役保有制的负担明显轻松不少，一般不负担世俗性的义务。

第三种是杂役保有制，也称为侍役保有制（serjeanty），指土地保有人以提供杂役服务为条件向领主持有土地的保有制形式。13世纪以前，英国还没有产生货币薪酬制，领主为满足工作生活需要，向为自己提供服务的杂役人员封授一块土地作为其服务的报酬。梅特兰称杂役保有地是因向国王或教俗封建主提供奴仆性质的服务而获赐之土地，其特点是受地人须亲自为赠与人服杂役。由于领主所需要的服务也是五花八门，因此杂役保有制包含的范围很广，主要有两种：一是宫廷事务性杂役。在"末日审判"的记录中，曾提到一位叫作里奥弗吉特的妇女，她在1066—1086年一直为国王和王后做金线镶边的工作，并从国王那儿获得了土地[1]。1303年爱德华一世时期，国王调查册中记载了这样一个保有制例子，一个叫索洛曼的人以直属保有人的身份向国王持有多佛附近的科普兰和阿特顿的土地，他所承担的役务是"国王从多佛渡海到大陆时，抱住晕船的国王的头"[2]。1660年《保有制法》颁布后这种保有制被保留下来，至今依然存在。比如，在英格兰的沃克索普庄园，领主作为国王的侍役保有人，承担着在国王加冕典礼上为国王提供手套的役务。1937年乔治六世的加冕典礼上，领主亲自履行了提供手套的役务；1952年伊丽莎白二世的加冕典礼上，该庄园领主不在英国国内，无法亲自履行役务，作为替代，由刺绣皇家学院提供该手套，但是由该庄园的人手工刺绣完成[3]。二是军事性杂役。服役人主要充当弓箭手、盔甲马匹运输人、军需品及粮草运输人等。

通过以上对贵族持有土地方式的考察，我们可以看出，贵族的地产权利状况是一种非常复杂的历史现象，面积同等的土地，因为持有方式的不同意味着土地权利的含金量不同。于此我们只能越过复杂的历史表象，对贵族的地产权利稍作归纳与总结。

（1）监护权（wardship）。监护权是指封臣死后领主对其未成年的继承人施行

❶ MATE M E. Women in medieval English society[M]. Cambridge : Cambridge University Press, 1999:13.

❷ DIGBY K E. An introduction to the history of the law of real property with original authorities[M]. Oxford : Clarendon Press, 1884:38.

❸ 咸鸿昌.英国土地保有权制度的建立与变迁[D].武汉:中南财经政法大学,2007:24.

监护的权利，因为"享用未成年人土地的人应当是对其进行供养管教的最佳人选，领主在保证该未成年人长大后能够履行自己所要求的义务方面是恰当的人选"❶。在监护期间，领主管理封臣的产业并取得全部收入。按照惯例，在领主管理封臣的产业时，应正当行使监护权，等继承人长大成年之后，再将地产交予继承人。但是如若领主滥用监护权，将会损害保有人及其继承人的土地权利，尤其是当领主是像约翰这样的国王的时候。因此，《大宪章》第4、5章规定："领主除了自该项土地上收取适当数量的产品及按照习惯征收赋税与力役外，不得有过多的索要，以免耗费人力与物力。如⋯⋯使所保管的财产遭受浪费与损耗时⋯⋯将处此人以罚金。""⋯⋯继承人达成年时，即应按照耕耘之需要，就该项土地收益所许可之范围内置备犁、锄与其他农具，附于其全部土地内归还之。"有关监护权的规定，应当说除了最高领主国王之外，其他领主都是受益者。

（2）婚姻指定权（marriage）。婚姻指定权是指领主在被监护人长大成人后，拥有决定其婚姻配偶的权利。在法律上，领主的这种权利被认为是一种"准不动产"❷。1235年的《莫顿法》（Statute of Merton）明确规定领主可以出售监护人的主婚权。在理查德和约翰国王统治时期，买卖监护和婚嫁权的做法很普遍，休伯特大主教曾以4000马克买下了对罗伯特·斯塔特维尔的监护和婚嫁权；曼德维尔德的杰弗瑞曾以2万马克的价格向约翰国王买下格洛塞斯特女伯爵及其土地的监护权❸。但有些领主在实行监护时，往往会利用这种权利尽量榨取利益，更有甚者利用此权利设法侵吞臣下的产业。为此，《大宪章》第6章规定：继承人得在不贬抑其身份条件下结婚，但在订婚之前需向其本人之血亲通告。

（3）继承金（relief）。继承金是指当保有人去世之后，其继承人在继承封土时，应向领主缴纳一笔继承金。在性质上，这笔费用是"重置可世袭的保有制土地"的罚金（a fine raised up and re-established the inheritance），所以被称为relief。继承金的数额由惯例确定或约定。1176年亨利二世时期，在军役保有制下，继承人向领主缴纳的继承金数额为每1骑士邑5镑，1男爵采邑100镑❹。但是有的

❶ BLACKSTONE W. Commentaries on the laws of England[M]. Chicago：University of Chicago Press，1979：193.

❷ WILLIAMS J. Principles of the law of real property：intended as a first book for the use of students in conveyancing[M]. London：Forgotten Books，2018：35.

❸ POLLOCK F，MAITLAND F W.The hisroty of English law before the time of Edward Ⅰ：Vol. 1[M]. Cambridge：Cambridge University Press，1968：322，324.

❹ STUBBS W. The constitutional history of England：Vol. 1[M].Oxford：Oxford University Press，1887：413-414.

领主通过随意提高继承金数额的方式，侵害继承人的合法权利。如果继承人未缴纳继承金，领主可以行使先占权，先行占有土地，但有些领主在行使先占权时，会通过宰杀征畜、毁坏建筑等方式损害继承人的利益。《大宪章》第2章规定："……继承者按照旧时数额规定缴纳继承税后，即可享受其遗产。伯爵继承人缴纳100镑之后，即可享受伯爵的全部遗产；男爵的继承人在缴纳100镑之后，即可享受男爵的全部遗产；武士继承人最多缴纳100先令后，即可享受全部武士封地。其他均应按照采地旧有习惯，应少交者须少交。"按旧有数额缴纳继承金，显然对保有人非常有利，因为这一数额一般是固定的，而且随着货币的贬值，其负担越来越轻。从这一点论，约翰在位时期提高继承金的做法，并非完全不合理，如果说100镑继承金在威廉一世时代还算是一笔不小收入的话，那么到了约翰临朝时100镑已经是微不足道的数额。但是约翰将收缴继承金当成搜刮钱财的工具使用，大幅随意提高继承金，高者达到3000多镑，大大超出了贵族的预期或承受力，损害了贵族的权益，自然会招致反抗。为此，1267年的《马尔巴勒法规》（*Statute of Marlborough*）第16条进一步规定，如果领主进占被继承土地并造成损坏的话，保有人的继承人可以依法采取措施要求领主予以赔偿❶。

（4）贡金（aids）。贡金也称为协助金，是指封臣在领主需要时有义务对领主提供财政援助。按照旧制，土地保有人只有在领主需要赎还其身体时，领主长子册封骑士、长女出嫁时负有缴纳贡金的义务，除此之外的贡金均属非法。《大宪章》第11章规定，除了以上三种情况之外，"如无王国公意许可，将不征收其他任何免付兵役税与贡金；且这些贡金亦须以一次合理的征收为限"。《大宪章》第14章规定，除了以上三种情况之外，"余等不得准许任何人向其自由人征收贡金。而为上述目的所征收之贡金数额亦务求合乎情理"。1275年爱德华一世颁布的《大宪章》将领主长子册封骑士、长女出嫁时缴纳贡金的具体数额固定为骑士役保有制下每1骑士邑缴纳20先令，相当于每个骑士邑收入的1/20❷。这些规定旨在遏制领主尤其是国王利用各种借口向下级勒索钱财。

（5）收回（escheat）。收回权是指领主有权在出现约定情况下从保有人那里

❶ POLLOCK F , MAITLAND F W.The hisroty of English law before the time of Edward Ⅰ：Vol. 2[M]. Cambridge：Cambridge University Press,1923：310-311.

❷ POLLOCK F , MAITLAND F W.The hisroty of English law before the time of Edward Ⅰ：Vol. 1[M]. Cambridge：Cambridge University Press,1968：351.

收回土地进行再分配。领主在分封土地的时候，一般和保有人在期限上有比较明确的约定。例如，不限嗣继承的地产权，可由各等血亲继承，只要保有人有合法继承人，领主一般不能收回土地，只有保有人没有合法继承人时领主才可以收回土地，几乎相当于永久性获得了土地的地产权。限嗣继承的土地，一般只有其直系后代才有资格继承土地，有的还将直系后代规定为男性，有的规定男性或女性直系继承人即可。还有终身地产，将保有土地的期限确定为保有人有生之年，有的地产权，有十分具体的期限，比如99年或30年。总之，只要符合约定的终止条件，领主有权收回土地。

（6）没收（forfeiture）。没收权是指在土地保有期限之内，如果保有人犯有重罪（felony），领主有权终止保有收回土地。中世纪初期，保有人故意不履行保有制役务的行为即构成重罪，行为人的土地要归还给领主。法律用"一种古怪的、在生物学上看来是荒唐的理论"解释这一规则："重罪行为表明行为人的血统已经败坏，失去了继续持有土地的资格或传承土地的能力，所以他的土地应当归还给领主。"❶为了保障土地保有人的合法权利，禁止领主随意寻找借口没收土地，《大宪章》第52章规定："任何人凡未经其同级贵族之合法裁决而被余等夺取其土地、城堡、自由或者合法权利者，余等应立即归还之。"第20章规定："犯重罪者应按其犯罪之大小没收其土地。"这些相关规定，从司法程序上规范了没收权利的使用。

贵族的财产权利，除了地产权利之外，还包括其他一些动产权利。

2.贵族的政治权利

在西欧封建社会，贵族作为社会等级结构中最高的一个阶层，几乎垄断了当时社会各项公共权力，将整个社会纳入了本阶层的统治之下。贵族们一般通过参加"贤人会议"等方式和国王一起治理国家。贤人会议每年召开三四次，权力很大，可以选举或者废黜国王，国家大事非经贤人会议同意，国王不得独断。诺曼征服之后，虽然在政治上建立了比较强大的王权，贵族的权力略有衰减，但是国王仍旧不可能离开贵族，像中国古代的皇帝一样实行个人统治。贵族在国家政治生活中仍发挥着举足轻重的作用。概括起来，中世纪英国贵族的政治权利主要体现在以下几个方面。

（1）政治协商权。政治协商是贵族参与政治，参与国家管理最重要的渠道。

---

❶ 咸鸿昌.英国土地保有权制度的建立与变迁[D].武汉：中南财经政法大学,2007:39.

威廉一世征服不列颠之后，改组了盎格鲁–撒克逊政府，将"贤人会议"改组为
"御前会议"（guria regis，the king's council），御前会议又可分为大会议和小会
议。大会议（magnum concilium）每年召开的次数期限和地点一般是固定的，大
约每年召开三次，在复活节、圣诞节和五旬节各召开一次。大会议由国王召集和
主持，参加会议的多数是国王的直属封臣，还有部分王家高级官吏。御前会议是
国王治理国家重要的政治工具，它的职能是综合性的，凡是比较重大的事情，无
论属于立法、行政还是司法或者经济方面，都在御前会议的协商范围之内。御前
会议开会期间，如若是行政或立法事务，国王应当广泛征求贵族的意见，争取得
到多数贵族同意，之后便昭告天下具体推行实施。如若是司法事务，则由全体参
会的贵族集体充当法官进行最终的裁决，国王仅是主持而已。如若涉及税赋征收
问题，必须获得全体贵族的一致同意才算合法，否则贵族们有权拒绝缴纳。除了
大会议之外，还有一种小会议存在，都可以说是一种国王与之议事的机关，其基
本成员也相同。只是小会议圈子较小，是国王的亲信，在当时国王一年四处巡游
的情况下，经常随侍左右，因而便显得是一常设机关，时常和国王讨论国家大
事❶。起初，大、小会议甚难区别，后来随着英国政治的发育成熟，大、小会议
呈现明显的分离趋势，小会议由于整天跟随国王处理国家日常管理事务，导致内
部职能逐渐分离，并形成一些独立运作的政府机构，逐渐具有"政府"的雏形。
御前大会议则朝着议会的方向发展。在约翰统治时期，贵族通过武装起义迫使约
翰签署《大宪章》承诺有关立法或征税事项，应与"全国人民普遍协商"或征得
"全国一致同意"，其中第14章专门规定：为得到全国普遍认可，国王应在规定
时间和地点召集教俗两界贵族和有关人员协商。召集令需要载明召集理由，于
40天前及时发出❷。亨利三世统治时期，为了应对财政危机，多次召集贵族开会
协商征收赋税问题，贵族们则趁机提出要求扩大或维护其政治协商权。1258年
由24名贵族组成的委员会向国王提交了《牛津条例》，条例规定：议会法是最高
权威，一切法令不得与其相悖，并组成由15名贵族参加的委员会与国王共同施
政，国王采取的任何措施在得到他们同意后方能实施，议会定期召开，每年三
次。但是亨利三世勉强遵守了三年，1261年下令废除《牛津条例》，结果激起兵
变，1264年被以孟福尔伯爵为首的贵族集团击败。1265年，孟福尔在威斯敏斯

---

❶ 马克垚.英国封建社会研究[M].北京：北京大学出版社,2005：77.

❷ 阎照祥.英国贵族史[M].北京：人民出版社,2000：76.

特召开英国历史上第一次国会，参加者除了男爵、高级教士和每郡2名骑士外，还增加各自由市每市2名市民代表，此次会议被看作最早的议会。亨利三世的继任者爱德华一世是一名非常有作为且比较开明的君主，在他的治下英国议会获得了进一步发展，1295年爱德华一世为筹集战争经费，召集议会。出席议会的除了贵族、教士外，每郡有2名骑士代表，每个大城市有2名市民代表，约有400多名议员出席，具有较为广泛的代表性，历史上称这次议会为"模范议会"。在爱德华一世在位时期议会在制度化建设方面取得了长足进展，1275年6月爱德华一世在写给教皇的一封信中说，一年召开两次议会已经形成制度。在他统治的35年里，议会召开50余次❶。议会的制度化使大贵族对国家事务的参与有了保障。例如，1305年出席议会的大贵族有103人，其中伯爵9人，男爵94人。1295年出席议会的世俗贵族有48人，教会贵族有85人。自此之后，议会成为英国最重要的政治机构之一，在中世纪贵族以议会为平台，通过不屈不挠的政治斗争，逐渐在议会当中占据了主导地位，掌控了立法、司法、弹劾大臣等一些政治权利。

中世纪的英国，贵族们虽然不再像盎格鲁-撒克逊时代享有选举、罢免国王的权利，但是贵族们对王权的忠诚程度仍可以在一定程度上影响王权的稳定性，在必要时贵族们仍然可以借助其他方式废黜国王。爱德华二世由于纵容宠臣德斯彭瑟父子飞扬跋扈，扰乱朝纲，引起贵族的不满，最终在王后伊莎贝拉的领导下，爱德华二世被废黜。从英国历史上看，没有一个国王在失去大部分贵族支持下，能够坐稳江山。都铎王朝的伊丽莎白女王之所以能够领导英国走向辉煌，重要原因是女王能够将大多数贵族团结在一起，众志成城，形成了一股坚不可摧的力量。因此，在英国的政治中，贵族的政治协商权是必须得到尊重的，践踏贵族的政治协商权，国王几乎等于失去了统治的基础，轻则引发政治危机，重则引发贵族的反抗，国将不国。

（2）监督权和反抗权。英国贵族政治与中国古代官僚政治在本质上存在明显的区别。中国古代的官员，只有一丝不苟执行皇帝命令的权利，而不存在监督皇帝的权利。虽然中国古代有些朝代设立了专门的谏官，但是谏官绝对没有监督皇帝的权利，最多负责向皇帝提供一些带有批评色彩的建议罢了，即使这样谏官们也常常因言获罪，难得善终。中世纪英国实行的是贵族政体，贵族不但参加国家重大决策，而且对国家重大决策的执行和国王政府的日常统治行为负有监督之

❶ 沈汉，刘新成.议会政治史[M].南京:南京大学出版社,1991:25.

权，当国王政府违背法律和惯例，任意践踏人民权利的时候，贵族有权向国王提出"忠告"，如果国王对此置之不理，依然我行我素的话，贵族有权进行反抗。正如我们前述所论，英国封建制度实质上就是一种准契约关系，国王被要求公正无私地进行统治，对其封臣尽保护责任，同时又赋予封臣适当的反抗权，用以纠偏国王破坏"封建契约"的行为。如1216年在英格兰曾经发生过这样一个事例：富尔克的父亲沃利恩的领地被哀里克·费茨·罗杰强行侵占，富尔克作为该领地的合法继承人向国王约翰的法庭提起诉讼，请求伸张正义，但被约翰拒绝，于是富尔克宣布说："国王陛下，您是我们的合法领主，只要我领有您的封地就有义务效忠于您，但你也应保护我的权利，而您并没有做到这一点，为此，我不再负有效忠于您的义务。"❶

实际上，贵族的监督权和反抗权是西方社会一种历史悠久的政治文化传统，其来源可以追溯到古代希腊罗马时代的法治思想。1159年英格兰索尔兹伯里的约翰（John of Salisbury）在《论政府原理》一书中这样写道："诛杀一个暴君不仅是合法的，而且也是正确和正义的……对于践踏法律的人，法律应当拿起武器反对他，对于努力使公共权力形同虚设的人，公共权力将狂猛地反对他。……暴政不止是对公众的犯罪，而且还是一种更有甚于此的犯罪——假如能有这样一种犯罪的话。……在践踏甚至应该统治皇帝的法律的犯罪中……谁试图使他不受到惩罚，谁就是对自己和整个人类共同体的犯罪。"❷单纯从思想史的角度看，《论政府原理》的观念并不新鲜，早在中国的战国时期，著名思想家、儒家学派的孟子就提出了"暴君放伐"说，孟子认为，大臣可以直接批评君主的过错，如果反复规劝不听，则可以逼君主让位，甚至可以将暴君推上断头台。在中国历史上孟子的这一观念并没有被主流社会认可和广泛接受，甚至遭到不少攻击与污蔑，最终被统治阶级雪藏，没有真正实践过。但是《论政府原理》宣扬的观念在英国社会却扎下了根，在中世纪英国历史上被真实地实践过多次。其中，最为典型的历史事件是1215年的贵族反约翰大起义，暴君约翰国王恣意践踏法律，引起贵族反抗，被迫签订《大宪章》。《大宪章》第61章明确规定了贵族的监督权和反抗权："诸男爵得任意从王国中推选男爵25人……如余等或余等之法官、管家吏或

❶ JOLLIFFE J E A. The constitutional of history of medieval England[M].London：Adam and Charles Black，1962：158.

❷ 伯尔曼.法律与革命[M].贺卫方，高鸿钧，夏勇，等译.北京：中国大百科全书出版社，1993：343.

任何其他臣仆，在任何方面侵犯任何人之权利或破坏任何和平条款而被上述25男爵中之4人发觉时，此4人即可至余等之前——如余等不在国内时，则至余等法官之前——指出余等之错误，要求余等立即设法改正。自错误指出之日起40日，如果余等或余等之法官不愿改正此项错误，则该4人应将此事决于其余男爵。而此25男爵即可联合全国人民，共同使用权力，以一切方法向余等施以抑制与压力，诸如夺取余等之城堡、土地与财产，等等。务使此项错误最终能依照彼等之意见改动之。"此后，贵族的监督权和反抗权，不断写入英国的宪法当中，成为近现代洛克等思想家"有限政府"理论的源头之一。

（3）司法审判权。司法权从源头上论是一种社会权力，它的主要功能是化解纠纷、维护权利、维持秩序。古代日耳曼社会的司法权即典型的社会性权力，小事由酋帅们商议，大事则由全部落议决。侵入不列颠后，盎格鲁-撒克逊人把古日耳曼人的司法传统随身带入英伦，并把它们奉为治理国家、维护社会秩序的主要手段。在日耳曼人建立的王国中，主要存在三种不同层次的司法组织，即贤人会议、郡法院和百户区法院。这三类法院都拥有不区分民刑的概括管辖权，三者之间不存在相互隶属关系，它们相互独立，彼此的审理结果皆为终审审理。除了这三类法院外，在盎格鲁-撒克逊王国中后期，出现了另外一种司法权——领主的司法权。国王在赐予贵族领地的时候，往往将这块领地的司法权一起授权给这个贵族，梅特兰曾一再指出，盎格鲁-撒克逊时期的赐地，与其说赐的是土地，毋宁说是一种政治权力。赐的不是所有权（ownership），而是一种统治权（superiority）。根据当时社会情况，贵族主要依靠领主法院对国王赐予的领地进行统治。这表明在盎格鲁-撒克逊时代开始缓慢向封建社会过渡。

诺曼征服之后，将封建制度全面引入不列颠。按照封建制度的原则，国王在获得满足一定条件之下将土地及其司法权分封给贵族。正如莫尔顿在《人民的英国史》中所指出的那样，在国家的形成中，即封建化的历程中（也是在成文化的同时），领主的司法权迅速成长："在司法方面，也沿着封建主义方向大步发展，把国王的权力委托给个别有权势的人们。只要当地没有很强大的地主反抗法庭的判决，旧制的郡法庭、百户法庭和村镇法庭还可以发生相当的效力。一旦有了强大的半封建领主，旧式法庭的权威就削弱了，于是授予这些领主自开法庭之权，以补旧法庭的不足，并且一部分代替它们。"[1]在梅特兰眼里，领主司法甚至比封

---

[1] 阿·莱·莫尔顿.人民的英国史[M].谢琏造，等译.北京:生活·读书·新知三联书店,1962:64.

建军役更能体现封建制度的特色，他指出："封建制度几乎所有的现象中没有比领主司法更具本质性的了。随着时间的流逝，英国的法学家和历史学家越来越倾向忽略于此，而把注意力集中于封建军役上。对于他们来说，封建军役的引入导致了封建制度的建立。但是，相对于领主司法来说，封建军役是一种非常表面化的现象，而领主司法则是起根本作用的深层次因素，具有改变一个国家的能量。"❶由此可见，从根源上论，贵族的司法权是国王赐予的，并不是每块封地都有权建立法院。对于合法设立的领主法院——男爵法庭，理论上必须至少有两个自由保有地产者才能成立，其主要功能是解决同一个领主之下不同封臣之间土地纠纷或争议，主持解决领主封地内的公共事务，还负责审理一些轻微的刑事案件。领主法院，不仅是领主管理领地的政治统治工具，也是领主收入的重要来源之一。中世纪社会有"司法获大利"❷的说法，贵族可以通过设立法院对辖区内的不法行为人进行经济处罚而获得丰厚的收益。因此，许多没有获得司法权的贵族也私自设立法院，这种行为必然会侵害国王的利益，为此一些皇帝经常对贵族的司法权进行调查，如"柯比调查"，如果贵族在接受调查时拿不出有效证据，将被没收司法权和处以沉重的罚款。即使那些合法设立的领主法院，也不断受到国王法院的侵蚀，由于国王法院本身的权威性，再加上综合运用令状制度、陪审制度从领主法院那里"吸"走了大量的案件，致使领主的司法管辖权不断缩水。为此，贵族曾经进行反抗，在《大宪章》第34章里贵族们要求："自此之后，不得再行颁布强制转移土地争执案件之国王法庭审讯之勒令，以免自由人丧失其司法权。"1258年的《牛津条例》宣布停止签发新的令状，若必须签发，要经贵族组成的大谘议会同意可。领主法院一直存续到17世纪后半叶，到了18世纪就迅速衰落了。

除了以上列举的之外，贵族还有担任各级官职等其他政治权利。

（二）自由农民的权利与自由

"平民"，古希腊语称为demos，指生活在农村的自由农民和生活在城市的由商人、手工业者等组成的市民阶层。本书主要介绍自由农民。

在中世纪自由农民是相对于农奴而言的，这一群体与农奴同时存在，由于其法律地位和经济状况优于农奴，历史作用也许比农奴更为重要。英国自由农民是

---

❶ 诺·埃利亚斯.论文明、权力与知识[M].刘佳林，译.南京：南京大学出版社，2005：135-137.

❷ BENNETT H S. Life on the English manor[M].Cambridge：Cambridge University Press，1956：197.

一个不断发展变化的群体，中世纪早期的自由农民明显不同于中世纪晚期和近代早期的自由农民。中世纪早期的自由农民主要是自由持有农，到中世纪晚期和近代早期由于维兰经历了从传统的依附农民向自由农民的转变过程，惯例土地上的公簿持有农（copyholder）和契约租地农（leaseholder）也已经摆脱了封建庄园制束缚，成为自由农民。❶

在盎格鲁-撒克逊早期社会，随着原始生活方式的解体，原来马尔克公社的绝大部分社员在公社解体之后转化为身份自由的农民，通常被称作"刻尔"（ceorl 或 churl）。"刻尔"在盎格鲁-撒克逊英格兰社会的偿命金通常均为200先令，一般拥有1海德的土地。但在盎格鲁-撒克逊晚期社会，由于战火连绵，社会动荡不安，许多"刻尔"为获得安全庇护被迫委身于一些大贵族成为其依附农。这种依附的状态使"刻尔"的自由和权利受到一定程度的限制，并且在经济上开始受到领主的剥削。"到1066年为止的盎格鲁-撒克逊社会中，对自由民而言极为重要的关系就是与领主的关系。……纵观整个盎格鲁-撒克逊时代，无论其法律还是诗歌，均生动地证明了这种关系。"❷但是，当时社会并没有使这种依附关系法律化，因而并不牢固。在斯坦顿看来，古代英格兰社会发展、演进的核心，或许可以描述为自由农民等级变化的过程，即最初基本上由自由民构成，不受那些国王之下领主的束缚，到后来则逐渐失去其经济和人身方面的独立性❸。诺曼征服之后，将纯粹的封建制度引入英国，用新权力之手促成并强制这种法律关系向全社会扩展，将英国的贵族、平民、维兰一起织进了封建制度的关系网中，使自由农民的自由和权利进一步下降。威廉一世分封给贵族的不只是土地，而是将生活在这块土地之上的人民以及土地的统治权一起分封。领主占有封建庄园的大块土地，自由农民则占有其中部分小块土地。在《末日审判书》里，乡村劳动者被分为五个等级，按其地位排列即自由人（freeman）、索克曼（sokeman）、维兰（willani）、边地农（boarders）和茅舍农（cotters）以及奴隶。自由人和索克曼共计37000人，占总人口的14%，占有20%的土地；人数最多的是维兰，共109000人，占人口的41%，占有45%的耕地；边地农和茅舍农共计87000人，占人口的32%，而所占土地仅有5%左右；奴隶为28000人，占人

---

❶ 李彦雄. 国外学者关于英国自由农民问题的研究综述[J]. 历史教学, 2008(22).

❷ LYON B. A constitutional and legal history of medieval England[M]. New York：Norton, 1980：86.

❸ STENTON F M. Anglo-Saxon England[M]. Oxford：Oxford University Press, 1989：463.

口的 10%❶。但《末日审判书》中的维兰并不是农奴，它指的是村民。维兰在《末日审判书》中总的来说是自由人❷。由此可见，在诺曼征服后的100多年间，应该说自由农民在当时社会上是人口最多的一个阶层。到了亨利二世统治时期，出台法令规定，王室法庭只受理涉及自由地产案件，不再受理维兰之诉讼；从而在法律上降低了维兰的身份，尽管此时维兰在经济条件上比过去大有改观，但是在法律上维兰被定义为农奴。因此，在12世纪的最后20年，即80年代、90年代在封建主的进攻下，维兰被压为农奴，失去自由❸。但是令人非常不可思议的是，英国的维兰在向农奴转化的同时，即开始踏上了解放之旅。由于社会经济发展带来的地租货币化，再加上黑死病造成人口剧减等因素的综合影响下，许多农奴通过各种方式和途径解除了奴役，成为自由人。到13世纪，自由农民在农村中已占很大比例。科斯敏斯基根据百户区卷档材料，统计了亨廷顿、剑桥、贝德福德、白金汉、牛津五个郡的可探知的农户数目，共9934户，其中农奴5814户，占58%，自由农民4120户，占42%❹。希尔顿也认为在整个英国，当时自由农民占1/3~1/2的数目。这是一个相当不小的数字了。到14世纪时"农奴，其中至少有几百万人，已上升到自由人的地位，如果他们还是被称为农奴，那是一个法律的虚构"❺。中世纪晚期的自由农民按其土地持有的方式大致可以分为三种类型：一是自由持有农（freehoder）；二是公簿持有农（copyholder）；三是契约租地农（leaseholder）。按其经济地位，大致可以划分为两个主要阶层：一是富裕农民，农民中的上层，地位最高的乡绅其社会地位实际上已经接近贵族，其次是约曼阶层，大多为农场主，称为农业资本家或许更合适一些。二是雇工，几乎失去了土地，沦为农业工人，靠从事农业工资收入维持生计。综上所述可以看出，中古时期英格兰农民经历了一条由自由走向受奴役，后来又得到自由的发展道路，英国多数史学家，包括从早先的梅特兰、维诺格拉道夫一直到希尔顿都持此观点。

1.自由农民的土地权

对贵族而言，尽管土地是其主要财产，但是除了土地之外，贵族还拥有大量

❶ MILLER E，HATCHER J.Medieval England：rural society and economic change，1086—1348[M].London：Longmans，1980：22.

❷ 马克垚.英国封建社会研究[M].北京：北京大学出版社，2005：193.

❸ HILTON R H.The decline of serfdom in medieval England[M].London：Macmillan Press Ltd.，1983：17~18.

❹ 马克垚.英国封建社会研究[M].北京：北京大学出版社，2005：200.

❺ 汤普逊.中世纪社会经济史[M].耿淡如，译.北京：商务印书馆，1984：449.

其他性质的财产，如城堡、磨坊、面包房、大的牲畜、大宗农具等。然而对于中世纪大多数农民来说，除了土地之外，其他很少有什么值钱的东西了，中世纪的农民大多居住在潮湿低矮的房屋，除了少量牲畜和农具外别无其他。因此，对农民来说，土地就是其命根子，是养家糊口维持生计的最终依靠。早期庄园经济背景下自由农民持有的土地，部分源于骑士领地，由于土地分封、分割继承、买卖等原因，骑士领日益分裂，出现了1/8、1/16甚至1/100骑士领的小块土地。这种小块土地有时就为农民领有❶；部分源于索克领地，索克领的前身多是盎格鲁-撒克逊时期自由小农索克曼的土地。自由农民不是土地的所有者，而是身份自由的佃农，他们占有土地的同时需要向领主负担一定的义务。自由农民的义务与维兰相比，一般是比较固定的，有的仅需要缴纳一定数额的实物或货币地租，有的除地租之外，还需要负担一些轻微的劳役。有的甚至无须缴纳地租，仅履行一些象征性的义务即可，梅特兰曾经举过一种土地领有条件的例子：有一种索克领，其义务是象征性的，如一年献一朵玫瑰花。还有一种条件是缴纳一种实物，如年纳一副手套、一只雀鹰、一磅胡椒等❷。除了这些确定的义务外，领主提出的其他额外要求，都会构成对自由农民权利的侵害，普通法将对受侵害的自由农民提供救济。譬如，1300年19个茅舍农被指控没有给领主的马车装草，但这些茅舍农认为他们没有为马车装草的义务，除非出于自愿，主动这样做，为此法庭查阅有关惯例，然后确认：这些茅舍农有义务在草地或领主的庭院中将牧草垛起，但是没有义务装上马车❸。在履行封建义务的同时，自由农民依法享有一定的权利。中世纪自由农民的土地权利概括起来主要体现在以下几个方面。

　　（1）使用与收益之权。中世纪英国一个中等大小普通庄园里的土地一般由三部分组成：一是领主的自营地；二是自由农民的土地；三是农奴的份地，三者之间的比例大致为35%、26%、39%。除此之外，还有供大家共同使用的公田，主要是贫瘠的牧地和荒地，也包括高质量的干草草场。一般情况下，一个庄园的可耕地，包括领主的自营地、自由农民的耕地和农奴的份地在内通常会被分割成若

---

❶ 马克垚.英国封建社会研究[M].北京:北京大学出版社,2005:199.

❷ POLLOCK F, MAITLAND F W.The hisroty of English law before the time of Edward Ⅰ: Vol. 2[M].Cambridge: Cambridge University Press,1923:291-292.

❸ HOLMES G C. English villagers of thirteenth century[M]. Harvard: Harvard University,1942:104.

干长条进行分配，名曰条田（strips）❶。据说这种分配方式可以充分兼顾到土地的好坏，相对来说比较公平，每户分到的条田都是"肥瘦"搭配、远近搭配，因而极少能够集中在一起，而是犬牙交错地分布在庄园各地。这种土地的分配和耕作方式，即比较典型的敞田制（open field system）；所谓敞田制，就是这一共同体（或称社区）对于其辖下的自然资源（包括耕地、草地、林场、水源、荒原等）进行生产的一系列制度安排。对于敞田制下土地的使用和收益，中世纪英格兰社会有一套比较古老的惯例进行规范。"习惯的规则规范着基本的农作，传统的做法成为固定的模式。农业劳作和农业生活的重心决定于整体性的社区：轮作、对于耕播收获的规范、草滩的分配、公地的使用、关于篱笆围建与撤除的规则，还有一些决议关系到公田的附属权利和道路的保养。"❷具体来说，敞田制下自由农民的土地收益和使用之权主要体现在以下几个方面。一是享有按惯例缴纳地租的权利。缴纳地租是自由农民应当履行的封建义务，但地租的数量一般是比较固定和明确的，是根据惯例确定的，领主不得随意提高地租。其中，自由持有农的地租水平最低且最为固定，其次是公簿持有农，他们的地租水平也不高，相对比较固定，只有契约租地农的地租是随行就市由交易双方协商确定的。由于受价格变动、通货膨胀等因素影响，固定地租使相当一部分自由农民成为受益者，他们中许多人甚至短期暴富，不断买地置业，扩大生产，逐渐向乡绅阶层蜕变。二是拥有在公共性质荒地上放牧的权利，即共牧权（grazing rights of common）。自由农民放牧牲畜的数量是根据"司廷斯"（stints）设定的❸，例如，在18世纪60年代的中期，布里斯沃斯、施多克和疏兰格三村，一般的标准是每拥有一英亩耕地允许放牧一只羊，拥有一英亩草地可以放牧两只羊；此外，拥有十英亩耕地才允许放牧一头牛。而在波特斯布里则是拥有二十英亩耕地才可以放牧一头牛❹。三是享有在农作物收获篱笆撤除之后在敞田上放牧的权利——剩啃权（common of shack）。此外，林地、沼泽等资源也是共有的，农民可以到树林里砍

---

❶ 条田制,在米德兰平原和英格兰中部地区比较盛行。但并不是英国所有地区的庄园都实行条田制,也有地方按块分配土地的,如英国的东部和西南部地区。

❷ TURNER M. English parliamentary enclosure: its historical geography and economic history[M]. Folkestone: Dawson, 1980: 71.

❸ 司廷斯:就是放牧牲畜的数量与牲畜所有者持有敞田的面积的比率。

❹ TURNER M. English parliamentary enclosure: its historical geography and economic history[M]. Folkestone: Dawson, 1980: 114.

柴放牧，捡拾橡子喂猪。农民在荒地上还有泥炭采掘权、捕鱼权、挖掘权等具体权利。自由农民的上述权利受到惯例和共同体组织的有力保护。每个庄园为保护其草场，都用它自己的法律防范教区外的人侵害。同时，对于违犯者的处罚也是很重要的，它一般由陪审官主持，或者直接罚款，或者在每年举行一或两次的庄园法庭上进行，被告可以上诉至四季法庭（quarter sessions）和巡回法庭（assize）❶。

（2）继承与转让之权。自由地产权是普通法上权利保护最完善的一种地产权，多数自由土地在满足领主条件之下都可以继承，并且受到普遍保护。特别是其中的不限嗣继承保有土地（其法定用语是"给A及其继承人"，to A and his heirs），只要持有人血脉延续不断，便可以世世代代保有土地，这实际上已经非常接近于民法国家的"所有权"了。自由地产除了通过继承在家族内部传递之外，还可以通过转让出卖或出租的方式在土地市场上进行流转。英国早期社会为了维护封建统治秩序，保障领主的利益不受损害，法律规定自由地产未经领主同意一般不得处分。但是1290年的《买地法》解除了领主对于自由土地处分的干预，规定一般自由土地持有人可以不经过领主同意而转让土地，从法律上承认了封土买卖的合法性。14世纪自由持有农在使用、转让、继承等权利上完全不受领主制约了，成为"完全的地产所有者"❷。公簿持有农的土地由于是从庄园农奴的份地转化而来的，因此他们的地产权利最初不在普通法的保护范围之内，而是记录在庄园法庭文书的副本上面。大约在16世纪中期，普通法院才开始将公簿持有农的地产权纳入普通法保护之列。公簿持有农的土地有的有继承权，有的没有。对于可继承公簿持有地，绝大多数权利人可以定下传递公簿持有权的遗嘱，在权利人去世之后，其继承人在向领主缴纳一笔"入地费"（entry fine）之后，便可以继承土地。在土地转让方面，公簿持有农有权在副本记载权利范围内转租或转售其持有的土地。例如，1555年6月至1557年10月，布雷姆希尔庄园大约有50名公簿持有农发出了17份新的转租许可证。1610—1618年，在达林顿卡姆奈顿庄园有12名公簿持有农发出了1份转租许可证，它涉及其他7名公簿持有农的转租活动❸。在土地转售方面，1589—1593年，在厄尔斯·科尔内庄园有

❶ TURNER M. English parliamentary enclosure : its historical geography and economic history[M]. Folkestone : Dawson, 1980 : 144-147.

❷ 洪阁华. 论敞田制土地产权模式及其在议会圈地中的转型[D]. 长春：东北师范大学，2006：10.

❸ 沈汉. 英国土地制度史[M]. 上海：学林出版社，2005：100.

51块公簿地被转让，其中至少21块出卖给非亲属，其余许多块以抵押或出租方式被让渡，而在亲属间的继承不到半数。在厄尔斯克恩土地市场，17世纪平均每十年庄园中都有63%的公簿持有地被递交到庄园法庭，申请买卖。其中，2/3是亲属间的买卖，1/3为亲属外的买卖，亲属外的买卖一般为小块土地❶。契约租地农的地产权即租赁土地保有权（leasehold），是一种"根据契约占有的租地权"。与自由持有农和公簿持有农相比，契约租地农和领主之间的人身关系最为松散，领主和契约租地农之间在本质上是属于市场交易的甲方与乙方，双方的权利和义务关系主要体现在租地契约当中，体现了市场经济下交易主体的平等性。因此，契约租地农的身份比较复杂，除普通农民外，还有乡绅、教士、商人、市民等。土地租期在15世纪早期一般不会超过10年；15世纪中期以后延长到了20年或40年；到16世纪，土地租期有50年至60年，但更常见的是70年、80年甚至99年❷。"这些自愿租地农可以随时终止租地契约，短期租佃的期限一般是9年或者12年，短期租佃的优势在于，农民的土地进入费很低，也没有劳役负担。"❸契约租地农的产权可以依据契约得到法庭的保护。艾伦认为："公簿持有农和收益权契约持有农的权利在法律上被认可表现出了英格兰土地所有权（结构）的显著民主化。16世纪所有-占有者耕作的土地增长巨大，这些农夫就是英格兰的约曼，17世纪是他们的黄金世纪。"❹

2.自由农民的政治权利

上面我们在谈及古代英国和中国政治结构的区别时曾使用"金字塔式"结构和"大屋顶式"结构这样的比喻来进行描述。熟悉中国古代历史的都知道，过去的皇帝一统天下，全国大小官吏，即使那些远在庙堂之外的县官无一不是皇帝任命的，无一不是为皇帝办事的。朝廷一般禁止他们在自己的家乡做官，目的是防范官员产生"地方意识"，不能全心全意为朝廷卖力。在这种"大屋顶式"政治结构之下，中国的老百姓直接受制于皇权，中间几乎没有一个缓冲的地带和空间，权利和自由受到严重窒息。古代英国"金字塔式"的政治结构，权力是分层的、分割的。国王一般不对百姓进行直接统治，他必须通过中间的若干层中介，

❶ 徐洪伟.英国公簿持有农的兴替[D].长春：东北师范大学，2007:17.

❷ 杨晓晨.英格兰农民身份分析：13—16世纪[D].天津：天津师范大学，2007:33.

❸ DYER C. Lords and peasants in a changing society[M].Cambridge：Cambridge University Press，1980:292.

❹ ALLEN R C. Enclosure and the Yeoman[M].Oxford：Clarendon Press，1922:72.

即大大小小的领主进行间接统治；因此，对于普通平民而言，经过中间的层层缓冲和过滤，国王仅仅是最高权力的象征或者是"正义的源泉"。英国的这种政治结构，即"国王统辖下的地方自治"❶，势必造成中央和地方分权的格局，地方取得了很大的自治权利，使"英国的自由，首先植基于其自由的地方政治制度之上"❷，为自由农民政治权利的发挥提供了广阔的空间。

第一，自由农民有权参与地方最重要的政治机构郡法院和百户区法院的活动。郡法院和百户区法院是盎格鲁-撒克逊留给英国的政治遗产，诺曼征服之后稍加改造继续沿用。郡法院名为法院，本质上为地方性政府，整个郡的司法、行政、军事、财政事务都在这里处理，由于早期英国地方行政事务比较简单，司法是其工作的重点，郡法院可能由此得名。中世纪，英国地方基本上被大大小小的封建主所分割占据，这些封建主对自己的领地享有统治之权，郡长一般无权干预，但郡法院毕竟是地方公共权力机构，郡长毕竟是国王在地方上的代表，凡是涉及地方公共事务，如修路、架桥、修建城堡等不是一个封建主力所能及的事情；还有地方和平的维护，如抓捕审判罪犯等，地方自由人之间的纠纷等都需要在郡法院解决。因此，出席郡法院不仅是自由保有土地人的权利，同时也是其政治义务。郡法院开庭时，由郡长主持法庭工作，但郡长不是法官，无权作出判决，判决是由"诉讼承担者"集体作出的。诉讼承担者主要由地方头面人物组成，应召出席郡法院的有主教、伯爵、总管、百户区成员、村长、高级市政官、市民、代理人等。由于高级教士和领主往往从国王那里取得豁免令状，摆脱了亲自出席的义务，改由他们的总管或管家代理出席，而一般自由农也通常由管家们前去代理诉讼。因此在郡法院的人员构成中，除了作为主体的总管、管家外，骑士也是一个重要的组成部分。当领主或总管不能出席郡法院时，村镇的村长、牧师和4名村民有责任去代理诉讼。1135年，贝德福郡的克莱菲尔德就派4名自由农去代理诉讼。每当遇到疑难案件时，郡法院通常要求总管跟"骑士和有教养的人"来共同判决，如累斯特郡的骑士就曾于1284年被召来为一长期争议的案件作证。这些村民代表及骑士阶层的出庭，使郡法院具有更广泛的地方代表性❸。实际上，对于中下层自由农民而言，他们发挥政治权利的真正舞台是在百户区法

❶ LYON B. A Constitutional and legal history of medieval England[M].New York：Norton，1980：406.

❷ MARRIOTT J A R. English political institution[M]. Oxford：Clarendon Press，1925：245.

❸ 李培锋.中世纪前期英国的地方自治形态[J]. 史学月刊,2002(6).

院这样的基层统治机构。百户区法院和郡法院在级别上没有上下级法院的概念，两者在管辖权上、在判决效力上也没有什么区别，只不过百户区法院的管辖区域上比郡法院要小很多。百户区法院和郡法院一样，遵循的是一种古老的审理程序，百户长主持法庭程序，由自由农民组成的"诉讼承担者"负责作出裁判。百户区法院的开庭次数远远多于郡法院，最初每年开庭12次，以后逐渐增多，到1234年每三周开庭一次。从政治结构的层级上看，英国的百户区法院大致相当于古代中国的县衙。但是中国古代县衙的运作方式和英国百户区法院存在重大区别，中国古代县衙也是一个管理地方行政、经济、司法等事务的综合性统治机构，只不过司法事务并不是其主要业务，县令的主要职责是替皇帝"牧民"，因此古代县衙的运作方式和朝廷基本是一样的，县里大小事务的决定权掌控在县令手中，县令行使职权的手段主要依靠武力压迫和行政强制，因为中国皇帝耗费巨大的财力供养了一支强大的军事力量，战时用来抵御外犯之敌，平时用来震慑普通百姓。即使司法事务也如法炮制，大堂之上，（在刑事案件中）县令一人身兼多职，既是起诉者，又是审判程序的主持人，必要时还充当证人，最后还充当法官作出判决。一言以蔽之，整个案件操控在县官手里，当事人尤其是被告人根本没有对抗的能力，甚至还会遭受刑讯逼供。因此，古代中国的老百姓是纯粹的被统治者，政治性权利微乎其微。而在英国，由于王权的有限性，给地方预留了很大的自治空间，如果说在郡这一级政府体现的是"官民共治"的话，那么在百户区这样的基层组织基本上实现了"自治"，因而莱昂认为，"在郡、百户区、镇层次上，地方政府在很大程度上是由居民自己管理的"❶。总之，在英国中世纪地方政治生态环境中，普通自由民是统治阶级的"合作者"，不是单纯的"被统治者"。其根本原因在于，古代英国国王没有能力供养起一支常备军，对外战争还需要依靠国民的力量，和平年代也没有能力供养起一支唯命是从的官僚队伍，为了维系政权的稳定，必须依靠国民的合作。而作为"合作者"的普通自由民自然享有一定的政治权利。如在英国的法庭上，所有判决必须由出庭者集体作出。如果出庭者不合作，法庭就会停摆，运转失灵。13世纪时，林肯郡的部分出庭人员曾集体抗议，拒绝履行审判人的职责，迫使郡长屈服，关闭了郡法院❷。

---

❶ LYON B. A constitutional and legal history of medieval England[M].New York：Norton，1980：406.

❷ FRYDE E B，MILLER E. Historical studies of the English parliament：Vol. 1[M].Cambridge：Cambridge University Press，1970：273.

　　第二，自由农民有在王国统治机构担任官职的权利。自由农民本身是个变量，因而其政治权利也在跟随时代的变化而不断变化，总起来说呈增量上升的趋势。在中世纪早期，自由农民的政治活动舞台是地方性的，有机会出任公职的话，绝大多数是地位比较低的职位。到了中世纪晚期，部分善于经营的自由农民积累了大量的财富，因而跻身于社会的中间层次，他们当中地位最高的成为乡绅，其次是约曼。这部分富裕农民成长起来之后，一方面，基本上把持了对乡村事务的控制权；另一方面，他们也不断向上追求权力，有部分杰出人物开始进入英国议会的下院，成为议员，参与国家事务的管理。14世纪英国著名作家乔叟在他的作品里曾经对富裕农民的形象、生活做派和社会地位进行了细致的描述："他腰带边挂下一把短刀，一个绸囊，白得像清晨的牛奶一样。他长着幽雅的银髯，红润的皮肤，十分威仪和漂亮。一清早就酒杯在手，在乡间，他简直像个款待宾客的圣徒，像圣求列恩一样。他的面包和酒都是最上等的；谁也没有他藏酒丰富。家中进餐时总有大盘的鱼面糊；酒肴在他家里像雪一样纷飞，凡是人们想到的美味他都吃尽了。他的饮食跟着时节变换。他的笼子里喂着许多肥鹌鹑，鱼塘里养了许多鲷鲈之类。他的司厨如果烧出的汤不够辛辣，不够浓烈，或者器皿不整齐，这个司厨就倒了霉！他厅堂里的大餐桌是整天铺陈好的。他主持陪审团的审案会议，多次代表他的郡当选议员，还曾当过郡长和辩护律师。"❶

　　从静态的角度看，自由农民在中世纪可以担任以下各种公职。

　　（1）庄官，即封建庄园里面的公职。由于封建主一般不具体管理庄园事务，有的封建主有好几个庄园，想管也管不过来，因此领主一般会找人担任庄园的大总管代为管理，大总管下面又设总管，负责某个庄园的管理。总管（steward）是庄园管理中比较重要的人物，通常代替领主履行主持庄园法庭，检查收支账目，监督农民工作等重要工作。除此之外，封建庄园还设有出纳长（receiver-general）掌管财政收支、设有司官（chamberlain）掌管文书。以上职位待遇比较优厚，一般由自由人担任。

　　（2）村官。古代的村社大多是一个个在历史中自然形成的组织，是由村民组成的共同体，与庄园不是一个概念，村社与庄园相比更鲜明地体现了英国农民的"自治性"。村社作为一个基层的共同体，为实现自我管理，也设有相应的职位，

---

❶ 乔叟.乔叟文集:下卷[M].方重,译.上海:上海译文出版社,1979:340-341.

如什户长（the chief tithingmen）、村警（constable）、救济员（overseer）、教会执事（churchwarden）、公路监管员（surveyor of highway）和桥梁监护人（bridgewarden）等。这些职位一般没有薪水，因此对下层农民没有吸引力，多由家境比较殷实的村民担任。"没有他的合作，领主就难以进行管理。领主不仅需要强权，而且需要中介……庄园的或领主的法庭由富裕农民控制，他们解释惯例，解决争端，制定公共法则，颁布细则，拒绝村外陌生人等。一般来说，他们为领地庄官或领主本人与农户共同体之间的交往提供了基本原则和限度。"❶

（3）陪审员。亨利二世的司法改革将陪审制度引入司法审判领域，最初的陪审员在刑事诉讼中履行的是起诉揭发罪犯的职能，在民事诉讼中则扮演证人的角色，称为大陪审团。后来，爱德华三世时期成立一个专司审判的小陪审团。无论大陪审团还是小陪审团，身份自由是担任陪审员最基本的要求，而自由人中上层人士往往不屑在基层法庭担任陪审员，因此陪审员大多由富裕的自由农民来充任。1584年法令规定，担任陪审员的人应该具备一定的财产，其最低数额为每年收入4镑而不是40先令。按这个标准，英国当时大多数富裕自由农民都有资格担任陪审团成员。因此，托马斯·富勒提到约曼的时候说：约曼是这个国家陪审团的主要成员❷。

（4）地方高级官员。地方高级官员，主要包括前期的郡守、验尸官等和后期的治安法官等。依据英国地方自治的传统，地方官员一般由本地人担任，这给自由农民中的上层人士提供了向上晋升的机会。以沃里克郡为例，在1401—1477年，共有55名郡守，其中骑士身份的有24人次，缙绅身份的有29人次，其他乡绅阶层的有2人次❸。14世纪治安法官成为地方社会的治理核心，治安法官只有年收入达到20英镑的土地所有者才有任职资格，因此担任治安法官的人都是地方上的乡绅。至于验尸官，出任此职的多为中等层次的自由民。以莱切斯特郡的情况为例，在1422—1485年，有8名验尸官的身份能够确认。除去3人是莱切斯特市的验尸官，余下的5人中，没有1人是骑士；5人中有2人是缙绅家庭出身，

❶ HILTON R H. A crisis of feudalism[J]. Past & Present，1978(80)：3-19.

❷ CAMPBELL M. The English Yeoman under Elizabeth and the Early Stuarts[M]. New York：Augustus M. Kelley，1968：341.

❸ CARPENTER C. Locality and polity：a study of Warwickshire landed society，1401-1499[M]. Cambridge：Cambridge University Press，1992：268.

1人是绅士身份，另2人则是普通的自由人❶。

（5）国会下议院议员。议会本是贵族政治活动的舞台，无论盎格鲁-撒克逊时代的贤人会议，还是诺曼征服之后的御前会议，有资格参加的都是王国的大贵族，自由农民绝对被排斥在外。但是随着自由农民经济实力的加强，特别是在1215年的反约翰起义当中，不少自由农民参与其中，提高了这一阶层在国家政治结构中的地位。尤其是自由农民的上层，由于其积累了大量社会财富成为国王征税的一个重要来源，再加上贵族和国王政治斗争的需要，因此之后召开的议会当中逐渐开始吸收这一阶层的人士加入。爱德华三世时期，骑士和市民代表形成了单独的议院，即后来的下院。在议会下院不断强大的同时，其成员构成也在不断地发生变化，16世纪初，下院代表为296名，16世纪末，增加到462名……1478年，城市代表中的一半并不是真正的市民。令人震惊的是，伊丽莎白晚期，372名下院代表中，竟有300名是乡绅❷，一度形成了"乡绅侵占议会的局面"❸。

（三）维兰的权利与自由❹

如前所述，维兰在威廉一世时代其自由程度还是比较高的，后来在封建主的不断进攻之下，在13世纪失去自由，沦为农奴，成为当时社会除奴隶之外地位最低的一个阶层。即便如此，在当时要准确判断一个人是农奴或自由人仍并不是一件很容易的事情，学术界对此也存在不小的争议。有的学者从法律的角度对维兰和自由人作了区分，如12世纪的法学家格兰维尔认为：维兰身份即适用维兰

---

❶ ACHESON E. A century community Leicestershire in the fifteenth Century，1422—1485[M]. Cambridge：Cambridge University Press，1992：114-115.

❷ NEALE J E. The Elizabeth an House of Commons[M]. London：Jonathan Cape，1950：140-148.

❸ 侯建新.现代化第一基石——农民个人力量增长与中世纪晚期社会变迁[M].天津：天津社会科学出版社，1991：241-242.

❹ 在中世纪的英国，用"维兰"来称呼非自由的农民。也可以说，"维兰制"与欧洲大陆的"农奴制"同义。不过最初，维兰并不是农奴。1086年，著名的征服者威廉在英格兰进行了一次大规模的农村社会调查。这次调查搞清了王家地产和大佃户的情况。由于调查太过于严厉和详细，就好像末日审判一样。人们就将调查的原始记录和提要编成的册子称为《末日审判书》。在这时候，维兰还只是指拥有一定数量土地的农民，并不指人身不自由。尽管他们当时也要进行沉重的劳役，还同时负有其他义务。但他们的身份还是自由的。到了12世纪，维兰的地位下降，逐渐和农奴画上等号。就这样，农奴制在英格兰诞生了。参见：谁的生活更不幸：中世纪农奴还是美洲种植园奴隶？[EB/OL].(2018-07-26).https://www.jianshu.com/p/0bb3bc720467.

除外之律，即不得在普通法法庭上诉讼，而自由人身份则可在普通法法庭上诉讼❶。但令人非常困惑的是，在法律上亨利二世时确定了维兰是农奴，可是实际经济上维兰反而离农奴更远了❷。也就是说，维兰的法律地位在12—13世纪呈直线下降趋势，可其经济状况反而比原来有了很大的改善，因此有的学者认为单从法律的角度定义维兰并不准确。英国另一个著名法学家——亨利三世时期的布拉克顿从劳役是否确定来区分维兰和自由人，他认为：一个人如果今天晚上还不知道明天早上要干什么，那他就是一个地道的农奴❸。近现代英国农民问题专家如希尔顿、托尼、贝内特、坎贝尔等人则持一种综合性的观点：认为自由农和农奴的主要区别是血统与法律地位的不同，而非经济方面的差距，自由农负担的是光荣的义务，农奴负担的是卑贱的义务，自由农可以向王室法庭申诉，而唯一为农奴留有一席之地的只有领主的庄园法庭，劳役是不自由身份的主要标志，迁徙税和遗产税、婚姻捐同样是不自由的标志❹。农奴身份认定的不确定表明实际上他们和自由农民之间的差距并不悬殊，历史上就曾发生过自由人甘愿冒着沦为农奴风险娶农奴之女为妻的事例。通过考察古今学术界对农奴认定的标准，我们可以看出，在12—13世纪作为一个农奴，与自由人相比其背负的义务重，受领主剥削的程度高，生活水准低下，有的甚至过着衣不避体、食不果腹的悲惨生活。但是在14世纪黑死病爆发之后，由于人口锐减，封建主对农奴的压迫有所减轻，很多农奴开始寻求解放，这一群体的生活状况开始有所改善，正如拉尔夫·A.格里菲斯所说："对于那些幸免一死的人来说，14世纪后期和15世纪的生活可能不像以前那么可怜。"❺据统计，1350年，农奴占英国总人口的比例超过半数以上，到1600年，已经消失殆尽。❻概而言之，在英国农奴制度维系的大约200年的时间里，农奴的权利和自由状况虽不及自由人，但也并非是封建主肆意鱼肉的对象，即使在维兰深受压迫的13世纪，这一群体的权利和自由仍是有一定保障

❶ 马克垚.英国封建社会研究[M].北京：北京大学出版社，2005：182.

❷ POSTAN M M. The medieval economy and society：an economic history of Britain in the Middle Ages [M]. London：Weidenfeld and Nicolson，1972：166-167.

❸ 马克垚.英国封建社会研究[M].北京：北京大学出版社，2005：184.

❹ 李彦雄.国外学者关于英国自由农民问题的研究综述[J].历史教学，2008(22).

❺ 摩根.牛津英国通史[M].王觉非，等译.北京：商务印书馆，1993：202.

❻ BENNETT H S. Life on the English manor：a study of peasant condition，1150—1400[M].Cambridge：Cambridge University Press，1956：277.

的。而且农奴之不自由法律地位也是相对而言的，当其面对领主时，他是不自由的，他的土地和其他财产都属于领主，他没有领主的允许不能结婚，更不能随意离开其庄园到别处居住。但是，当他面对领主之外的人时，他又是自由的，可以自由地签订契约，进行各种市场性的交易活动。总结起来，中世纪英国农奴享有的权利和自由主要体现在以下几个层面。

1.维兰的土地权利

维兰的土地毫无疑问来自封建庄园领主之手，维兰以负担比较沉重的役务为条件从领主那里获取土地，因此维兰的土地在法律上一般称为"维兰保有地"或"不自由保有地"。在实行敞田制的地方，维兰的份地和领主的自营地往往是交错在一起的，维兰一般一周内固定地要在领主的土地上劳作2~3天，是为周工。其他各种不固定的农活儿，由管家随机安排，是为帮工。剩余的时间，维兰用来照看自己的份地。因此，在尽到各种封建义务之后，维兰对份地的保有是比较固定的，领主一般不得随意收回土地。伯尔曼认为：这意味着，除非根据某些条件，他们不得离开土地；这也意味着，除非根据某些条件，也不能将他们驱赶出去❶。另外，维兰还拥有份地的继承和转让之权利。虽然法律规定维兰无权继承和转让土地，但社会生活实践是丰富多彩的，并不是像法律规定的那样刻板。在领主的庄园中，如果一名维兰去世之后，按照法律规定，领主可以收回土地另行处分。但是这样的制度安排，对于领主并不总是有利的，因为领主要承担另找他人耕种这块土地和为去世维兰之成年子女另寻一块土地这样烦琐的工作，而将这块土地直截了当地交给他的继承人继续耕种无疑是最为便利的方法，而且领主还可以以继承份地违背法律为由从中收获一笔数目不小的罚金。维兰的继承人在缴纳罚金之后便名正言顺地持有上辈人的份地，并且缴纳罚金的事情会被载于庄园法庭的记录之中，成为维兰土地权利的证明。久而久之，维兰的土地继承权便成为一种习惯权利，维兰的土地可以世代相传，领主应当予以尊重。土地交易之权，是维兰土地权利中分量最重的一项权利，13—14世纪随着土地交易市场的形成，大量自由持有的土地冲破封建藩篱的束缚进入市场进行交易，在这种时代大潮的冲击之下，维兰保有的不自由土地不可避免地卷入其中，进入了土地交易市场。"13世纪以后，维兰农民转租和购进其他农民土地和领主自营地的案例在庄园法庭档案中时常可见。莱维特小组在描述圣·奥尔本修道院时，将有关土地转移的

❶ 伯尔曼.法律与革命[M].贺卫方,高鸿钧,夏勇,等译.北京:中国大百科全书出版社,1984:100.

案件放在首要位置，这些案件从1240年起充满了法庭登记人的账簿。她还注意到，在这些案件中，半英亩以上的小块土地占优势。"❶维兰的土地一般通过两种方式进入市场进行交易：一种是比较正式的渠道，在移转土地之前维兰要获得领主的同意，并向领主缴纳一笔罚金。大多数情况下领主也乐意这样做，因为这种土地交易对领主而言不但没有什么损失，反而是一种增收的好办法。维兰之间正式的土地转移须遵循一定的程序：比如"在圣·阿尔卑斯修道院，维兰土地转移采取让与（surrender）和承接（admittance）的方式进行。让与者把土地交给领主，再由领主交与土地承接者，这种形式在1245年首次出现在圣·阿尔卑斯修道院的克迪克特庄园，1246年出现在帕克庄园。卖方需向领主购买土地期限终止特许证，买方也需要购买土地承接许可证，领主由此而得到一笔罚金"❷。另一种方式是私下交易，维兰不经过领主同意，私自将土地转移给他人。私下交易的方式将有损领主的利益，因此一旦被领主发现，当事人将被送上庄园法庭。例如，圣阿尔本斯修道院院长向法庭控告一个名叫比塞的人，说他的土地是领自修道院的奴役性土地，因而他应是修道院的佃户。比塞辩称，他的土地买自亚历山大·瓦特莱特。据他所知，瓦特莱特买自詹姆士·拉·韦特，韦特则领自里尔·布尔敦，布尔敦领自詹姆士，而詹姆士才领自修道院院长。从这一长串人的名字中，可以看出一块土地往往发生一系列的买卖和转移，但都没有经过领主同意，而是农民在私下进行的❸。

2.维兰的政治权利

尽管在中世纪英国维兰鲜有机会参与地方郡政，更谈不上参与国家事务管理，但维兰的政治权利绝不是神话。因为政治的本义是指各种集团进行集体决策的一个过程，也是各种集团或个人为了各自的利益所结成的特定关系。中世纪的封建庄园毫无疑问是除国王政府、地方政府之外的另一个具有代表性的政治机构。而在封建庄园的政治生态当中，维兰是其中群体最大的政治生物，他们在领主的主导下共同参与庄园的管理活动，离开了维兰的参与，庄园很多事务将无法

❶ 侯建新. 现代化第一基石——农民个人力量增长与中世纪晚期社会变迁[M]. 天津:天津社会科学院出版社,1991:196-197.

❷ SLOTA L A. Law, land transfer, and lordship on the Estates of St. Albans Abbey in the thirteenth and fourteenth centuries[J].Law and History Review, 1988,6(1):119-138.

❸ 侯建新. 现代化第一基石——农民个人力量增长与中世纪晚期社会变迁[M]. 天津:天津社会科学院出版社,1991:197.

处理。维兰享有的最典型的政治权利是出席庄园法庭，当然这也是维兰的义务之一。庄园法庭是庄园的统治机构，庄园大小公共事务的议决、各种纠纷的处理一般都在庄园法庭里解决。领主有权惩罚一个有过错的维兰，但领主的惩罚不是在私设的公堂里完成的，只能将当事人提交庄园法庭进行处理。在庄园法庭里，一切事情均按惯例处理，由出席法庭的全体成员共同作出裁决。13 世纪的法庭案卷保存的法庭判决书中一再出现"全体库利亚的裁决如下"字样，可以为证。换言之，庄园法庭体现的不是领主个人的意志，而是所有法庭出席者的共同意志。"它是一种真正的司法审判，一种庄园习惯的管理，它不纯粹是作为维兰租佃权所有人和其他维兰所有人的领主的意愿，它对领主权如此行事并非宽容。"❶梅特兰认为："在庄园法庭上农奴有着与自由人一样的权利。在理论上，被告不是接受领主，而是接受全体出席法庭之人的审判。"❷这种统治机构的运作方式和背后政治文化意蕴与中国古代乡村家族祠堂里的运作机制有着非常鲜明的区别。中国古代社会的人们习惯聚族而居，形成许多家族村，如王家村、李家村，在这些村落里，人们严格按中国传统的伦理规则生活，强调尊卑有差、长幼有序，村里辈分大、地位高的人被敬为"族长"，由他负责整个村庄的管理工作，族长管理村庄的机构即祠堂。如遇大事，族长便召集村里头面人物聚会，协商处理办法。但是中国式的协商，主要体现的是族长的个人意志，而且族长对村庄进行家长式统治，非但没有遭到官府的反对，而且得到官方的明确支持，从而给族长治村的行为披上一层合法的外衣。作为一般村民很少敢于挑战族长的权威。有的族长权力很大，特别在一些对国家统治秩序影响不大、有伤风化的案件中，族长甚至有权决定一个人的生死，而中国古代地方政府对此往往不加干预，甚至国家法律有时也不得不对此妥协。因此，中国古代乡村的治理模式和国家的治理模式是一致的，奉行的都是家长制，其政治生态是一人有权，其他人无权。中国古代乡村村民虽然不依附于某个贵族，但其人身自由仍是受限制的，中国古代的编户制度实际上将村民牢牢地限制在土地上，而且历朝历代皆如此。通过比较，我们真切地感受到，我们不能被维兰或农奴的名称所迷惑，更不能把维兰或农奴当作抽象的概念来对待和使用，因为在不同的历史环境中，维兰或农奴的生存境遇是不一样

---

❶ 沈汉. 英国土地制度史[M]. 上海：学林出版社，2005：45.

❷ POLLOCK F，MAITLAND F W.The hisroty of English law before the time of Edward Ⅰ：Vol. 2[M]. Cambridge：Cambridge University Press，1923：593.

的，中世纪英国的维兰与同时期一些国家和地区的自由民相比，实际上并非如我们惯性思维中所想象的那样一个生活在人间，而另一个生活在地狱。

第三节 早期普通法对于"主体权利"的救济

根据中世纪社会结构分层的特点，我们在分别考察梳理了贵族、平民和维兰的"主体权利"后发现：在英国等级社会中，权利和其他物质性的利益一样基本上都是严格按照等级原则进行分配的，每个等级的权利含量虽然由高到低呈下降趋势，但每个等级的权利还是比较稳定的，受到普通法或习惯法的有力维护。

一、普通法令状制度与"救济先于权利"

英国最早的司法救济程序非常简单，一般由原告将被告带到法庭，由出席法庭的成员共同作出判决。由于古代司法程序的简陋性，不可避免地存在一些冤假错案，于是很多人以"国王是正义之源"为由，向国王请愿，要求国王进行干预。国王通常在收取当事人一笔数目不菲的报酬之后，便会施以恩惠，应当事人的请求下达一道书面的命令，命令郡长毫不延迟地帮助请求者实现正义。国王的这道命令即"令状"。早期的令状是属于行政命令性质的，从亨利二世开始，将令状司法化。司法化的令状，不再直接给郡长下命令指示他做什么，而是要求郡长将当事人带到国王的法官面前，由国王的法官审理案件，还当事人清白与公正。令状由此演变为王室法院的前置程序，普通自由民若选择在王室法院审理自己的案件，必须事先从国王的文秘署申请一道司法令状，否则王室法院不予受理。由于王室法院的权威性和审判的公正性，大量案件从地方法院、领主法院涌入王室法院，在促进了令状繁荣的同时也使令状变得越来越复杂，分类越来越细，专业化程度越来越高，当事人在选择令状时必须格外注意，如果选错了令状，会导致其案件不予受理或败诉。所以对英国人来说，他们最关心的是程序是否正确，如果程序正确权利才有可能得到救济，或者说在得到救济之前，权利好像根本不存在似的，久而久之，便形成"没有令状就没有救济""没有令状就没有权利""救济先于权利"的观念。因此，英国人和欧陆其他国家人民的权利观念不一样，他们不太相信先验性的权利，认为那只不过是"纸上谈兵"，他们相信的是已经被实践所证实的那些权利，这些权利有的体现在司法判决中，有的则根植于整个民族的心灵之中。因此，我们在考察中世纪英国人的权利保护状况时，必须认真对待"救济"这个主题。

二、普通法对土地权利侵害的救济

（一）权利诉讼

按照英国的土地分封制度，各级封臣根据不同的受封条件，对受封土地享有不同权利，包括领主在内其他人，如果未经合法程序，不得妨害土地保有人的合法权益。但是在生活实践当中，领主借故侵犯封臣土地保有权的案例随处可见。有的领主随意将封给张三的土地再封给李四；有的领主在保有人去世之后，将本来属于保有人子女继承的土地强行收回或者直接另行分配。为了维护保有人的合法权利，普通法最早运用"权利诉讼"对受害人进行救济。"权利诉讼"遵循的基本原理是：在早期封建保有制的结构框架之下，无论领主还是土地的保有人都不是土地的所有者，他们在同一块土地上拥有的也只能是层次不同的保有权，当双方就一块土地发生纠纷时，法院只能将双方的权利进行一番比较，谁的权利更充分谁将会胜诉。在一件典型的权利诉讼案件中，案件的原告首先应申请一个权利令状（writ or right）并设法将案件转移到国王的法庭审理。法庭开始时，原告口头提出控告，指控被告侵占了他的土地，为了证明自己对争议土地享有权利，原告应尽可能完整地将这块土地的权利流转过程陈述下来。"要尽可能地向前追溯该土地与其祖先的渊源关系……要说明他的那位祖先是怎样对该土地行使权利的，然后还要从那位祖先数起沿着其家系往下，说明该土地是怎样从那位祖先那儿一代一代传到他这儿来的，其中传承的每一代的姓名都要说清楚。"❶原告陈述完毕后，被告若直接否定，法庭便进入下一个程序，验证原告和被告谁的话是真实的。验证的方法，最早是众所周知的"神判法"。"神判法"在13世纪取消之后，验证任务便交给了由邻居组成的陪审团，陪审团的成员大多是知情者，因此他们的审判是在人的良知和理性的基础上作出的，比虚无缥缈的神灵裁决更具可预见性，多数能够作出合理的裁决。总而言之，早期的权利诉讼，虽然程序本身比较僵化，存在一定弊端，但它仍是普通人捍卫土地保有权利的主要手段，它在抵御领主等社会上层人士的不法侵犯当中充当了防波堤的作用。

---

❶ 李红海.早期普通法中权利诉讼[J].中外法学,1999(3).

（二）占有诉讼

权利诉讼的根本目的在于恢复权利，需要参考争议土地的权利变迁史，才能决定谁对争议土地最有权利。这一思维方式决定了诉讼中仅仅比较当事人的身份，并没有将土地权益作为一个独立的范畴加以分析，而且这种比较仅仅是时间先后的比较，而不是具体土地权益内涵和效力的比较，所以该程序尽管被冠以"权利"之名，但它所关注的仅仅是解决当事人之间的纠纷，"反映了法律关注的主要问题仅仅是对纠纷做出判决的时代——一个还没有分析所有权和占有概念的时代"❶，所以权利令状制度不可能产生土地权利的概念❷。12 世纪后半叶，随着更加快捷、高效的占有性诉讼程序的兴起，权利令状诉讼很快走向衰落，"早在 13 世纪，人们就认为权利令状是一种具有风险性的救济方法，并尽可能避免使用它"❸。在英国历史上被誉为普通法之父的亨利二世上台后，为了维护那些在斯蒂芬乱世时期被他人强占土地的受害人的合法权益，推出了一系列快速救济措施，并以下述四大令状最为著名，这四大令状是新近强占诉讼令状、收回继承地令状、地产性质诉讼令状和最终圣职推荐权令状。

新近强占诉讼令状（the assize of novel disseisin）是专门解决自由保有土地被他人非法强占的案件。该令状的内容："国王向郡首，致意。甲向我控告说，在我上一次对诺曼底巡视以后，乙不公正地在未经审判裁决的情况下，强占了他在某地的自由保有土地。这件事情的处理，应该在某日于十二个守法居民面前进行，以使其得到验证，特传唤乙及其管家，来接受听审。"❹据说"为了制定该令状，国王和他的大臣们度过了无数个不眠之夜"❺。从新近强占诉讼令状的内容上来看，与以前的权利令状相比最大的变化体现在：它特别强调时效性，即"新近"，而且对新近的含义作了明确的阐释："在我上一次对诺曼底巡视以后"，这种变化使诉讼的天平开始向原告或受害人倾斜。在早期的权利诉讼中，原告背负着陈述争议土地权利史的艰巨任务，而在新近强占诉讼中，原告只需要证明在亨利二世上次对诺曼底巡视之前，争议土地被原告合法占有就可以了，不必挖空心

❶ HOLDSWORTH W S. An historical introduction to the land law[M].Oxford：Clarendon Press，1927：13.

❷ 咸鸿昌. 英国土地保有权制度的建立与变迁[D].武汉：中南财经政法大学，2007：57-58.

❸ HOLDSWORTH W S. An historical introduction to the land law[M].Oxford：Clarendon Press，1927：12.

❹ 密尔松. 英国普通法的历史基础[M].李显东，等译.北京：中国大百科全书出版社，1999：143.

❺ THORNE S E. Bracton on the laws and customs of England[M].London：The Btlknap Press，1977：164.

思对在此之前的土地权利史进行证明了，这种变化一方面大大减轻了原告的举证负担，另一方面使证据的验证变得更为简单明了；而对于被告来说，无疑增加了答辩的难度，尤其对那些趁火打劫非法强占他人土地的人来说，等待他们的恐怕只有败诉。

收回继承地令状（the assize of mort d'ancestor）。该令状的内容："国王向郡首，致意。如果一个人已经向你担保把该诉讼进行下去，那么你应当传讯十二个品行良好，通晓法律熟悉当地情况的人组成陪审团，让他们在指定的日期到我的法庭上，并且向法官发誓后，判断这个人在其父去世之日是否应当继承该地产，是否这个人是其最亲近的人，同时，让这十二个人在令状上签署名字。还要派遣称职的送达人，通知现在正占有那块地产的人听取裁决意见，送达人应到场，本令状也应该置于现场。"❶从内容上看，此令状对土地继承权的保护相当简洁有力，只要被继承人和继承人之间的法律关系确定，继承人就有权继承土地，如果其他人先于继承人占领这块土地，那么继承人就可以通过申请这个令状恢复对这块土地的权利。对法官和陪审团而言，查明确认被继承人和继承人之间的法律关系，并非难事。

地产性质诉讼令状（the assize of juris utrum）和最终圣职推荐权令状（the assize of darrein presentment）是亨利二世在司法改革中为了明确国王和教会司法权的界限，进一步限制教会司法权，颁布的较有针对性的令状。诺曼征服之后，历任国王为了获得基督教会的支持，向教会分封了大量地产，教会地产与世俗地产不同，世俗地产负担向国王交租纳贡等封建役务，如世俗封建主不履行义务或期限届满之时国王有权收回封地。但是地产一旦落入教会手中，基本没有收回的可能性，因为教会作为一个组织是不会死亡的，另外教会地产一般只承担向国王提供宗教服务的役务，地产的收益基本归教会所有。为了扩充国王的司法权、限制教会的司法权，亨利二世出台法律规定：当出现自由人和教士因土地保有发生争讼案件时，案件将先交由国王法庭裁决这个案件应在教会法院还是在世俗法院审理。对于普通人来说，与教士争讼的土地案件如在教会法院审理，无异于与虎谋皮，自投罗网！而通过此令状将案件提交王室法庭审理，在王权与教权斗争的时代背景下，王室法院自然将不遗余力地维护普通人的权益。最终圣职推荐权令状是在圣职推荐权发生争议时适用的一种司法程序。圣职推荐权，本质上是一种

---

❶ THORNE S E. Bracton on the laws and customs of England[M].London：The Btlknap Press，1977：249.

教会组织的人事任命权，即当一个教堂出现职位空缺的时候，决定由谁来顶替的权利。由于圣职推荐权背后具有巨大的经济利益，通过圣职授予权获得的收入相当于其地产一年收入的总和❶，因此在中世纪将圣职推荐权视为一种不动产权利也不为过。为了保护世俗人士的圣职推荐权不受教会组织的侵害，亨利二世于1180年颁布了最终圣职推荐权令状。该令状的内容如下："国王向郡首，致意。如果一个人向你保证将此诉讼进行下去，那么你立即召集十二个自由并通晓法律的人组成陪审团，并且来到我的法庭上进行判断，和平时期谁是最后一位教士？而这位教士死后又导致圣职的空缺？法官将根据权力的归属判定最后推荐这位教士的人持有该圣职授予权，并在令状上写明十二个人的名字。"❷其言外之意：圣职授予权究竟属于谁，不是教会单方面说了算，只有王室法庭才能最终作出裁决。

　　以上列举的四个与地产有关的令状，非常典型地体现了普通法对自由土地权利的保护。除此之外，普通法还有许许多多的令状，对各种侵害自由土地权利的违法行为进行救济。例如，保证合理份额的权利令状（the writ of right de ratio-nabili parte）用于保障血缘关系利害人的权利；寡妇地产权利令状（the writ of right of dower）用于保障寡妇对亡夫地产的权利等。值得注意的是，普通法对土地权利的保护始终处于不断的发展和完善之中，当社会上出现一种新的侵害方式，导致原有的令状不能提供救济，那么针对这种新型侵害救济的令状便会很快被开发出来。例如，新近强占诉讼令状解决的主要是强占他人土地引发的诉讼案件，假使强占者死亡的，强占者继承人继承并进占了该争议土地的，则被强占者不可以使用这一令状来对抗该继承人。因此，到1205年，一种新的基于侵夺土地占有的进占令状（writ of entry sur disseisin）得到创设，以解决这种案件。反过来讲，如果被强占者死亡的，被强占者继承人也不能使用这一令状来对抗强占者，后来，被称作de quibus（何物或何人的）的进占令状（writ of entry called de quibus）或称为entry in the nature of assize的令状弥补了这一缺陷❸。

　　以上是王室法院对自由人合法权利的救济。但是对于维兰来说就没那么幸运

---

❶ VAN CAENEGEM R C. Royal writs in England from the conquest to Glanvill：studies in the early history of the common law[M]. London：Bernard Quaritch，1958：330-331.

❷ THORNE S E. Bracton on the laws and customs of England[M].London：The Btlknap Press，1977：206.

❸ 屈文生.令状制度研究[D].上海：华东政法大学，2009：189.

了，亨利二世的司法改革并没有直接惠及维兰这一阶层，反而将他们的法律地位进一步降低，非常明确地规定王室法院不受理不自由土地的争议案件，拒绝对维兰提供司法救济。但事实上并非完全如此，在法庭上也不乏王室法官因倾向于保护自由而作出有利于维兰的判决。1219年，林肯郡一个名叫亚当的人因继承地问题与约翰发生诉讼，约翰在法庭上声称，亚当是他的维兰，所以没有资格提起诉讼，并将亚当的一个承认自己是维兰的叔父带上法庭充当证人。亚当也承认其叔父是维兰，但坚持自己的自由人身份。法官下令由陪审团裁决。陪审团的裁决是：过去约翰的父亲曾试图证明亚当的父亲是维兰，但因没有证据而未得逞，而且亚当的父亲去世时是自由人，亚当因此赢得了诉讼❶。对维兰来说，主要救济渠道依然是庄园法庭。庄园法庭虽然是领主设立的私人法庭，是领主用来治理庄园的统治工具，但是庄园并非完全体现领主个人意志，因为庄园法庭的审判机制和法律依据都严重依赖于传统和惯例，非领主所能左右。例如，庄园法庭在13世纪也引入了普通法的陪审制度，增加了审判的科学性、合理性。庄园法庭裁决的依据是被村社共同体承认的习惯法，因此庄园法庭对维兰的权利可以提供一定的救济。而且，庄园法庭的被告并不总是维兰，领主也经常成为庄园法庭的被告，一旦领主违背习惯法的规定，或怠于履行义务，维兰可以通过诉诸庄园法庭迫使领主纠正不法行为。譬如，1294年某个庄园的陪审团诉称，他们的领主用犁耕坏了一部分公用道路，以致车辆不能像以前那样正常穿行。法庭发布命令，要求领主必须将道路修复完好。1427年温彻斯特郡圣斯威森修道院的某个庄园，法庭对该庄园领主进行了审判，因为他阻断了马匹通行的道路，法庭处以罚金，并命令他在下次法庭开庭之前将障碍物搬走。1517年贝塔夫德郡的阿斯特威克庄园有一项村法规定："由佃农们规定，领主不应在属于公地的牧场上放牧他的牲畜。"❷总之，虽然维兰土地不受普通法的保护，王室及其法官也不承认维兰的土地权利，但实际上大部分维兰的土地权利在13世纪都是有保障的，既安全又稳定❸。14世纪，大多数维兰经过争取获得了解放，成为自由人，维兰保有地也摆脱奴役性成为公簿持有地。当然，公簿持有地开始的时候并没有获得王室法院

❶ STENTON D M. English society in the early middle ages, 1066—1307[M]. London: Penguin, 1965: 146.

❷ 张新军. 抗争语境下的中世纪英格兰庄园法庭[J]. 固原师专学报, 2006(4).

❸ HYAMS P R. King, lords and peasants in medieval England: the common law of villeinage in the twelfth and thirteenth centuries[M]. Oxford: Clarendon Press, 1980: 49.

的保护。15世纪末公簿持有制开始得到普通法的保护。1467年，大法官丹比说，如果领主驱逐公簿持有农，他就做错了，因为按照庄园惯例公簿持有农是领主和其后继者的土地租佃人，对于这一点庄园惯例和普通法（的态度）是一致的。1481年，大法官布里安明也在一次辩论中表示，如果已履行规定义务的公簿持有农受到领主驱逐，他就可以侵犯罪起诉他的领主❶。普通法中的收回不动产令状（writ of ejectment）是保护公簿持有地的主要法律工具。在埃塞克斯郡，公簿持有地以"和自由地一样美好"著称，可以世袭继承，进入税固定，可以转租，如不通过法庭，允许转租3年；如通过法庭，可永久性转租。佃户的法律和社会身份不再提及。由于这种变化，所以牛津郡的斯托纳家族作为法律世家，却不以持有公簿地为耻❷。1673年，柯克在《完全的公簿持有农》一书中这样描写道："公簿持有农有着稳固的地位，他们毋需小心地考虑庄园主的不满，他们对每一突如其来的暴怒不再战栗不安，他们安心地吃、喝和睡觉，他们惟一当心的重要事项，就是小心翼翼地履行对公簿地所规定的而为惯例所要求的那些责任或劳役。除此之外，就让领主皱眉蹙额吧，公簿持有农完全不在乎，他们知道自己是安全的，没有任何危险。"❸

本章小结

本章立足早期普通法时代，对英国人权利和自由的保护状况进行了简要的考察和梳理。早期普通法是封建时代的产物，因而不可避免地带有等级的色彩，普通法并不是对所有人一视同仁，甚至刻意将一部分人排除在普通法的保障范围之外，体现了普通法的历史局限性。但这种不平等的时代是短暂的，随着时代的进步，维兰的解放，普通法在14世纪末成为全英国人的法律，将绝大多数英国人纳入了普通法的保护范围之内，与历史同期或发展阶段相同的一些国家和地区的法律相比，普通法对权利和自由的保护具有鲜明的特色，作出了更为卓越的贡献。就普通法本身来讲，它来自习惯法，经法官之手创造，在很大程度上排除了专制意志的干预和操控，因而在其管辖范围内，能够利用科学合理的审判程序和

---

❶ CLARKSON P S, WARREN C T. Copyhold Tenure and Macbeth[J]. Modern Language Notes, 1940, 55(7): 483-493.

❷ HILTON R H. the decline of serfdom in medieval England[M]. London: Macmillan, 1983:47-48.

❸ J. 克拉潘. 简明不列颠经济史[M]. 范定九, 王祖廉, 译. 上海: 上海译文出版社, 1980:282.

审判机制对受害人进行权利救济。在其他一些国家和地区，法律绝大多数是由统治者制定的，专制的意识和思想渗透于各种法律的价值内核，相对于法律，法官只不过是一种没有思想的工具，他们机械地适用法律，压制人民的权利和自由，为专制政权的长治久安忠实地服务。从人民对法律的态度上来看，普通法在英国人民心中具有崇高的威望，被视为权利和自由的护身符，是正义的源泉，是抵挡专制侵扰的防波堤。其他很多国家的法律，在人民的心中是强加给他们的枷锁，是官员手中的皮鞭，是扼杀自由的黑洞。当历史发展至近代，民主与人权成为时代主流思潮，许多古代国家的法律因经不住检验纷纷走向覆灭时，普通法却因其独特的品质，昂首阔步跨入新时代，不断吸收新时代的思想营养，为人权保障提供了更加完善的保障。

第三章　近现代普通法与人权保护

第一节　普通法近现代化的历史背景

众所周知，英国是人类历史上第一个率先启动现代化历史进程的国家，1688年英国资产阶级和新贵族联合起来发动了"光荣革命"，迫使国王詹姆斯二世逊位，并从荷兰迎来了詹姆斯二世的女婿奥兰治亲王威廉及其女儿玛丽，奉他们夫妇二人为王，由他们二人共同统治英国，称威廉三世和玛丽二世。当然，威廉夫妇获此王位并非没有代价，他们不得不接受议会提交的"权利宣言"，并于1689年10月正式批准为法律，即《权利法案》。《权利法案》的核心精神实质是为限制君主权力提供了法律保障，它的颁布意味着英国在政治层面上确立了君主立宪制的资产阶级统治，在法律层面上开启了以法律权利代替君主权力的新时代，在经济层面上为工业革命的发生奠定了基础。正是在这种宏大的历史背景下，普通法不甘寂寞、与时俱进，完成了自身的近现代化，进而承担起在工业社会保障人权的重任。

一、有限政府宪法原则确立对普通法保护人权的影响

在英国的政治传统中，君主的权力从来不是绝对的、全能的，国王依靠贵族进行统治的治国模式从盎格鲁-撒克逊时代就开始实践，诺曼征服之后，虽然威廉一世建立了当时西欧最强大的王权，但其权力仍是有限的，不仅存在与之抗衡的宗教神权，贵族和骑士在世俗领域内也分割了权力蛋糕的一部分。总之，在进入近现代社会之前，英国政府的权力因传统原因受到一定束缚，实质上是一种有限的统治权，尽管在理论层面上还没有对此进行严谨、细致的总结与论述。英国内战期间，英国人民将冥顽不灵、抱残守缺、不知变通的查理一世推上断头台，给予专制政权沉重打击。克伦威尔上台执政之后，由于缺乏明确的宪政体制，革命派最终也演变成独裁者。克伦威尔死后，查理二世、詹姆斯二世相继临位，英国似乎又回到原点。由于宗教问题重燃了英国革命的烈火，尽管此次革命是温和的，没有爆发流血冲突，但是有限政府的政治体制开始在英国落地生花。1689年光荣革命期间颁布的《权利法案》和1701年颁布的《王位继承法》是这一历

史进程当中的重要事件。《权利法案》总共13条，从内容上看可划分为三大部分。一是限制国王的权力，如第2条规定："近来以国王权威擅自废除法律或法律实施之僭越权力，为非法权力"；二是确认议会权力与地位，如第9条规定："国会内之演说自由、辩论或议事之自由，不应在国会以外之任何法院或任何地方，受到弹劾或讯问"；三是保障人民的自由与权利，如第7条规定："凡臣民系新教徒者，为防卫起见，得酌量情形，并在法律许可范围内，置备武器"，第10条规定："不应要求过多的保释金，亦不应强课过分之罚款，更不应滥施残酷非常之刑罚"。《王位继承法》虽然只有短短4条，但是意义非常重大，它标志着英国的政治权力中心由国王转移至议会，明确规定王位的更替不再是王家私事，必须接受议会的干预与监督，从而确立了议会权力高于国王权力的宪政原则，如第2条第2款规定："凡按照本法的限制规定可以继承王位者，若现在或将来同罗马教廷或者教会和好，或者保持交往，或者信奉罗马天主教或者与罗马天主教徒结婚，都应按照前举法令所规定和确认的情形，丧失继承的资格"。另外，《王位继承法》还有保障人民法律权利之规定，如第4条规定："鉴于英国法律是英国人民与生俱来的权利，因此，凡得登上英国王位的国王和女王，都应依照英国法律的规定管理政务，他们所属官吏和大臣也都应按照同样的法律为国王效力"。英国通过光荣革命确立了君主立宪政体之后再也没有动摇过，即使在伊丽莎白一世治下，虽然她富有治国才华，将英国打造成世界一流强国，在国内具有崇高的威望，是一位伟大的君主，但是女王在英国立宪政体内的法律地位和权力并没有变化。18世纪上半叶汉诺威王朝时代，英国王权进入了全面旁落时期。来自德意志的乔治一世由于不通英语，不愿临朝与大臣议事，后来干脆不出席内阁会议，逐渐形成了由首相主持内阁会议的政治惯例。起初，国王可以通过任命首相保持政治影响力，但是在政党政治兴起之后，国王逐渐失去了首相的任命权，不得不接受议会多数党领袖为内阁首相这一现实，否则必然会引发政治危机甚至政治革命，进而威胁到王位的稳定。自此，英国国王最终沦为统而不治的虚位元首，现任英国女王伊丽莎白二世统治英国已有半个多世纪，仍恪守不干涉政治的传统。

在理论层面上，有限政府理论的核心要素在近代第一次被提炼为一套一致的知识传统，其中最重要的作品是洛克的《政府论》。英国著名哲学家洛克在1689

年和1690年发表了著名的《政府论》，为英国光荣革命进行理论总结与辩护。在《政府论》里，洛克清晰系统地阐述了有限政府的理论，他认为：在政府产生之前，人们处于"自然社会状态"，人人享有"自然权利"。在"自然状态"下，虽然有自然法来约束人们的行为，但缺乏一种外在的强制力适应法律、解决纠纷、维护秩序和保护人们的合法利益。为了克服自然社会的缺陷与不便，人们达成普遍协议，自愿将一部分权力让渡出来，组建政府、治理社会。因此，政府及其权力来源于人民的授权，而不是所谓的"君权神授"。正是基于此，洛克认为政府的主要功能是维持社会秩序，保护人们的人身自由与安全，保护公民的财产不受侵害。为了实现这一目的，洛克进一步提出权力分立的学说，他将一国的统治权一分为三：立法权、行政权和对外权，主张不同的权力交由不同部门来行使，避免权力垄断形成专制。在洛克思想的启示之下，法国的孟德斯鸠在总结英国政治实践经验的基础上提出了新的"三权分立"学说，他将国家权力重新划分为立法权、行政权和司法权，同时进一步提出权力不仅要分立还要相互制衡，他认为："其中任何两个权力都不能集中在一个人或一个机关手中，否则自由便不复存在。如果三种权力由同一个人或同一个机关行使，那一切便都完了。"孟德斯鸠的"三权分立"学说一经提出，便被许多国家所采用和实践，成为西方国家政治领域内公认的政治原则。英国虽然没有像美国等国家一样严格地实行三权分立，但是英国的政治实践中自始至终贯穿"分权"与"制衡"的理念。例如，近年来英国撤销大法官职位，设立最高法院的出发点也是旨在厘清行政与司法、立法与司法之间纠缠不清的问题，使英国的政治更加鲜明地体现出分权与制衡的特点，继续追赶世界政治改革民主化的潮流。在20世纪之后，随着英国进入福利社会时代，政府管理的社会事务越来越多，行政对社会的干预力度不断加大，表面上有限政府的理论显得有些过时。其实不然，有限政府的理念仍是当今西方社会最基本的政治原则，政府依然在法律授权范围内活动，政府加大对社会的干预力度不能背离人权保护的根本目的。而且民众对政府权力的扩张始终保持警惕的心态，其他部门尤其是司法部门对政府权力的行使始终处于高度敏感的状态，一旦政府权力越界，侵害公民的合法权利，司法部门将给予及时的救济。

有限政府，对于普通法而言，过去一直是其积极追求但难以如愿的宏伟目标。有限政府，从普通法的视角来看，可以将之解读为"法比权大"。经典的普通法理论一直坚持国王的权力受制于普通法，国王应当按照普通法的规定行事。

正如布莱克顿所说："是普通法造就了国王。"但是仍有很多英国国王对此嗤之以鼻，他们坚信普通法应为王权服务的观念，屡屡与普通法发生冲突。例如，在詹姆斯一世当政时期，衡平法和普通法产生激烈的冲突，詹姆斯一世本人选择了站在衡平法的一边，虽然柯克等人进行了激烈的反抗，但最后的裁定结果是：衡平法的效力高于普通法。究其原因，不外乎适应衡平法的大法官法院比适应普通法的普通法院更会维护国王的利益，而柯克本人因为反抗国王，被解除了首席法官的职务。尽管普通法一直坚持努力，但是事实证明，近现代之前普通法自身难以与强大的王权对抗，难以将王权彻底降伏。最终英国通过光荣革命确立了有限政府宪政原则，在法律上确定了普通法的地位，当行政权逾越界限侵犯或者对人们的合法权利构成威胁时，普通法院可以通过司法审查的手段加以干预，从而提高了人权保护的力度。

二、议会政治改革对普通法保护人权的影响

英国议会是光荣革命的组织者和领导者，革命胜利之后，议会自然成为最大的赢家，确立了至高无上的政治地位，成为英国的最高权力机构。英国著名宪法学者戴雪在其著作《英宪精义》中对议会的主权地位进行了经典阐述，他说："巴力门在英宪之下，可以造法，亦可以毁法；而且四境之内，无一人复无一团体能得到英格兰的法律之承认，使其有权利已撤回或废置巴力门的立法。是为巴力门主权的原理所有真谛，不能增多亦不能减少。"❶关于英国议会的地位，德·洛尔默（De Lolme）说过的一句名言比戴雪的阐述更直截了当，他说："议会除了不能把男人变成女人和把女人变成男人外，什么事情都可以做。"德·洛尔默的形容固然带有夸张和调侃的成分，但是基本符合那个时代的政治实践。上至远古时代的《大宪章》《牛津条例》，再至近代的《权利法案》《王位继承法》，这些宪法性的文件奠定了议会主权的法律基础，王位的继承须按照议会的立法进行，内阁由议会产生并对议会负责，司法机关不能挑战议会的权威，更无权对议会的立法进行审查，理论上必须忠实地适用议会的立法。

但是，近代早期的议会主权并非人民主权，英国的议会是从封建时代的大会议脱胎换骨而来的，还披着封建社会的厚重胎衣，这一点从议会的构成上体现得很清晰。光荣革命后的英国议会，共有三个组成部分：国王、贵族院和平民院。

❶ W.I.詹宁斯.法与宪法[M].龚祥瑞,侯健,译.北京:生活·读书·新知三联书店,1997:117.

其中，贵族院的人员是由英国社会最有权力和地位的世袭大贵族构成。平民院尽管有所变化，增加了一些新鲜血液，一些经济实力比较强的地主阶层和资产阶级加入了其中，但是这种变化并没有改变议会的整体格局，原因在于新加入的土地贵族和资产阶级同旧贵族之间有着千丝万缕的联系，有些资本家前身就是旧贵族。正如恩格斯所说："光荣革命以后，俸禄和官职这些政治上的战利品留给了大地主家庭，其条件就是充分照顾金融的、工业的和商业的中等阶级的经济利益。"❶总而言之，直到1832年议会改革前的一个半世纪，英国议会还是一个由贵族操控国家的最高立法机关，典型地体现了英国光荣革命的保守性和不彻底性。与政治革命的保守性相比，英国工业革命取得了突飞猛进的发展。工业革命的成功，在英国社会产生一个强有力的阶层——工商业资本家，他们手中握有巨大的财富，但是政治上没有发言权。为了维护自身阶层利益，新兴的工商业资本家不断向现行政治体制发起冲击，要求改革议员选举和分配原则。"落后的、腐朽的议会制度，严重地阻挠着英国社会经济的发展，为了推动工业革命继续深入以带动英国全面的近代化就必须首先打破这个制约经济发展的瓶颈，下大力气来改革落后的、过时的议会制度，这不仅是社会经济发展的需要也是资产阶级和广大劳动群众的强烈要求。"❷正是在这种政治压力之下，1832年6月，议会两院通过改革法案，重新调整议员选区，对选区的议员名额进行再分配，取消或减少了143个衰败选区、口袋选区、袖珍选区的议员名额，在新兴工业城市新设了40多个选区，并放宽了选民的财产资格限制。此次议会改革，扩大了英国议会议员的来源渠道，城乡选民人数由1831年的51万增加到81万，大批工商业资产阶级和中产阶级的代表进入了议会，开始同土地贵族分享政治统治权，使英国政治民主化程度向前迈出了一大步。但此次改革的局限性是显而易见的，由于仍保留了较高的财产限制门槛，普通社会大众还是被排除在外，绝大多数仍然没有选举权，其人权难以获得周全的保障。英国的产业工人为了争取选举权进行了艰苦卓绝的斗争，1836—1848年英国宪章运动就是突出的一例，终于迫使议会进行了二次改革。1867年改革法案规定：重新调整选区。进一步降低选举资格限制，扩大选民范围，在城市中凡缴纳贫困救济金的房主和年缴纳10镑以上房租及居住期不少于1年的房客享有选举权；乡村居民凡每年有5镑以上收入的土地所有者和

---

❶ 中共中央马克思恩格斯列宁斯大林著作编译局.马克思恩格斯选集：第3卷[M].北京，人民出版社，1995:393.
❷ CCTV百集大型纪录片《世界历史》解说词，第46~50集。

年付20镑地租的佃户均享有选举权。此次改革，使英国选民人数由135万增加到250万，但是妇女仍然没有选举权。19世纪末，英国议会进行了第三次改革，1884年的《人民代表法》重新规定选民的财产资格，每年只要有10英镑价值的任何土地或住房的人即有选举权，此举使农业工人获得了选举权，从而使选民的人数增加到300万～500万，占成年人口的25％。1885年，议会又通过《重新分配议席法》。这个法案从总的原则来说就是按人口多少来划分选区和分配议席，规定：取消人口不足1.5万人的72个城市议席，而把这样的城市分别并入所属各州。基本上按5.4万人分配一个席位的标准，将全国统一划分为617个选区。除22个城市和牛津、剑桥2个大学选区仍保持两个议席外，其余选区均实行单一选区制，这样基本接近于平均代表制原则。在此之后，在1918年的法案中，授予年满30岁的妇女和21岁男性公民以选举权，1928年又将妇女的选举权的年龄限制降低到21岁。至此，英国终于实现了成年公民的普选权。今天在英国，年满18周岁者都有选举权，选民人数占全国成年人口的97％。伴随着下议院议员选举制度改革的同时，英国上议院也始终处于变动之中，它的权限不断受到削弱。上议院已无权提出财政议案，无权否决下议院三读通过的议案，搁延否决权的时限也由两年缩短为一年。为进一步提高上议院的民主化程度，英国先后剥夺了部分世袭贵族议员在上议院的席位，剥夺其余部分世袭贵族议员的表决权。今天，保守的英国虽然继续保留了上议院，但是上议院早已风光不再，其政治地位和政治权力再也无法同下议院相提并论。英国议会的改革历程，虽然过程是缓慢而曲折的，但方向是正确的，始终没有背离民主化的历史潮流。众所周知，民主对人权的保护是极端重要的。民主首先是与专制对立的制度，专制意味着少数人凌驾于社会普罗大众利益之上，他们有权但大多数人无权，社会大众难以在国家立法中表达自己的意志，其人权受到侵害之后难以得到及时周全的救济。民主，意味着多数人的统治，但也不是完全忽视少数人的意志，因为社会各个阶层在议会当中都有自己的代言人，通过代言人他们可以在立法等领域表达自己的意志，维护自己的合法权益。英国普选权的实现，意味着英国的人权保护取得了历史性进步。

从法律的视角看，英国议会在历史上对人权保护也发挥了重大作用。首先，议会是普通法的捍卫者。在斯图亚特王朝时期，普通法曾面临巨大危机，正是在议会的保护下，普通法才得以保全。光荣革命之后，议会通过颁布《王位继承法》确立了法官的政治地位，从而使英国司法在世界范围内率先实现独立。其次，议会通过立法完善了普通法的发展。议会立法虽然效力高于普通法，但议会大多数立法并不是取代普通法，而是为了弥补普通法的不足或系统重申普通法的主张。英国人权保护的历史证明，普通法是人权保护的中流砥柱，但是如果没有议会的支持，普通法能否扛得住王权的冲击，恐怕还需要打一个大大的问号。

三、人权理念革新对普通法保护人权的影响

从人权发展史的角度看，英国是世界上公认的最早对人权进行保护的国家，1215年的《大宪章》被誉为人类社会第一个保护人权的宪法性文件。此后，英国人权保护的观念与实践虽然总体上呈现出与时俱进的态势，但也经历了不少的波折，并非一帆风顺。总体而论，英国人权保护理念与制度的变迁，大致经历了三个历史性阶段。

第一，早期的人权保护阶段。从时间上界定的话，是从13世纪到17世纪这近4个世纪的光阴流转。这一时期，英国人权保护观念的核心是关注人的基本生存权利，如生命权、人身自由权、财产权等。对生命权的保护，英国和其他国家相差不大，但是对于人身自由权的保护，英国具有鲜明的民族特色。英国人有一个根深蒂固的观念：人是生而自由的，并为维护人身自由权与政府进行了不屈不挠的斗争。1215年他们发动武装起义，迫使约翰国王签署《大宪章》，重申了英国人传统的自由与权利，并将非经法律程序，不得限制人身自由的宪法性原则落实到字面上。14世纪在爱德华三世时代，形成了"正当法律程序"的观念，英国国会通过的第28条法令即《自由令》第三章规定："未经法律的正当程序进行答辩，对任何财产或身份的拥有者一律不得剥夺其土地或住所，不得逮捕或监禁，不得剥夺其继承权，或剥夺其生命之权利。"15世纪中期，国王的法官会说国王本人不可实施强制监禁，即使有好的理由。16世纪，即使囚徒的权利也不容践踏。治安法官西蒙·哈克特在将一名囚徒带到公共监狱之前，在自己的房子，自行对囚犯进行体罚，后被星室法院罚款200英镑，并逐出治安委员会。16世纪之后，人身保护令的作用开始日益显现，对于非法监禁行为进行强有力的救济。财产权一直是社会关注的焦点权利，在英国没有"率土之滨，莫非王土"的概念，即使有的国王脑海中曾闪过这样的念头，英国人民也不会承认，因为英国

的传统是：国王靠自己生活。英国人普遍认为：他们从国王那里获得土地，除了按照传统或惯例向国王缴纳一定数目的税金之外，其余财产皆归个人所有，这是天经地义的。国王如果要增加征税，必须经过他们的同意，否则便是侵害他们的财产权，人民将会奋起抗争。在早期，英国人借助武装起义进行抵抗，议会产生后，他们立足议会这一政治平台同国王进行斗争，并最终确立了"无代表不纳税"的宪政原则。即使权利被侵犯了，他们还可以向相对独立的司法机构寻求保护，如轰动一时的"五骑士"案，五位骑士因为拒不缴纳查理一世政府的强制借款，遭到国王逮捕，后被陪审团一致裁定无罪释放。总之，这一阶段英国人权保障主要的特点是围绕基本生存权来展开的，还无暇顾及其他权利。

第二，过渡阶段的人权保护。从时间上界定，是从18到19世纪这200多年的光景。18世纪英国进行工业革命，率先从传统社会过渡到近代社会，但未完全现代化，处于历史的过渡时期。这一阶段，英国政治上实现了君主立宪制，确立了议会的主权地位和实现了司法完全独立，法律体系也日益完善。因此，传统社会的三大权利，在近代社会早期获得了更有力的保护。以财产权为例，由于资产阶级上台掌权，为保护自身巨额财产安全，他们确立了"公民财产神圣不可侵犯"的法律原则，将私有财产保护力度提高到前所未有的程度。例如，这一时期的土地权从内涵上看，法律规定土地权的范围是上至太空，下至地心。不仅如此，法律还确定土地权绝对化原则，不经土地产权人同意，任何人都不能干涉产权人对土地的利用，哪怕为了社会公益事业也不行。随着社会的进步，人民受教育的程度提高，三大基本权利已经远远不能满足人们对权利的需求，人们渴望更多地参与国家和社会事务的管理，因此提出了许多新的权利要求，如选举权、言论自由权、信仰自由权等。以选举权为例，英国人民为争取选举权与政府进行了多次艰苦卓绝的政治斗争，发起了像宪章运动这样声势浩大的抗争运动，终于迫使政府作出让步，不断降低选举资格财产限制，不断扩大选民范围。总之，在这一历史阶段争取政治性权利是人权保护关注的焦点。

第三，现代社会的人权保护。现代社会从时间上可以界定为20世纪之后到当今社会这一段时间。20世纪人类历史上发生过两次最为惨烈的战争——第一次世界大战和第二次世界大战，战争夺去了无数人的生命，即便那些有幸活下来的人们在战争中也饱受摧残，就人权保护而言，这是人类历史上一段特别黑暗的时期。第二次世界大战结束之后，世界上包括英国在内的主要资本主义国家，逐渐完成了由自由放任资本主义阶段向垄断资本主义阶段的过渡，国家经济实力越来越强大。与此同时，人们始终在反思和总结第二次世界大战对人类社会带来的惨痛教训，更加积极追求对人权更好的保护。在这种时代背景下，英国等西方国家开始着手建立全面的社会保障体系，将社会推进到福利主义时代。特别是英国，为公民构建起从摇篮到坟墓的社会福利体系，大大改善了人们的生存环境。在权利方面，也大大拓宽了人权保护的空间，人们不仅获得一些前所未有的新权利，在权利救济方面也获得前所未有的保障，人们获得的新权利主要体现在经济社会领域，如隐私权、救济权、教育权等。特别值得一提的是，英国在1998年还颁布了一部重要的法律《人权法》（*Human Rights Act*），这是英国历史上第一部专门的人权立法，具有划时代的历史意义。1998年的《人权法》将英国的人权保护推到了历史的顶峰。按照《人权法》的精神，英国的司法机关为了保护人权，有权向议会立法发起挑战，这种力度在英国历史上是前所未有的。

人权保护观念的革新，与英国普通法始终处于互动状态。当人权保护的观念快速发展的时候，普通法从未放弃快马加鞭追赶的脚步。普通法虽然没有创制某些权利，如言论自由权等，但是一旦这些权利诞生出来，普通法总是竭力予以保护，通过一个又一个的判决，将这些权利固定成难以撼动的法律权利。然后通过普通法理论再将这些权利逻辑化、体系化，使之成为普通法的一部分，从而推动普通法自身不断顺应社会潮流向前发展。还有些权利虽然一直存在，但是对这些权利的保护没有跟上社会发展的速度，普通法也会审时度势，加大其救济力度。例如，在离婚案件中，因为家庭的收入全部来源于丈夫外出工作，在家里烧火做饭的主妇分文未挣，因此在财产分割时妇女往往处于弱势地位。英国著名法官丹宁勋爵认为这是非常不公平的，他说：随着社会的发展，社会分工越来越细，外出劳动是社会的需要，在家从事家务劳动同样也是社会的需要，这两种劳动在性质上是一样的。在一对夫妻离婚时，他们各自的劳动都应该是家庭财产占有权的基础，因此在双方解除婚约，分割财产时，妇女应当和男子一样平等拥有自己的份额。尽管她未外出从事社会工作，而只是在家里从事家务劳动。❶丹宁法官据此纠正了许多不利于妇女的离婚判决，创制了一些新的判例，维护了妇女的正当权利。

---

❶ 丹宁.法律的训诫[M].杨百揆,刘庸安,丁健,译.北京:法律出版社,1999:16.

第二节　普通法理论近现代化对人权保护的推动

一、中世纪普通法的总结：福蒂斯丘与《英国法礼赞》

英国普通法自12世纪产生之后，经过300多年演进，到15世纪已经臻于成熟，一方面，普通法是传统英国社会最重要的法律，在维护社会秩序和保护人权方面起到了中流砥柱的作用，得到广大英国人民的认可和拥护；另一方面，普通法自身的体系比较完整，基本能够适应传统社会的需要。在这一时期，英国历史上出现了一位著名的法官——约翰·福蒂斯丘（John Forteseue，1395—1477），他同时也是一位著名的政论家和法学家，对政制和法律都有很深的造诣，《英国法礼赞》是福蒂斯丘最具盛名的作品之一，在《英国法礼赞》里，他对英国普通法进行了深入的总结与剖析，并满怀无限自豪之情对普通法进行了热情讴歌，他说："这个王国连续不断地经历了同一个习惯法的规范，就如当下一般。这习惯法，如不曾是最优的，那王们总会有人要为了正义的原因或出于任性而改变了它，把它彻底废除，尤其是在罗马人的时代，他们用他们的法律差不多统治着此外世界的全部。同样地，前面提及别的王，在仅仅凭借手中的剑，来占据英格兰王国时，也完全可以凭借那里的力量摧毁它的法律，无论是罗马人的法律……还是任何基督教王国的法律，他们都没有如此古老的历史根系。如此说来，英格兰的习惯法不单单是好的，而且是最为优秀的，这不容反驳，也没有堪称合理的怀疑。"❶为了证实自己的论点，福蒂斯丘列举了大量例子并与欧陆民法系国家的法律进行了一番比较。事例一：关于举证。当各当事人在法官面前就案件事实形成争点时，民法体系的法院的处理办法：只要两个合适的证人宣誓证明就可以了。在英国普通法院里，两个证人显然是不够的，普通法规定除非有12个邻居宣誓作证，否则事实不会得到法官的认定。福蒂斯丘认为仅凭两个证人的言辞确定事实很容易颠倒判决，即使在最优的法官面前也不能避免。因为两个证人很容易被操控或私下串通而作伪证，这种制度甚至可以被坏人利用，来诬陷清白的人。对英国普通法来说，一般不存在这样的问题，因为普通法实行的是陪审制，陪审团由12个正直守法的公民组成，他们通常是当事人的邻居，对案件的内情比较熟悉，而且一般都拥有土地或一年收益在40先令以上的其他财产，确保他

---

❶ 约翰·福蒂斯丘.论英格兰的法律与政制[M].袁瑜峥，译.北京:北京大学出版社,2008:58.

们不会因为贫穷或饥饿而被收买。如果有人发伪誓，后果是相当严重的，"将被投入王国的牢狱，他们的财产充公，全部财产归于王的手中，他们的房子建筑要推翻，森林砍倒，牧草地用犁翻过来。并且，他们本人名声扫地，任何地方都不再接受他们对事实的见证"。这样的一套制度设计，对于防止伪证，查清案件事实，避免冤假错案，无疑是非常有利的。事例二：关于刑讯。福蒂斯丘指出在法兰西的法律里，偏爱在刑讯台上拷问那被指控的人，直至他们自认其罪。它还列举了几种刑讯的方法，如一种被称为"吊刑"（strappado）的刑讯，被指控的人"被放在刑讯台上，他们的筋骨就这样被撕裂，血管在上面喷出血来，有人的关节和肌腱就被各式各样的千金坠撕开"❶。但是英国刑事案件施行的是另一种程序，由24人组成的大陪审团对犯罪进行指控，他们向法官证实犯罪真相。在这种程序之下，"没有残忍之举，没有不人道之端，无辜之人不受身体之摧残，如此这般，他就无惧他的敌人的诽谤，因为他们不能随心所欲地折磨他。有鉴于此，在这法律之下，生命乃是惬意自适的，是安全的"❷。除此之外，福蒂斯丘还列举民事法律领域内几个具体的事例，如关于非婚生子女的法律地位问题、未成年人的监护问题，在他看来英国普通法对这些问题的处理比民法系国家法律处理得更为合理一些。

福蒂斯丘对于英格兰普通法评价如此之高，绝非仅仅出于其狭隘的民族情绪或是偏见，因为他本人在法国流亡生活了很长一段时间，对法国的法律情况非常了解，可能正是分别观察或体验这两种法律的内在差别，他才有感而发。众所周知，法国大革命期间著名的思想家孟德斯鸠因言获罪后流亡至英国，在英国生活一段时间后，也被英国普通法在维护人权上的优良品质深深折服。可见，在资产阶级革命爆发之前的这一段历史时期，英国的普通法在保护人权上确实具有超越其他法律体系的优越性，对于这个论题，福蒂斯丘也阐述了自己独到的见解。在他看来英国普通法之所以如此优越，一是因为普通法的历史非常悠久。英国最早是不列颠人居住，之后遭遇罗马人的征服，罗马人撤离之后，不列颠人恢复统治。但随后又遭蛮族入侵，期间还曾被丹麦人短暂统治，最终被诺曼人征服。虽然英国城头不断变换大王旗，但是不间断经历了同一习惯法的统治，换句话说，英国的法律传统从未因为外族入侵征服而中断，这一传统的最终表现形式就是在

---

❶ 约翰·福蒂斯丘. 论英格兰的法律与政制[M]. 袁瑜峥,译.北京:北京大学出版社,2008:64.

❷ 约翰·福蒂斯丘. 论英格兰的法律与政制[M]. 袁瑜峥,译.北京:北京大学出版社,2008:73.

12世纪形成的普通法。这一传统没有被中断的主要原因在于它本身是优秀的，征服了外来入侵者。二是因为英国的政制十分独特。英国施行的是"君民共治"的混合政体，即"政治且王室的统治"。其他国家施行的是纯粹的"君主"政体，即"王室的统治"。这两种政体有什么不一样呢？福蒂斯丘说：这里存在两种王国，一种王国的统治权在拉丁文中被称作"国王的政体"；另一种被称作"政治的与国王的政体"。它们的不同在于，第一种国王可以根据自己制定的法律来统治他的臣民，因此他可以按照自己的意愿向他们征收赋税与其他贡物，而无须他们的同意。第二种国王除了根据臣民们同意的法律之外不能根据其他法律来统治他们，因此，他不能在没有他们同意的情况下向他们征收赋税。❶三是因为英国的法律职业群体。福蒂斯丘带着十分自豪的语气对英国法律会馆进行了描述。进入律师会馆学习的青年人大多出身于高贵门第，在会馆内不仅致力于法律科学的研究，而且修养美德。律师会馆毕业之后，少数优秀者被提名为撒真律师（serjeant-at-law），可以在王室法院辩护，执业多年之后，有机会被授予御前王座法庭或民诉法庭的法官职位和荣耀。有鉴于此，福蒂斯丘说道："法律（指英国法）享有的荣耀，不单单胜过民法，而是胜过别的每一个王国的法律，并且，为他服务的那些饱学之士（指英国法律职业群体）所享有的庄重身份，也为它赢得尊重。它享有价值，尊贵，庄严，非凡的卓越和最高的科学与美德。"❷

《英国法礼赞》与一般的学术著作不同，是用对话体写成的，对话者一个是精通英国法的司法大臣，另一个是王子殿下。司法大臣无疑就是福蒂斯丘的化身，王子殿下无疑指的是流亡在法国的爱德华王子。年幼的爱德华王子把主要精力和时间投入军事训练之中，对法律不感兴趣，福蒂斯丘劝解王子学习法律，"应当佩戴武器，还要佩戴法律"。爱德华王子最终听从劝解，准备屈身研读法律，但是对研习英格兰的法律还是研读民法尚存疑虑。福蒂斯丘为了说服王子研读英格兰的法律，于是对英国法律进行了系统的总结与评价。从该书写作目的看，福蒂斯丘虽然不是从学术的角度出发研究普通法，但实际上达到了这样的效果：对中世纪普通法关键领域与环节进行了系统总结与分析，他的努力获得了后世法学家的广泛赞誉。英国法律史学家霍兹沃思在谈到该书时曾经说道：它或许是第一本明确用来指导一位非专业人士了解法律的法学著作，该书简洁明快的行

❶ FORTESCUE J. On the laws and governance of England[M].Cambridge：Cambridge University Press，1997：83.

❷ 约翰·福蒂斯丘.论英格兰的法律与政制[M].袁瑜峥，译.北京：北京大学出版社，2008：108.

文风格，加上书中所包含的知识信息的独特性，解释了为什么它永远都是福蒂斯丘作品中最受法学家们推崇的一部。❶

二、普通法的近代化：柯克与《英国法总论》

在丹宁勋爵的视野里，13 世纪的布拉克顿在法律上是"第一个伟大的名字"，因为他是"第一个使法律成为科学的人"。那么，第二个是谁呢？丹宁勋爵在《法律的未来》中直言不讳地写道："第二个伟大的改革家是诺福克的爱德华·柯克。"❷柯克毕业于英国剑桥大学，后进入内殿律师会馆学习法律，学成后成为一名出庭律师，由于才华出众，初出茅庐没几年便在业界声名鹊起，1578年取得高级律师资格，后被提名为法官，在伊丽莎白女王时期一度登上总检察长的职位，1606 年成为普通法院的首席法官，后因得罪詹姆斯一世离职。离职之后的柯克进入下议院，并作为下议院反对派的领袖开展政治活动，成为议会及公民权利的积极支持者，他是《权利请愿书》的起草者之一。纵观柯克的一生，他大半时间耗费在英国的法律实践之中，是一位精通普通法的杰出法律职业者，他为了维护普通法的地位，为了维护人民的合法权利，同专断王权进行了不屈不挠的斗争。除此之外，柯克还有另外一个重要的但经常被忽略的身份，那就是作为法学家的柯克。柯克一生著述颇丰，最具影响力的有两部：一是《判例报告》，为区分于其他编纂者的判例汇编，后世称为《柯克报告》，全书共 13 卷，报告记载的判例主要来源于 1572—1616 年普通法法院的重大案件，少部分来自衡平法院或王座法院。二是《英国法总论》，共四卷，第一卷是对于《论土地保有》的评注，出版于 1628 年，又称为《柯克评注利特尔顿》，此后柯克陆续完成了后三卷的写作，其中第二卷是对于《大宪章》及其他制定法的评注，第三卷是关于普通法中的罪名与刑罚，第四卷则是关于英格兰国会与各种法院的管辖权。由于查理一世的禁令，这些手稿在柯克生前未能出版，并于柯克逝世前为国务大臣温德斑克所查封。直至英国内战爆发后，在长期国会的支持下，后三卷《英国法总论》才得以重新面世，并由柯克的继承人分别于 1642 年和 1644 年出版。

与福蒂斯丘不同的是，柯克对于普通法的贡献不在于总结，而是体现在改革与创新上。福蒂斯丘生活在中世纪的最后一个世纪 15 世纪，那时候臻于成熟的普通法似乎可以包容一切，护佑王国的社会秩序和普罗大众的传统自由。但是在

---

❶ 陈敬刚.试论福蒂斯丘的法律思想[J].中西法律传统,2009(7):454.

❷ 丹宁.法律的未来[M].刘庸安,张文镇,译.北京:法律出版社,1992:3,7.

接下来的两个世纪，也就是柯克生活的16世纪和17世纪，英国社会发生了深刻巨变，正"逐步脱离中世纪、走向近代化大国的时期"❶。这一时期，在经济层面上，英国传统的农业经济主体地位逐渐衰退，取而代之的是资本主义工商业的大发展。在政治层面上，英国人民为了限制王权，争取更多的自由与权利进行前所未有的斗争，最终通过光荣革命，建立了君主立宪政体。政治经济上的深刻巨变，使英国人的社会结构和生活方式、传统价值观随之发生潜移默化的变化。这些变化反过来对法律又产生了新的影响，提出了新的挑战。产生并成长于中世纪的普通法，由于不能及时回应社会的需求，在这个剧烈变革的时代遇到了前所未有的危机，当人们的固有权利受到侵害，普通法传统的救济方式不能令人满意时；当一些新兴的社会权利出现或受到侵害，普通法对此束手无策时，普通法的危机便不可遏制地爆发了。梅特兰对普通法遭遇的危机曾作过以下描述："到1547年，亨利八世逝世时，普通法几乎被抛到一边，被代之以罗马法，因为古老的法庭几乎没有什么诉讼。十年后，到玛丽的统治结束时，普通法的法官们几乎无事可做，只能'四下环顾着对方'，因为那时的威斯敏斯特几乎是座'空空的大厅'……总之，我相信在16世纪的英格兰，我们古老的普通法的生命力并非那么充沛。"❷德国比较法学家茨威格特和梅特兰持有相似的观点，他说："在英国法律史中，只有一个时期，普通法曾面临被罗马法完全驱逐至少被挤到一边的危险。这就是16世纪和17世纪的都铎王朝和斯图亚特王朝。"❸在这种时代背景之下，普通法受到来自社会各方的挑战，特别是罗马法的信徒们趁此向普通法发起总攻，企图以罗马法取而代之。他们指责普通法："所有的法律著作都存在许多混乱与争议，缺乏权威与可靠的基础，简直是野蛮习俗与法令的大杂烩"❹，进而提出了接受罗马法学改造的主张，并积极付诸实践。例如，弗朗西斯·培根模仿查士丁尼的《法学阶梯》撰写了英国的《国法大全》，亨利·芬奇爵士也以《法学阶梯》为蓝本撰写了《英格兰普通法概要》，约翰·考威尔爵士干脆撰写了一部名为《英国法阶梯》的著作。一时间，普通法大有被边缘化的趋势，英国法律处于变革的十字路口。

❶ 张广智.西方史学史[M].上海:复旦大学出版社,2004:131.
❷ MAITLAND F W. Ancient law English law and the renaissance[M].北京:中国社会科学出版社,1999:21-22.
❸ 茨威格特·克茨.比较法总论[M].潘汉典,等译.北京:法律出版社,2003:290.
❹ MAITLAND F W. ancient law english law and the renaissance[M].北京:中国社会科学出版社,1999:41-42.

在危急关头，正当其他普通法学家感到迷茫失落的时候，柯克勇敢地站了出来，他说："我们现在来读一读古代作家吧，因为老田里会长出新谷子的。"❶柯克从传统普通法经典作品中寻找灵感，并结合时代精神对普通法进行了"重述"，使普通法焕发出了新的生机与活力，顽强地抵住了罗马法的冲击，进一步巩固了普通法的历史地位。柯克主要从以下三个方面入手实现普通法的近代化：第一，理性的法学观。普通法是杂论无章、非理性的，这是普通法经常遭受攻击的缘由。对此，柯克坚持法律是理性的观念，认为法律不能背离理性。柯克进一步提出：法律的理性不同于常人的理性，法律理性是最高级的理性，他认为"普通法无非就是理性"，而且是一种比平常理性更高级的"技艺理性"。"技艺理性"的学说，首次明确阐述了普通法所具有的高度的内在理性，从而有效地回应了近代社会对法律确定性的需求。第二，开启了各"部门法学"的近代性改造。首先，对于英国土地法的近代化改造。柯克对土地法的改造主要体现在他对利特尔顿的《论土地法》的评注上，柯克刻意淡化了对封建产权的关注，重点关注了那些适应时代变化变得日益重要的地产权形态，如公簿地产保有权、完全保有地产权。通过柯克对土地法的改造，在司法实践中进一步减少了对土地流转的限制，加快了土地流转的速度，"这在很大程度上构成了英国中世纪财产法向近代财产法演进的关键环节"❷。其次，在宪法学领域，柯克的贡献集中体现在对《大宪章》的评注之上。通过评注，柯克一方面将自由人的范围扩大至包括维兰在内的全体英国人民；另一方面将自由权的内涵扩大解释，除了传统的自由与权利外，还包括贸易自由等新型权利。最后，柯克的贡献还体现在诸如契约法等较为晚近的法学分支中。柯克对普通法中的刑事法、程序法等其他分支法学的内容也都作了较为全面的阐述，甚至原本处于普通法领域之外的商人法也同样被纳入了该书的论题之中，并较多地反映了这些领域在近代的发展与衍化。第三，在法学形态上，柯克开启了注释法学与判例法学这两种具体法学形态的近代转型。首先是注释法学的发展，柯克对法律的注释体现出规范化、技术化和科学化的特征，这是法学近代化的一个重要标志。其次是判例法学的近代转型。中世纪英国的《年鉴》一般只记载诉讼的要旨，并不注重于判决和判决的理由，柯克的《判例报告》所关心的焦点不再是那些法庭中的辩论、询问等程序因素，而是转向了有关的法律

---

❶ 泰格·威利.法律与资本主义的兴起[M].纪琨，译.上海：学林出版社，1996：220.

❷ HOSTETTLER J. Sir Edward Coke：a force for freedom[M].Chichester：Barry Rose Law Publishers，1997：8.

争点及其中包含的实体法内容，从而使英国的判例法学进入了发展实体规则的新阶段。❶

　　站在今天的立场看，尽管在16世纪英国普通法遭遇到前所未有的危机，但完全被罗马法取代几乎是不可能的，因为普通法深深扎根于英国文化传统之中，时间上已有300多年之久，就像空气一样成为英国人民须臾不能离开的东西。但是普通法"自生自发"式的成长方式，在时代剧烈变革时容易产生暂时的脱节，陷入危机当中，此时必须借助外力，才能激起普通法进入变革的状态，而罗马法强有力的挑战，无疑成为普通法最大的激励力量。柯克则充当起普通法变革的"媒介"，正是通过柯克这位重量级的普通法学家，普通法开始淡化封建社会的色彩，向近代化过渡与转型。总之，没有柯克，普通法也会转型，但是有了柯克，普通法的近代化之路通畅了许多。正如弗朗西斯·培根所言："如果没有爱德华·柯克的报告……这个时代以前的法律就像一只没有压箱物的空船。"❷根据英国社会特点，普通法能够顺利向近代化过渡最大受益者还是英国社会大众，如果普通法没有完成过渡，人们或将面临另一套陌生的成文法律体系，延续几百年享有的传统和自由很可能就此中断。而普通法的近现代化，不仅可以继续延续古老的自由传统，还可以在此基础上，根据时代的需要不断创造出更多、更新的权利和更有力的救济手段。

三、普通法与市场经济的接轨：曼斯菲尔德与英国商法

　　曼斯菲尔德（William Murry Mansfield，1705—1793），本名威廉·默里，出生于苏格兰贵族家庭。1730年被林肯律师会馆授予律师资格。1756年被任命为王座法院首席法官，被册封为贵族，并授予曼斯菲尔德勋爵称号。曼斯菲尔德勋爵"制定了以后为大半个世界所采用的法律原则"，对英国普通法的近代化作出了卓越的贡献，在英国法律界具有十分崇高的威望，对此丹宁勋爵曾经发出这样的感叹："贡献太多了，以至于不知从何谈起？"不过对于很多人来说，印象最为深刻的，还是曼斯菲尔德勋爵对英国商法的贡献，他是使英国法适应国家工业化要求、适应发展国际贸易和殖民地关系的第一位法学家。丹宁勋爵认为："最大的贡献恐怕是他不是按照我们的办法满足于一两个孤立的案例，而是力求总结出一些法律原则，并对这些原则做出说明，以指导将来……曼斯菲尔德用这种方法

❶ 于明.爱德华·柯克爵士与英国法学近代化[J].环球法律评论,2009(2).

❷ 丹宁.法律的未来[M].刘庸安,张文镇,译.北京:法律出版社,1992:13.

奠定了大部分商法的基础。"❶

在柯克时代，随着新航路的开辟，英国借助其有利的地理位置大力发展海内外贸易，商品交易日益频繁。商业贸易的发展除令英国人大发其财之外，同时也产生了大量商业纠纷。但由于英国早期中世纪商人法存在比较大的缺陷，尤其对海外贸易纠纷的处理上近乎空白，已远远不能适应时代的需求，此时在普通法内部出现了将商人法吸收到普通法中来的声音。柯克在1600年就曾宣布商人法为普通法的一部分，要求"普通法律师和普通法院从此以后要为商人利益服务"，并在《英国法总论》一些章节对近代商法进行了论述，如第172a、182a、250a等。总体上，17世纪初期，商人法合并到普通法中的过程已经开始，许多法规结束了存在于普通法之外的情况，被认为是普通法的一部分，但是，它们依然被作为普通法中一个独特的部分。到了曼斯菲尔德时代，英国基本上完成了工业革命，由农业国变成工业化国家，资本主义市场经济进入快速发展时期，随着大量的商业案件集中到普通法法院，对普通法提出了新的挑战。曼斯菲尔德大法官在伦敦市政厅主持法院工作期间，与他的商人特别陪审团一同进行了卓有成效的改革。曼斯菲尔德特别陪审团成员几乎参与他审理的每个案件，曼斯菲尔德在法庭上同他们自由交谈，并与他们一起进餐，从他们那里学到很多生意上的规矩，反过来向他们解释将要遵循的法律规则。他以一种非常满意的方式制定了保险法、汇票和支票法，以及其他商业问题的法律原则❷。例如，他在1766年"卡特诉贝姆"一案中阐明了诚实信用原则；在1773年"金斯顿诉普雷斯顿"一案中将契约分为三类，奠定了同时履行原则的基础；在1776年"罗宾逊诉布兰德"一案中将意思自治原则引入英国普通法。有鉴于此，曼斯菲尔德勋爵被后人称为"这个国家商法的奠基人"。除此之外，曼斯菲尔德还对商法以外的其他法律领域，如法益剥夺、信仰自由、废除奴隶制等领域也有比较突出的贡献。他还提出了一系列司法改革主张。例如，在司法审判中融合普通法和衡平法的原则，从而提高审判效率，节约诉讼成本；在遵循先例的基础上，总结一般性适用规则，并在今后类似案件中加以普遍适用，从而实现普通法的自我完善。另外，他的法律教育改革主张直接促使布莱克斯通在大学中讲授英国普通法❸。总而言之，曼斯

---

❶ 丹宁.法律的未来[M].刘庸安,张文镇,译.北京:法律出版社,1992:26.

❷ 丹宁.法律的未来[M].刘庸安,张文镇,译.北京:法律出版社,1992:26.

❸ 张京凯.英国商法之父:曼斯菲尔德勋爵[N].法制日报,2010-03-09.

菲尔德勋爵对英国法律的发展起到了巨大的推动作用，普通法在18世纪基本完成了由封建主义法制向资本主义法制的转变。从人权保护的角度看，曼斯菲尔德将与市场经济存在紧密联系的现代契约精神、平等精神、意思自治等理念纳入普通法当中，大大提升了普通法的品质，使普通法能够适应资本主义经济发展的需要，维护稳定的交易秩序，保护交易双方的合法权利不受侵害，这无疑大大拓宽了普通法保护人权的范畴。

四、普通法的体系化：布莱克斯通与《英国法释义》

18世纪，对英国法律界而言是无与伦比的一个世纪，因为在这一时代除了曼斯菲尔德勋爵之外，还诞生了另外一名普通法的巨擘——布莱克斯通（Blackstone，1723—1780）爵士，丹宁说："他是我们已有的普通法的最伟大解说者。"❶布莱克斯通出身于伦敦普通商人家庭，18岁进入中殿律师会馆学习普通法，23岁获出庭律师资格，但是其律师生涯并不成功。后来，在牛津大学开设了一门关于英国普通法的讲座课程大获成功，35岁当选为英国第一个普通法讲座——瓦伊那讲座教授。1765年他将讲座讲稿进行整理出版了《英国法释义》一书，此后名声大振，1761年当选为国会议员，成为王室法律顾问，1770年担任民事诉讼法院和王座法院法官。从布莱克斯通的人生经历可以看出，他不是以法官或律师的身份为世人所知，他辉煌时期的身份是一名普通法学者，他的贡献是第一次赋予庞大而杂乱的普通法以一种清晰连贯的形式。像查士丁尼法典对于民法法系的学生一样，《英国法释义》是英国人学习普通法的必读书籍之一。18、19世纪很多律师的行囊里通常只装着两本书，一本是当地法官的判例，另一本便是布莱克斯通的《英国法释义》。霍兹沃思给予布莱克斯通很高的评价："正是在布莱克斯通的《英国法释义》和其他著作中所蕴含着的成就，使他在英国法律史上获得了一个不朽的地位。"❷

在《英国法释义》之前，英国历史上也不乏伟大的作品，如格兰维尔的《英格兰王国的法律和习惯》、布拉克顿的《论英国的法律与习惯》、柯克的《英国法总论》皆是研究英国法方面的经典之作，但这些伟大的作品存在一个共同的缺陷：它们显然不是为普通人准备的，只有精通英国法的行家才能真正阅读它们。从形式上看，这些经典作品没有向读者提供一个清晰的结构，总体上给人的感觉

---

❶ 丹宁.法律的未来[M].刘庸安,张文镇,译.北京:法律出版社,1992:14.

❷ HOLDSWORTH W S. A history of English law[M].6th ed. London ：Methuen & Co. Ltd.,1936:709.

更是杂乱无章、如坠雾中、无迹可寻。就连美国著名宪法学者爱德华·S.考文在
阅读《英国法总论》时也忍不住抱怨道：柯克的作品里多是一些恼人的片段式论
述。但这并不意味着英国的法学家缺乏理论素养，只是从宏大理论背景下分析案
情不是他们的习惯做法，英国法学研究的范式从根本上讲，是由英国法律本身和
英国的法律教育的特点决定的。普通法是判例法，是由千千万万个法院的判例构
成，不像大陆法一样是由多个整齐部门法典构成，具有"不可知性"，在法官开
口说话之前，外行人根本不知道法律是什么。多少年来，英国行会式的法律教育
形成了一套固定的学习模式，即普通法主要不是靠课堂讲授，而是靠师傅带徒弟
的方式从实践中学习，而且这一过程很漫长，至少需要七年的时间。英国早期普
通法作品的作者大多是法官出身，他们的思维和写作风格与普通法一样立足实
践、就事论事、简要务实，极少空谈阔论。在16、17世纪普通法遭遇第一次危
机的时候，有不少人开始模仿《法学阶梯》的结构改造普通法，试图将普通法体
系化，但最终以失败告终。究其原因，一是出发点错误，很多人欲借此机会否定
普通法，彻底背离了英国法律传统；二是个人能力有限；三是时机尚不成熟。布
莱克斯通时期，情况有所变化。首先，时代背景不同，18世纪英国出现了对法
律体系化、明确化的需求。普通法是在农业社会产生的一套法律体系，它的成长
和发展适应当时的社会环境，但在18世纪，英国已经开始跨入近代资本主义社
会，此时的"普通法完全不能满足在下一个世纪里不断出现的经济和政治发展的
复杂要求，因为在下一个世纪间，一个以农耕经济为基础的小型岛国社会，将转
变为世界的作坊，并成为一个全球性帝国……一种更为现代、合理和实证主义的
法律系统和法律形式将变得不可缺少"❶。其次，布莱克斯通的出发点是正确的，
他是站在为普通法辩护的立场上对普通法进行体系化改造，目的是让普通法变得
更加明确，以适应新时代的需要，而不是否定普通法。最后，布莱克斯通的个人
条件特殊。他的身份不同，创作《英国法释义》时布莱克斯通的身份既不是法官
也不是律师，而是一名靠收取学生听课费谋生的普通法教师，他的学生多是富家
子弟，这些人对普通法一窍不通，而且并不打算靠法律谋生，因此给这些学生讲
授普通法必须有别于律师会馆，更何况这是在深受罗马文化熏陶的牛津大学讲
课，布莱克斯通应当采取适合大学学习的思维方式讲解普通法，否则他的事业难
以继续下去。他的能力出众，布莱克斯通20岁时写过《建筑学原理》一书，并

---

❶ 伍达德,张志铭.威廉·布莱克斯通与英美法理学[J].南京大学法律评论,1996(2):7.

为他赢得一些声誉。他学过罗马法、拉丁文，精通普通法，还非常喜欢古典文学，知识结构比较全面，逻辑思维能力和形象思维能力都比较发达，同时还具备较强的文字表达能力，再加上他的生活积累也比较丰富。这一切，在无形之中为一部划时代伟大作品的诞生做好了准备。他的普通法讲座大受欢迎，以讲稿为基础的《英国法释义》出版之后大获成功自然也在情理之中。

《英国法释义》在体系结构上由导论和四卷组成，第一卷是法律本质和人的权利，第二卷是物权，第三卷是私人侵害，第四卷是公共侵害或犯罪，布莱克斯通认为，英国法的每一个案例、惯例、习惯、制定法或者条例，都可以归入这四个部分当中的一个，任何一部分的法律都可以加以分类，并均衡地被编入合乎逻辑的子范畴中，而且任何部分中作为所有法律基础的一般原则，都可能加以推演❶。尽管还有许多人对布莱克斯通的自负充满怀疑，但是最终不得不承认：《英国法释义》完成了将普通法体系化、定型化的历史使命，为英国法提供了一份总括性地图。贝克在他的著作中提到："布莱克斯通的《英国法释义》是布拉克顿以来第一部逻辑连贯而合理的对英国法进行通盘阐释的著作，并且为英国法律史贡献了一部很可能是最流行和晓畅易懂的著作……它还是最后一本对古老的普通法进行通盘阐释的作品，以及一个新的法律时代的第一本法律教科书。"❷结构的体系化是《英国法释义》最华丽的成就，但不是唯一的成就，内在精神的体系化也是布莱克斯通在《英国法释义》中努力追求的目标之一。内在精神的体系化首先体现在内在逻辑的体系化。在查士丁尼和黑尔的启发下，布莱克斯通成功地实现了结构上的定型，但四卷式的结构毕竟是一个粗线条的勾勒，合理地把纷繁复杂的普通法分门别类地归入每一卷内部的每一章、每一节才是真正的考验，要实现这一点作者必须有一套成熟的、体系化的逻辑结构，而且这套体系化的逻辑结构应当兼容普通法的历史性与罗马法的抽象性。尽管在很多人看来，这几乎是不可能完成的任务，但是布莱克斯通大胆进行了尝试，他的宏观结构逻辑是：普通法是英国人权利与自由的结晶，他从人权保护的视角出发，把英国法划分为两大部分：权利和救济，《英国法释义》的第一卷和第二卷共同组成逻辑结构的第一部分，分别论及人的权利和物的权利，第三卷和第四卷共同组成逻辑结构的第二部分，分别论及侵权和救济。以

---

❶ 伍达德，张志铭. 威廉·布莱克斯通与英美法理学[J].南京大学法律评论，1996（2）：6.

❷ BAKER J H. An introduction to English legal history[M]. 4th ed. London：Butterworths，2002：191.

权利保护为逻辑对英国法进行体系化的建构,在英国法学史上尚属首次,这种划分方式的高明之处在于:既避免了以年代、字母顺序为依据建构英国法的无效性,同时也避免了以部门法为依据建构英国法的不对应性,尤其关键的是,以权利为逻辑起点建构英国法的结构十分契合英国人的历史心理和文化传统,因为千百年来英国人一直把普通法视为权利的护身符。在中观或微观逻辑结构层面,布莱克斯通很少像其他法理学家一样直截了当地阐述论题,他通常会小心翼翼地从历史开始起笔,如在论述地产权利时,他花了很长的篇幅描绘英国封建制度形成的历史,因为不借助历史根本无法清楚地向外行介绍诸如"什么是保有制"等问题。所以,布莱克斯通实现内在逻辑体系化的第二道关口是协调逻辑与历史之间的紧张关系,在具体的历史上建构抽象的逻辑。从总体上看,布莱克斯通应当算是比较成功地完成了内在逻辑体系化的挑战,当然其中也存在不少瑕疵和争议:有许多东西没有纳入这个体系,或者即使勉强纳入这个体系,也难以找到适当的位置。关于历史与逻辑的难以调和性,布莱克斯通本人并未予以否认,他说:"我曾经费力地从这些内容中概括出一些一般原则,以便最大可能地使其中的制度及其理性显得简单而明显,同时也使我们的结构安排和叙述方法能够少些尴尬,但是我还是担心很难让我的读者们完全理解其中的内容,因为我依然不得不使用那些常人所难以理解的概念和术语。"❶除此之外,内在精神的体系化还体现在时代精神的全面渗透,《英国法释义》在很多方面刻意淡化了对封建制度的论述,并吸收了大量适应资本主义经济发展需要的新法律概念及原则。另外,《英国法释义》的法律哲学,除了坚持古老的自然法理论和普通法经典学说之外,还引入了近代法律实证学说,并努力弥合两者之间的鸿沟。例如,在理论层面上仍不愿放弃自然法和普通法的至上性,但在现实层面坚持议会立法的权威性;在理论层面上强调人民具有反抗政府的权利,但在现实层面要求人民遵守政府部门的法律。

总之,从历史的角度看,布莱克斯通是处在新旧交替这样一个极其特殊的位置:一方面怀着无比崇敬的心情为古老的普通法进行辩护,竭力证明它的存在价值;另一方面受时代的影响,对实证法学充满向往,对普通法进行体系化改造。这种"保守性"最终招致改革派人物边沁的猛烈批判,但不论怎样,英国的法律科学在布莱克斯通手中建立起来了,并使普通法在形式上和精神上开始向近现代

---

❶ 仝宗锦.布莱克斯通法律思想的内在逻辑[J].法哲学与法社会学论丛,2006(9).

转型，使普通法与人权保护之间的关系在逻辑上更加紧密，他"结束了一个旧时代，并开启了一个新时代"。

第三节　普通法实体近现代化对人权保护的推动

一、边沁对法律改革的影响

在上一节我们简要介绍了布莱克斯通爵士对普通法的贡献，但并非所有人都这么看，法律改革派的代表人物边沁便是对布莱克斯通进行批判的人群之中火力最猛、用词最为尖酸刻薄的那个人。边沁是英国法律功利主义的创始人，对布莱克斯通推崇的自然法理论持鄙视态度，在边沁看来"自然权利"纯属胡说八道，在人类社会根本不存在，人们的权利只有一个来源，那就是来自由立法机关创制法律的规定。他提出功利主义的立法理论，认为立法的根本目的在于增进大多数人的最大幸福："法律的理由，简单地说，就是它所规定的行为方式的好处，或者是它所禁止的行为方式的祸害。这种祸害或好处如果是真的，就必然会以痛苦和快乐的某种形式表现出来。"[1]因此，人们应该根据功利计算的结果积极主动立法，建构一个完善的法典体系，使法律不断改进，最大限度地追求人类的幸福。但边沁所在的英国是一个典型的判例法国家，作为本国最主要的法律——普通法是在漫长的历史中逐渐"成长"起来的，并不是"立法"的产物，外表看上去好像一团乱麻，缺乏明晰性和条理性，这与边沁构想的法律图景大相径庭，令边沁更为恼火的是布莱克斯通居然对此视而不见，反而大唱赞歌对普通法进行了近乎完美的辩护，而且对通过"立法"实行全面改革表示了强烈怀疑，并抨击了法典化的原则。作为"报复"，边沁对普通法进行了猛烈批判，语出惊人地把英国人眼中颇为"神圣"的普通法比作"狗法"（dog law），他说："由于狗不能理解我们的话语，当它们呆在不该呆的地方时，我们通常会猛击它们以便教它们呆在其他地方。然而，因为人类可以理解我们的言语和希望，我们应该用清晰的英语告诉他们不呆在何处，并且只有在不服从我们的命令时才能击打他们。但是，由于普通法的不可知性，英国人惯常像狗一样地被对待。也就是说，关于什么是合法的和不合法的，他们没有得到任何清楚的指令，而在他们行动之后，普通法的法官们却不断地'判决'他们违反了法律。于是边沁做出结论说，他们像狗一样，

---

❶ 边沁.政府片论[M].沈叔平,等译.北京:商务印书馆,1995:118.

只是在已经坐在椅子上后，才知道他们不该坐在上面。"❶在极力否定普通法的基础上，边沁提出了他的"理想法典"图式，他认为最完善的法律是从功利原理演绎所形成的一个法律体系，其表现形式是由立法者颁布的法典。第一，它必须是完整的，以致无须用注释或判例的形式加以补充。第二，在叙述其包含的法则时，必须使每一句话都达到最大可能的普遍性。第三，这些法则必须以严格的逻辑顺序叙述出来。第四，在叙述这些法则时，必须使用严格一致的术语，给这个作品中可能提到的每件事以唯一的具有一个准确界定的名称❷。由于边沁的法律改革思想过于激进，严重脱离英国的法律传统，遭到司法界的普遍批评与抵制，最终未被采纳，但他的思想还是对英国后期法律改革产生了深远影响，英国著名法学家梅因说："自边沁时代以来，我不知道有哪一项法律改革没有受到边沁的影响。"❸英国伦敦大学教授丁威迪认为，"至少在精神和意向上，边沁是英国历史上最坚韧不拔推动现代化的人物之一"❹。

二、司法制度改革与权利救济提速

英国工业革命自18世纪肇始，至19世纪中叶基本完成，使英国由农业化国家转型为工业化国家。资本主义经济的迅猛发展对立法和司法提出了更高要求，迫切需要政府出台更加明确、清晰的交往规则，更加有力地保护交易双方的合法权利，并在权利受到侵害时给予及时有效的救济。但当时英国的司法脱胎于中世纪，仍带有浓厚的封建色彩：司法组织叠屋架构、管辖权相互交叉，体系混乱；以令状制度为典型的诉讼程序纷繁芜杂，经常令律师等专业人士感到困惑；审判效率低下，并且费用昂贵。正如波文法官所形容的那样："当王国的经济实体遍布世界、陆上的火车和海上的轮船到处创建新的工商业中心的时候，王国的普通法法院看起来却好像经常被最细微的法律问题的讨论所占据，除了那些书呆子，谁也不会认为这些问题与解决任何争端有什么联系。这个机制已经属于过去。"❺就连保守的布莱克斯通也曾对此进行过严厉的批评，他说："可以相信，没有比在一个国家建立两个独立的、拥有最高权力的法庭对共同的臣民和事物行使同等

---

❶ 仝宗锦.布莱克斯通法律思想的内在逻辑[J].法哲学与法社会学论丛,2006(9).

❷ 边沁.政府片论[M].沈叔平,等译.北京：商务印书馆,1995:51.

❸ WANLASS L C. Gettell's history of political thought[M]. London ：Allen & Unwin,1956:311.

❹ 王觉非.英国政治经济和社会现代化[M].南京：南京大学出版社,1989:394.

❺ HOLDSWORTH W S. A history of English law[M].6th ed. London：Methuen & Co. Ltd.,1936:645.

的司法权最为荒谬的事情了。"❶因此，在提高诉讼效率、降低诉讼成本、实现社会正义成为工业社会司法审判的价值取向后，英国社会逐步达成了改革司法的共识：要想建立适应现实需要的司法，必须对旧的法庭组织和诉讼程序进行全面彻底的改造。从19世纪30年代开始，英国开始启动司法改革，尽管改革一直处于断断续续的状态，但从未停止，并一直延续到今天。

（一）现代司法体系的建立

在19世纪60年代之前，英国陆续进行了一些零打碎敲的改革，但未能从根本上解决问题，因为最大的矛盾存在于普通法和衡平法两大法院体系之间，它们实施不同的法律，不仅仅是敌对的，甚至是完全相反的。为此，1867年议会成立了一个专门委员会，负责对英国的法院体系进行彻底调查，并制定出切实可行的改革方案。委员会经过调查后认为："英国法律制度的弊端不在于它有普通法和衡平法之分，而在于当一个人去普通法院寻求救济时，如果诉讼过程中出现衡平法上的要求和衡平法上的辩护，他将不得不回到衡平法法院重新开始。"❷据此，委员会提出了推进两大法院及其管辖权融合的建议。经过反复酝酿与论证，英国议会终于在1873年通过了由塞尔伯恩（Selborne）勋爵起草的《司法条例》，并在1875年正式实施。根据《司法条例》规定，英国成立最高法院，最高法院由大法官法院、王座法院、普通诉讼法院、财政署法院、海事法院、遗嘱检验法院、离婚法院以及伦敦破产法院合并组成，建有两个常设法院——女王陛下的高等法院（high court of justice）和女王陛下的上诉法院（appellate court），这两个分支均构成高级存卷法院（superior courts of record）。高等法院由大法官分庭，王座分庭，普通诉讼分庭，财政署分庭，遗嘱检验、离婚和海事分庭5个分庭组成，接管了原所有普通法院和大法官法院的初审司法权和来自下级法院的上诉司法权。上诉法院由大法官，案卷主事官，英格兰皇家首席大法官，遗嘱检验、离婚和海事分庭庭长，以及根据大法官的要求代行大法官职务的人员组成，主要接管了原属于大法官上诉法院和财政署法院的上诉司法权。总之，经过改革英国混乱的司法体系得以梳理、长期分离的两套法律体系和法院组织合二为一，构建起一套统一的"金字塔式"的审判机制。经历过1875年的重大改革，英国的法院

---

❶ BLACKSTONG W. Commentaries on the laws of England[M]. Chicago：The University of Chicago Press，1979：441.

❷ DOUGLAS D C. English history documments，1833—1847[M]. London：routledge，1996：538.

体系基本趋于稳定，但是局部性质的改革一直没有间断，如1881年高等法院再次进行调整，将普通诉讼分庭和财政署分庭并入了王座分庭；1970年又将遗嘱检验、离婚和海事分庭更名为家事法庭，并调整了其司法管辖权；1972年根据议会通过的《法院法》，最高法院又设立了皇家刑事法院；1992年成立了青少年法院。这些局部调整再一次体现了英国法律改革"不温不火"的特色，这些打补丁式的改革虽然起到了静悄悄完善司法体制的作用，但还是难以解决现代社会对司法改革需求等深层次问题。进入21世纪，世界形势发生了深刻的变化，原来一直处于世界领先地位、令英国人倍感自豪的司法体制逐渐失去了优势，美、法等国家在司法体制改革方面比英国走得更为深远。以美国为例，按照三权分立原则设立的司法机构在宪法中具有"至高无上"的地位，最高联邦法院不仅地位与国会平起平坐，还可以通过"违宪审查"对国会的立法权施加制约，是更为名副其实的"司法国"。反观英国的宪政体制，司法一直未能彻底独立，不仅处于议会权柄之下，还受制于政府。司法机构的最高领导人——大法官同时还是政府内阁的成员、议会上议院的主席，大法官多重角色之间的冲突，反映了英国的政治权力分割一直模糊不清。很多批判者认为，英国司法体制的现状与现代立宪主义要求的司法独立和法治相去甚远，因此要求司法改革的呼声渐起。1997年上台执政的工党布莱尔政府积极推进司法改革，提出了废除大法官职位以及进行其他宪政改革的建议，专门设立了宪政事务部和宪政事务大臣。最终英国通过2005年《宪政改革法》和2009年《最高法院规则》，对英国司法体制进行重大改革，主要取得了以下成果：一是设立了最高法院。最高法院对英格兰、威尔士及北爱尔兰三个司法管辖区的案件拥有终审权，但在苏格兰法律担当的角色则相对有限，苏格兰的刑事案件最高只可上诉至苏格兰的高等法院。此外，对于因权力下放而衍生的诉讼，最高法院拥有审判权。二是调整上议院司法职能。改革之前，上议院是最高上诉法院；改革之后，上议院成为民主化机构，只在司法领域承担一定的人事任免权和司法行政权。总之，21世纪的司法改革打破了英国数百年来司法和立法混合的传统，使英国的宪政结构更加清晰、司法权力更加独立，从而更有利于维护司法公正和公民权利。

（二）诉讼程序的不断完善

英国对讼诉程序的改革与完善主要体现在以下几个方面[1]：一是废除令状制

---

[1] 参见程汉大《英国司法现代化述评》《英国司法制度史》等。

度。令状是早期普通法核心内容，没有令状就没有救济。但是延至近现代社会，因令状日益僵化和烦琐，大大影响了诉讼的效率，成为权利救济的拦路虎。1832年的《统一诉讼程序法》废除了对人诉讼的各种令状，诸如"侵害"等对人诉讼的程序均予以简化统一❶。1833年的《不动产时效法》废除了大约60种有关不动产诉讼的各种令状。1833年的《民事诉讼法》废除了宣誓断讼方式，采用现代辩护制度。1852年的《普通法诉讼条例》规定用简单的土地追索之诉代替回复不动产之诉，同时取消所有古老的诉讼形式，改用新的程序规则。1860年的《普通法程序条例》废除了两种有关亡夫遗产的令状，古老的不动产侵害令状同时被新的法定案由取代❷。1875年的《司法条例》取消了传唤令状，代之以传票。令状制度的消亡宣告了现代诉讼程序的产生，"从此以后，令状仅仅是一个传唤令，这个术语不再含有任何原来意义上的'诉讼格式'了"❸。二是完善陪审制度。英国的陪审制是亨利二世司法改革的产物，相对于本国的神判法和欧陆国家的纠问制，具有很大的优越性，但也存在效率较低、易受操控等弊端。进入近现代社会后，英国着手对之进行改革，使之能够适应时代的需求。例如，1967年用"绝大多数"裁决原则取代了"全体一致"裁决原则，使陪审员获得独立判断的自由，并在1974年的《陪审团法》中对"绝大多数"裁决原则作了明确具体规定。1972年的《刑事司法法》和1974年的《陪审团法》完全废除了对陪审员财产资格的限制，进一步扩大陪审员的选择范围。同时陪审员选任办法也在不断进行改革，实行随机选取原则，并且建立了旨在确保公正的陪审员回避制度。虽然时至今日，陪审制度仅在部分刑事审判和少数民事案件中使用，好像走向了衰落，但是陪审制作为"宪法的一个车轮"和"自由永存的明灯"在英国的人权保护中仍扮演着重要角色，不会轻易退出历史舞台。三是创建对抗制。对抗制是普通法司法程序的重要特色，其原理是在司法审判活动中，法官不掌控诉讼主导权，诉讼的进程通过双方当事人或代理人的公开对抗推动发展。在对抗制审判中当事人的自我辩护是非常重要的，因此是否允许当事人聘请律师为自己辩护和律

---

❶ MAITLAND F W. The forms of action at common law: a course of lectures[M]. Cambridge: Cambridge University Press, 1936:8.

❷ MAITLAND F W. The forms of action at common law: a course of lectures[M]. Cambridge: Cambridge University Press, 1936:8.

❸ MAITLAND F W. The forms of action at common law: a course of lectures[M]. Cambridge: Cambridge University Press, 1936:81.

师介入案件时机、深度的确定对当事人来说是非常关键的，这一点在刑事案件中的体现最为明显。英国法律对民事案件聘请律师进行辩护一直未加限制，直到近代，轻罪案件的当事人才开始被允许聘请律师出庭辩护，但在17世纪结束之前叛国罪和重罪案件的审判继续把辩护律师拒之门外。1696年的《叛国罪审判法》授予被告获得律师的辩护权，成为刑事审判对抗制史上的一个重要里程碑。从18世纪30年代起，辩护律师陆续走进了重罪审判庭，至18世纪末期，在重罪审判领域律师辩护制和对抗制取得主导地位。对抗制度改变了英国的诉讼原理与规则，在英国建立起了一套具有现代化意义的刑事诉讼规则体系，如无罪推定、沉默权、一罪不二审等审判原则和品格证据排除、传闻证据排除等证据规则。近些年来，着眼于提高诉讼效率和降低诉讼成本，英国不断对对抗制进行调整，如适当增强法官在审判中的职权，采取诉辩交易等制度缓解简化对抗、提高审判效率；通过对沉默权施加必要的限制来平衡犯罪嫌疑人、被害人和社会大众之间的利益分配。总之，英国的司法制度改革虽然经历了一个十分漫长的时期，当中不乏反复与曲折，但是改革基本上沿着既定的目标前进，并且逐步实现了司法制度的现代化，为英国人权的保护提供了良好的制度性保障。

三、实体法改革与权利内涵扩充

传统英国普通法有"重程序、轻实体"的特点，梅因曾形象地指出：英国的实体法是"在程序的缝隙中渗透出来的"，相对于《法国民法典》等，英国的实体法确实没有给我们留下深刻印象。到了近现代社会，为回应社会对法律的需求，普通法院创造大量实体法案例，议会也出台了大量成文法律，使英国实体法律在内容上日渐细密完备，并且受到世界法律改革潮流的影响，开始尝试编纂实体法法典。鉴于英国实体法的复杂化，难以一一进行考察表述，于此特别选择了两个重要的实体法律领域进行回顾与考察，借以体现英国实体法在近现代社会的变迁。

（一）土地法律改革❶

土地是传统社会最重要的财产，围绕土地产生的法律关系是早期普通法的核心内容。英国封建时代的土地法律关系是一个非常复杂的系统，既包括财产关系，也包括人身关系，并且人身关系比财产关系更能从本质上体现英国封建制的特点：财产关系建立在人身关系基础之上，人与人之间的关系被简化为人对相关

---

❶ 咸鸿昌.英国土地保有权制度的建立与变迁[D].武汉:中南财经政法大学,2007:236-265;沈汉.英国土地制度史[M].上海:学林出版社,2005:318-336.

土地所享有的权利和承担的义务。这种土地法律比较适合自给自足的农业社会，但与近现代工商业社会的精神气质格格不入。在近现代社会，土地作为重要的大宗商品需要通过在市场上自由流转体现它的价值，但是陈旧的土地法像一副沉重的镣铐，严重束缚了土地的流通和开发利用，同时还使土地交易成本居高不下，整个交易程序"至少要经过20个部门和环节，每个环节都存在大量的风险、拖延和昂贵的开支"❶，"就像是一场荒唐的闹剧，其中法官、律师及当事人都躲在幕后自得其乐"❷。从18世纪始，英国社会出现了改革土地法律的呼声，到了19世纪改革的呼声演变成一种强烈的社会意愿。1827年詹姆斯·汉弗莱（James Humphreys）提出了一个英国土地法的法典，建议减少土地保有制的种类，简化土地转让的形式要求。1828年布拉姆在议会下院发表演讲，主张对英国的土地法进行改革，在其推动下，议会成立"不动产法委员会"负责调查土地法的状况并提交改革的建议，从而正式启动了改革土地法的进程。19世纪70年代，以张伯伦为首的激进派再次倡导实现土地自由贸易，赞成通过一切手段实现土地自由买卖和转让。在上述因素的积极推动下，英国议会开始着手对土地法进行改革。一是建立了土地登记制度。1862年议会通过了《维斯特巴瑞法案》，规定在全国建立统一的土地登记制度，地主在自愿的基础上申请产权登记。1875年通过了《卡恩斯法案》，规定当事人在自愿的基础上进行产权登记。但是因为这两个法案的改革均不够彻底，登记土地的数量很少，没有实现改革的预期目的。在吸取了上述立法经验教训的基础上，1897年议会通过了新的《土地转让法》，规定实行强制性的土地产权登记制度。虽然该法当时仅在伦敦地区适用，但是这一登记制度的成功运作经验为建立现代登记制度奠定了基础。二是改革普通法地产制。这场旷日持久的改革主要围绕不断扩大终身地产权人的经营管理权展开的。1840年的《排水法》赋予终身地产权人在土地上修建排水设施，对土地进行永久性改良的权利。1871年的《有限拥有人住宅法》和1877年的《有限拥有人水利法》赋予终身地产权人建造房舍、修建永久性水利工程并获得补偿的权利。1882年的《限定继承土地法》赋予终身地产权人充分的经营管理和处分土地的权利，使

❶ UNDERHILL A. Changes in the English law of real property during the nineteenth century[J].Select Essays in Anglo-American Legal History,1909,3:677.

❷ UNDERHILL A. Changes in the English law of real property during the nineteenth century[J].Select Essays in Anglo-American Legal History,1909,3:677-678.

终身地产权人取得了像绝对拥有人一样广泛的经营管理权。三是改革租赁法。通过出台《房客货物保护法》（1871年）限制出租人的扣押权，出台《不动产转让和财产法》（1881年）规范出租人的没收权，出台《农业持有法》（1883年）保护农业承租人的利益，出台《小猎物法》（1880年）保护承租人的狩猎权。通过以上改革法案，可以看出英国租赁法变革的价值追求从维护古老的缔约自由权开始向维护实质的公平正义倾斜。英国19世纪的土地革命，虽然未能彻底去除英国土地法的封建色彩，从根本上实现土地法的现代化，但是为20世纪土地法系统改革打下了坚实的基础。20世纪随着自由资本主义经济逐渐向垄断资本主义过渡，传统的土地制度日益成为英国社会经济发展的严重阻碍。1925年议会出台《财产法》等6个法律对土地法集中系统地进行了改革❶。通过此次改革废除了所有带有封建性质的土地保有形式，如公簿持有制、地方习惯保有制、教役保有制、侍役保有制以及保有制下的附属性权益。进一步简化了普通法地产形式，只保留了绝对占有的非限定继承地产权和绝对的定期地产权，此外还有在土地上的各种负担和权益，以及相应的在衡平法上的权利。进一步简化土地转让制度和统一了不动产和动产的法律规则。总之，1925年改革大大简化了英国土地保有制关系，使人的身份摆脱了与土地的关联，真正实现了法律的现代化。

（二）刑事法律改革

英国的刑法从源头上论，可以追溯到盎格鲁-撒克逊时代，那时的习惯法当中已经包含了我们今天称为刑法的内容。中世纪普通法形成之后，刑法成为普通法的重要组成部分之一，是通过法官的判例累积形成并缓慢发展的。进入近现代社会以后，议会不断制定了大量刑事法律，这些制定法和普通法一起构成了英国的刑事法律体系。下面我们从三个方面入手简要梳理一下英国刑法的历史变迁及其在近现代社会的改革过程。一是关于犯罪。盎格鲁-撒克逊时代英国没有犯罪、刑法等概念，但习惯法已经开始把杀人、通奸等严重侵害行为进行分类，并给予了相应罪名和处罚，处罚的方式一般是缴纳赔偿金，只有在罪犯不能支付赔偿金的情况下，法律才允许受害人家属进行"同态复仇"。从中世纪开始，随着社会文明的进步，英国社会对犯罪的认知逐步加深，在司法实践中开始对犯罪加以区别，形成了重罪、轻罪和叛逆罪的概念与分类。普通法在12—14世纪形成了关于什么是严重犯罪的规定，如根据1166年的《克拉伦敦法令》将谋杀、抢劫、

---

❶《财产法》《限定继承土地法》《土地登记法》《地产管理法》《受托人法》等。

诈骗和窝藏罪犯定为严重犯罪，如根据1176年的《北安普敦法令》增加了伪造、放火罪为严重犯罪。爱德华一世时期英国法律中出现了"重罪"的概念，所谓重罪，是指破坏了"国王的和平"、需要受到国王法院审理的严重罪行。普通法上的重罪主要包括杀人、强奸、抢劫、纵火、夜盗、盗窃等罪名。在之后的几个世纪，重罪的范围不断扩大，15世纪制定法增加了伪造货币等许多重罪，17世纪出现了暴乱、鸡奸等很多新的重罪。普通法关于较轻的犯罪的规定是在14世纪形成的，后来通过法官在一些特殊案件的裁决以及星室法院的活动又创制一些关于轻罪的罪名。1660年查理二世复辟后法官们又增加一些轻罪罪名。轻罪包括的范围十分广泛，如人身伤害、打架斗殴、不敬上帝、扰乱诉讼等。除了重罪和轻罪之外，英国还有一类犯罪叫作叛逆罪，所谓叛逆罪，主要是指英国臣民违背了向君主效忠的义务，或侵害了君主权威的行为，叛逆罪原本属于普通法上重罪的范畴，1352年爱德华三世颁布《叛逆法》，将叛逆罪从重罪中单列出来，成为一类独立的犯罪。叛逆罪主要包括危害国王安全罪，亵渎王后罪，发动战争罪，伪造国玺、王玺和货币罪，谋杀法官罪等。由于重罪、轻罪和叛逆罪的划分是英国历史的产物，从法律科学的角度看，三者之间缺乏一套逻辑明确的区分标准，具有很大的偶然性和模糊性，难以适应现代社会的要求，于是英国议会在1967年出台了《刑事法》，取消了重罪和轻罪的区别，并从1968年起不再使用"重罪"这个词语，把犯罪进行重新划分，分为"可逮捕之犯罪"和"不可逮捕之犯罪"，"可逮捕之犯罪"是指初犯定罪后应科有期徒刑5年或5年以上的犯罪，除此之外的其他各种犯罪都是"不可逮捕之犯罪"。二是刑罚改革。英国早期刑罚和其他国家相差并不大，刑罚的目的是报复和威慑犯罪，因此多以肉刑为主，比较残酷。早期刑罚的种类主要有5项：①死刑，有斩首、绞刑和火刑等多种执行方式。②枷刑，分为颈手枷和足枷，是将罪犯的脖子和手或者双脚用木板枷住示众的一种刑罚。③鸭子椅与口钳，前者是将罪犯绑在椅子上，通过专门工具反复将犯人浸入和捞出水中的一种刑罚；后者是给罪犯头部戴上一个铁笼子，并用舌塞堵嘴令其说不出话来的一种刑罚。④鞭刑，是一种将罪犯的上衣扒光、鞭打背部的刑罚。⑤断肢与烙刑，断肢包括断手、断脚或者割耳等；烙刑指在罪犯身体上根据所犯罪行烙上不同字母。进入近现代社会之后，人们逐渐认识到古代刑罚的残酷性和不合理性，开始对刑罚进行改革，但步伐缓慢，18世纪时英国增加流放和监禁两种新的刑罚用于替代某些重罪的死刑，但是仍然保留了上述5种刑罚，因此在19世纪英国学者眼中 "刑法既太严酷又太宽容，一半是用血写成的，一半是含糊松散好像原始部落的习惯法……是国家的祸根与耻辱"❶。于是从19世纪20年代开始，英国开始对刑罚进行实质性改革，1837年将死刑从27个罪减少到16个罪，1839年减少到10个罪。第二次世界大战后英国对以"报应刑"为核心的刑罚体系进行了根本性的改革。首先，推动刑罚的人道化。1948年的《刑事审判法》废除惩役、劳役和笞刑；1957年的《杀人罪法》对谋杀罪适应死刑进行了限制；1965年的《谋杀罪法》原则上禁止对谋杀罪适应死刑；1998年的《犯罪与秩序法》彻底废除了死刑。其次，刑罚的合理化。废除死刑后，监禁是在正常情况下使用的唯一的自由刑，根据罪刑责相应的原则，英国进一步把监禁细分为终身监禁、定期监禁、加重监禁和自由刑缓刑4个等级，提高了量刑的科学性和准确性。最后，非监禁化。英国在非监禁化方面有很多创新，形成了8种类型：①绝对的免责；②假免责；③善良行为保证；④保护观察；⑤为社会服务命令；⑥罚金；⑦损害赔偿命令与刑事破产宣告及没收制度；⑧剥夺资格。犯罪的非监禁化摆脱了古老的报应性刑罚观念，很大程度上避免了传统自由刑的弊端，对待罪犯的方式更加人道、文明，有利于罪犯回归社会，预防并减少犯罪。三是刑法的法典化。英国的刑法是以普通法为基础将各种制定法加以法典化，并随着时代和社会的变化与学说、判例的发展不断加以修改而成的，与大陆法系统一的刑法典相比，具有复杂、矛盾和不明确等弊端。19世纪以后，一场以创制"明白易懂的刑法"为目标的法律改革运动在英国兴起，从19世纪40年代至今英国提出了多个刑事法典化方案。19世纪30年代至40年代初布鲁姆勋爵提出首个刑事法典化方案，由于法官的反对而没有得到通过。1877年斯蒂芬发表《刑法摘要》，提出第二个刑事法典化方案，并于1879年在下议院通过了"二读"，但因政府发生变动，法典草案最终流产。1965年英国成立法律委员会，自20世纪70年代以来陆续公布了关于刑事责任的一般原则和具体犯罪的定义等一系列立法建议报告，据此立法机关通过了《刑事损害罪》《共谋犯罪》等一系列法律，推进了刑事法律的法典化的进程。1989年法律委员会公布了《关于英国刑法典的最终报告》和《刑法典草案》，草案分总则和分则两部分，颇具大陆法系刑法典特色，是英国走向未来欧洲法秩序相统一道路的重要的第一步。1992年法律委员会公布了《刑法草案》，草案全文只有32条，分为第一编"对身体的犯罪"、

---

❶ 储怀植.欧美刑法改革(续)[J].外国法学,1987(2).

第二编总则、第三编补充规定，是英国刑事法律法典化工作的一项重要的阶段性成果。如果沿着这种形式的立法化道路继续前行的话，不难想象统一的刑法典或会在英国诞生，届时具有悠久普通法传统的英国刑法将会发生革命性变革。

以上，我们以土地法、刑法两个实体法律领域为例，简要追溯了它们在近现代历史中的变迁过程，不难发现：英国实体法律和程序法律变革趋向基本是一致的，一方面，通过不断地进行调整以适应时代对法律的需求，形式上制定法律越来越多，法典化的趋势越来越明显，内容上越来越细密，越来越具体明确。另一方面，从法律变革的精神上看，英国法律传统的核心价值并没有发生大的改变，类似"法律就是权利的声明"❶这样古老普通法观念至今仍是指导法律改革的重要原则之一。

第四节　普通法权利救济在近现代社会的新进展

一、近现代社会英国人享有的主要权利

历史上，英国人向来认为自己享有充分的权利和自由，但是英国法律一直对此缺乏明确的记载。中世纪的《大宪章》第一次涉及权利的基本内容，13世纪末爱德华一世颁布的《恩准宪章》宣布将《大宪章》作为普通法实施，此举使《大宪章》记载的权利和自由正式进入普通法保护的范畴，但是根据普通法的习惯，只有权利受到侵害才会提供救济，因此普通法没有像其他国家一样把国民的权利固定在一纸法律之上，因此关于中世纪人们享有的权利和自由的具体含义缺乏权威的证明，只能根据历史资料进行推演和总结。到了近现代社会，情况发生了很大变化，议会权力崛起掌控了立法权，出台了大量法律，虽然这些立法旨在弥补普通法的不足，但是普通法的理论和观念还是不可避免地受到冲击，普通法所秉持的"救济先于权利"的古老观念表面上正逐渐被淡化，英国开始通过议会立法明确宣示权利的基本内容。例如，在近代革命期间诞生的《权利请愿书》就是一份公民自由权的宣言，随后诞生的《权利法案》承认言论自由、选举权、申诉权、不得受到残酷的惩罚等个人权利和自由，《王位继承法》等法律宣称"依据古老的普通法原则，宗教、法律及自由权都是英国人民与生俱来的权利"。综合普通法保护的默示权利和上述法律确定的明示权利，布莱克斯通对早期近现代社会英国人

❶ 圭多德·拉吉罗.欧洲自由主义史[M].杨军,译.长春:吉林人民出版社,2001:82.

享有的权利和自由进行了系统总结，他认为："公民的各项权利，不论是与生俱来的还是后天取得的，本来曾经是世上每一个人都应享受到的权利，然而现在除英国之外，世界上大多数国家都在贬低甚至破坏这些权利。如今可能只有英国还在强调这些权利，也只有英国人民才能享受到这些权利了。这几项权利又可被分为三个主要的或者说基本的大类：人身安全权、人身自由权及私有财产权。"❶

（一）人身安全权

公民的人身安全权包括个人的生命、肢体、躯干、健康及名誉依法享有不受侵害的权利。人的生命、肢体是上帝直接赐予人类的礼物，是每个人天生就具有的权利，英国法规定：砍下、残废或削弱一个人的手或手指，或者打掉眼睛或门牙，或使他丧失这些器官的作用的行为构成重罪（felony）——重伤害罪（mayhem），应受法律的严惩。但因处于同样保护生命及肢体等的理念之下，英国法律很早便放弃"同态复仇"处罚原则，英国成文法律很少，而普通法更是从不采用任何伤及生命或肢体的刑罚手段，除非是确乎出于必要。根据普通法，对重伤害罪一般处以罚金和监禁。在英国观念中一个人的生命及肢体是如此珍贵，以至于该国法律甚至赦免出于保护自身的生命及肢体的目的而犯下的杀人罪。除了四肢外，个人及其身体的其他部分也同样享有不受恐吓、攻击、殴打或伤害等损害的天赋权利，个人的健康享有不受损害或侵扰的权利，个人的声望及名誉享有不受诋毁或诽谤的权利。

（二）人身自由权

人身自由权是指个人有权自由行动、改变职业或按自己的意愿迁移到任何地方，未经相应的法律程序不得被监禁或管制。在普通法语言中，以任何方式限制他人的自由都是一种监禁，不局限于将人投入监狱。任何身体自由的强制——例如，给某人戴枷锁，或约束在私人房屋内，或在街上抓住他，或仅凭言语逮捕他——在法律中监禁需要正当理由。任何官员都不可以在得到法律明确许可的情况下仅凭自己的意愿就剥夺公民的人身自由权。《权利请愿书》规定：在没有确实理由表明某人必须依据法律对某件事负责的情况下，任何自由人都不应被监禁或拘留。《人身保护法》规定：任何人的自由如果遭到任何法院颁布的不合法的命令或作出的判决、国王本人亲自下的命令或枢密院任一成员的任何授权限制的话，

---

❶ 威廉·布莱克斯通.英国法释义:第一卷[M].游云庭,缪苗,译.上海:上海人民出版社,2006:148-149.

则他可以获取一张人身保护令，以使其能够出席王座法院或高等民事法院的审理，法院将会对其被拘押的理由是否正当及拘押的行为是否确实合乎正义作出裁决。为防止出现对被押者要求不合理的保释金或保证金以规避该法律的情况，《威廉和玛丽一年法律二》明确宣布禁止要求提供过高的保释金。此外，每个英国人都有权按自己的意愿选择在自己的国家定居，未经法律宣判不应被逐出这个国家。普通法中没有流放或者驱逐这种惩罚，即使有人遭到这种惩罚，那也是为了逃避绞刑自己作出的选择或是某些现代议会法案所作的明确指示。

（三）私有财产权

私有财产权是指公民对其所有的获得物都有权自由使用、享有和处理，除英国法律外，这种权利不受任何其他因素的控制和削弱。古老的《大宪章》规定：未经与其地位相当之人的判决或不依本国法律，不得侵占或剥夺任何自由人所拥有的自由保有的不动产、自由权及免税权。依据《大宪章》的精神，在中世纪英国人为了维护自己的财产权同专制王权进行了不屈不挠的斗争，但是财产权依然时常受到侵害，直至革命前夕还爆发了五位骑士因为拒绝查理一世的强制借款而被捕入狱的案件。因此，保护私有财产不受侵害是英国革命期间各派政治力量达成的重要共识之一，并在此基础上形成了"私有财产神圣不可侵犯"的理论学说。平等派提出：大自然赋予每个人私有财产，为的是谁也不能破坏它，谁也不能夺取它。政论家约翰·波内特认为：每个人都有权合法地占有自己的财产，并且谁也无权违反他人的意志剥夺其财产，即使是国王和皇帝也没有这种权利。洛克认为：人在自然状态中"是他自身和财产的绝对主人"，天赋人权使人"自然享有一种权力……可以保有他的所有物——即他的生命、自由和财产——不受其他人的损害和侵犯"[1]。英国资产阶级在革命中，不断将"私有财产神圣不可侵犯"的理论学说渗透到法律之中，把私有财产保护提升到一个新的历史阶段。1628年，在反对强迫借贷时，下议院宣布：每一个自由人自古就有的和无疑的权利是，他对其财产与产业有充分和绝对的所有权。议会宣布：臣民对自己的财产、土地、领地拥有充分的所有权，法律像保护神圣的东西一样保护"我的和你的"这种划分。议会1628年产生的《权利请愿书》规定：未经议会一致通过的法案许可，不得以赠与、借款及慈善捐款、纳税等诸如此类的形式强制任何人支付钱财。《威廉和玛丽一年法律二》规定：任何未经议会授权，超过时效或以与

---

❶ 赵文洪. 对资本主义私有财产神圣不可侵犯原则历史考察[J]. 科学社会战线, 1998(4).

议会授权的方式不同的其他方式进行的以国王特权的名义征收钱财供王室使用的行为都是违法的。由于法律对私有财产的保护是如此严密，以至于不能允许对私有财产的哪怕是最轻微的侵犯，甚至哪怕这种侵犯是出于整个社会的共同利益考虑。例如，假设横穿一片私人土地修建一条新路可使大范围内的公众受益，然而在得到土地所有者的许可之前，法律将不会允许任何人或团体这么做。

（四）附加的权利

按照布莱克斯通的观点，以上三种权利是公民享有的主要的个人权利，但是如果宪法仅仅以刻板的法律条文宣布、确认并保护这些权利而不是提供其他措施以保障这些权利的切实行使的话，那实际上是收不到切实的效果的。因此，宪法额外确立了几条臣民的附加权利作为辅助，这些附加权利主要作用就是要保证人身安全权、人身自由权及私有财产权这三项基本权利不受侵害，这些附加权利包括：①议会的组织形式、拥有的权利及享有的特权。②对国王享有特权的限制。③向法院提出申请为所遭受损害要求补偿的权利。④向国王或议会上、下两院请愿以求申冤的权利。⑤拥有武器以求自卫的权利。

布莱克斯通把普通法视为一个记载英国人权利和自由的体系，因此他从逻辑上抽丝剥茧，将普通法保护的权利和自由进行了系统的归纳与总结，比较权威地展现了近现代早期社会英国人享有的主要权利。如果仅从横向比较，我们有充分的理由分享布莱克斯通的喜悦：英国人显然拥有比世界上其他国家人民更多的权利和自由。但如果从纵向比较，我们不难发现，布莱克斯通引以为傲的权利和自由本质上属于"臣民的自由"，是一种消极的权利，非积极的权利。但在现代社会里，消极的权利已经很难满足人们对权利的需求，人们除了要求不受外在的力量非法干涉或强制之外，还要求主动参与社会公共事务，通过自身积极努力来维系利益的最大化。因此在现代社会，许多国家将人们享有的各种权利和自由通过各种方式写入宪法等成文法律之中，如法国先后产生过两个《人权宣言》，即1879年《人权宣言》和1946年《人权宣言》（草案），其中1946年《人权宣言》（草案）不但规定了公民的受教育权、工作权和获得物质救济权，而且增加了公正报酬权、工会自由、企业民主、罢工权，以及国民健康、人身完整与尊严、体智德发展权，母婴、孕妇和妇女受保护等新的内容。和英国同属于普通法系的美国也将国民的权利和自由写入《权利法案》之中，和英国同属于英联邦成员国的加拿大和澳大利亚等国家也先后出台了专门的人权立法。除此之外，众多国际性或区域性组织也陆续出台了一些人权文件，1948年联合国大会通过第217A（Ⅲ）号决议并颁布《世界人权宣言》，1950年欧洲理事会通过《欧洲保护人权和基本自由公约》（英国是签约国之一）。外部世界迅猛发展的人权立法浪潮，不可避免地对英国国内的人权保护产生了深远的影响。英国一方面既不愿轻易放弃独具特色的个人自由与权利保护的宪法传统，也很珍视长久以来形成的以开放式的普通法体系为主体、以制定法体系为补充共同构成的一种微妙平衡的权利保障格局，但另一方面英国又时刻面临着国内对英国式自由批评产生的压力和欧洲人权法院判决产生的冲击力。因此，是否制定成文的人权法律很长一段时期内在英国是一个颇受争议的话题。这种艰难的平衡终于在工党领袖布莱尔上台执政后打破了，1997年10月布莱尔政府发表了题为《将权利纳入国内：人权法案》的白皮书，提请议会将《欧洲保护人权和基本自由公约》纳入国内法。经过上、下两议院的反复辩论，终于在1998年出台了《人权法》，将《欧洲保护人权和基本自由公约》规定的基本权利写进了英国国内法。这些基本人权包括生命权、禁止酷刑、禁止奴隶制和强迫劳动、自由和安全权利、公正审判权利、法无规定不受惩罚、尊重个人和家庭生活的权利、思想、良心和宗教自由、言论自由、集会和结社自由、结婚的权利、禁止歧视、禁止滥用权利、财产保护、教育权、自由选举权、废除死刑等。从形式看，英国仍然没有像其他国家一样通过出台一部像《权利法案》一样的法律直接明示列举英国人享有的权利和自由，自由的概念仍未被精确定义。但是对于英国这样一个具有深厚而独特的政治法律文化传统的普通法国家来说，这已经实属不易，毕竟从实质上英国已经将世界上公认的基本人权纳入国内法并给予保护，而且我们仍然不必担心英国的人权保护，英国个人权利主要依靠普通法体系而不是依赖于宪法宣告的权利保护基本格局仍在延续，在权利实践中，他们的普通法体系仍然能够创造、提升和保护自由。

二、近现代社会英国人权利救济的新进展

在早期英国社会，人们的权利主要依靠法院体系进行保护，司法救济在各种权利救济渠道中发挥了中流砥柱的作用，因此英国人一直公认：他们的权利和自由是在长期司法实践中形成的一种凝结了无数法官、律师和当事人智慧的传统。英国著名宪法学者戴雪在其名著《英宪精义》中对此有过经典论述，他说："大多数的外国宪法都以权利的宣告为开端，在这一点上它们无可厚非……但是在另

一方面，在英国的宪政传统中权利本身与权利的实施方式总有着不可分割的关联性，这种关联就是司法救济的力量，也就是古语所称的在有法律之地即有救济办法存在。……我们可以发现英国人务求实际的倾向，他们在逐渐建构一套由复杂的法律与制度构成的宪政体系之时，他们更努力寻求为实现某一权利而提供的救济，换言之，他们注意于救济侵权行为的损害，胜似宣示人的权利或者英国人的权利……在多数外国中，个人的权利（譬如对人身自由的权利）靠该国宪法以存在，而在英格兰中，此类权利本身先由法院替个人争得，然后由宪法以通则作概括地申明。"❶戴雪的观点具有深刻的历史洞察力，即使在现代社会仍未过时，英国人民至今仍然坚信：权利和自由的最佳保障不是依赖于成文宪法或者特殊的法院，而是通过依据普通法对案件作出的判决。换言之，尽管当代社会权利的救济渠道日渐丰富和复杂，但在英国司法救济仍是权利保障的主要渠道。鉴于权利的司法救济问题，我们在本书的后半部分将设专章进行论述，于此不再一一赘述。下面我们将着重考察一下在近现代社会除常规司法救济之外的其他重要权利救济渠道。

（一）人身保护令

人身保护令（writ of habeas corpus），按照韦伯法律字典的解释，habeas corpus的意思是"你掌握着（被要求交出）人的身体"，是指法官基于被监禁或限制自由者认为该行为非法并向其请求而颁发的特别令状文书。有人认为人身保护令起源于《大宪章》，如1628年英国下议院在辩论中认为"人身保护令自然是，并且不可避免地源于《大宪章》的一种手段"❷。但有很多学者认为普通法人身保护令的起源是含混不清的，"如此古老以至于其起源迷失在不知名的地方"❸。贝克认为人身保护令起源于13世纪早期，但与《大宪章》没有关系，人身保护令起初主要用于行政目的，在14世纪成为法院程序的一部分，主要用于确保不情愿的陪审员到庭。15世纪在王权的支持下，普通法院开始受理在押犯提出的人身保护令诉讼，并且与其他令状诸如调卷令一起质疑下级法院羁押囚犯理由。例如，爱德华一世曾发出一个令状，要求达拉谟主教释放一个僧侣，但是主教非但没有释放这个僧侣，而且把为国王送信的人也监禁起来，为此王室法院下令查封

❶ 戴雪.英宪精义[M].雷宾南，译.北京：中国法制出版社，2001：242，243.

❷ BAKER J H. An introduction to English legal history[M].3rd ed. London：Butterworths，1990：538.

❸ ANTIEAU C J. The practice of extraordinary remedies：Vol. 1[M]. New York ：Oceana Publications，1987：1.

主教特权，并以藐视国王为由逮捕他，通过此案建立了国王的权威：监禁须出示理由，这标志着人身保护令与审查羁押根据合法性的思想联系在一起。但在此案中，法庭使用的令状并非一般意义上的人身保护令，而是特权令状❶，这表明早期在没有特权时，对于那些希望挑战监禁的人而言，这样的令状不是总能得到的。贝克认为：在 16 世纪之前没有任何案例表明存在用于确保免于非法监禁的人身保护令，直到亨利八世时期一些使用人身保护令释放囚徒的情况才开始为人所知。据贝克教授考证，1518 年一名叫托马斯·爱普锐斯的人因沃尔西主教的命令被拘留，后通过王室法院的人身保护令获得释放。在伊丽莎白时代，人身保护令的适应范围延伸至法庭职权之外的监禁。1565 年约翰·蓝波恩被北方委员会监禁在约克角，王座法院对此发出人身保护令，郡守为了回复王座法院人身保护令状，派他的代理人去约克角城堡要人，但看守告知没有委员会主席和其他委员、约克角主教的许可不会放人，为此王座法院不仅下了一道人身保护令，而且下了一道附带反对主教和看守的令状，释放了约翰·蓝波恩❷。早期的人身保护令，除了可以让普通法院通过审查下级法院羁押理由借以保护当事人的人身自由之外，还曾一度充当了普通法院争取独立，维护其司法权管辖权的重要工具。众所周知，早期英国司法存在两大体系：普通法院和衡平法院。从 15 世纪起两大法院体系为争夺司法管辖权发生了激烈冲突，当大法官法院认为普通法不能主持正义的时候就会通过发布禁令禁止当事人及其律师继续在普通法院进行诉讼，如果当事人违背禁令则会被关押。普通法院对此感到非常愤怒，并进行顽强的抵抗。在爱德华四世统治时期，费尔法克斯法官断言，如果案件属于普通法院管辖的话，王室法院可能禁止双方当事人诉诸任何王室法院。在同一时期的另一个案件中，休斯和费尔法克斯法官宣布，如果大法官因为当事人不服从禁令而将其监禁，他们会通过人身保护令将其释放❸。在 16 世纪普通法院正式利用人身保护令来对抗大法官法院的禁令。尽管这场旷日持久的管辖权冲突在 17 世纪最终以大法官法院的胜出而告终，但普通法院与大法官法院之间的管辖权之争在无意中促成了人身保护令特权性质的变化，大大加速了人身保护令的"自由化"发展，为

❶ 人身保护令在古代普通法上属于特权令状。

❷ BAKER J H. Personal liberty under the common law of England，1200—1600[M]// DAVIS R W. The origins of modern freedom in the west. Stanford：Stanford University Press，1995：186.

❸ HOLDSWORTH W S. A history of English law[M]. London：Methuen & Co. Ltd.，1945：459.

人身保护令反对行政专制的革命性斗争奠定了坚实的基础。1627年发生的"五骑士"案成为人身保护令历史上具有里程碑式的案件❶，这一案件的深远意义在于它表明：即便是强大的王权行使，也需要经过严格的法律辩论并由法院作出决定，这在实质上开启了司法权制约王权的先河。此案还促使议会于1628年出台了《权利请愿书》对国王任意监禁的权力进行限制。1629年发生的"钱伯案"❷"确认了人身保护令呈现出的一种新角色。它不再是普通法法院用于保护其管辖权的一种主要手段。先前该令状的附带结果——关押合法性的问题，现在变成主要的目标。在此意义上，人身保护令开始了它成为'任何被关押的人在法律中最重要的救济措施'的历程"❸，标志着人身保护令正式成为质疑关押合法性的自由令状。1640年《人身保护法》规定：被监禁的任何人可以向法院申请人身保护令，如果法院发现关押缺乏充分的根据，则该法院有权命令释放被羁押者。1679年《人身保护法》规定：在任何时候，包括休庭时间，法官都不能拒绝签发人身保护令；法官应快速地作出判决；监狱看守应当立即服从令状；如果犯人获得释放将不会被再次关进监狱。1679年人身保护令立法是英国人身保护法律中最重要的法律，标志着这种令状已经展现出它的现代形式，尽管1816年和1862年英国又修订出台了新的人身保护令法案，但对1679年《人身保护法》并没有进行实质性修改，只在个别问题上进行了完善❹，因此可以说1679年《人身保护法》直到今天还在发挥它的作用与功效。当然，随着形势的发展，人身保护

---

❶ "五骑士"案的主要案由是当时的英王查理一世为了能在未得到议会认可的情况下提高收入，诉诸武力寻求强制贷款，其执法官拘留了许多拒绝贷款的人。其中的五人基于人身保护令提出了人身自由的请求。也许当初他们甚至试图以此来质疑整个强制贷款计划的合法性，但监狱看守对该人身保护令状只是简单回复说他们是依据"国王所享有的特别财产权"而采取拘留行动。这样案件的争议重点是令状回复的拘留人身理由是否成立，即在犯人被审判前，未说明羁押理由本身是否可使犯人有权获得保释；换言之，国王是否拥有取代普通法裁判程序的权力。这便导致了王权与司法权的正面角力。

❷ Chamber因拒绝支付一些商业税被关押，Chamber的律师认为没有根据《权利请愿书》说明羁押理由，因而向王座庭提出了人身保护令申请。"回呈"回来后，王座庭认为回呈中载明的关押根据不充分，批准了Chamber的人身保护令。

❸ DUKER W F. A constitutional history of habeas corpus[M]. Westport：Greenwood Press，1980：P46-47.

❹ 1816年《人身保护法》主要在于解决人身保护令申请人对被申请人在人身保护令回呈中陈述的羁押理由提出质疑的问题，废除了不允许申请人就回呈中陈述的事实提出异议的普通法规则。1862年《人身保护法》规定：任何法官或者大法官不得授权将人身保护令发往英格兰以外的、女王陛下已经合法设立的法院或者正义的法院有权批准并签发上述令状的任何殖民地，或者国王的外国领地，以确保上述令状在此种殖民地或者领地全境得到适当的执行。

令的作用已经不像过去那样突出了❶，其他保护人权的手段如司法审查等开始登上历史舞台并扮演重要角色，关于人身保护令的存废问题甚至一度成为英国政法界争论的话题，但正像那些拥护人身保护令的人所说的那样，"人身保护令的速度和非裁量性是值得保留的"❷。

以上简要回顾了人身保护令在英国的发展历程，我们发现普通法人身保护令在保障公民人身自由免于非法监禁或拘押方面的确发挥了不可替代的作用。一是普通法院可以通过人身保护令审查羁押当事人的合法性。早期英国法律包括《大宪章》在内对"合法审判"原则格外重视，强调未经正当法律程序，任何人不得被监禁或剥夺财产，但对于审判之前的法律程序重视不够，这导致许多无辜者在审判之间便被羁押，失去人身自由。人身保护令出现之后，普通法院可以依据当事人的申请签发人身保护令，要求当局在指定日期之前将被羁押者带到法院说明羁押理由。如法院经过审查后裁定羁押理由不充分或不合法，便会签发令状释放被羁押者。普通法院审查的范围一开始仅限于地方法庭或当局，之后慢慢扩展至包括国王、枢密院其他高级法院等在内的所有机构，进一步弥补了普通法在保护人权方面的缺陷。二是当事人可以通过人身保护令获得保释。保释是指被羁押人在审判前有条件获得释放的制度。保释权是被羁押人的一项重要人身权利，但在早期法律当中未予确认，司法实践中被羁押人是否可以获准保释由郡守裁量决定，存在很大不确定性。尽管后期议会出台法律规范郡守的保释裁量权❸，但是被羁押人的保释权仍未获法律正式确认。直到1679年《人身保护法》才将保释权正式载入法律，该法规定除叛逆罪和重罪犯外，经被捕人或其代理人申请，法院可签发人身保护令状，责令逮捕机关或人员申述逮捕理由，解送、保释或释放被捕人。1679年《人身保护法》虽然扩大保释的范围，但仍存缺陷，司法实践中许多依法有权获得保释的被羁押者，因为缴纳不起法院要求的高昂数额保证金最终无法获释。这种要求缴纳过高保证金的做法实际上等于变相剥夺了被羁押者的保释权，是对法律赋予公民的自由权利的侵犯。因此，1689年《权利法案》规定不能要求缴纳过高的保证金。如被羁押者被处以过高的保释金时可以向高等

❶ 英国刑事诉讼中，至今仍以签发人身保护状作为审判监督程序之一，由高等法院王座庭主司其事,但适用较少。

❷ Law Commissio , No.22 , Adminisarttive Law : Judicial Review and Statutory Appeal[M].London : HMSO , 1994 : 24-25.

❸ 英国于1275年制定《威斯敏斯特法》,该法将犯罪分为可保释和不可保释两类。

法院王座庭提出人身保护令申请。后来的立法又授予了高等法院以普通传票程序改变治安法官作出的保释条件的权力❶。三是确保当事人获得及时审判。英国有一句著名的法律谚语："迟来的正义为非正义"，这句话充分反映了英国人对程序正义的重视，1215年《大宪章》第40章规定：对任何人，公平都不得被拒绝和延迟。可见，在英国人眼里毫不延迟地获得公正审判是他们世世代代享有的一项重要权利。正如戴雪所说，"法律运行的结果是：当出庭法案存在时，任何人，虽受刑事告发被置于狱，然决不能长期间禁锢，是何以故！则以此可依法要求交保出狱或从速受讯故"❷。1679年《人身保护法》第6条规定：凡犯叛逆罪或重罪而羁押之被告，其犯罪行为确在押票载明，而于各季第一星期，或特派听审庭，或清狱回审庭审判期届之第一日即曾口头或以书状向公开法庭请求提讯者，不得延至羁押后之下季或下届提起公诉。皇座法院，特派听审庭，或清狱回审庭之法官，于各季或各届最后一日，应依羁押之被告或其代理人向公开法庭所为之请求，准予交保。但依据誓言，法官认为国家不能在同季或同届内提出证据者，不在此例。依上列规定，羁押之被告于各季第一星期或各届第一日，口头或以书状向公开法庭请求提讯者，不得于羁押后之下季或下届提起公诉或审讯。审讯后，宣告无罪者，应予开释。本条规定可以视为对《大宪章》确立的笼统法律原则给予了十分清晰明确的解释。首席大法官阿尔伯特曾对1679年《人身保护法》作过以下评价，他说："《人身保护法》的目标是……提供反对迟延对因为刑事问题被拘押的人进行审判。"❸以上三点是人身保护令保障人权的主要途径和方法，除此之外英国司法机构还通过它开拓出许多间接的权利救济渠道，于此不再一一细究了。总之，作为一种特殊的救济渠道，人身保护令与常规的司法救济相比，它的独特魅力在于：人身保护令是站在宪政层面上，调和立法、行政和司法多种权力对各种侵害公民自由和权利的行为进行救济，是英国人用来对抗强权压迫和武断关押的防御工具，从而具有了常规司法救济所不具备的宪法上的张力。对此英国著名宪法学家戴雪称赞道："人身保护令既没有宣示具体原则也没有规定什么具体权利，但从实际效果来看足堪抵得上一百条保护个人自由的宪法条款。"❹

❶ 指1967年《刑事司法法》，该法颁布前对于过高的保释金没有其他有效的救济措施。

❷ 戴雪.英宪精义[M].雷宾南，译.北京：中国法制出版社，2001：259.

❸ 薛竑.人身保护令制度研究[D].重庆：西南政法大学，2006：113.

❹ SMITH S A. Constutional and administrative law[M]. 2th ed. Harmondsworth：Penguin Education，1974：452.

（二）司法审查

在英国非常规的权利救济渠道除人身保护令之外，还有一种在当今社会更具有宪法张力的渠道——司法审查。从学理上论，司法审查特指司法机构通过司法程序对立法行为和行政行为进行合法性审查的一种制度。在具体的实践当中，司法审查有多种模式，马丁·夏皮罗把司法机关对行政性法规的合法性审查称为行政性司法审查，将司法机关对立法机关制定的法律是否合宪的审查称为宪政性司法审查❶。就英国的司法审查而言，比较符合马丁·夏皮罗提出的"行政性司法审查"的概念，英国还未明确建立违宪审查制度。为了深入了解司法审查制度保障人权的原理和机制，我们需要重温一下英国司法审查制度成长的历史。

人权演进的历史表明，在人类社会中对公民个人权利构成威胁最大的不是公民个人之间的相互侵害，而是掌握一定国家权力的机构，阿克顿说：权力导致腐败，绝对权力导致绝对的腐败，单个机构权力越大对公民个人的权利威胁就会越大。因此，如何把权力关在牢笼中并给它的运作设置合理的边界，如何在遭到权力侵害后给予及时有效的救济，在任何社会、任何时期对于人权保障来说都是至关重要的。英国是世界上比较早对权力进行约束与限制的国家之一，1215年《大宪章》就确立了"王在法下"等政治法律原则，并制定了详细条文规范限制行政权力的运作。虽然整个中世纪英国人民一直在为行政权力的行使划定合理的边界，由于历史条件的限制不可能完全实现，但为今后的宪政革命埋下了伏笔。早期社会平民的权利遭到政府机关或官吏侵害时，只能向法院提起个案救济诉讼，将官吏以私人身份告上法庭，提请法院审查官吏的个人行为是否构成侵害，如构成侵害官吏须以个人名义负赔偿之责，这样的救济在性质上仍属于常规司法救济，还不具有公法救济的意义，因此不能视为司法审查。只有完全抛开官吏的私人身份，将其行政行为作为审查对象的诉讼才具有司法审查的意味。英国从12世纪末期开始，为强化对地方的统治国王逐步用直接任命的治安法官替代了郡长❷，并通过立法规范治安法官的权力运作，对其权力行使进行监督。国王控

---

❶ SHAPIRO M. The "globalization" of judicial review[M]// FRIEDMAN L M, SCHEIBER H N. Legal culture and the legal profession. Boulder：Westview Press，1996：121.

❷ 治安法官,最初主要负责逮捕罪犯、维护公共安全,自14世纪取得部分司法权审理权。到15世纪时治安法官已经完全取代地方的最高行政长官——郡长,变成国王政府在地方上的主要的代理。都铎王朝时期,地方上的一切权力都由治安法官把持。

制治安法官的基本手段是：利用令状制度由王室法院实施监督，并提出了"超越权限"（ultravires）这一基本观念作为控制他们的原则。普通法院、星室法院、大法官法院都有权受理对治安法官提起的公法意义上的诉讼，通过发布禁令等方式对受害人进行权利救济，这样救济在性质上显然已不同于常规的司法救济，标志着英国司法审查制度开始萌芽。由于历史条件的限制，中世纪英国的司法审查具有严重缺陷。一是王权等上层行政权力处于司法审查的范围之外；二是司法审查在本质上属于统治的手段而不是权利救济和保障手段，尽管在客观上起到了保障权利的效果。虽然如此，中世纪英国司法审查的历史实践为现代意义上司法审查制度积累了丰富的思想和制度资源。众所周知，在1610年的博纳姆医生案中，柯克法官宣称法院有权依据普通法宣布议会的立法无效。在1615年格罗思维特诉布威案中，霍尔特法官指出当其他法院超越其管辖权时，王座法院是根据普通法，发布调卷令进行审查，任何法院都不得企图逃避国王之王座法院的监督❶。光荣革命后真正意义上的司法审查在英国建立起来，光荣革命确立了议会主权和法律主治两大宪法原则，司法获得最终独立，国王及政府部门的权力行使纳入了司法审查的范围。例如，在1700年的国王诉格拉莫干郡居民案中，霍尔特法官宣称法院可以对任何管辖权的行使发布调卷令和执行令，在霍尔特看来，行政机关任何影响公民的财产和自由的行为都是行使管辖权❷。随着社会的发展，英国司法审查制度始终处于不断发展和完善之中。例如，司法审查范围不断扩大，在过去传统的政府部门的基础上，将许多行使具有"公共因素"权力的新机构纳入司法审查范围之内，如兼并和收购委员会，1998年《人权法》颁布之后，司法审查的范围开始染指议会立法。司法审查的原则和标准不断更新，在过去较为笼统单一"越权无效"合法性审查原则的基础上，进一步演绎出"合理性"等诸多更加严格的审查原则。无论是司法审查范围的扩大，还是审查原则与标准的提高，其根本目的都是更好地保障公民权利。总体上，司法审查制度主要通过以下几种方式对公民受损的权利进行救济。一是强制令（mandatory order），当某一机构拒绝或不合理迟延履行法定义务时，法院便会通过发出此令强制其履行义务。二是禁止令（prohibiting order），用于禁止某一个机构作出任何越权的行为或决定。三是撤销令（quashing order），用于撤销某一个机构作出越权或违反自然公

---

❶ JAFFE L L. Judical review: constitutional and jurisdietional fact[J]. Harvard Law Review, 1957,71:957.

❷ JAFFE L L. The right to judicial review[J]. Harvard Law Review, 1958,71(3):401-437.

正原则的决定。四是宣告令（declaration），用于宣告某一个机构的行为不合法，此令虽没有强制执行力但并不损害救济效果，在实践中被宣布为不合法的行为会在各种压力下得到纠正。五是禁令（injunction），用于命令作出某种行为纠正补救一个违法的行为或用于阻止、禁止某种侵权行为。六是赔偿令（damages），用于弥补权利受害人遭受的各种损失。关于司法审查对于人权保护的价值和作用，在此我们引用大法官黑尔萨姆勋爵的一段话作为本部分的结尾："在最近很长一段时间里，这种法律救济在程度上大大扩展了，几乎没有什么限制，同通过那些旧的特权令状和宣告诉讼相比，它方便多了。法律救济的目的是为了保护个人对抗权力机关、司法机关、准司法机关和行政机关对权力的滥用。它不是要取消法律赋予这些权力机构的权力和自由裁量权，而让法院代替它们成为作出决定的机构。它是要看到有关的权力机构以正当的方式行使权力。司法审查的目标是制约行政权，而不是代行行政权。司法审查之所以有审查必要，不是因为法院可以代替行政机关做最理想的事，而是因为法院可以促使行政机关尽可能不做不理想的事。"❶

本章小结

本章我们简要回顾了普通法在近现代社会的演进以及在近现代社会普通法保障人权的基本状况。我们发现，近现代社会的人权保护状况远比中世纪要复杂和精细得多。从权利本身来论，近现代社会可以说是一个权利爆炸的社会，人类在短短几百年的时间里创造出来的权利数比此前几千年权利的总和还要多。权利数量的增加，一方面体现了社会文明的进步；另一方面也给权利保障和救济带来了新的挑战。许多人认为，英国中世纪权利救济的主要渠道普通法救济在近现代社会好像失去了往日的风采，大量的议会立法开始在权利救济领域担纲重要角色，大量国际性人权立法开始出现并为英国人所知晓，世界上其他一些国家理念上更为先进的人权立法无时无刻不在冲击着古老的普通法传统。这种情境难免会让人对普通法上权利救济产生质疑：在近现代社会普通法能否延续守护人权的重任？对此英国人并不悲观，从表面上看，英国普通法的地位虽然不像过去那样显赫，但普通法依然是英国法律系统的根基和法律传统的核心，如果普通法一旦被丢

---

❶ 孙笑侠.法律对行政的控制：现代行政法的法理解释[M].济南：山东人民出版社,1999:256.

弃，英国的法律大厦将会轰然倒塌，对于视传统为生命，厌恶革命、喜欢稳中求变的英吉利民族来说，丢弃普通法简直是不可想象的。议会的立法数量虽多，但是不成体系，其立法的目的是重申或者弥补普通法，而不是动摇或取代普通法，换言之是为了协助普通法维护和保障人权。国际组织和其他国家的人权立法固然会影响或冲击普通法的观念，但是这些法律被普通法认可并吸收，才能真正在英国发挥作用。英国人对普通法维护和保障人权抱有信心的另一个重要原因是普通法具有开放性。普通法虽然是自中世纪兴起的一套以土地保有制度为核心的法律系统，但是它的开放性始终使它处于不断更新、不断成长的过程，在中世纪人们依靠它对抗王权，捍卫人身自由和财产权利，在近现代社会人们还可依靠它对抗来自政府部门的侵害，捍卫诸如隐私权、种族平等权等现代性权利。普通法的开放性受益于普通法律职业群体的开放性。千百年来，普通法院的法官们一贯坚守"有侵害必有救济"的古老普通法原则，从未真正放弃对权利的维护，有先例的时候他们援引先例，没有先例的时候他们创造"先例"，先例与现实的权利维护发生冲突的时候他们推翻先例，当议会的立法不明确时他们会对立法进行倾向于权利保护的解释，有时甚至不惜推翻议会的立法。放眼全球，历史上有几个国家的法律体系，能做到这般地步？普通法之所以在英国人的心目中树立了极其神圣的地位，与它在维护人权方面所作出的努力和贡献是密不可分的。

下篇　普通法的特质与人权保护

在本书上篇中，我们对英国普通法保护人权的历史进行了考察，发现无论在中世纪之前的社会、在中世纪还是在近现代社会，普通法在保护人权方面的确发挥了重要作用，并且使英国的人权保护水平一直处于世界领先水平。很难想象，如果离开了普通法的保护，英国的人权状况将会如何？与此形成对照的是，处于历史同期的其他一些国家的法律在人权保护上远远没有普通法做得出色，有些国家的法律非但没有起到保护人权的作用，甚至反过来助纣为虐戕害人权。这不由得让人反思：普通法之所以能够起到保护人权的作用，一定是具有一些其他法律没有的特质，或者在相同的情况下，普通法的品质更胜一筹。我们认为：从人权保护的视角看，普通法至少具有以下四个方面的特质：①普通法属于"社会的法"；②普通法崇尚"实践理性"；③普通法追求"具体正义"；④普通法具有"宪法性能"。

第四章　普通法是属于"社会的法"

第一节　对"社会的法"的界定

一、"社会的法"的含义

"社会的法"一词虽在很多论著中被学者频繁使用，但目前还没有哪位学者对"社会的法"进行过较为规范的定义，多数是在使用这一术语时仅对其含义稍作说明。例如，周永坤在《社会的法律与国家的法律——从国家与社会的关系看中西法律的差异》一文中，对"社会的法律"作了以下解释："西方的权力公有制使权力或多或少在理论和实践上属于社会，立法权属社会所有的结果之一便是法律是'社会的法律'。其显著特点是法律是围绕组成社会的人的权利所展开的。它用有目的的人造法来认同并强化社会演化出的自生自发秩序。"❶为了便于读者更好地理解"社会的法律"一词的含义，周永坤又进一步解释了与之相对的另一个词语"国家的法律"的含义，认为："其显著特点之一便是，法律是围绕权力的行使而展开的。立法者一方面弱化自生自发秩序，按权力的需要来选择和解释自生自发秩序，以达到权力行使的高效率；另一方面又建构强化权力自身的法律，以制止任何可能的或想象的对权力的威胁。"❷由此，通过正反两个维度的阐释基本上可以让读者把握"社会的法律"这一术语的含义。周永坤在文章中所使用的"社会的法律"一词与我们在本书中所提的"社会的法"一词虽在表述上有一字只差，但在含义上基本是一致的。于此，我们在周永坤的基础上，对"社会的法"一词的含义略作补充和延伸。一是"社会的法"所涵盖的范围除了制度性规范外，还包括原则、理论或惯例等非制度性的法律资源。二是"社会的法"和"社会法"是两个完全不同的概念。社会法是调整劳动关系、社会保障和社会福利关系的法律规范的总称，是依据法律性质对法律体系进行的逻辑划分，是与私法、公法平行的一个法律门类。而"社会的法"主要是依据法律产生的来源进行确定的。三是"社会的法"与"民间的法"之间也存在一定差别。在很多论著中经常用"民间的法"来指代"社会的法"，实际上二者之间不是等于的关系，"民间的法"虽然来自社会，是由风俗习惯长期演变而来的逐渐制度化的规则，这些逐渐制度化的规则通常可以在不同程度上被视为法律，但它们一般不是一个国家正式的法律渊源。而"社会的法"一般是一个国家正式的法律渊源之一。

二、"社会的法"的特征

第一，从法律起源上论，"社会的法"产生于前国家时代，其立法者是社会大众。现代人类学研究的成果表明，早在原始社会时期，人类社会就存在法律。人类学家的实地考察研究发现，在非洲和南美洲至今仍存在一些处于原始社会阶

❶ 周永坤.社会的法律与国家的法律——从国家与社会的关系看中西法律的差异[J].法商研究,2003(2).
❷ 周永坤.社会的法律与国家的法律——从国家与社会的关系看中西法律的差异[J].法商研究,2003(2).

段的氏族部落，在这些部落中仍存在我们称为法律的东西。例如，美国著名的人类学家霍贝尔通过先后考察了北极地带的爱斯基摩人，菲律宾北吕宋岛的伊富高人，北美洲印第安人中的科曼契、凯欧瓦和晒延部落，南太平洋的特罗布里恩人，非洲的阿散蒂人5个民族，通过大量翔实的资料证明原始社会存在法律，他说："法律是无法从全部人类行为方式中截然分隔开来的。"他认为原始部落的社会规范就是法律，"如果对它置之不理或违反时，照例会受到拥有社会承认的、可以这样行为的特权人物或集团，以运用物质力量相威胁或事实上加以运用"❶。原始的法是最具有典型意义的"社会的法"，它没有明确的立法者，是由社会大众共同参与但在不知不觉中形成的法。进入文明社会之后，出现了国家这一政治实体，由此形成了社会和国家共存与竞争的格局。在一些地方，国家逐步强大甚至吞噬了社会，控制国家的当权者开始有意识地制定法律维护自己的统治，由此国家的法应运而生。在这些国家里，随着统治机器的不断完善，当权者开始大规模进行立法，试图将一切重要国家事务纳入其管理之下，并极力排斥社会大众参与法律的制定。由此，在这些国家当中，以前残留下来的"社会的法"不可避免遭受灭顶之灾，逐步被国家的法所取代或架空。依据周永坤的观点，中国古代的法律属于这种情况：我国古代的国只是家的扩展与延伸。"国家"的三大要素：土地、人民与社稷，都是统治者的财产。因此，中国古代实行的是"权力私有制"，权力是帝王的私产，是帝王控制社会（人民）的私人工具。帝王使用社稷所要达到的终极目标就是如何管住天下子民，以为自己所用。以权力私有的巩固为目标并由帝王和他的谋士们设计的制度必然以帝王个人对权力的独享为最高价值取向。因此，权力快捷有效的行使便是我国古代法律精神之所在，法律在我国古代就成了国家（帝王）手中控制社会（人民）的工具。❷但在其他一些地方，国家产生后并没有完全吞噬社会，国家与社会始终是两分的。在这些地方，"社会的法"获得一定保留，并与"国家的法"共同构成该国法律体系。周永坤认为古代希腊和罗马的法律属于这种情况。例如，古代希腊的民众造就了一整套权力轮流行使的制度、权力分享的制度，特别是选择公仆的制度——选举制，以保障公众对权力的享有、支配与监督。举世闻名的罗马《十二铜表法》就是在公民不

❶ 霍贝尔.原始人的法律[M].严存生,等译.贵阳:贵州人民出版社,1992:2-5.
❷ 周永坤.社会的法律与国家的法律——从国家与社会的关系看中西法律的差异[J].法商研究,2003(2).

服从的威慑下制定的，是围绕着私权的确认和保障而展开的。❶

由此可以推断，凡是经过原始社会这一阶段的民族或国家，一定存在"社会的法"，但是有一部分国家或民族进入阶级社会之后，另起炉灶制定了新的法律，割裂了同原法的联系，以国家立法替代了"社会的法"。在另一部分国家或地区，"社会的法"留存了下来，并且一直生生不息，其传统从未间断。

第二，从法律功能上论，"社会的法"主要为解决纠纷而生。从立法主体观之，"社会的法"的立法者是社会大众，是无数社会大众经由漫长的时间有意或无意创立起来的。那么，大众立法的目的何在呢？其实，古代先贤早已回答了这个问题，即"定分止争也"❷。定分就是确定权利归宿，止争就是化解纠纷矛盾，定分与止争实质上是同一枚硬币的两个面。在人类早期社会，尤其在公共权力出现之前，"统治"的意识尚未进入人们的头脑，人们不可能产生有意识"立法"的观念和行为，此时社会存在的一些规则绝大多数是为了解决一些突发的事件或纠纷而产生，并累积起来的。由此可见，"社会的法"是为解决纠纷而生，而纠纷解决的要义在于"公平与公正"，即"正义"。以此类推，因解决纠纷而产生的法律必然是以追求正义为最高价值，其理想化的境界是"给每个人所应得的"。"社会的法"由纠纷解决而生这种特征，使其外在也具有其典型特征，如由形式上观之，"社会的法"一般为不成文法，且以判例法为主。成文法是人类进入阶级社会之后才产生的，是政府机构和官僚阶层强化其行政权威、加强其社会控制能力过程中的副产品。从内部结构上看，"社会的法"一般情况下最为发达的是私法部门，公法部门相对落后。私法的主要功能是调整社会成员个人之间的关系，公法的主要功能是调整公共权力与个人之间的关系。大多数私法规范可以在社会中自发形成，但是公法规范主要依赖政府部门的发明创造，私法发达则寓意着社会的自由程度较高，社会强制较小。

与之相对，"国家的法"则主要因为"兴功惧暴"而生，即为"统治"之需要而生。古代中国属于"国家的法"比较发达的国家，主要法律皆由当权者亲自制定，淋漓尽致地体现立法者的意志，社会大众无权参与。总揽各个朝代的法典，虽然是"诸法合体"，但无不"以刑为主"，在这些刑法规范中"十恶"等维护皇权稳固与尊严的制度则是核心中的核心。这样，法律在我国古代自然就成

❶ 周永坤.社会的法律与国家的法律——从国家与社会的关系看中西法律的差异[J].法商研究,2003(2).
❷ 见《管子·七臣七主》:法者所以兴功惧暴也,律者所以定分止争也,令者所以令人知事也。

为帝王"牧民"的工具。

　　第三，从法律本质上论，"社会的法"多属于"内部规则"。"内部规则"这一术语来自哈耶克的理论。哈耶克认为人类社会存在两种秩序，即内部秩序和外部秩序。"内部秩序"是指"独立于人类任何有目的的意图而存在或自发形成的秩序"，是"从它所包含的各要素之间的行为的相互协调中产生的"，"它是一种内生系统"。❶"外部秩序"是指"人对各种因素特意进行安排或指定其明确的功能而产生的秩序"❷，是"人类刻意创造出来的"，"服务于该秩序的创造者的目的"的秩序。❸依据哈耶克的理论，这两类不同的秩序需要不同的规则，外部秩序需要外部规则（thesis）促成，内部秩序需要内部规则（nomos）促成。内部规则是指那些"在它们所描述的客观情势中适用于无数未来事例和平等适用于所有的人的普遍的正当行为规则，而不论个人在一特定情形中遵循此一规则所会导致的后果。这些规则使每个人或有组织的群体能够知道他们在追求他们目的时可以动用什么手段进而能够防止不同人的行动发生冲突而界分出获保障的个人领域。这些规则一般被认为是'抽象的'和独立于个人目的的。它们导致了平等抽象的和目标独立的自生自发秩序或内部秩序的型构"❹。内部规则是进化过程中自然选择的产物，"在这种文化进化的过程中，那些被证明有助益于人们做出更有效努力的规则存续了下来，而那些被证明只有助于人们做出较为低效努力的规则则被其他的规则取代了或淘汰了"❺。与内部规则相对的是外部规则，外部规则是指"那种只适用于特定之人或服务于统治者的目的的规则。尽管这种规则仍具有各种程度的一般性，而且也指向各种各样的特定事例，但是它们仍将在不知不觉中从一般意义上的规则转变为特定的命令。它们是运作一个组织或外部秩序所必要的工具"❻。

　　根据哈耶克对内部秩序和内部规则的定义，我们发现"社会的法"非常符合

❶ 哈耶克.经济、科学与政治——哈耶克思想精粹[M].冯克利,译.南京:江苏人民出版社,2010:362.

❷ 哈耶克.经济、科学与政治——哈耶克思想精粹[M].冯克利,译.南京:江苏人民出版社,2010:361.

❸ 哈耶克.法律、立法与自由:第一卷[M].邓正来,等译.北京:中国大百科全书出版社,2000:57.

❹ HAYEK F A. New studies in philosophy, politics, economics and the history of ideas[M]. London: Routledge & Kegan Paul Ltd.,1978:77.

❺ 哈耶克.大卫·休谟的法律哲学和政治哲学[M]//邓正来.哈耶克论文集.北京:首都经贸大学出版社, 2001:491.

❻ HAYEK F A. New studies in philosophy, politics, economics and the history of ideas[M]. London: Routledge & Kegan Paul Ltd.,1978:77.

内部规则的定义，它本身就是在社会中自生自发形成的一套规则体系。而"国家的法"则符合"外部规则"的范畴，它本身就是由当权者有意制造出来的规则体系，目的是"决定着每个人所必须做的事情"❶。

第二节　普通法与"社会的法"之间的关系

上一节我们从理论层面对什么是"社会的法"进行了初步界定。但"社会的法"终究是一种抽象的理论学说，不可避免具有"理想化"的色彩。因此在理论和实际进行联系的时候，我们应当秉持客观务实的态度分析考察历史与现实当中哪个（些）国家法律可以划入"社会的法"的范畴，哪些国家的立法属于"国家的法"的范畴。于此，我们以古代中国法、欧陆法、普通法为例略作比较分析。

对中国古代的法律，我们基本赞成周永坤在《社会的法律与国家的法律——从国家与社会的关系看中西法律的差异》一文中所主张的观点，即将中国古代的法律归到"国家的法律"这一范畴，但是我们也认为不宜绝对化，应进一步考察其主流与支流。中国是一个政治文明早熟的国家，从夏朝开始便进入了阶级社会，统治者开始有意识地制定法律，通过法律管控社会，即所谓的"夏有乱政，而作禹刑"。这意味着中国至少从夏朝开始就以国家立法替代了原始社会的法，开启了国家法的时代。《禹刑》虽然是由许多刑事案件的判决构成的，还不能称为严格意义上的立法。自夏朝以降，商朝的《汤刑》和周朝的《吕刑》人为立法的比例逐渐加大，到了战国时期，魏国李悝制定的《法经》已经是一部完全意义上的立法产品了。秦朝之后，随着中央统一集权的建立，"法自君出"的立法模式确定，君主完全垄断了立法权，并制定了大量法律，甚至达到"皆有法式"的程度，被后人形容为"繁如秋荼、密如凝脂"。从立法内容观之，以唐朝为例，其基本法典《唐律疏义》一共502条，绝大部分是刑事法律条款，因此它基本上是一部刑法典。除了《唐律疏义》之外，《唐六典》也很重要，但它是一部行政性法典，主要规定政府组成部门的权限和办事程序。依据前面我们对"社会的法"的界定，从立法主体、立法目的、规则性质看，中国古代法律无疑应当划入"国家的法律"的范畴。但我们也不应忘记，中国古代的法律除了成文法典之外，还存在大量不成文的法律，即"礼治"，这套起源于夏商之际的社会生活规范，

---

❶ 哈耶克.法律、立法与自由：第一卷[M].邓正来,等译.北京:中国大百科全书出版社,2000:55.

虽然在西周经过当权者的系统整理，但是并未失其社会立法的传统，其后融入儒家学说，成为规范社会大众行为的一套不成文的生活准则。我们认为，这一部分规范应当纳入"社会的法"的范畴，其中包含着诸多可继承发扬的优质法律文化资源，尽管其在国家法律体系当中处于相当次要的地位。

对于欧陆法和普通法，周永坤在《社会的法律与国家的法律——从国家与社会的关系看中西法律的差异》一文中用"西方法律"一词总括之，提出"西方的法律就是社会的法律"这一观点。对此，我们不能完全苟同，因为西方的法律传统是一个大而化之的概念，主要适用于和东方或者其他区域法律传统进行笼统的比较，西方的法律传统内部存在欧陆法和普通法之分，且两者之间存在较大差异。我们更倾向于将欧陆法归属为"国家的法"，将普通法归属于"社会的法"。

欧洲大陆的法律，如法国法，论根源和普通法是同根同源的，因为法国和英国都有被罗马人占领，后又遭日耳曼人入侵的经历，古代日耳曼人在法国建立了法兰西诸王国，在不列颠建立了盎格鲁-撒克逊诸王国，因此这两个国家的法律传统受古代日耳曼人的影响颇深。但在随后的发展中，两国的法律体系却分道扬镳各自走上了不同的发展之路，成为大陆法系和普通法系的缔造国。古代日耳曼人征服法国之后，建立起了法兰西王国，由于罗马人统治这一地区时间久远，罗马的法律和教会法律已在此地扎根，因此在政治、文化、法律方面均处于落后水平的日耳曼人无法用自己的法律取代罗马的法律，只好采取属人法——日耳曼人适应日耳曼法，原居民适应罗马法或教会法，因此中世纪法国的法律是非常不统一的，全国划分南北两大法区，南部为罗马法区或成文法区，北部为习惯法区。从12世纪开始，从意大利开始发端的罗马法复兴运动席卷了欧洲大陆，法国深陷其中并在14世纪成为罗马法复兴运动的中心。法国借助这场声势浩大的法律复古运动开始着手实现法律的统一：罗马法在南部成文法区的影响继续扩大，在北部习惯法区罗马法原则也渗透到王室法院、地方法院的司法判决之中。路易十四时代，凭借强大的王权，在国内实行专制统治，先后制定颁布了《民法》《水利森林法》《刑法》《商法》《海运法》等成文法律，使王室立法成为法国主要的法律渊源。法国大革命成功之后，拿破仑登上帝位，凭借个人至高无上的权威，全面启动民法典的编纂活动，终于在1804年成功颁布《法国民法典》。《法国民法典》全面继承了罗马法传统，接受了《法学阶梯》关于人和物划分的体系，因袭了《民法大全》（又译《查士丁尼法典》）的原则和制度。从结果上看，法国在日耳曼法传统和罗马法传统之间选择了后者。正如塔利尼在编辑《法国民法典》时指出："欧洲的一切民族长期以来一直尝试着去形成他们自己的一套立法；但是最终他们中大部分认识到还是罗马法适合于他们，因而他们吸收了罗马法。尽管每个民族所处的环境和时势不断地变化，使他们不由自主地觉得需要进行某些变革，但是环境和时势的任何变革都不能表明要动摇这些原理。……《民法典》绝大部分内容是与罗马法相一致的，它的那些浅薄的读者可能往往会否认这项事实：在绝大多数时期，质言之，《法典》必须要以罗马法原理的知识作为前提条件，脱离了罗马法，将不能按照它应然的方式去理解民法。"❶法国之所以对罗马法青睐有加，我们认为与以下两个因素有密切关系：一是罗马法的立法观念迎合了法国专制统治的需要。罗马法崇尚法典化，主张在一个权威的指导下，自上而下制定法典，《查士丁尼法典》就是这样制定的。崇尚立法的观念，其本质是崇尚主权的观念，在民主政体建立之前，帝王就是国家主权的代名词，立法体现的必然是帝王的意志，正如路易十四所言："朕即法律。"二是罗马法背后体现的哲学观念符合法国人的思维习惯。罗马人之所以崇尚法典，是因为他们对于建构主义理性的功能深信不疑，认为人可以凭借理性制定出一部完整的法典，囊括一切法律关系。法国人对此持有相同的看法，法国著名的哲学家卢梭、伏尔泰和笛卡尔等人都是建构理性主义论者。通过以上分析，我们发现法国法和"社会的法"存在比较大的差别。一是法国法的传统经历过一次比较大的变革：由以日耳曼法传统为主向以罗马法传统为主转化，自然生成的法律逐渐被有意识的立法所取代。二是立法的形式由不成文法转换为法典法。三是在全部规则构成中，外部规则占据比较大的比例。

英国由于特殊的地理位置，一直与欧洲大陆保持适当的距离，在法律上也是如此，形成了独一无二的普通法传统。在盎格鲁-撒克逊时代晚期，许多王国开始编纂自己的法典，这些法典和其他国家早期的法典在形式上相差不多，都是习惯法的汇编，不是真正意义上的立法活动。而且盎格鲁-撒克逊时代的法典具有其他国家法典所不具有的一种"特殊品质"：法典极少掺杂立法者的个人意志，最大限度上保留了习惯法律的原汁原味，这是因为国王对法律的编纂活动采取了不干预的态度，并公开承诺，不改变古代的法律，也就是说盎格鲁-撒克逊时代的法典编纂活动没有对法律的自发性造成破坏。诺曼征服之后，英国建立起了强

---

❶ 阿伦·沃森.民法法系的演变及形成[M].李静冰,姚新华,译.北京:中国政法大学出版社,1992:169.

大的王权，但是威廉一世出于巩固统治的考虑，并没有废除英国原有的法律，依然准许原居民适应他们自己的法律。在其后的时间内，英国也没有采取创制法典的方式发展法律，法律主要通过王室法院的判决获得统一与发展，并于13世纪在全国范围内形成了统一的普通法体系。

对照"社会的法"的含义和三个主要特征，我们发现普通法完全符合其要求。首先，从法律起源看，普通法的主要来源是英国各地的习惯法，法官的主要工作是对各地的习惯进行研究和分析，从中甄选出最合理的做法，然后推向全国。由此可见，法官并没有改变这些法律，只是对法律进行了加工和整理。当然，普通法也存在一个自我更新和自我发展的过程，但这种更新和发展的过程基本上是通过无数个案的判决逐步完成的，除了法官外，律师和陪审团、法学家等若干社会主体均参与到普通法的更新与发展过程当中。换言之，作为判例法的普通法始终坚持一种面向社会开放的"造法"机制，其立法从未被一个单一的群体所垄断。其次，从法律功能看，普通法起初的目的主要是为解决纠纷。"斯蒂芬乱世"使英国社会秩序陷入混乱当中，人们为争夺土地、财产等利益产生大量纠纷，这些纠纷如不能快速解决无疑将加速社会的动荡。为此，亨利二世登基后立即采取了果断措施进行处置，一是采用司法的方式化解纠纷，亨利二世定期派出王室法官到各地审理案件，最终形成了较为固定的"巡回审判制度"；二是强化司法救济的手段，创建"令状制度"，实践证明"新近强占诉讼令状"等新令状的推出，大大提高了司法效率，起到了快速化解纠纷、稳定社会的作用。最后，从法律本质看，普通法是一种"自发规则"，属于哈耶克所主张的"内部规则"。对此，学者于明在一篇论文中以"新近侵占之诉"为例，考察了早期普通法中司法治理与自发秩序之间的联系，他认为："新近侵占之诉的诞生最初只是斯蒂芬乱世之后恢复'王之和平'的'临时'刑事措施，却在数次成功的尝试后逐渐成长为常规的治理手段并随着当事人主动申诉的增多，逐渐演变成为当事人维护自身权益的'民事'救济。在整个制度的演进中，始终不存在一个总体的目标。相反，王室与土地保有人的各种不同的需求与'意图'以公开或隐蔽的方式参与到制度的构建之中，一次次重新塑造着制度的目标与路径。同时，这一制度最终促使土地诉讼从领主法庭转向王室法庭，也并非统治者的刻意追求，而更多是基于自身优势在制度竞争中的自然胜出，甚至是创制者意料之外的结果。在这个意义上'新近侵占之诉'为代表的普通法司法治理可能最为典型地展现了类似于'自发秩序'的经验主义模式这一治理模式的形成，并非基于任何前在的计划，而来自各种临时措施在反复试错基础上的自然演化。尽管它们同样包含了历史行动者的意图、思想与理性，但最终结果却并不由这些意志所决定，而来自具体语境下的社会需求的自身选择是一种'人之行为而非人之设计的自发秩序'。"❶我们认为这个结论是令人信服的。由此可见，在以上三种法律中，英国的普通法是最符合"社会的法"之总体要求的法律体系。

第三节 "社会的法"对于人权保护的价值

"社会的法"不是主权者的命令，作为一种社会大众创立的法律，能够在最大限度上屏蔽某个个人或某个阶层对法律的干预，防止法律被绑架而成为服务于某一特殊阶层的工具，"社会的法"具有的这种品质对于人权保护来说具有重要意义。

首先，"社会的法""最终发展出系统的人权规则"。"社会的法"产生于国家之前，并在国家产生之后仍保持生命力，它的存在预示着在国家与社会博弈之间，社会获得相当程度的尊重。"社会的法"是社会进行自我管理的工具，其重要功能在个人与国家之间划定一道界限，防止国家越权侵入个人的领地。周永坤认为：社会的法律的基本特征是重人格，而法律上对人格的尊重正是人权的出发点和归宿，社会的法律的一个重要文化成果是最终发展出系统的人权规则。❷若一个国家的法律，只有国家法，没有社会的法律，这通常预示着社会已经被国家所吞噬，因而没有给社会的法律预留生存空间，法律成为国家的工具，个人因无力对抗国家导致其私有领地置于国家法的控制之下，如果此时还没有建立起民主政体的话，人权便会危在旦夕。普通法作为"社会的法"，从来不是主权者立法的产物，而是社会大众意志的体现，它是沿着由习俗到惯例，再由惯例到法律这样一条轨道成长起来的，深深地植根于英吉利民族的历史之中，属于"那些内在地、默默地起作用的力量"的产物，其真正的源泉是人们的普遍信念、习俗和民族的共同意识，正如布莱克斯通所言："我们之所以自由，是因为治理我们的法律是我们自己的……我们的自由不是因为我们拥有它，支配它，有权为我所用，

---

❶ 于明.早期普通法中司法治理与自发秩序——以"新近侵占之诉"为例[J].清华法学,2013(2).

❷ 周永坤.社会的法律与国家的法律——从国家与社会的关系看中西法律的差异[J].法商研究,2003(2).

而是我们感觉完全与之融会在一起，它成为我们内在生活的一部分，我们完全参与了它。"❶无论在古代，还是在议会立法充斥的近现代社会里，普通法一直坚持为个人划定了一个区域，即英国人所称的"古老的自由"，并为捍卫人们的自由和权利与国家主权的代理人——国王或政府进行了不屈不挠的斗争。例如，13世纪法官布拉克顿就在其著作中异常坚定地声称："法律使国王成其为国王，国王在法律之下。"在整个中世纪，普通法法院的法官们虽然口头上仍声称他们是"王座下的雄狮"，但是从未停止过争取司法独立的脚步，法官们一方面利用普通法的程序主义抵抗外来的干预；另一方面在法理上不断完善司法独立的理论。光荣革命之后，英国成为世界上第一个实现司法独立的国家，自此之后，普通法法院的法官们取得了超然独立的地位，无论在处理国家与个人之间，还是公民个人之间的纠纷时，他们总会按照正义的法律而不是别的进行裁判，在公民的自由和国家的强权之间建立了一道牢固的屏障，使英国人的权利和自由始终处于比较稳定的状态。

其次，"社会的法"其外在形式上以不成文法的判例法为主。判例法是法官的法，法典法是立法者的法。在民主社会建立之前，控制国家最有效率的手段是把统治者的个人意志上升为法律，然后建立一套执行法律的机构将那些不服从统治的人定罪量刑、送往刑场或者投入监狱。古往今来，专制政权治理国家莫不如此，因此法律的制定对于人权的保护是至关重要的事情。从立法的可控性上论，法典法比判例法具有更高的可控性，当统治阶层掌握了基本书写与阅读能力之后，立法其实就是一种文字游戏，专制的国王完全可以自己制定法律。据说中国古代有为的皇帝都亲自参与法律的制定，如秦始皇"昼理狱、夜理书"，经常参加法律制定活动；明朝朱元璋皇帝，不但亲自参与《大明律》的起草工作，而且经常命人把法律条文挂在卧室，在睡觉之前还要揣摩再三。《大明律》是朱元璋"劳心焦思，虑患防微近二十载"的经验总结，是他经过反复修改，"凡七誊稿"，字斟句酌的"不刊之典"，因此他本人对《大明律》非常重视，要求"子孙守之，群臣有稍议更改，即坐以变乱祖制之罪"。由此可见，成文法从技术上很容易被专制者利用，成为维护其统治的工具。而判例法的可控性比法典法要弱很多，因为判例法是由数目庞大的判例组成的，构建这样一个法律体系需要很长的时间，这一点显然不符合专制政权要求，一方面专制者不可能顾及每一个案件的审判；

---

❶ 萧然. 法律下的自由何以可能[EB/OL].[2018-10-06].http://www.cssm.org.cn/view.php?id=8968.

另一方面在个案中也难以全面植入自己的意志。因此，当一个国家选择了判例法，我们可以从这一事实当中揣摩出许多东西来：要么可能是统治者主动放弃了对立法的控制，要么就是统治者没有能力制定出一部完备的法律来，或者两者兼而有之。我们认为英国属于两者兼而有之的情况，诺曼征服之后，威廉一世承认原有的英国继续有效，等于放弃全面立法的愿望，当然他也制定了一些成文法律，但是数量有限，不足以构成一个完整的法律体系。对于正在缓慢发展的普通法，威廉一世及其以后的国王都采取了支持的态度，特别是亨利二世统治期间，他通过一系列司法改革，为普通法发展荡平了道路。被誉为"英国的查士丁尼"的爱德华一世在位期间制定了一些法律，但在总体上是为普通法服务而不是替代普通法。因此，英国的普通法是在法官手中成长起来的一套判例法体系，是无数法官心血和智慧的结晶。总之，在普通法成长之路上，王权虽曾起到关键作用，但是并没有深入法律的内核，因此普通法是在王权之外发展起来的，对于王权而言普通法是不可控的，普通法甚至反过来对王权加以适当的约束，这在其他国家更是未曾见过的。所以，从法律的可控性上讲，判例法更独立，更有利于维护人权。从司法体制上论，在法典法传统下法官的可控性较强，在判例法传统下法官的可控性较弱。在法典法传统下，法官的自由裁量权受到严格的限制，他们必须严格按照法律的原义进行裁判，有人将这种裁判模式比喻为法律的提货机：从上面输入法律，在下面取出判决。这种裁判模式对法官的要求不高，法官的可替代性强，因此法官职位的稳定性存在较大的隐患，很容易遭到解职。这种情况下，法官为保住职位往往会对外来的干预妥协，从而丧失独立性，难以在案件审判过程中坚守正义，难以在社会上树立起崇高的地位和威信。在判例法传统下，法官是法律的缔造者，他们和法律的命运相互绞合在一起，法律的地位越崇高，法官的社会威信就越高、地位就越稳固。因此，法官们把维护法律的尊严当作分内之事，甚至为了维护法律尊严，不惜与强权进行不屈不挠的斗争。另外，法律是在法官手中发展起来的，他们在法律发展中形成了一套特殊的知识系统，外人是很难掌握的，他们据此构建起一道坚实的壁垒用于排斥外来的干预。例如，在普通法系，成为一名法律职业者是非常不容易的，一般要花费7年左右的时间在律师会馆学习法律，毕业后进入律师行业从事法律实践活动，只有优秀的律师才有机会被推选任命为法官。英国的法律职业群体是一个相对封闭的群体，他们在一定程度上对普通法法律教育实行了垄断，外行是不可能进入法官队伍的，这使得普通法法官具有了一定的不可替代性，从而成就了其独立性，所以普通法系的法官们比其他国家的法官更敢于对抗强权和不公正，具有更高的社会威望和地位，对人们的权利和自由则不遗余力地加以维护。

最后，"社会的法"是在自生自发的社会秩序中产生的"正当行为规则"。哈耶克将世界的秩序划分为三种类型，即"自然的秩序""人为的秩序"和"自生自发的秩序"。"自然的秩序"在哲学上一般解释为一种客观规律，这种客观规律既支配自然界，又支配人类社会，在国家诞生之前，人类主要处于自然秩序的支配之下。"人为的秩序"是在对自然秩序的破坏中建立起来的一种社会秩序，它是一种源于外部的安排和设计，是根据人类的意志建构起来的社会秩序。"自然的秩序"和"人为的秩序"的概念，早在古希腊时期就产生了，人们据此形成了二元秩序的观念。哈耶克认为这种二元秩序的观念对于保障人们的自由是非常不利的，因为在现实社会中已经难觅"自然的秩序"的影子，从而使"人为的秩序"成为人类社会唯一的选择，这必然导致人们对国家法的依赖与推崇，而国家法对个人的自由始终存在着潜在的威胁，尤其是当国家滑入极权主义的时候，人们的自由可能遭到灭顶之灾，第二次世界大战时期希特勒统治下的德国即如此。因此哈耶克提出，在人类世界中除了上述两种秩序外，还存在另外一种社会秩序，即自生自发的社会秩序。自生自发的社会秩序是在社会内部自发产生的，通过人们的行动创造的。哈耶克在1973年出版的《法律、立法与自由》和《自由秩序原理》两本书中，对自生自发秩序的基本含义进行了规定和界说：①自生自发秩序形成和维护的核心是个人，个人是一切价值的最终标准。②个人主观能动性的发挥和对个人利益的追求，确实会造成不协调的非秩序状态，这种情况下，出路不是政府权力的强行干预，而是通过个人之间的不断努力加以协调。③自发性协调的存在理由是这种协调对社会具有公益性。④个人行动的动力既非出自上帝之手，也非政治权力的强迫，而是出自个人（包括家人和朋友）的自爱。⑤各个个人在特定情势下的自我调适，将会导致整体性秩序。⑥真正的自由主义秩序，是个人适应性进化的结果，但不是任何人强迫他人或被他人强迫的结果。❶在澄清自生自发的社会秩序概念之后，哈耶克继续向深处挖掘，进一步提出了"内部规则"的理论，他认为社会秩序的类型只是一种表面现象，对社会秩序型

---

❶宫敬才.哈耶克的"自生自发秩序"概念[J].河北大学学报(哲学社会科学版),1999(2).

构起决定作用的是隐藏在秩序之下的"规则",他认为"何种行为规则会产生一种秩序,而特定的规则又会产生何种秩序"❶,并据此提出了"二元规则理论"。在哈耶克看来,人类世界存在两种规则,一种是外部规则;另一种是内部规则。外部规则是指人类有意识设计和安排的,并强加给人们接受一套规则体系,我们通常所说的国家立法大多数属于这种情况,由于外部规则是特定的命令,是维系外部秩序的工具,必然会对个人确获保障的私域的范围造成侵蚀,因此外部规则与个人自由之间存在着紧张关系。内部规则是人们在社会交往过程中自发形成的,并且没有特定目标的一套行为规则,哈耶克把它们称为正当的行为规则。在外部规则的主导下形成的是人为的社会秩序,在内部规则的主导下形成的是自生自发的社会秩序。

哈耶克认为,为了自由,我们需要的只能是内部规则下的法律,或者说以内部规则为基础的法律。①内部规则具有独立性。从内部规则的生成看,它是人们在社会交往中自发形成的,是经由个人预期能够立基于其上的那些习俗的发展的结果,是在个人生活于其间的社会经由一种选择过程而演化出来的,从而也是世世代代经验的产物。内部规则主要不是一个推理的过程,而是一个遵循、传递和发展那些因成功而胜出并盛行的惯例的过程,这些惯例之所以获得成功,往往不是因为它们给予了该行动者个人以任何可识别的益处,而是因为它们增加了该行动者所属的那个群体的生存机会。❷人们之所以认可这些规则,是因为它对人们有益,人们通过遵守这些规则可以获得稳定的社会生活秩序,可以最大限度地节约交往成本,可以最大限度地获得自由。因此,内部规则是某种制度和惯例经由个人以及个人所属的群体自由选择的产物。换言之,这些规则并没有特别指向任何一个人,它不以某个人的意志为转移,相对外部规则来说,它具有更强的可预期性,所以能更好地保护人的自由。就普通法而论,它的源头是英国人的风俗与习惯,是英国人在历史进化中潜移默化形成的一些独特的传统风尚、礼节、习性,是历代英国人共同遵守的行为模式或规范。普通法虽然有明确的立法者——法官,但是熟悉普通法的人都知道,法官只不过是一种媒介,主要承担对风俗习惯进行加工与整理的任务,他们本身并没有创制法律。由此可见,普通法的真正创造者应该是社会大众。作为社会大众集体参与创制的一套法律体系,

---

❶ 哈耶克.法律、立法与自由:第一卷[M].邓正来,等译.北京:中国大百科全书出版社,2000:64.

❷ 萧然.法律下的自由何以可能[EB/OL].[2018-10-06].http://www.cssm.org.cn/view.php?id=8968.

普通法不代表任何个人的意志和立场，因此天然具有独立的品格，当个人自由处于危险的境地——特别是在国家和个人之间发生严重冲突时，普通法通常会选择站在个人这边与政府抗衡，在英国历史上有大量的案例可以证明。②内部规则具有否定性。内部规则是社会大众在无意识中缔造的，显然没有明确的目的性，因此不可能对任何人构成强制，内部规则一般是对不正当行为的禁令，是从否定性的角度给予人们自由。正如哈耶克所言："实际上，所有正当行为规则都是否定性的，当然这是在它们通常不向任何人施加肯定性的义务的意义上所言的……无论如何，从当前的情势来看，要求采取肯定性行动的正当行为规则仍属罕见的例外情形，它们仅适用于这样一些场合，其间，一些偶然的因素会暂时的使人们与某些其他人发生紧密的关系，就本身讨论的宗旨而言，我们把所有的正当行为规则都视做否定性的规则那也不会大错。"❶只有那些为追求特定目的而制定的外部规则，为实现立法者的欲求，往往会给人们设定肯定性的义务，从而可能构成对人们的强制。普通法下的自由，具有否定性的特征，一方面，普通法没有采取通过成文法律规定的方式列举人们享有的权利和自由，因而便没有对自由设定固定的边界，一直秉承的是"法无禁止即自由"的理念，最大限度地保障和维护自由。另一方面，当人们在生活中感觉自由受到侵犯诉诸普通法时，普通法院在审判过程中一般不会过多关注诸如自由的含义是什么这样的题目，法官关注的焦点是此种行为是否对自由构成侵害，如果法院认为行为构成对自由的侵害，便会对这种不正当的行为发布禁令，这就是普通法维护自由的逻辑和方式。国家法下的自由，一般是一种有限的自由，因为不但自由的内涵和种类由成文法律进行确定（意即法律之外的自由是不存在或者是非常模糊的），而且当人们感觉自由受到侵害的时候，法院关注的焦点是当事人所称的自由是否在法律规定的范围内，如法律未作明确规定，法院通常不会给予救济，因为法院信奉的原理是：法律无明文规定即无自由。

---

❶哈耶克.法律、立法与自由:第一卷[M].邓正来,等译.北京:中国大百科全书出版社,2000:56-57.

第五章　普通法是崇尚"实践理性"的法

第一节　法律与理性

一、理性的含义

我国《辞海》对理性的解释："理性"一般指概念判断、推理等思维活动或能力；理性还是划分认识能力或认识能力发展阶段的用语❶。《辞海》的解释用语中"一般指"这几个字表明：给理性一个确切的定义是一件近乎不可能的事情，因此只能从最普通意义上加以说明。的确，理性这个概念最早由古希腊的哲学家提出，至今已有几千年的历史，期间不计其数的哲学家、思想家曾给这个词汇下过各种各样的定义，直到今天人们在对理性的解释上仍存在很大的分歧。在古希腊的哲学观念中，理性在本质上属于宇宙理性，即理性主宰万物。古希腊有两个词与理性对应，一个是赫拉克利特提出的"逻各斯"（logos），"逻各斯"作为理性的最初表达是指存在关系的规则性，以及对关系总体与关系因子的关系体现与领悟。另一个是阿那克萨哥拉提出的"努斯"（nous），他认为"努斯"决定所有东西，既控制万物的运动，也使万物井然有序；它是一种理智，它的认知和判断就像它的力量一样是无限的。❷在中世纪，理性被神学家披上了宗教的外衣，宇宙理性被信仰上帝的宗教理性所取代。近代社会，伴随着科技的进步，宗教的影响迅速衰退，启蒙理性在与宗教理性的思想交锋中迅速崛起，它把理性从神话中解放出来，用人的理性取代了神的理性。在现代社会，理性被不同流派的哲学家作了更为深入细致的阐述，出现了诸如理论理性、实践理性、价值理性、工具理性等不同观念和主张。以上我们非常简要地描述了人类社会对理性这个概念认识的变迁过程，尽管人类对于理性的认识日渐多样化，但对理性基本含义的认识是一致的，即理性意味着主体具有揭示和把握认识对象的能力，既表明主体所具有的认识能力（主体的理性能力），又表明认识对象所具有的可认识的结构（对象的理性结构）。英国社会学家里克曼曾经指出，理性哲学的基本观念是由四个原

---

❶ 辞海[M].上海：上海辞书出版社,2000:1467.

❷ 张汝伦.历史与实践[M].上海：上海人民出版社,1995:270-273.

则构成的：第一，人们只应当接受建立在经过彻底地、批判地考察证据和正当的推理之上的真理；第二，现实是可知的，因为它具有一种理性的因而从理智上可以理解的结构；第三，强调自我认识的重要性，即批判性地研究思维的认识能力；第四，人类在选择手段和目的方面合理地指导自身行为的能力。●因此，站在理性的立场上，对于人类而言，其外部世界不但是客观的，而且是可知的，人类具有发现外部客观世界运行规律的能力，并且在此规律的指导下，调整规范自身行为，使自身行为更具合理性。

二、理性对人权保护的价值

千百年来的历史演进证明，人类必须依靠理性生活，否则难以继续，人类历史上发生的数次大灾难都与非理性有很大的关系，可以说离开了理性的指引，人类社会生活秩序将会荡然无存，人们的生命与安全等权利将会沦为非理性的牺牲品。理性何以能在人类生活中扮演如此重要的角色？

首先，理性是人类认识外部世界客观规律的桥梁和认识自我的工具。世界万物虽然错综复杂，但皆有其运行规律，人类如果能认识并尊重这些规律，那么便能够和自然和谐相处，否则便可能会招致地震、海啸、干旱等自然灾难。同理，人类社会自身的运行也遵循一定的规律，而且这些规律是客观存在的，不以任何人的个人意志为转移，人类只能发现和认识这些规律，不能有意识地去创造这些规律。对这些规律发现越早、认识越深刻，并根据这些规律及时制定出调整人类行为模式的规范，人类社会的运转就会更顺畅、更高效，更利于人们实现自己的权利。但是，凡是那些称得上规律的东西一般不可能自动出现在我们面前，它们绝大多数深深地隐藏在事物表象的下面，而且这些表象具有相当的复杂性和迷惑性，如果没有经过长期深入观察、思考和反复辩证，一般难识规律的真面目。人类这种观察、思考与辩证活动便是理性的体现，因此只有凭借理性，人类才有可能发现和认识我们人类社会的运行规律，才有可能在规律的指导下制定出科学合理的行为规范，没有理性的指引，我们将会被社会的表象迷惑，或将误入歧途。

其次，理性是帮助人类驱魔、除魅、克服人性弱点的工具。早期人类由于处于进化的初级阶段，受自身条件等制约，无论对外部世界和自身社会都不可能有非常清晰的认识，因此对很多无法解释的自然现象和社会现象产生了恐惧和敬畏

● 葛洪义.法与实践理性[M].北京:中国政法大学出版社,2002:19.

的心理，并在此基础上进一步滋生了带有浓厚神秘主义色彩的原始宗教，他们普遍相信在人类社会之外还存在一个主宰万物的神灵，这个神灵威力巨大、不可冒犯。早期人类遇到难以处理的事情时，往往会求助于神灵，在部落里一般由巫师负责与神灵进行沟通，所以在早期社会经常发生用活人殉葬或祭神的悲剧，人的生命等权利遭受无情践踏。这种借助神灵指导人类行为的做法，在今天看来无疑是非理性的、荒谬的，但在理性不发达的早期社会却大行其道。在西方中世纪社会，随着社会文明程度的提高，人类的理性有了一定的发展，但是由于宗教的势力过于强大，人类的理性思考能力并没有受到重视，甚至遭到压制，像哥白尼、布鲁诺、伽利略这样坚持理性观察世界的科学家几乎无一幸免遭到宗教组织的迫害，很多人被宗教法庭以异端之罪送上火刑架。直到文艺复兴时期，人的理性才开始获得解放，人类开始站在理性立场上对社会进行重新思考，对宗教、巫术等非理性现象进行了猛烈批判。自此之后带有神秘主义色彩的宗教、巫术等逐渐失去了思想统治职位，理性开始扮演主导人类社会思想的角色，人类社会随后形成一些具有重要影响的思想流派都是建立在理性基础之上的，所以理性是人类不断解放思想、摆脱蒙昧与落后的重要工具。除此之外，理性还是克服人性弱点的重要手段。人性有许多弱点，有的弱点对社会并无大碍，但有的弱点对社会存在巨大威胁，如喜欢"滥用权力"便是人性的弱点之一，孟德斯鸠说过："一切有权力的人都容易滥用权力，这是万古不易的经验。"统治者滥用权力，对国家进行"恣意"统治，对全体人民来说不啻为一次权利的灾难，这样的例子在中外历史上比比皆是，如中国古代隋炀帝杨广、法国国王路易十四、德国总统希特勒都可划为此类。国家的统治者滥用权力危害的是一国一邦的公民，一个具体的政府部门的公职人员滥用权力则会侵害特定人群的权益，一个微小单位的领导滥用权力则会侵害本单位成员的权利。因此，人类为避免权力滥用给社会造成危害，必须用理性的制度加以约束。例如，英国人民始终坚持用"王在法下"的政治法律原则来约束王权；洛克通过提出"有限政府"理论对权力约束进行了系统论证；孟德斯鸠则提出了"三权分立"学说，主张通过权力的分立与制衡防止权力的滥用。可见，人性的弱点、人类社会的弱点只有付诸理性才可能获得解决，那些非理性的解决方法非但不能解决问题，反而可能对人类社会秩序造成灾难性的冲击。

最后，理性是人们制定科学合理行为规则的重要依据。从古至今，人类无不生活在规则的统治之下。原始社会也有规则，大到部落首领的推举，部落大会的召开，小到狩猎的分工安排和猎物的分配，都有一定的规则，这些规则虽然产生于蛮荒的时代，但也体现了原始人的理性。从中世纪开始，人类进入了文明社会，为治理国家统治阶级制定了大量行为规则，从性质上论这些规则绝大多数属于命令性规则或禁止性规则，要求人们必须做什么或者不能做什么。但中世纪法律大多贯彻的是统治阶级的个人意志，他们对理性或者忽视或者有意排斥，从而大大降低了规则的科学性和合理性。缺乏科学性和合理性的规则，对大多数社会成员来说是非常不利的，他们的人身权、财产权和行动自由权，甚至思想自由权都受到极大限制，很多人因为触犯这些规则遭到惩罚，甚至被剥夺了生命。由此可见，抛弃或不遵从理性的指导，人类社会的各种规则不可能完全实现科学性和合理性。道理很简单，没有理性作为媒介，人类便不可能认识社会规律，没有理性施加约束，掌权者便会倾向于用自己的意志替代客观的规律。

三、理性和法律之间的应然关系

首先，法律是理性的产物。根据理性的一般含义，我们认为：法律不外乎是理性的产物。人类社会最早的法律出现在原始社会，但是一提到原始社会的法律，很多人便会将之与图腾、巫术等符号联系在一起，据此认为原始社会的法律不具有理性。我们认为，原始社会的法律虽然不能称得上是"理性的法律"，但是并非完全没有理性。著名的人类学家马林诺夫斯基认为：原始人既不是极端的集体主义者，也不是毫不妥协的个人主义者——像普通人一样，他是两者的混合体。原始人对规则和法律的态度也不是离奇的，他们遵循那时的法律和我们对我们所处的法律的遵守的理由是基本一样的，都是基于理性的选择。促使原始人遵守规则的主要动力是互惠，这和如今的制度经济学对理性人的假定和分析暗合。但这不是说原始社会的所有规则和我们现在的基本相同，规则是随着社会的变化而变化的。原始社会一些在我们今天看来有些荒唐的禁忌和规则，但他们泰然接受，不是由于他们愿意压抑自己，也不能简单把它们看作非理性的证明，问题其实在于认识水平的局限而产生的对事物因果关系把握的不完全。❶大约在原始社会末期，以禁忌、巫术为代表符号的原始法律逐渐向习惯法过渡。习惯法是在人类社会生活习俗的基础上经过某种淘汰与择优机制过滤后产生的一套被社会广泛

❶ 张芝梅.原始社会规则和法律的形成和遵守——关于《原始社会的犯罪与习俗》[M]//法律书评:第1辑.北京:法律出版社,2003.

认可和接受的规则体系，因其对人的行为具有一定的约束力，从而具有法律的属性。古罗马著名法学家乌尔比安认为：在无成文法可循的情况下，那些长久的习惯常常被当作法和法律来遵守；尤里安也认为：没有理由不把根深蒂固的习惯作为法律来遵守（人们称它是由习俗形成的法）。人类早期文明社会的法律几乎都是习惯法，即使稍后出现的成文法也大多是习惯法的汇编，如罗马的《十二铜表法》、两河流域的《汉谟拉比法典》、中国夏朝的《禹刑》、西欧诸王国编纂的"蛮族法典"皆属于此。总而言之，从法律的起源与发展看，人的理性是法律的源头活水，理性孕育了法律，法律是理性的体现。霍布斯在谈到理性与法律的关系时，曾说过这样的话："……由于人的利己天性（如竞争性、安全感、名誉感三种因素），人类在理性的帮助下，使人订立契约倾向于和平。理性认识了自然法，使人类社会从战争状态进入和平状态。"孟德斯鸠也认为："自然法根植于人的生命本质，根植于理性。法的精神就是普遍理性的体现。"

其次，理性能帮助法律实现"真、善、美"。从应然的角度讲，法应该唯真、向善、求美，是真、善、美的统一。因此，很多哲学家把"真、善、美"作为检视和评价法律的重要标准。例如，中国古代的庄子主张"法天贵真"；西欧神学思想家阿奎那也认为："法律的真正目的是诱导那些受法律支配的人求得他们自己的德行"❶。法律之真，是指法律应当真实地反映人类社会运行的客观规律。人类制定法律的目的之一是建立和平稳定的社会秩序，将人类从相互为敌、相互杀戮的"自然状态"拯救出来，使人们能够保全生命和财产，过上正常的生活，正如霍拉斯所言："法律的制定是慑于错误。"❷但从法律演进的历史进程看，并非所有的法律都是建立在"慑于错误"的基础上，有许多法律本身就是错误的、荒谬的，如在印度尼西亚曾有过"手淫者斩首"的法律规定；在英国有过"在议会大厦内死亡违法"的规定；在中国秦朝有过"刑弃灰于道"的法律规定。这些法律规定之所以被后人冠以"荒谬不经"或"不可理喻"的评价，从根源上论主要在于它们违背客观事实，歪曲客观规律，产生不良社会后果。因此，法律之真，必须依靠理性的引导才能实现，立法者只有通过理性的观察和思考才能发现和认识客观规律，才能制定出正确反映客观规律的法。就像马克思所说的那样："立法者应该把自己看作一个自然科学家，他不是在制造法律，不是在发明法律，

---

❶ 西方法律思想史资料选编[M].北京:北京大学出版社,1983:104.

❷ 西方法律思想史资料选编[M].北京:北京大学出版社,1983:140.

而仅仅是在表达法律。"❶法律之善，是指法对正义、良知、人权等方面的维护。古罗马法学家乌尔比安等人就把法定义为"善良公平之术"，罗马法确定的"诚实生活、不害他人、各得其所"的准则即法律之善的体现。中国古代著名思想家孔子提出的"己所不欲，勿施于人"的主张同样体现了法律对善的追求。善，是在真的基础之上对法律提出的高层次要求。因为社会科学规律虽然是客观的，但并不总是对人类有益，有时完全按照客观规律制定法律也会产生不好的后果，此时就需要人类利用理性加以干预或修正，尽可能避免客观规律运行对人类社会产生的负面作用。例如，在社会财富的分配上，如果法律不加以干预，社会财富将遵循客观规律完全按照人的能力、贡献等因素进行分配，这势必造成社会贫富两极分化日趋严重，最终可能导致社会大乱。这种情况下就需要我们进行干预与调节，及时出台法律或政策合理地对财富进行二次分配，使穷有所养，老有所终，确保社会稳定运行。调节财富在社会上合理地分配的法律典型地体现了法律之善，因为它在尊重客观规律的基础上，将人类的一些理性思考渗入其中，适当加以修正，从而使法律更好地承担起维护正义和人权责任。所以，奥古斯丁说："如果法律是非正义的，它就不能存在"❷；阿奎那也说过："法律是否有效取决于它的正义"❸。法律之美，是指法律在意境上应当高大远深、在逻辑上应当严密统一、在结构上应当整齐匀称、在语言上应当简明扼要。一言以蔽之，法律之美要求法律像艺术品一样精美，给人带来审美的享受。人类的立法理性在早期法律就得到体现，譬如《汉谟拉比法典》，其结构被有意设计分为序言、正文和结语三个组成部分，正文部分又进一步划分为刑事、民事、贸易、婚姻、继承、审判等不同的法律领域。进入近现代社会之后，随着人类认识水平的不断提高，法律越来越理性化，法律外在表现形式越来越精细完美，现代法典在结构安排上匀称、整齐，在内部逻辑上首尾呼应、环环相扣，在语言表达上清晰、明确，充分展现了现代社会的法律理性之美。以1804年《法国民法典》为例，这部法典被誉为19世纪人类社会最杰出的立法作品之一，在结构上《法国民法典》采取总则加分则的结构，置于全篇之首的是总则，分则部分共由三编组成，第一编是人法，第二编是物法，第三编是取得所有权的各种方法。这种总则加分则的结构是

❶ 中共中央马克思恩格斯列宁斯大林著作编译局.马克思恩格斯全集:第1卷[M].北京:人民出版社,1995:183.

❷ 西方法律思想史资料选编[M].北京:北京大学出版社,1983:105.

❸ 西方法律思想史资料选编[M].北京:北京大学出版社,1983:333.

《法国民法典》的一大创举，使民法典形成一个具有严密逻辑结构的整体，彻底摆脱了过去法典编纂混乱松散的格局。总则对于法典的体系化和逻辑化具有重要意义，它不仅包括了关于法典的一般性规定，也包括了关于各分则的共同性规定，体现了总则相对于分则在逻辑上和价值上的优位。分则的结构主要继承了罗马法中《法学阶梯》的精神遗产，基本保持了罗马法人法、物权法、继承法与债权法的三篇结构模式，但也有一些调整和创新，譬如将诉讼法从民法典中分离出来，使其成为独立的法律部门，从而实现了程序法与实体法的分离。《法国民法典》在语言上也是非常讲究的，有些人甚至将《法国民法典》称为"法国最伟大的文学著作"。一是法典的语言简洁明了，如费舍尔所说："（《法国民法典》）传播了法律知识，使普通的法国人比较容易地明了指导本国法律的主要原则。而且法典简单精美的格式使它便于在国外传播；也许正是这些优点，而不是法典本身固有的价值，保证了《拿破仑法典》在法国的国境以外得到广泛的采纳。"❶二是法典语言通俗易懂，据说法国 19 世纪著名作家司汤达特别喜欢《法国民法典》，认为它语言优美、用词简洁，他撰写《巴马修道院》时为改进文风，竟每天坚持阅读法典条文数条❷。

最后，理性的法律有助于保障人权。一是理性的法律会普遍保障社会成员的权利，而非理性的法律一般不会考虑弱者的合法权利。理性的法律在创制时一般是向全社会公开的，人们可以通过直接或间接的方式参与到立法中来，表达自己的意愿，特别重大的法律还要经过全民公决才能生效，因此理性的法律，不会成为社会上某一个集团意志的产物，它在立法博弈中吸收并体现了社会各界的意愿。特别值得一提的是，理性的法律虽然体现社会多数成员的意志，但并不会对少数人意见进行压制或者完全无视他们的存在，如果多数派将自己的意志强加给少数派或者直接剥夺他们的权利，这样的法律仍属于非理性的法律。从历史上看，非理性的法律一般没有对社会全体成员的权利施行普遍平等的保护。例如，在中国春秋战国时期，许多当权者反对法律的成文化，顽固坚持"法不可知，则威不可测"的传统，强调"临事制刑，不予设法"，因为他们担心法律一旦公开，老百姓知道了法律是怎么回事，就会不再惧怕法律，这样会危害他们的统治，而保持法律的神秘性，遇事临时制定法律，则能最大限度地维护他们随心所欲运用

---

❶ 外国民法资料选编[M].北京:法律出版社,1983:24.

❷ 何勤华.法国法律发达史[M].北京:法律出版社,2001:230.

权力镇压反抗的统治模式。在这种模式下，统治阶级的权力是不受任何限制的，而与此相对应的是，人民的权利和自由则处于随时可能被剥夺的状态。即使后来法律的成文化获得实现也不意味着人民的权利获得有效保护，因为立法权掌握在少数人手里，立法也不公开征求意见，绝大多数人的意愿被排除在法律之外。二是理性的法律能给当事人一个公正的审判，还当事人以公道，而非理性的法律难以对权利被害人进行救济。人类社会早期的法律虽然也具有一定理性成分，但距离理性的法律还很遥远，尤其在司法领域常常借助于非理性的方式进行审判案件。例如，中国古代曾有利用"神羊"进行审判的记载：相传大禹的法官皋陶"治狱不能决者，使神羊触之，有罪即触，无罪即不触"。还有一些非洲国家利用鳄鱼进行审判：命令当事人从鳄鱼池中游过，如安然无恙通过则表明其是清白无辜的，如被鳄鱼吃了则表明其是有罪之人。这些方法实际上属于巫术的范畴，霍贝尔认为，巫术在本质上与法律是对立的，他说："巫术是坏魔法的使用。它有多种形式，但全都是在没有正当理由时选一个受骗者杀死或使之生病。"[1]中世纪早期西方许多国家盛行过用"神判法"断案，主要有决斗法、热铁法、吞食法、冷水法和摸尸法等多种形式，以摸尸法为例，英国通常是由被告来到死尸躺的棺材上面，在验尸官及见证人的目击下，用手去摸一下死者的伤口，如果他有罪，尸体的血将会重新流出来。莎士比亚在《理查德三世》中对这一神判法有很好的记载："啊先生们看，看！死者亨利的伤口凝合的地方又开口流血了。"[2]神判法从表面上看，比原始社会的巫术好像更理性一些，其实本质上没有太大的区别，只不过是用统一的更具权威性的上帝取代了原始部落五花八门的图腾信仰而已，难以获得事实的真相并作出准确的判决。只有在人的理性上升为主导地位的时候，司法审判的科学性、合理性才是可欲的。例如，在近现代司法审判中，迷信或蒙昧的东西基本被去除掉了，判断是非或定罪量刑主要依靠证据说话，在没有证据或者证据不充分的情况下，法官是不会轻易下结论的，更何况现代审判中普遍确立了"禁止刑讯逼供""无罪推定""沉默权"等保障人权的原则或制度。

[1] 霍贝尔.原始人的法律[M].严存生,等译.贵阳:贵州人民出版社,1992:240.
[2] 李培锋.英国法制史上的神判法[J].读书,2002(1).

第二节　普通法与实践理性

鉴于理性与法律之间的紧密关系，我们可以通过逻辑逆推得出这样的结论：凡是对人权保护比较有利的法律一般应是理性的法律。但理性的法律是一个比较大的概念，因为理性本身可以根据不同的标准进行再次切分，如可以进一步将理性划分为理论理性和实践理性❶。与之相应，理性的法律自然也可以进一步分为崇尚理论理性的法和崇尚实践理性的法。从历史实践看，崇尚理论理性的法和崇尚实践理性的法都对人权有保护作用。就英国普通法而论，普通法是否具有理性？具有何种理性？对这个问题，历史上曾产生过多次激烈的思想交锋，其中最为人们所熟知的两次思想交锋，一次是柯克和詹姆斯一世之间的直面论辩；另一次则是韦伯和哈耶克之间隔空对话。通过这两次著名的论辩，普通法的理性问题得到深入细致的剖析与辩证，为我们理解普通法的理性提供了重要契机，我们认为普通法不但是理性的法，而且是一种崇尚实践理性的法，柯克称为"技艺理性"，哈耶克称为"进化理性"，事实证明崇尚实践理性的普通法在人权保护方面交出了一份成绩优异的答卷。

一、自然理性与技艺理性：詹姆斯一世与柯克之争

（一）背景

詹姆斯一世是英国斯图亚特王朝的首任国王，1603年英国女王伊丽莎白一世驾崩，由于女王终生未婚没有后嗣，临终之前指定其外甥苏格兰国王詹姆斯继承大统，史称詹姆斯一世。在登上英国王位之前，詹姆斯一世一直在实行罗马法的苏格兰生活，从小受到君主专制主义理论的熏陶，形成了一套具有个性化的政治哲学。他本人信仰的是带有浓厚中世纪色彩的"君权神授"思想，他在1598年写过一本名为《自由君主制的真正法律》的著作，认为国王是由上帝直接任命的。在1603年，他还写过一本叫作《神权》的书，宣扬"国王是法律的创造者，而非法律创造国王……假如人民认为国王滥用权力，他们只能选择祈求上帝开导国王，把他们引导到正确的道路上去……正像争论上帝能做什么是无神论和渎神

---

❶ 理论理性是人类洞察事物本质和逻辑推理的能力。实践理性是一种根植于实践的经验和智慧，主要适用于行为选择领域。

一样，作为一个臣民去争论国王能做什么，或者国王不能做这做那，也是僭越和高度耻辱……"❶ 在 1610 年对英国上议院和下议院发表的演讲中，詹姆斯一世重述了《自由君主制的真正法律》的观点，断言"君主制国家是人间的最高事物：因为国王不但是上帝在人间的代表，坐在上帝的王位上，甚至上帝本身也称他们为上帝"❷。詹姆斯一世的这套政治哲学与英国的政制传统是格格不入的，英国的政制传统是：国王在政治上拥有至高无上的权威，但是其统治必须受法律和议会的约束。由于詹姆斯一世对此几乎一无所知，因此当他试图按照他的政治哲学统治英国时，各种冲突与矛盾便不可避免地爆发了。詹姆斯一世除了与议会之间的关系非常紧张外，与普通法院之间的矛盾与摩擦也一直没有间断过。首先在普通法院与衡平法院发生管辖权斗争的时候，詹姆斯一世坚定地站在衡平法院一边，詹姆斯一世在裁决两院之争的判决书中说："现在既然仁慈和正义是我们王座的真正支撑；关心并且规定我们的臣民拥有平等、无差别的正义是归属于我们国王的恰当职责；并且当他们的案件应当在我们的大法官法院的诉讼中根据衡平法予以救济的时候，它们不应当被抛弃并暴露在我们的普通法的严格和极端之下而招致毁灭，我们……赞成、认可并且确实，在首份证书中所表达的大法官法院的实践，就像我们支持在它们后来的证书中所提到的基于制定法的法律那样……我下令，我们的大法官或者掌玺大臣此后将不会中止给予我们的臣民（基于他们现在或者此后所做的数个抱怨）此类衡平上的救济（尽管先前的普通法上的诉讼与他们相反），从而与他们的案件真相以及正义相一致，并且与大法官法院的先前古代的以及持续的实践和优先性相一致。"❸同样是王家法院，为何一方（大法官法院）获胜，另一方（普通法院）却无奈败北呢？答案很简单：决定这场司法管辖权斗争胜负的关键因素不在于谁在主持正义方面更出色一些，而在于谁对王权更忠心。普通法院是在依靠强大王权扶持下发展起来的，法院早期对王权还比较恭敬有加，但是随着普通法的日益复杂化，一个相对封闭的普通法法律职业阶层逐渐形成并对普通法法律事务形成了一种垄断，在这个职业群体的推动下普通法院的独立倾向越来越明显，甚至排斥包括国王在内的外来干预，普

---

❶ 李兴濂.国王在法律之下[EB/OL].[2018-10-06].http://blog.sina.com.cn/s/blog_7fd374c60102w6wv.html.

❷ WILLIAMS E N. A documentary history of England：Vol. 2（1559—1931）[M]. Harmondsworth：Penguin，1965：129.

❸ 冷霞.衡平法的胜利——大法官法院与普通法法院的管辖权冲突[J].南京大学法律评论,2009(2).

通法院与王权的关系越来越疏远和冷淡，有时甚至处于对立状态。大法官法院与普通法院不同，它是王权与普通法院关系疏离之后的产物，是国王剩余司法权的体现。大法官本身是国王的近臣，一向以"国王的良心"自居，他们不像普通法院法官一样否认对国王有干预司法的权力，相反他们拥护"法官是国王的代理人，国王有权按照自己的喜好裁决案件"的说法，所以从政治上看大法官法院显然更符合詹姆斯一世的执政理念，是故普通法院在这场争夺管辖权的斗争中败北。通过上面简短的介绍，我们发现詹姆斯一世不是一个昏聩腐朽、毫无思想的君主，他本人好学博识，而且有一套清晰的政治哲学，当他与柯克相遇时注定要发生激烈的碰撞。

（二）事件

詹姆斯一世与柯克之间的思想交锋发生在1608年11月10日，由于这一天恰逢星期日，所以有人将之称为"星期日会议"，柯克在其《判例报告》中将这次会议称为"禁止国王听审案"会议。❶事情的起因是这样的：坎特伯雷大主教班克罗夫特与普通法法院在司法管辖权方面发生争议后，为了获得王权的支持，他向詹姆斯一世建议：凡涉及宗教法院司法管辖权的问题，或者任何涉及法律上有疑问的问题，都应当由国王本人裁决。为落实这一建议，詹姆斯一世召集所有英格兰法院的法官开会，要求法官们认可大主教的建议。柯克发表了反对意见，他说：由英格兰全体法官、财政大臣见证，并经他们一致同意，国王本人不能裁决任何案件，不管是刑事的，比如叛国罪、重罪等，还是各方当事人之间有关其遗产、动产或货物等的案件；相反，这些应当在某些法院中，根据英格兰的法律和习惯来决定与裁决。柯克援引了一些先例，詹姆斯一世则回答说，他认为，法律是以理性为基础的，而除了法官之外，他也和其他人一样具有理性。国王的意思是说，既然法官也是人，法官能够判案，为什么国王不能呢？对此，柯克回答说："确实，上帝赋予了陛下以卓越的技巧和高超的天赋；但陛下对于英格兰国土上的法律并没有研究，而涉及陛下之臣民的生命或遗产、或货物、或财富的案件，不应当由自然的理性，而应当依据技艺性理性和法律的判断来决定，而法律是一门需要长时间地学习和历练的技艺，只有在此之后，一个人才能对它有所把握：法律就是用于审理臣民的案件的金铸的标杆［量杆］和标准；它保障陛下处

---

❶ SHEPPARD S. The selected writings and speeches of Sir Edward Coke[M]. Indianapolis: Liberty Fund, 2003: 478-481.

于安全与和平之中：正是靠它，国王获得了完善的保护，因此，我要说，陛下应当受制于法律；而认可陛下的要求，则是叛国；对于我所说的话，布拉克顿（英格兰早期的一位普通法学者）曾这样说过：国王应当不受制于任何人，但应受制于上帝和法律。"❶

这次论争是柯克与詹姆斯一世之间的第一次公开论战，这次冲突表明柯克与国王在政治上分道扬镳，不久之后柯克便被詹姆斯一世通过明升暗降的手段免除了其高等民事法院首席法官职务。

（三）评论

1.詹姆斯一世无权听审吗？

对英国法律史上的这一幕，大多数人倾向于站在柯克这一边，并把柯克奉为司法独立的斗士大加赞扬，对詹姆斯一世的观点往往不屑一顾。我们认为这样的观点或许有些过于简单和流于形式，对此应结合当时的历史背景作一些更为细致具体的分析。从两人争论的问题来看："国王是否可以听审案件"？詹姆斯一世认为：国王有权听审案件；柯克则认为：国王本人不能裁决任何案件。从法治的要求看，柯克的观点无疑是正确的，更符合法治的要求，因为司法独立是法治的重要指标之一，而国王听审案件则意味着行政对司法独立的干预。但是这场争论发生在17世纪，英国当时还未实现司法独立，在当时的政治架构下，司法权还不是一种独立的权力，在理论上仍附属于王权，也就是说国王名义上还是全国的最高法官，所以詹姆斯一世要求法官认可国王听审案件的建议并不算过分。那么，为什么这种并不算过分的要求却得到普通法法院法官们的反对呢？我们认为有以下两个方面原因：一是在英国的政治传统中，虽然司法权仍依附于王权，但是自普通法产生后到詹姆斯一世之前的历任国王从未真正行使过这种权力，这种现象被普通法法院的法官解读为国王放弃了亲自行使司法权，司法权由法官代为行使，而詹姆斯一世要求亲自听审案件的做法则打破了这种传统，如不加以阻止，可能使普通法法院法官多年来追求司法独立的努力化为泡影。二是与詹姆斯一世本人有很大关系，因为詹姆斯一世的政治理想是在英国实现像法国一样专制的王权，君临天下，乾纲独断。这与英国的政治法律传统是格格不入的，如果允许詹姆斯一世这样做，普通法法院的地位将会岌岌可危，与普通法法院处于竞争地位

---

❶ 秋风.法官与国王谁大[N].潇湘晨报,2006-11-23.

的特权法院无疑将会逐步强大，甚至可能最终取代它的位置，届时普通法法院法官的饭碗都将成为问题。所以无论于公还是于私，普通法法院的法官们必须站出来阻止詹姆斯一世的企图。因此，单从争论的主题看，詹姆斯一世的要求并没有什么不妥，更没有违背法律，他有权干预司法听审案件。当然柯克表示反对也没有错，因为柯克本身并没有否认詹姆斯一世的司法权，他只是技术性地表示：国王不能裁决任何案件，注意柯克的用词是"不能"，而不是"不应"，"不能"指的是能力问题，"不应"指的是资格问题、合法性问题，柯克显然知道在那个时代司法权最终归谁所有。所以，我们认为在当时的背景下，詹姆斯一世提出听审案件的要求本身并没有错，但是它会打破英国政治传统的平衡，可能引发严重的后果，正式基于此点考虑，我们认为柯克的反对具有正当性。

2.关于法律理性，柯克的观点高明在何处？

为了证明自己的观点，詹姆斯一世和柯克分别阐述了各自的论据。詹姆斯一世认为：法律是以理性为基础的，他拥有理性，所以他可以听审案件。从逻辑上看，詹姆斯一世的推理是很严密的，其大前提"法律是以理性为基础的"的说法本身没有错，柯克也承认这一点，小前提"他拥有理性"的说法也无可置疑，詹姆斯一世本人学识渊博，写过多本著作，其理性程度恐在一般人以上，既然大小前提都正确无误，其结论应当是靠得住的，所以詹姆斯一世认为自己能够理解法律，自然也能听审案件，从一般意义上看，詹姆斯一世的论证是比较充分的。正如我们在前面论述的那样，在西方法律传统中，法律和理性是可以画等号的，如古代哲学家柏拉图、亚里士多德、西塞罗、阿奎那等认可"法律是最高的理性"观点。近现代社会很多哲学思想家如格劳秀斯、斯宾诺莎、洛克、孟德斯鸠、霍布斯等人对法律和理性的关系都持肯定的态度，正如《牛津法律大辞典》所写："由于长期的自然规律思维的延续，理性已经成为法律思想史的重要因素。"从思想史看，这些哲学思想家中大多数人所指的理性和詹姆斯一世的理解是一致的，指的是"自然理性"。对于自然理性，我们可以通俗地把它理解为普通人所具有的理性，农夫、鞋匠和立法者、法官一样都具有这种理性。既然法律是在自然理性的指导下产生的，毫无疑问农夫和鞋匠自然具有理解这种法律的能力，在理论上人人皆可为法官听审断案，实践中只有少数人可以成为法官，并不是其他人不能理解法律，而是因为他们未被国王授权坐堂问案。因此，对国王来说，他一方面具有自然理性；另一方面坐拥司法大权，那么他想充当法官坐堂问案又有何不可呢？英国哲学家霍布斯对此进行理论上的证成，他认为具有自然理性的普通人可以胜任法官的职责，"一位优良的法官所需要的能力，不同于律师所需要之能力，也即，不是研究法律的能力"，"造就一位优良法官或者说优良的法律解释者的东西，首先是他对首要的自然法，即衡平的正确理解，而这并不取决于对他人的著述的研读，而有赖于一个人自己的自然理性之优良和深思"❶。由此霍布斯认为：国王不但有资格担任法官，而且担任的是最高法官，可以直接审理任何案件，其他法官由国王任命，帮助国王行使部分司法权而已，法官的政治地位是从属性的，他们必须向国王负责，即"法官裁决案件，但国王裁决法官的裁决"。我们认为无论詹姆斯一世的简单论述，还是霍布斯的严密论证，在逻辑上是讲得通的，它符合当时世界上大多数国家的实际情况，在这些国家中，国王既是立法者也是法官，只要他不嫌麻烦，随时可以坐堂问案审理任何案件。在中国的唐朝，审理案件是皇帝必须履行的一种职责，按照法律规定，全国所有死刑的案件，最后必须经过皇帝本人亲自审阅勾决才能最终定案。可见，除了英国外，在世界上绝大多数国家，国王审理案件属于政治常态，几乎不可能成为政治争议话题。英国为什么与其他国家不一样？在其他国家看来正常的事情，为什么到了英国就不正常了呢？我们认为这正是英国政治法律个性的体现，就像其他国家推崇法律法典化，英国却固执地坚守判例法传统的道理一样，英国的独特气质决定了它不会随波逐流，不会人云亦云，它总是独辟蹊径，光荣孤立，但是它的前进方向基本是正确的，总是处于领先发展的位置。就像柯克一样，别的国家法官唯恐开罪于国王，但是柯克敢于公开冒犯国王，而且并没有因此下狱至死。就本次冲突事件，詹姆斯一世如果面对的不是柯克，后果可想而知，其他人凭胆识、能力、学识和口才恐难以反驳詹姆斯一世的观点。詹姆斯一世很不幸，他遇到的是柯克；英国人民很幸运，柯克这位普通法历史上重量级的人物临危不惧，用"技艺理性"学说捍卫了普通法的尊严，为英国司法独立筑起了一道坚固的城墙，将各种干预司法独立的企图阻挡在外。柯克在论辩中，采取的是"请君入瓮"的策略，首先，他并不否认詹姆斯一世提出的法律与理性的关系，他提出"因为理性乃是法律的生命，因而，普通法无非就是理性而已"。其次，柯克也没有否认国王具有理性的说法，而且对詹姆斯一世的理性大加赞赏，他说"确实，上帝赋予了陛下以卓越的技巧和高超的天赋"。在肯定了这两点之后，柯克开始反击，他

❶ 霍布斯.哲学家与英格兰法律家的对话[M].姚中秋,译.北京:生活·读书·新知三联书店,2006:167-168.

将反击点确定在"自然理性"这个关键点上，柯克认为普通法虽然也等同于理性，但是理性有许多种类型，普通法的理性是"技艺理性"，不是"自然理性"。如果柯克能够证成这一观点，意味着反驳是有效的。从我们今天的立场看，证成这个问题并不困难，因为法官在今天是一个专业化程度很高的职业，已经形成一套相对独立的知识系统和思维模式，没有受过专门教育的普通人，即使文化程度再高也很难适应法官职位的要求，因此现代大多数国家规定成为法官之前必须通过司法资格考试，也就是说，成为一名法官，除了要具备自然理性，还必须具备法律职业理性。詹姆斯一世主张的自然理性外，其实是法官职业要求的最基本条件之一，单凭这一条是达不到一名合格法官的要求的，可见自然理性是成为法官的必要条件，但不是充分条件，更不是必要且充分条件。但是在17世纪，司法还未获独立，其他国家法官还未走向职业化，英国法官的职业化虽然已经走了很长一段时间的路，但仍未在法律层面上正式获得确定，因此对于柯克而言证成这一论题非常具有挑战性。但柯克就是柯克，他提出了一套"技艺理性"的学说，达到了同样的论证效果。他把自然理性视为人与生俱来的理性，把技艺理性视为后天习得的理性，特指普通法法律执业者在长期的司法实践中获得的一种特殊理性，《牛津英文辞典》专门引用柯克的话对其进行说明："技艺理性是任何没有接受过训练的人难以理解的。"柯克特别强调只有普通法法律职业者才能具有这种技艺理性，实际上排除了大陆法系法官具有技艺理性的可能，因为在普通法法官的眼中，大陆法系国家的法官一方面不具有独立性，他们是国王的应声虫或传声筒；另一方面他们的工作相对简单，法律都是现成的，一条一条写在法典上，审理案件如同照本宣科一样没有什么创造性，更没有多少技术含量。而普通法法官的工作比较复杂，他们没有现成的法典可查，必须从浩如烟海的案例中去找寻相同的案例，运用区别技术进行反复比较和鉴别，然后从中提炼出法律要点，根据这些法律要点处理手头的案件，并且还要顾及现实社会的实际情况。因此，法官每处理一个案件都要经过异常艰辛的思考和辩证，而"技艺理性"就是在这个过程中形成的，因而只有普通法法官才具有这种理性，普通人或者非普通法法律职业是不可能具有这种理性的，不具有这种理性的人，当然不能担任普通法法院的法官，包括国王詹姆斯一世。正如波考克所言："通过法官宣示的普通法是数代人的经验沉淀和提炼的结果，它不是一个人或某一群人哲学化沉思的结果。每一个判例都来源于先前年深日久的提炼，并接受此后的时间检验，因此它比任何人作出的决定都更加睿智——甚至是詹姆斯一世。"❶柯克的原话是这样说的："陛下没有学习过英国的法律，涉及臣民生命财产的事……是根据法律来判决的。法律是一门通过长期研究和实践才能掌握的技术，只有经过长期学习和具有实践经验的人才可以得到司法审判权"；"技艺理性需要通过长期的学习、观摩和实践经历才能获得，它并非为每个人所拥有，因为没有人天生就是技艺理性者。这种司法理性是最高的理性。因而，即使将所有分散在众人头脑中的理性汇集到一个人的头脑中，他仍然不能制定出像英格兰法这样的法律来，因为在一代又一代人连续继承的漫长岁月中，英格兰法得到了无数严肃认真、博学之士的反复锤炼，通过长期的实践才获得了这种完美，用于治理这个王国"。❷通过以上简短的分析与比较，我们发现詹姆斯一世使用自然理性论证国王可以听审案件的观点不能算错，在一般意义上是可以证成的。但英国恰好是个特例，它的法律传统是独一无二的，詹姆斯一世的论证刚好忽略了这一点。柯克敏锐地抓住了这一漏洞，用普通法的独特之处——技艺理性回击了詹姆斯一世的自然理性，从而在论战中占据了上风。总而言之，在这场著名的思想交锋当中，柯克之所以能够获得胜利，不是因为詹姆斯一世的观点错误，而是因为柯克比詹姆斯一世站得更高、看得更远，对普通法理性的把握更深刻、更正确。

二、非理性与进化理性：韦伯和哈耶克之辩

柯克与詹姆斯一世关于普通法的争论发生于17世纪，通过这场伟大的辩论柯克对普通法的理性特质进行了定义，但略微令人遗憾的是柯克并未由此建构起一个系统化的理论，从法哲学的高度详细论证普通法的理性特质，他的"碎片"式的论证方式，无疑给后来者留下了诸多质疑和挑战的空间。20世纪初，来自德国的哲学家、社会学家韦伯针对英国普通法的理性问题提出了质疑。

（一）非理性：韦伯眼中的英国法

韦伯在法社会学研究方面提出了一个重大且影响深远的命题：法律的理性化——韦伯认为法律的理性化是西方法律所独有的重要特色，并且进一步认为具有"形式理性"的法律最具代表性。在韦伯的眼里，东方国家的法律，如古代中

---

❶ POCOCK J G A. The ancient constitution and the feudal law：a study of English historical thought in the seventeenth century[M]. Cambridge：Cambridge University Press，1987：35.

❷ SHEPPARD S. The selected writings and speeches of Sir Edward Coke[M]. Indianapolis：Liberty Fund，2004：710.

国法是非理性的，西方法律中的欧陆法，尤其是德国法最具有"形式理性"的特征，对于英国法，韦伯虽然承认在普通法某些方面具有相当高程度的理性化，但相对于欧陆法系，英国法在理性化和保障确定性方面程度不高❶，在更多地方表现出"非理性"的特征。但是英国法非但没有阻碍英国资本主义的发展，反而英国是世界上最早实现资本主义社会的国家，而且世界上实行普通法的国家其社会政治秩序也较为稳定，人们的自由普遍获得保障。这种理论与现实的悖离，构成了韦伯的社会理论，乃至整个法律社会学中所谓的"英国法问题"或法律社会学界更常说的"英国问题"。

判断某一种法律是否合乎理性，或者是否合乎某一种类型理性，在逻辑上首先必须建立起一个统一的判断标准，缺乏统一标准下的判断是毫无意义的。韦伯对于法律理性的判断是建立在他提出的"形式理性"理论之上的。韦伯认为社会学无法解决价值问题，社会科学必须"价值中立"，在人的四种社会行为❷之中，由于目的理性行为是基于目的与手段的考虑所理性采取的行为，因此人类的社会行为当然应是目的理性而非价值理性的行为，而目的理性与形式理性是相通的，价值理性则相当于实质理性，形式理性强调技术上的计算性，而实质理性强调价值判断。根据这一理论，韦伯提出了四种法律理想型态：形式不理性、实质不理性、实质理性和形式理性。这四种法律理想型态之间按照理性化的水平存在着由形式不理性到实质不理性，再由实质理性到形式理性的逻辑提升过程，在某种程度上与人类社会法律形式的历史变迁过程总体上是一致的。按照韦伯的解释，"第一种形式不理性的法律表现在初民社会中解决纷争的神谕以及获得神谕所应遵守的程序。此类法律的有效性决之于执法者或立法者的神圣性，所依凭的是魔法（magic），无法以智能（intellect）加以掌握，具有超自然的特性，因而是非理性的……；第二种实质不理性的法律表现在他所谓的'卡迪正义'（khadi-justice）的法律……在'卡迪正义'之法律制度，案件只依照案例事

---

❶ 马克斯·韦伯.法律社会学[M].康乐,等译.桂林:广西师范大学出版社,2005:332.

❷ 韦伯将人类依其个人选择之社会行为分为四种类型:①目的理性行为,即当事人可经由某种途径,以获得某种目的,亦即行动者为追求某种目的,基于目的与手段的考虑,所理性采取的行为。②价值理性行为,即基于对某种伦理、感性、宗教或其他行为态之本身价值的信仰,而决定自己行动的态度,以当事人内心所信仰的某种绝对价值,作为考量,不去计较行动成功与否,而采取的行为。③情绪性行为,即由个人特殊的情绪及感受,以决定个人行动。④传统性行为,即依据传统习俗,来决定个人行动。参见:陈聪富.韦伯论形式理性之法律[M]//清华法学:第2辑,北京:清华大学出版社,2003.

实及与其他案件的不同，而作成判断，并非应用一般抽象的原则于具体事实，因
为无规则可循，所以是不理性的；第三种实质理性的法律出现在他所谓的"家长
式的法律制度"或神权政治的法律制度，亦即法律系由君主或其他统治者制订，
法律制订之目的在实践伦理上的福利政策……；韦伯认为，法律的理性化是从实
质理性的法律逐渐转变为第四种类型的形式理性的法律……这种形式理性的法律
来自罗马法以及优氏法典所呈现的成文法典化的法律体系。这种成文法所展现的
高度形式理性，表现在该法律制度高度的体系化，以及充分遵循对法律规范本身
以及法律规范与法律行为间关系的'意义的逻辑解释'上"❶。

　　在论及形式法律时，"韦伯认为西方法律形式理性化的极至为欧陆法，尤
其是德国法，而非英国的普通法"❷。依韦伯之见，"形式理性的法律遵循五项假
设：（1）任何具体的法律判断均系应用抽象的法律命题于具体的事实情况。（2）
任何具体案例，均可依据法律逻辑，经由抽象的法律命题得出法律判断。（3）法
律必须实际上建构成无漏洞的法律命题体系，或至少必须将法律体系视为无漏洞
的体系。（4）任何无法以法律术语合理阐释的事物，均为法律上不相关的事物。
（5）任何人类的社会行为必须均被视为法律命题的应用或执行，或被视为法律命
题的违反，因为法律体系的'无漏洞性'，必然导致所有社会行为处在一个无漏洞
的法律秩序，而为其所规范"❸。以此为参照，英国普通法在许多方面不合乎形式
理性的要求。韦伯认为，一方面，英国法尽管具有严格的形式主义特征，如以令
状为典型代表的程序法律制度，但"普通法只是一种'外在'的、严格的形式主
义，并未形成真正的'逻辑的形式理性'"，"以晚期罗马法为代表的逻辑意义
上的形式理性是指：运用意义的逻辑分析方法揭示出事实中所有与法律有关的特
征，并因此能够以一种高度抽象的规则的形式阐述和应有确定的法律概念"❹，它
是法律在形式理性化方面的真正标准。另一方面，英国普通法是判例法，既没有
在法律推理过程中严格遵守三段论式的演绎理性，也没能（或不愿）实现"将所
有可以设想到的事实情境都在逻辑上纳入无缺陷的规则系统中"的系统化目标，
仍采用一种罗列式的关联方法，一种法律的"决疑术"（legal casuistry）——这种

❶ 陈聪富.韦伯论形式理性之法律[M]//清华法学：第2辑.北京：清华大学出版社，2003.

❷ 陈聪富.韦伯论形式理性之法律[M]//清华法学：第2辑.北京：清华大学出版社，2003.

❸ 陈聪富.韦伯论形式理性之法律[M]//清华法学：第2辑.北京：清华大学出版社，2003.

❹ 李猛.除魔的世界与禁欲者的守护神：韦伯社会理论中的"英国法"问题[M]//韦伯.法律与价值（思想与社
　会：第1辑）.上海：上海人民出版社，2001：148.

基于类推的判例原则，寓意着普通法中仍充斥着"卡迪正义"的痕迹，根本也不可能产生法律的理性系统，也就不可能产生法律的理性化。所以，英国法在形式和实质两个方面，都具有强烈的非理性色彩。❶

（二）水土不服：对韦伯英国法问题的反思

前面，我们简单介绍了英国法律职业者尤其是柯克对普通法理性的看法，在柯克们的眼中普通法不但具有一般理性，而且具有更高级的理性——技艺理性。但在韦伯这里，普通法一下子变成了非理性，这种巨大的反差不能不让人感到奇怪并且深思：普通法究竟是一种什么样的法律，居然在不同人的眼中产生如此不同的印象？如果非要在柯克和韦伯之间进行选择的话，我们还是倾向于柯克，理由很简单，柯克比韦伯更理解普通法。从根源上论，韦伯对英国法的评价源于他对理性的理解：①韦伯所主张的理性是知识理性，这种理性认为世界是可知的，人类社会的发展是有规可循的，人类可以凭借理性发现并揭示社会运行的客观规律。②人类通过发现客观规律的绝对知识，可以进行计算行动可能产生的最大效益，并选择以最有效的方式或设计出一套近乎完美的制度，一劳永逸地、从根本上解决问题。在这种理性观念的支配下，韦伯认为法律也是一门纯粹理论的认识活动，人类可以通过理性的努力，通过明晰的概念和原则对各种法律进行归纳整理，形成一个完美无缺的法律体系引导社会进步，这个完美无缺的法律体系是真正理性化的法律，除此之外皆属于非理性化法律的范畴。至此，韦伯建构起了他的关于理性法律的评价标准体系，并以此为标尺，开始评价各国的法律体系，凡是可以放入这个理论框架的法律，如欧陆等国家的法律，自然便是理性的法律，凡是放不到这个理论框架里的法律，便是非理性的法律。"认识到这一点，我们就能理解为什么英国普通法在韦伯的社会学理论中总是受到批评，成为反证'形式理性法'具有合理性的'标靶'。借用李猛的话说：从立法理性支配下的视角看，普通法成了难以理解的'怪胎'，无论从实质理性角度，还是从形式理性角度，都乏善可陈。"❷但是我们不禁要问：韦伯的关于理性的评价标准是放之四海而皆准的公理吗？是人类社会公认一致的评价标准吗？如果不是，是不是意味着韦伯的结论并非无懈可击？我们知道韦伯的关于理性的理解总体上仍属于西方社

❶ 李猛.除魔的世界与禁欲者的守护神：韦伯社会理论中的"英国法"问题[M]//韦伯.法律与价值（思想与社会：第1辑）.上海：上海人民出版社，2001：148.

❷ 李栋.禁止国王听审案与技艺理性概念[J].环球法律评论，2009（2）.

会唯理主义哲学的范畴，在法律思想上继承的仍是古代罗马法法学家的理性观念和精神遗产，因此对于那些没有受到或较少受到罗马法传统影响的国家，韦伯的标准肯定是不适应的。因此我们认为，在韦伯法社会理论中英国法之所以成为问题，甚至导致其无法自圆其说，主要原因在于他的理论对于英国来说属于"水土不服"。英国不但在地理位置上与欧洲大陆分离，而且在哲学、政治与法律等领域也一直与欧洲大陆国家分道扬镳，走的是另外一条道路。从理性传统上看，英国人对于理性的看法与欧洲大陆国家恰好相反，欧陆国家普遍对人的理性充满自信，但英国人对人的理性却持质疑与悲观态度，认为人凭借理性既不可能完全认识世界，也不可能凭借理性设计出一劳永逸完美的制度来，他们认为只有经过实践反复检验的东西才是可靠的。他们对待法律的态度也是如此，这也是英国人不热衷于法典编纂的原因之所在，"普通法的法律哲学说到底就是实用主义的哲学。它的真理是相对的，而不是绝对的"❶。因此，有人将英国的理性称为"经验主义"，用于区别大陆法系的"理性主义"，正如一位苏格兰法官所说："大陆法制度不同于普通法制度，犹如理性主义不同于经验主义。"❷黑尔在反驳霍布斯《一位哲学家与英格兰法学家的对话》时也指出："任何现有法律体系，都不可能是单靠抽象的推理能力构造而成，因为法律过程的巨大的复杂性使人们不可能用几条简单的基本原则代表其具体组成部分。因此，要理解法律，就需要某种技艺理性，而不能靠哲学家的抽象演绎推理。唯理主义必然会失灵，因为法律需要将普遍的原则适用于具体的案件，而这在很大程度上要依靠经验。正是由于法律必须是可以预期和确定的，我们也有理由青睐经验和已知的东西。"❸

（三）进化理性：哈耶克对英国法的认识

相对于欧洲大陆国家而言，英国是一个独特的国家，政治制度、法律制度、宗教信仰和社会风俗等诸多方面都和欧陆国家差距甚大，对法律理性化的认识也是如此，他们崇尚经验主义，不认可理性主义。但在一些理性主义者眼中，经验主义带有浓厚的主观色彩，缺乏明晰的逻辑推理结构，因而是非理性的。柯克之前的英国法律职业者很早就开始探讨普通法的理性问题，如16世纪普通法学家埃德蒙德·波洛登说过："普通法的两个本质性的特征是理性与习惯。其中，理

---

❶ 本杰明·卡多佐. 司法过程的性质[M]. 苏力，译. 北京：商务印书馆，2002：63.

❷ 茨威格特·克茨. 比较法总论[M]. 潘汉典，等译. 北京：法律出版社，2004：458.

❸ BARRY N. The tradition of spontaneous order[J]. Literature of Liberty，1982，5(2)：7-58.

性的含义指的是法律职业者的法律知识和自然法；习惯的含义指的是法律职业者长期认可、试错下的习惯与民众认可的习惯。"❶17世纪初期爱尔兰检察总长约翰·戴维斯认为："英国普通法不是别的，是整个王国的共同习惯。拥有法律效力的习惯通常被称为不成文法，其原因在于它既不能通过国王的特许状也不能通过议会的立法制定或产生。国王的特许状或议会的立法所创制的法律是成文法，因为它们被记录在案，是书面的，而习惯法是不成文的，它们仅存在于人民的记忆之中。"❷但是这些讨论，大多是一些思想火花，没有在整体上对普通法的理性进行阐述，直到柯克与詹姆斯一世的辩论当中提出了"技艺理性"的概念，在英国法律史上第一次对普通法的理性进行了总结与归纳，但柯克的论述也是片段式的，点到为止，并没有深入展开论述。但柯克的论断对后来研究产生的影响仍是非常深远的。从法哲学的角度看，我们认为柯克的"技艺理性"本质上等同于"经验理性"，柯克认为普通法理性是"在一代又一代人连续继承的漫长岁月中，英格兰法得到了无数严肃认真、博学之士的反复锤炼，通过长期的实践才获得了这种完美，用于治理这个王国。正如古老的规则能够正当地证实这一点。没有人比法律更睿智，因为法律乃是理性之圆满状态"❸。可见在柯克眼里，普通法是经由习惯法而来，而习惯本身是一个民族生活经验与教训的总结与积累，是经过无数次实践检验之后才能确立的行为规范，因而习惯法本身是具有理性的，有人甚至认为："习惯法是最好、最完美的法律，它确定并保存了公益。……习惯法的优点在于，它并不是强加于人民的法律，它是经历了世世代代人民的考验而被接受的，它去除了那些给人民带来不便或者不适于他们性格与特质的习惯，习惯法的法律效力是在长期的运用中形成的。"❹普通法虽然来自习惯法，但并不是习惯法的简单汇集，在普通法和习惯法之间还有一个重要的媒介——法官，也就是说某一项习惯法要上升为普通法，必须经过法官司法实践的检验，只有那些被法官认可的习惯法才能纳入普通法中来。在柯克看来，普通法的理性是有双重保障

---

❶ TUBBS J W. The common law mind[M]. Baltimore：The JohnsHopkins University Press，2000：115.

❷ POCOCK J G A. The ancinet constitution and the feudal law：a study of English historical thought in the seventeenth century[M]. Cambridge：Cambridge University Press，1987：32-33.

❸ SHEPPARD S. The selected writings and speeches of Sir Edward Coke[M]. Indianapolis：Liberty Fund，2004：710.

❹ POCOCK J G A. The ancinet constitution and the feudal law：a study of English historical thought in the seventeenth century[M]. Cambridge：Cambridge University Press，1987：33.

的，一是经过了英国人民世世代代生活经验的验证；二是经过了专业法官司法理性的检验。柯克认为詹姆斯一世不能听审案件，理由是不具备技艺理性，如果抛开这些体面的专业术语，我们认为柯克其实就是在指责詹姆斯一世缺乏经验，根本无法驾驭这套由经验化身而来的普通法。普通法的理性，经过柯克的阐述之后在英国国内获得普遍的认可，尽管在19世纪受到以边沁为代表的法律功利主义等实证学派的冲击，但是并没有被颠覆。

在法律日益全球化的现代社会，普通法的理性问题逐渐超出国界成为国际法学界关注的论题，如我们前面提到的德国法社会学家韦伯，他对法律理性问题进行了专门化、系统化研究，将法律理性研究上升到哲学层面，构建形成了一整套知识系统和论证体系，因而他的研究很有说服力，并且影响深远。但韦伯的论证体系总起来说对普通法是不利的，他对英国法给予了非理性的评价。柯克片段式的论述在韦伯宏大严密论证体系的映衬下，显得十分苍白，对于那些普通法知之甚少的人而言，韦伯的观点几乎相当于真理。这或许是普通法发展过程中面临的又一次危机，普通法要推翻韦伯的结论，须重述自我的理性传统，而且此次重述必须展现超越韦伯的论证能力。在这关键时刻，奥地利裔英国经济学家哈耶克站了出来，他通过《自由秩序原理》《通往奴役之路》《法律、立法与自由》等著作建构起了一个精密的论证体系，在哲学层面对法律理性进行研究，他不但肯定普通法的理性，而且将普通法的理性由柯克的"技艺理性"升级为"进化理性"，使之成为与大陆法"建构理性"地位平行的，但是在维护自由方面比之更优的一种法律理性。

1.哈耶克对建构理性的批判

哈耶克把理性划分为两种类型：一种是正确而科学的进化理性主义（evolutionary rationalism）；另一种是错误的、不理性看待人的理性能力的局限性的建构理性主义（constmctivist rationalism）。在哈耶克眼中，"建构论理性主义是一个相信可以把演绎推理应用于人类事务的哲学派别。它相信社会、语言和法律是由人创造的，它还相信，由于这些制度都是由人创造的，因而人就可能按照一种人类生活的理性设计来对这些制度进行重新构建，甚至还可以将它们彻底改变"❶。哈耶克对建构理性主义的评价，在态度上基本是中肯的，也紧紧抓住了建构理性主义的核心特征。建构理性主义起源于古希腊哲学家关于理性的讨论，虽然在漫

❶ 霍伊.自由主义政治哲学——哈耶克的政治思想[M].刘锋,译.北京:生活·读书·新知三联书店,1992:6.

长的中世纪被遮蔽在神学光环的阴影中缓慢潜行，但在近代启蒙思想运动中却大放异彩，其代表人物是笛卡尔、卢梭等人，他们把人的理性从宗教神学的蒙昧中解放出来，并给予了绝对信任，甚至将之推崇到较为极端地步，奉为检验一切是非的标准，正如笛卡尔所言："只要我们对任何一种观点哪怕还有一种理由去怀疑，我们就应当将它视作完全谬误而加以拒绝和否弃。"[1]建构理性主义者对理性的自信源于对人类自身能力的确信，他们认为人生来就具有智识和善，并且个人都倾向于理性活动，因此人类天生就具有建立各种制度的能力，正如笛卡尔所说："人仅凭理性，就能够构建社会"，"人类可以从零开始构建他想达到的状态，可以抛弃前人留下的任何东西，包括语言、制度，建立一个全新的世界"。对于法律制度的创制，在建构理性主义者看来恰似小菜一碟，根本不具有挑战性，伏尔泰曾说过："如果你想要好的法律，那么你就烧掉你现有的法律，并去制定新的法律"；卢梭干脆认为："除了活着的人的意志所创制的法律以外，根本就不存在任何其他的法律"。[2]建构理性主义哲学家这些标志性的语言，很容易让人不自觉地把他们和"过犹不及"这个成语联系起来，建构理性主义把理性推到极端，结果可能适得其反。一些思想家发现："人类的理性愈是膨胀，它的阴影也同时变得愈是庞大。理性表现得越是辉煌，它给人类带来的黑暗也越是令人恐慌。大量的事实证明，人类的'理性'并不总是有利于人类的生存，人类决不可能仅仅依靠'理性'生活。"[3]许多哲学家开始警惕理性主义的陷阱，主张批判性地对待理性主义，伽达默尔曾说过："理性就在于，不要盲目地把理性作为真的举止，而是要批判地对待理性。理性的行动总是一种启蒙的行动，而不是被绝对地设置的新理性主义的教导，并非在于认为自己对一切事都比别人知道得更多，理性总是被理解为经常对自身和自己的条件进行自我解释。"[4]在这些对建构理性进行批判与反思的声音当中，哈耶克提出的进化理性的观点最引人注目，进化理性是在批判建构理性的基础上形成的和建构理性主张几乎针锋相对的一种哲学观念。

进化理性发源于英国，据哈耶克考证：进化理性"主要是由一些苏格兰道德

---

❶ 哈耶克.自由秩序原理[M].邓正来，译.北京：生活·读书·新知三联书店，1997：75.

❷ 孙爱东.论哈耶克经济自由主义的哲学基础[J].北京电子科技学院学报，2004（3）.

❸ 黎鸣.西方哲学死了[M].北京：中国工人出版社，2003：12.

❹ 伽达默尔.赞美理论[M].夏镇平，译.上海：上海三联书店，1988：62.

哲学家所明确阐明的，他们当中的杰出者首推大卫·休谟、亚当·斯密和亚当·福格森，随后他们在英格兰的同时代人塔克、埃德蒙·伯克和威廉·帕列也对之做出了详尽的阐释，这些思想家所利用的资源主要是那种植根于普通法法理学中的思想传统"❶。例如，休谟便是主观经验论继承者，他提出了哲学上著名的"不可知论"，认为人类仅是动物世界的一分子，但并没有他们自认为的那么聪明，需要依靠动物本能来了解世界，而不能仅依靠纯粹理性来认识事物，理性与事实之间没有必然的联系，"除了感觉以外，一切都是不可知的"，"理性主义的因果逻辑不过是一种头脑中的习惯而已"。休谟的"不可知论"对哈耶克的影响巨大，哈耶克据此从认识论上提出了"无知"的概念。哈耶克认为，在现代社会虽然个人掌握的知识越来越多，但是个人对事物的了解却越来越少，因为现代社会人的社会分工越来越细，个人掌握的知识多数属于"分立的知识"，而且这些分立的知识是不可能整合的，并不存在一种整合了的社会知识，因此"从整体上讲，任何一个个人对于所有其他社会成员所知道的绝大多数事情都处于一种无知的状态中"，不存在任何全知全能的社团和个人，现实之中到处存在一种"无知之幕"。由此，哈耶克得出结论：人的理性是有限的，无法预测未来，"即使在那种最刻意探求新知识的领域，亦即科学领域，也无人能预见其工作的各种后果"。因此，人类不可能具有规划社会的能力，任何打算对社会问题一揽子解决的想法都是不幸和不现实的。建构理性主义者对于人类理性的迷信已经达到了失去理性、陷入"致命的自负"的程度，如果照此操作，非但不会给人类社会带来福祉，反而可能会使人类社会"通往奴役之路"——滑向极权主义和专制主义。历史证明哈耶克的判断是正确的，"法国大革命中的血腥和野蛮以及后来理性人类的两次世界大战……都为这一点提供了最好的注脚"❷。哈耶克在批判建构理性主义的基础上阐发了进化理性学说。进化理性主义在哲学思维和认识论上属于经验主义世界观的范畴，其核心观点：①认为人的理性是有限的，反对任何形式的理性滥用。②认为人类社会的制度、秩序等不是理性设计的产物，而是进化的产物，是经过不断的试错过程而累积进化的结果。③认为理性的滥用会扼杀自由，进化理性主义会形成自生自发秩序，可以避免乌托邦式的社会建构，从而使个人自由得以保全。

❶ 哈耶克.自由秩序原理[M].邓正来,译.北京:生活·读书·新知三联书店,1997:63.

❷ 许章润.萨维尼与历史法学派[M].桂林:广西师范大学出版社,2004:273.

2.哈耶克对普通法理性的认识

首先，哈耶克认为普通法属于自生自发的社会秩序。自生自发的社会秩序（spontaneous order）的概念是哈耶克新自由主义的核心理念，这个概念是哈耶克在1973年出版的《自由秩序原理》中正式提出的，但哈耶克并没有直接给出一个明晰的定义，只是对其基本含义进行了界定，"对自生秩序理论之要旨最简洁的表达方式是：该理论关注社会中的某种规则性或事态的秩序，它们既不是（1）人们有意识设计创造的产物（比如成文法典或国家统制主义的经济计划），也不是（2）纯粹的自然现象（比如气候，它们完全不受人的干预活动之影响）。人们一直用'约定的'和'自然的'两个词来形容这两类不同的规则性，但自生秩序理论关注的则是'第三领域'，即社会的规则性。它是由某些制度和惯例构成，它们是人的活动之结果而非人的明确意图之产物"❶。哈耶克认为自生自发的社会秩序具有以下特征：一方面，自生自发的社会秩序是一个复杂的系统，"包括了远远多于人脑所能探明或操纵的特定事实的极为复杂的秩序，只有通过那些能够导致使自生自发秩序得以型构的力量的推进才可以实现"❷，因此个人心智既不可能完全理解，更不可能完全把握。另一方面，由于自生自发的社会秩序是源出于若干要素对特定情势的调适，也无须为个人所知道，即自生自发的社会秩序具有非目的性和无主体性特征。这些特征在理性主义者看来毫无疑问是属于非理性的，但在哈耶克眼中恰恰是这些特征成就了自生自发社会秩序的理性化，其缘由是：因为人的理性是有限的，人类认识到自己能力有限，所以才会在探索未来世界中不断调适，这样才有助于自生自发社会秩序的形成，而那种狂妄地认为可以设计所有社会生活细节的做法本质上是反理性的。另外，自生自发的社会秩序是在自由竞争中形成的，因此特别注重一般性规则作用的发挥，不以规矩，难成方圆，没有规则的保证，自生自发的社会秩序是不可能形成的，而那些促成自发秩序产生的一般性规则产生于人类社会自身若干要素对特定情势所作的调适中有助于整体秩序的那一部分，也就是说，"只有当那些引导个人以一种使社会生活成为可能的方式行事的规则是经由选择的过程而演化出来的时候，社会才可能存在"❸。由上可知，自生自发的社会秩序本质上属于哈耶克建构的进化理性学说

---

❶ BARRY N. The tradition of spontaneous order[J].Literature of Liberty,1982,5(2):7-58.

❷ 哈耶克.自由秩序原理[M].邓正来,译.上海:上海三联出版社,2003:58.

❸ 哈耶克.自由秩序原理[M].邓正来,译.上海:上海三联出版社,2003:65.

下的一种理想模型。哈耶克在用这种标准审视现实世界中的法律体系时，把普通法划归其中，是从另一个角度再次肯定了普通法的理性。在哈耶克看来，所谓普通法就是指在英美自生的社会秩序中自生自发产生而反过来又保障自生自发秩序的法律规则体系。它源于自我生发的习俗和习惯，源于法官的判决和如古罗马时期法学家的解答等。他认为："普通法为一个法律革新的开放体系创造了条件，并且使法律上的新观念必须先与实践和法律传统抗衡。这样，法律就不是静止的，而是慢慢地继续发展，受到了保护，避免了立法者的建构主义的侵害。"❶其次，哈耶克将普通法视为正当行为规则。哈耶克将在自生自发社会秩序中形成的一般性规则称为"内部规则"，"内部规则"是指那些不知其来源，但是被社会所普遍认可和接受的规则，与内部规则相对应的是"外部规则"，指的是那些在人造社会秩序中形成的，由权威或精英创造的规则。在哈耶克看来，内部规则是在社会进化过程中自发形成的，属于进化理性的范畴，外部规则是人类设计而非行动的结果，属于建构理性的范畴。哈耶克明确指出：判例法、普通法、法官的法等皆属于内部规则的范畴，并一直强调所谓的法律，既不是纯粹理性的规定，也即完全不顾经验而设计出来的法律秩序的结构，也不是命令学派所说的实证法，也即所有法律都是意志行动刻意地创造出来的❷。哈耶克说："以审慎刻意的方式制定法律的立法过程，一直被误认为是比'火的驯化和火药'更为重要的一项智慧发明。但实际上，法律本身从来都不是像人们对立法的理解那样是被'发明'出来的。相反，法律作为一种自发秩序是先于立法就存在的。立法过程在本质上是对个人被动遵守但却未明确意识到的一般性规则的阐明或形式化表达。作为维系自发秩序的一般性规则本身是一切法律的胚胎，它们独立于人的意志而存在。那些渗透了人类特殊智慧的法律，只是人类认知内生于社会进化过程时，利用知识对这些客观存在的一般性规则的阐明，而非内生于人类理性的规则观念的创造或发明。那种对社会进程做有意识的控制或刻意指导的各种诉求，不仅永远不可能实现，而且只会导致自由的丧失，进而最终摧毁文明。"❸从哈耶克对立法的表述来看，他的立法理论和英国普通法传统上的"真正的法律是有待于发现的，而

---

❶ 格尔哈德·帕普克.知识、自由与秩序——哈耶克思想论集[M].黄冰源,等译.北京:中国社会科学出版社,
    2001:158.

❷ BARRY N. the tradition of spontaneous order[J].Literature of Liberty,1982,5(2):7-58.

❸ 哈耶克.法律、立法与自由:第一卷[M].邓正来,等译.北京:中国大百科全书出版社,2000:6.

不是制订出来的"立法观念在精神内核上是十分契合的。哈耶克本人也曾说过："令18世纪其他欧洲国家的人民羡慕不已的英国人所享有的那种自由，并不像英国人自己最先相信并在后来孟德斯鸠告诉全世界的那样，原本是立法机关与行政机关进行分权的产物，而毋宁是这样一个事实的结果，即支配法院审判的法律乃是普通法，亦即一种独立于任何个人意志，而且既约束独立的法院又为这些法院所发展的法律。"❶

本章小结

通过对两次关于普通法理性论辩的梳理，我们再次重温了柯克和哈耶克的"技艺理性"与"进化理性"概念，一方面澄清了外界对英国普通法理性的质疑；另一方面系统总结和阐述了英国普通法的理性特质，即普通法是一种具有高度理性的法律体系，在哲学上属于实践理性的范畴，是一种"完美理性"或"圆满理性"，它主要源于英国人民社会经验的积累。此外，通过梳理我们还发现普通法的理性还有一个显著的特征，它并不像成文法一样是一种静止的、封闭的理性，而是一种开放的、运动的理性，它不停地在法官、律师、社会公众之间流转，总是处于生长的态势，因此也有人称为"生长的理性"。由此可见，当下我们中的许多人之所以对普通法的"理性"持怀疑态度，一方面原因是被普通法的外表所迷惑，没有深入普通法的核心；另一方面原因是对理性本身的理解过于平面化，没有走出"建构理性"或"唯理主义"的羁绊，对"进化理性"感知不深。对此，我们建议法学者进一步加强对普通法的研究和理解，不断澄清认识误区，系统地总结其经验和教训，使其更好地服务于我国的法治建设。

---

❶ 哈耶克.法律、立法与自由：第一卷[M].邓正来，等译.北京：中国大百科全书出版社，2000：131.

第六章　普通法是追求"具体正义"的法

第一节　正义与法律

若论什么样的法律更有利于保障人们的权利，相信大多数人会将正义作为第一选项，因为在人们眼中，正义是法律诸多价值中分量最重的一项。因此，千百年来正义一直是人们衡量、评价一国法律体系或某一部具体法律优劣的首要标准，凡是符合正义要求或积极追求正义的法律，在人权保护方面均作出了有益贡献，凡是有悖于正义原则的法律，人们便会称为恶法，而恶法对于人权的践踏在人类历史上曾经留下过惨痛的教训。我们深知，正义是一个非常抽象的概念，在人类立法史上，绝对意义上的正义之法是不存在的，即使那些被我们誉为良法的法律也仍或多或少存在与正义不完全相适应的地方。因此，当我们使用正义这个概念来评价现实世界的法律体系时，不应苛求面面俱到，应当看其主流，察其核心，只要这一法律体系基本面是符合正义要求的，就应当予以肯定，然后在此基础上根据其接近正义的程度，再进一步作出具有区别效力的评价，离正义越近，法律的品质自然就会越高，就会更有利于人权保护。按照这一逻辑推论，如欲证实普通法是有利于人权保障的这一命题，毫无疑问应当深入剖析普通法与正义之间的内在联系，这正是本章着力阐述的问题。在论及普通法和正义之间的关系之前，我们先回顾一下正义这个概念的含义以及正义与法律之间的关系等问题。

一、何谓正义

正义，在汉语里我们通常把它理解为公正的道理，与公平、公道等是同义词。在西方语言中，正义的含义略丰富一些，"正义"一词的拉丁语是jus，本身就是一个多义词，除了具有公正、公平、公道的意思外，还包含权利的意思。上面的解释基本上是从普通人的角度对正义所作的最通俗的解释。在哲学家眼中，正义的含义远不止这么简单，凯尔森曾感叹道："自古以来，什么是正义这一问题是永远存在的，为了正义的问题，不知有多少人流了宝贵的鲜血和痛苦的眼泪，不知有多少杰出的思想家，从柏拉图到康德，绞尽了脑汁，可是现在和过去一样，问题依然未获解决。"❶可见正义这个概念虽只有区区两个字，但其内涵却何其深刻！正如博登海默所言："正义有着一张普洛透斯似的脸，变化无常，随时可呈不同形状并具有极不相同的面貌，当我们仔细查看这张脸并试图解开隐藏其表面背后的秘密时，我们往往会深感迷惑。"❷

鉴于本书主题所限，我们不准备对正义的观念发展历史进行完整的考察，于此仅简要介绍几种影响比较大的正义观念。一是理性正义论。理性正义论也称为自然正义论，在西方社会具有悠久的历史，这种观念强调正义与理性和自然法之间存在紧密的关系。古希腊的柏拉图认为正义是理性的体现，理性是正义的最高原则。亚里士多德进一步将正义和平等、合法以及公共利益等联系在一起，认为正义的真实意义主要在于平等，正义的即合法的，并强调正义应以公共利益为依归。亚里士多德对正义的贡献还体现在他对正义的分类上，"分配的正义"和"矫正的正义"就是由他最先提出来的。亚里士多德是古希腊时代关于正义思想的集大成者，他对正义的认识具有相当的科学性和合理性，对后世具有深远的影响。古希腊晚期的斯多葛学派对正义的理解在很大程度上受到亚里士多德的启发，他们将正义与理性、自然法紧密地联系起来，认为自然法代表正义，且自然法只有符合理性才能代表正义。古罗马时代的法学家直接继承斯多葛学派关于正义的思想遗产，如西塞罗认为，正义是自然法与理性的体现，它是衡量实在法是否符合自然法的标准。二是神学正义论。显而易见，神学正义论在对正义的理解中植入了宗教的思维，强调正义的标准是超经验、超历史、永恒的、完美的上帝的意志。例如，奥古斯丁认为上帝的法律便是永恒的真理，也就是正义。阿奎那也认为服从上帝就是正义。三是规范正义论。这是实证主义法学家眼中的正义，他们抛弃了从抽象角度来理解正义的做法，而是着眼于从现实世界中正在使用的法律，从法律的文本出发来探讨正义，他们将法律视为主权者的命令，强调法律规范就是正义的栖身地，服从法律就是服从正义。奥斯汀认为自然界存在两种法则，一种是自然法则；另一种是主权者的命令，而正义就存在于这些命令之中。四是社会正义论。罗尔斯在其《正义论》中对社会正义论进行了全面深刻的阐述，其主要观点：正义的主要问题是社会的基本结构，或者准确地说，是社会主

---

❶ RADBRUCH G. Legal philosophy[M]// WILK K.The legal philosophies of lask, Radbruch, and Dabin. Massachusetts Cambridge：Harvard University Press, 1950：90.

❷ E·博登海默．法理学法律哲学与法律方法[M].邓正来，译．北京：中国政法大学出版社,2004：261.

要制度分配基本权利和义务决定由社会合作产生的利益之划分方式❶。罗尔斯提出了两个著名的正义原则，第一个是"最大均等自由原则"，即每个人对与所有人所拥有的最广泛平等的基本自由体系相容的类似自由体系都应有的一种平等的权利。要求每个人都有平等的权利，享有与其他人相同的最广泛的基本自由。第二个是"差异原则"，即社会和经济的不平应该这样安排，使他们：（1）在与正义的储存原则一致的情况下，适合最少受惠者的最大利益；并且（2）依系于在机会公平平等的条件下，职务和地位向所有人开放。❷

以上四种关于正义的理论，在人类历史的某一发展阶段都曾处于主流思想的地位，对人类关于正义的理解产生过巨大的影响，除此之外还有其他一些有影响的观点，如相对正义论、权利正义论、形式正义论等，于此不再一一赘述。总而言之，纵览西方社会关于正义的理解，虽然存在多角度、多元化的解释，但万变不离其宗，诸家学派在对正义最核心内容的把握上基本还是一致的，最核心的内容用中国古代最伟大的思想家孔子的话可表述为"己所不欲，勿施于人"，即正义包含了平等、合法、理性、正当等多层意义。

二、正义与法律

正义是人类社会向往并追求的终极价值之一，它必然体现在人类生活的方方面面，在现实社会生活中产生了诸多具体的正义，如政治正义、经济正义、道德正义和法律正义，等等。在这些具体的正义当中，法律正义一直是我们人类社会最为看重的，古往今来当人们在谈论正义这一话题时也总是不自觉和法律联系在一起，但对于法律和正义两者之间的关系却一直众说纷纭，存在不小的分歧，总括起来主要有两种观点。

第一种是肯定说。这种观点认为法律和正义之间存在必然联系，正义是法律的灵魂，法律是实现正义的重要保障。例如，柏拉图认为："人们在彼此交往中既尝过不正义的甜头，又尝到过遭受不正义的苦头。两种味道都尝到了之后，那些专尝甜头不吃苦头的人，觉得最好大家成立契约：既不要得不正义之惠，也不要吃不正义之亏。打这时候起，他们中间才开始订法律立契约。他们把守法践约叫合法的、正义的。这就是正义的本质和起源。"❸亚里士多德将正义与

---

❶ 罗尔斯.正义论[M].何怀宏,等译.北京:中国社会科学出版社,1988:5.

❷ 罗尔斯.正义论[M].何怀宏,等译.北京:中国社会科学出版社,1988:292.

❸ 柏拉图.理想国[M].郭斌和,张竹明,译.北京:商务印书馆,2002:37.

法律更加紧密地联系在一起，他说："要使事物合乎于正义（公平），须有毫无偏私的权衡；法律恰恰正是这样一个中道的权衡。"❶乌尔比安则直接称：法律是公正善良的艺术。中世纪阿奎那认为：法律是否有效取决于它的正义性。《查士丁尼法典》中也记载了这样一些法律格言：法律是关于神和人的学问——是关于公正和不公正的科学。20世纪英国最伟大的法官之一丹宁勋爵认为人民服从法律的重要原因在于法律是公正的，他说："人民尊重那些真正正确和公正的法律规则，并希望他们的邻居也服从它们，当然，他们自己也服从它们；但他们对那些不公正的法律的感觉是不一样的。如果要人们感到对法律有一种义务感，那么法律就必须尽可能地与公正保持一致。"❷

第二种是否定说。这种观点认为正义和法律之间并没有必然联系，或者正义与法律无关。持这种观点的大多数人认为：法律是权力的衍生品，体现的是掌权者的个人意志，并非正义等抽象普适性价值。例如，智者色拉叙马霍斯曾提出：法律是掌握着国家统治权的强者制定的，它不外乎是强者利益和意志的体现，他说："在任何国家里，所谓正义，就是当时政府的利益，政府当然有权，所以唯一合理的结论应该说：不管在什么地方，正义不过是强者的利益。"❸兴起于19世纪的实证法学派进一步把法律看作"主权者的命令"，认为法律和正义没有必然的联系，在他们看来，法律存在是一回事，它的好坏是另外一回事，其核心主旨是：一部法律尽管可能是非正义的，但是只要经过合法的程序颁布，它就是有效的，这就是著名的"恶法亦法"论。

由上可见，关于法律与正义的关系在历史某一段时期是存在争议的，但最终被人类世界所广泛接受并成为主流观点的是肯定说，否定说不但未获得人们的普遍赞同，而且引发了人类对法律自身的警惕，尤其在第二次世界大战后的纽伦堡审判上，人们对抛开正义的法律——恶法，进行了深刻的讨论和反思，最终达成了"恶法非法"的共识，并再次促使人类社会进一步深入思考什么是法律正义。我国学者周旺生教授认为，法和正义之间存在紧密的联系：法需要有正义的进入，需要有正义对法体现其价值。因此在法和正义之间，有一种人们似乎耳熟能详却又未必真知其究的法律正义。法律正义的主要成因在于法需要有正义的进

---

❶ 亚里士多德.政治学[M].吴寿彭,译.北京:商务印书馆,1965:199.

❷ 丹宁勋爵.家庭故事[M].刘庸安,译.北京:法律出版社,2000:241.

❸ 柏拉图.理想国[M].郭斌和,张竹明,译.北京:商务印书馆,2002:19.

入，需要以正义作为一种基本的价值目标，以导引法和法治在其基本路向上达致比较理想的境况，使社会主体从法律秩序中获得正当利益。而法一经以正义为基本价值目标，其本身转化为法律正义，法的规格和精神品格便也因之而升华。正义是检视或评判法之良恶优劣的无以阙失的标准。正义之中包含大量具有普遍真理意义的规范。在法中摒弃或作践正义，便会使法沦为恶法或劣法。正义观念是促进法的进步性变革的经常性力量，正义也是法之阙失的一个重要弥补力量。法治如若漠视以社会正义或分配正义为其精神中枢，就易于甚至必然会蜕变为精巧的、层次更高的专制暴政。现代法治在很大程度上就是正义之治，就是以充分体现正义的良法美制所实行的治理。❶

第二节　普通法传统中的正义

因为正义的高度抽象性，人类社会对正义的理解出现"仁者见仁，智者见智"的现象，对正义的理解不同必然导致对法律与正义关系的认识不同，每个国家或民族，因其独特的民族个性和文化传统，对正义和法律以及二者之间关系的理解自然也会存在差异，蕴藏在每个国家法律中的正义应是一种"个性化的正义"。普通法作为世界上古老法系之一，它对正义的理解与把握、对正义的实现在漫长的历史演进过程中已经形成了一套独一无二的传统，这种传统与大陆法系或伊斯兰等宗教性法系相比具有鲜明的个性和相对优越性。

一、自然法正义观对普通法正义的影响

自然法思想是西方国家政治法律领域最重要的思想流派之一，它的发展源头最早可以追溯至古希腊时代，尽管经过了千百年激烈的思想动荡与交锋，自然法思想至今仍未退出历史舞台，在西方法律传统中仍扮演着重要角色，很多西方国家仍将其奉为宪法等重要法律的指导思想。但是对于自然法的概念和内涵，在西方社会一直没有一个放之四海而皆准的定义，在不同时期或同一时期，不同的人对自然法的解读都不尽相同。在这里我们引用两个字典中的定义略作介绍。《大不列颠百科全书》的定义：自然法是整个人类所共同维护的一套权利和正义；《牛津法律大辞典》的定义：关于自然法的信念和自然法的理论一直是哲学、法律史和法律理论中最古老、最长久的内容之一。一般来说，它表示一种对公正或

❶ 周旺生.论法律正义的成因和实现[J].法学评论,2004(1).

正义秩序的信念，这种正义秩序普遍适用于所有为宇宙间最为控制力量支配的人，它不同于实在法，即由国家或其他人类组织制定的法。一切自然法学说的出发点是理性和人性，但对自然法的含义和它与实在法的关系问题，自古以来众说纷纭。从以上两本著名的字典对"自然法"一词所下的定义来看，自然法和正义一样其实也是一种抽象的东西，尽管它的名字以法命名，但其本身并不是一部可以看得见、摸得着的实体性法律，在本质上它是一套关于法律的理论与学说，这套学说的根本目的是为人类的立法提供指导或规制。这种立法的指导思想在中国历史上其实也一直存在，如道家所提倡的"道法自然"，其精神实质与西方自然法的主旨无疑是相通的。但这种自然法思想的命运在中西方社会反差是很大的，在中国古代，自然法思想从未成为主流的立法指导思想，一直处于边缘化的位置。但在西方国家的法律传统中自然法的思想一直绵延不断，并且牢固占据立法指导思想的主流地位，大陆法系和英美法系的基本情形均如此。既然自然法对于西方社会的法律传统影响如此之大，自然法思想的正义观念自然对包括普通法在内的西方各国法律产生重大影响。

（一）自然法正义观念历史发展考察

总括而言，自然法的正义观念大约经历了三个大的历史发展阶段。

第一阶段是古希腊罗马时期。在古希腊著名悲剧《安提戈涅》中，安提戈涅的哥哥波吕涅克斯为争夺王位而殒命。新王禁止埋葬他的尸体，这个禁令违背古希腊人的宗教信仰，安提戈涅在法律与神律相矛盾时，按守神律埋葬了哥哥，结果被迫自杀。当国王审问她时，安提戈涅回答说：这些法律都不是出于宙斯，享有尘世之神荣光的正义也没有颁布这些人类的法律，我并不认为你的命令是如此强大有力，以至于你，一个凡人，竟敢僭越诸神不成文的且永恒不衰的法。它们的诞生不在今天，也非昨天；它们是不死的，没有人知道其时间上的起源❶。安提戈涅眼中的这种"不分现在和过去、永远有效的"法令，就是现在我们所说的"自然法"。因此从自然法的源头来看，有两点我们可以确定，一是自然法高于人定法，具有正义性；二是自然法是永恒不变、永远有效的，是评判人定法的依据。上述关于自然法的观念被古希腊的哲学家们基本接受，他们普遍承认自然法的正义性，甚至将自然法与正义对等起来，与古老观念不同的是，他们在解读自然法时将理性的思维渗透其中，不再将自然理解为某个具体的神，而是将自然理

---

❶ 刘吉涛.祭奠，礼仪还是权利[J].河北法学,2009(11).

解为弥漫整个宇宙的支配原则，这些原则本身具有理性性质，而且宇宙本身也是一个实体，他们认为人类世界作为宇宙的一部分，应当按照宇宙确定的规律自然地生活。古罗马时期，自然法正义观念得到进一步发展，法学家们将自然法进一步解读为"正确的规则"或"最高的理性"，它来自宇宙，普遍适用且永恒不变，是正义的根源，是人类法律的基础。西塞罗在《论法律》一书中说："当这种理性确立于人的心智并得到实现，便是法律。"《查士丁尼国法大全》将自然法称为"永远善与公正的事物"。

第二阶段是中世纪神学自然法正义观念。中世纪是基督教教义统治下的世界，法律与正义观念不可避免地深深地打上了神学的烙印，这使自然法观念表面上好像又恢复到安提戈涅的时代❶，实际上并非如此，因为自然法的精神内核理性与正义并没有被变革和抛弃，只不过被阿奎那等神学思想家披上一层层厚厚的面纱，用来为宗教服务，神学家把法律划分为三个等级，最高等级是上帝之法，其次是自然法，自然法之下是人定法。自然法源于上帝之法，是永恒之法、正义之法，因为上帝之法代表正义，它是上帝理性在人类社会中的体现，人类可以凭借上帝赐予的理性发现和认识自然法。人定法不得与自然法冲突，"法律不成其为法律，除非合乎正义"，凡是有悖于自然法的法律必然是无效的。由此可见，在中世纪，自然法的正义观念在保持基本理念不变的前提下又获得一些新的进展。

第三阶段是近代社会以来自然法正义观念。近现代古典自然法是在反中世纪神学观念的基础上建立起来的，其显著特点是一场理性的驱魔除魅运动，即用人的理性取代了神的理性，自然法在近代社会完全世俗化了，人类本身无须依赖上帝，仅凭自身的理性认识能力就可以发现自然法，或者说自然法的规则就是从人类的理性中推导出来的。近现代思想家普遍将自然法视为正确的理性，并将自然法视为"公平""正义"的体现。除此之外，他们还进一步扩大了自然法的内涵，将自然权利纳入其中，认为在自然状态下，人人平等地享有生命、健康、自由和财产等基本权利，这些权利来源于自然法的规定并受自然法的保护。由此可见，在近现代古典自然法观念当中理性和自然权利是两个极其重要的价值，是判断法律是否正义的重要依据。

（二）自然法正义观念对普通法的影响

众所周知，尽管整个西方社会的法律体系被划分为大陆和英美两个大的法

---

❶古希腊是泛神论,安提戈涅所提到的宙斯只是诸神之一,中世纪基督教则只信仰上帝。

系，而且两大法系之间存在诸多明显的差别，但是从法律传统的源头活水来看，两大法系基本上属于同根同源，两大法系在核心价值观念上趋向基本是一致的。就自然法观念而言，古希腊罗马时代的自然法思想、中世纪神学自然法思想均对两大法系产生重要影响。现在许多人以为大陆法系直接继受罗马法传统，英美法系没有或极少受古罗马法的影响，其实这是一种误解，真实的情况是英国有选择地继受罗马法传统，并非全盘接受，特别是没有采纳罗马法法典化的立法模式，可能正是这种选择性影响了人们的判断视线。关于古罗马法对英国普通法的影响，学界也有相对比较明确的定论："在英格兰最早的法律文献里，罗马法的概念、方法、格言比比皆是。"❶正如一位学者所说："某些共同的趋向是可以觉察的。用科学方法研究的风气在波伦亚复活之后的大约一世纪后，到处都感到有必要为各种司法体系提供一种既明晰而更有有机性的结构。……总之，没有波伦亚派学说遍布于欧洲，则任何学说，甚至和罗马法原则最远的学说，都不可能以极一致的形式谱写出来的。"❷从实证的角度看，早在11世纪一部名为《威廉一世的法律》，其中多为盎格鲁—诺曼法律，部分以威廉一世的制定法为依据。据说，全书52章中有6章可以看到直接、间接地引自查士丁尼的《学说汇纂》和《查士丁尼法典》的罗马法规则。Amos在其《罗马法》一书中写道：直到14世纪初，罗马法的权威还被人在普通法法院征引，并非如现在那样作为说明或次要的证明，而是当作基本的，实际上是决定性的东西❸。既然罗马法对普通法的影响是客观存在的，而罗马法本身又是自然法的实证法，是"自然理性在人类创设的法律"，从这个角度说，普通法受自然法思想的影响已是不可避免之事，古希腊罗马时代自然法思想的正义观念实际上早已悄无声息地渗透到了普通法之中。

在中世纪，所有西欧国家均成为基督教王国的一个分支，英国也不可能独善其身。如此，神学自然法的正义观念对普通法的影响便是情理之中的事情，并在普通法领域有所反映。中世纪早期作家索尔兹伯里的约翰在其《政治论》中说：有些法的戒律具有永恒的必然性，它在所有民族中皆具有法律的效力而绝对不能违背。他还认为统治者仅仅是护卫者和裁判人，而裁判人的职责就是审判，审判的标准是自然法❹。亨利三世时期王座法院大法官布拉克顿在《论英国的法律和

❶ 梁治平.英国普通法中的罗马法因素[J].比较法研究,1990(1).

❷ 丘日庆.各国法律概况[M].北京:知识出版社,1981:67.

❸ 梁治平.英国普通法中的罗马法因素[J].比较法研究,1990(1).

❹ 考文.美国宪法的高级法背景[M].强世功,译.北京:生活·读书·新知三联书店,1996:11-12.

习惯》一书中说过一段经常被人引用的佳话：国王本人不应该受制于任何人，但他确应受制于上帝和法。我们认为布拉克顿此处讲到的"法"，是一个含义复杂的词汇，既指具有实在意义上的法——英国的习惯法，更重要的是指具有抽象意义的法——自然法（正义）。因为在中世纪氛围中，上帝是正义的代言人，存在于人类社会的法律只有自然法（永恒之法）和人定法，自然法是根据上帝之法制定的，自然具有神圣性，因此可以用来制约国王。而人定法是国王制定的法律，一般无法制约本人，但是英国的普通法与其他国家的人定法不一样，是经由习惯法而来的，并非国王本人意志的产物，也具有一定超越地位，因此也可以用来制约国王，这是英国法律传统最独特的地方之一。总之，在布拉克顿的视野中，处于上帝之法下的自然法和普通法是具有超越王权性质的"高级法"，是检验王权统治是否正当的标准。波洛克认为宗教改革前，普通法的圣贤们不愿公开提及自然法，原因是对教会统治的疑忌，但15世纪的福蒂斯丘爵士是个例外。他在《英国法礼赞》中公开承认自然法的存在，他说：英国法由两个独特的部分组成：其一乃习惯、制定法、议会法和自然法，这些相当于亚里士多德所说的自然物质要素；其二乃准则，即无须用理性和推理来证明的原则，它们是不证自明的，这相当于亚里士多德所谓的动力因❶。福蒂斯丘爵士关于法律的见解，例如，不承认君主的意志具有法律效力，国王不能改变法律，法律无论在什么情况下皆宣布支持上帝在创世时馈赠于人的礼物——自由，这些言论毫无疑问和自然法观念如出一辙。和福蒂斯丘爵士处于同一时代但是比福蒂斯丘爵士的言论更直白的是首席大法官耶沃顿，他说："在碰到一件新案件而又缺少现存法律依据的情况之下，我们的做法应该和教会法专家以及平民的做法一样，他们所考虑的是如何才能最有利于公众的利益，求助的是作为所有法律基础的自然的法律，我们也应该这样办，在此意义上，如果我们准备制定一部实证的法律，也同样应该明白什么是对公众最有益的，然后再去制定该法律。"❷16—17世纪英国普通法发展史上的巨擘——柯克爵士对自然法观念对英国的影响理解得更为透彻，他提出的"普通法就是理性"的观点毫无疑问直接继承了亚里士多德和西塞罗等人的思想遗产。除此之外，他对普通法和自然法之间的关系进行了比较清晰的论述，他说：①依照自然法，臣民对主权者的忠诚与服从是正当的；②自然法是英国法

---

❶ 考文.美国宪法的高级法背景[M].强世功，译.北京：生活·读书·新知三联书店,1996:33.

❷ Y.B.8.Edw.Ⅳ,21.

的一部分；③这种自然法先于世界上任何审判所采取的法律或国内法；④自然法是永恒的，不能被改变。柯克的这番言论并不是空发议论，而是在一个案件的审判中以法官的身份发话的，这意味着自然法的观念在英国不再单纯作为一种学说和理念发挥潜在的影响，而是直接成为法官裁判案件的重要依据，具有实际效力，能够被应用于司法实践当中。在"莫西诉麦福兰"一案中，柯克的观点得到了曼斯菲尔德勋爵的回应，他说："根据本案的情况，被告人应该受到自然正义这根绳索的限制。"继柯克之后，另一位对普通法现代化作出杰出贡献的普通法学家布莱克斯通也深受自然法观念的影响，这一点在他的《英国法释义》中体现得非常明显，《英国法释义》的结构本身就是模仿盖尤斯的《法学阶梯》的结果，《英国法释义》中还大量使用了罗马法的概念、原则或格言，例如，他对于"合同"和"对价"的讨论明显地来源于自然法学家，尽管他声称是在撰写英国法而非自然法❶。同样，财产法和侵权法也大致如此。与柯克相比，布莱克斯通没有接受自然法可以在法院直接适用的观点，但是这并不意味着布莱克斯通是一个地道的法律实证主义者，自然法的观念仍是他法哲学理论中的核心部分，他的贡献是将自然法思想与历史主义观点结合起来，把自然法具体化、英国化。在理念上他仍坚持"自人类存在之日起便由上帝亲自制定的自然法，其所具有的约束力理所当然地高于其他任何法律，这种约束力无时不有，无所不在，所有与之抵触的人类法律均归于无效。至于那些有效的人类法律所具有的全部的强制力和权威性，也都直接或间接地源于自然法"❷。

总之，尽管在普通法传统中，并没有大张旗鼓地对自然法进行宣扬，但是普通法传统中许多术语，如"自然公正""普遍正当"等实质上和自然法近乎同义。对于自然法和普通法之间的关系，吴经熊先生曾发表过以下看法，他说：普通法没有远离基督教的自然法传统。法官已在他们的心中不断地保持着公平与诚信的理想，他们努力基于理性而不是任性作出判决；由于他们讲求实效的常识，他们持续不断地探寻幸福的意义，即使他们只是有意识地想在冲突的利益之间找到一个折中；即使说及的只是财产权，他们也经常洋溢着一种无以言表的神圣的理想主义。这是因为基督教传统，已构成了法官维系生命所必需的氛围，这种氛围不管法官愿意与否，从他孩童时起就已深入骨髓。即使实证主义与物质主义的生活

---

❶ R.庞德.通过法律的社会控制——法律的任务[M].沈宗灵,董世忠,译.北京:商务印书馆,1984:2.

❷ 威廉·布莱克斯通.英国法释义[M].游云庭,缪苗,译.上海:上海人民出版社,2006:53.

哲学盛行，也没能熄灭他们心中基督之爱的火花❶。哈耶克也曾经说到过，英国之所以能够成为一个在中世纪法律观念的基础确立法律下的自由制度，一个十分重要的原因是：英国的普通法论者提出了一些极为重要的观念，它们多少有些类似于自然法传统的观念，但又没有用自然法学派所具有的那些极具有误导性的术语予以表达❷。

二、普通法之正义意识

普通法的正义意识相对于大陆法系法律传统中的正义观念而言，是一个非常模糊的问题，不仅令普通法之外的人理不清头绪，即使普通法法律人也难以或不愿花费心思道清其中的奥妙，正如悉尼大学法学院郑汝纯教授所言："自布莱克斯通之后自然法学消退的200年来，有威望的英国法历史书籍，英国法律和立法概要均极少提及抽象的正义概念。英国的法理书籍长久以来既不关心这一课题也不从非普通法的哲学家中汲取观点。那种认为获得正确推理或道德灵敏的最好方法是来自第一的或更广泛的原则演绎这一信念，过去不是，现在大概也仍然不是普通法法律人士的信念。"❸因此，郑汝纯的论文《普通法之正义意识》对我们而言更显珍贵，它从三个层面对普通法正义意识进行了解读，是目前我们在国内能够看到的对普通法之正义意识分析最为透彻的著作之一。

（一）普通法正义意识的内涵和源头

郑汝纯首先使用排除法，帮助人们澄清一些误解。由于普通法学家们喜欢就事论事谈论法律，很少抽象地谈论正义，因此他们常常被人们特别是民法和自然法研究者误解为法律实证主义者，并将法律实证主义者对正义的理解视为普通法的正义意识。对此，郑汝纯给予了否定性回答，她认为：普通法法律人士对于正义的理解基于这样一个最基本的真理，即"维持正义的最佳办法是不在乎它的定义，承认（极少是抽象性地）正义是在平衡人类利益、道德要求中，甚至是在正义原则的冲突中具体地实现的"，"法官被自己的誓言和国家的法律责成去主持公道"，"他们从来就自视负有作为道德看守人和反对错误行为的基本责任和权力。当不存在其他方法时，这种责任和权力扩展用于填补法律空白或制作新的法

❶ 吴经熊.天下·正义之源泉——自然法研究[M].张薇薇,译.北京:法律出版社,2015:58.
❷ 哈耶克.法律、立法与自由:第一卷[M].邓正来,等译.北京:中国大百科全书出版社,2000:131.
❸ 郑汝纯.普通法之正义意识[J].比较法研究,1998(4).

律"。● 从郑汝纯对普通法正义意识所作的解读来看，我们至少可以获得以下几点启示：一是普通法法律人眼中的正义不是一种抽象的、形而上的正义，而是一种看得见摸得着的具体正义；二是正义的实现可以通过法官公正地处理案件得到满足；三是追求过于抽象的正义或者不受规则等制约自由的审判会干扰正义并最终导致不正义。

为了更好地帮助读者理解这种理念，郑汝纯从历史出发，比较详尽地回顾了普通法正义意识形成的过程。在英国，正义之所以和普通法紧密联系在一起，是有特定原因的。在普通英国人的心目中，国王是正义之源是一个非常古老的信念，但在现实生活中国王不可能亲自处理每一个人的申诉，主要通过他的法院帮助百姓实现正义，由于国王的法官高于和立于地方利益之外，并以司法的方法依法办事，强调理性和辩论，反对决斗和神判，平等地和无偏见地对所有行为与财产开放，因而能够帮助平民与地方封建领主相抗衡，保全平民的合法权利不受侵害，在这个由无数个案构成的正义实现过程中，王室法院维持正义的形象便缓慢但是非常牢固地竖立起来，而王室法院用于帮助平民伸张正义的依据便是普通法的重要构成部分。由此郑汝纯认为："作为皇家法院的司法权的正义观念是普通法法学家和普通法的正义观念中的基础结构。普通法法学家相信，正义的每一方面，其来源、方位和程序，在根本上都是公众的而不是私人的，是与国家尊严紧密联系的，不可让与的，不可成为私有的或看不见的和个人的……它是一种经验性的知识而不是概念的应用，不是一套高于和先于经验的抽象原则。"● 众所周知，普通法是靠国王的权威发展起来的一套法律体系，但是当它日渐成熟起来的时候便开始力图摆脱国王的干预和影响，追求依靠自身的力量独立主持正义，普通法法院的法官们声称，国王是正义之源，但国王并不是最佳施行者。柯克甚至直截了当地拒绝詹姆斯一世坐堂问案的要求，理由是国王不具有审判案件所需要的"技艺理性"，由是英国的普通法法院和法官开始迈向独立之旅。经过数个世纪不断改革和完善，在19世纪末，普通法（如今包括衡平法）的人工化推理最终转变为普通常识，使普通法能够更直接有效地实现正义。

（二）普通法正义意识之核心：公正审判

正如我们在前面所言，普通法上的正义观念不是笛卡尔式的形而上的正义，

● 郑汝纯.普通法之正义意识[J].比较法研究,1998(4).
● 郑汝纯.普通法之正义意识[J].比较法研究,1998(4).

而是一种实践性、经验性的正义，普通法法律工作者更倾向于将正义理解为"公正的审判"，强调"案件应公开审理，诉讼各方地位平等，法官个人在道德上对其判决公开负责，对初审判决的上诉，司法复审等原则的实现"❶。正如丹宁勋爵在一份上诉判决词中所说：在我们所发展的这个国家的审判制度中，法官坐听和决定各方所提出的问题，他不像有些国家那样代表社会去从事调查和询问。然而，即使在英国，法官并不只是一个仲裁人去回答"这样如何？"的问题。他的最高目的是找出事实和依法主持正义；辩护人在日常追随这一目的中扮演一个光荣和必要的角色。难道大法官埃尔登勋爵（Lord Eldon）不是在一个醒目的段落中说过"事实真相的发现最好是通过争议双方的有力陈述"吗？格林尼勋爵（Lord Greene）不也解释说主持正义最好是由一个法官掌握对抗双方的平衡而自己不参与他们的争议吗？格林尼勋爵说，如果一个法官必须自己询问证人，他便陷入争端之中，他要对被纠纷的尘埃模糊了视力的后果负责。❷

普通法的正义除了依靠通过控辩双方这种交织的对话实现外，郑汝纯认为：权衡事实、利益和原则（即那些在实践上不能协调一致或归结为一般标尺的而事实上要求特别正义判决的）的程序，对普通法法律人士来说是正义之非常核心。为此，郑汝纯专门引用了普通法上一个特别有名的判例加以论证。这个案件也是丹宁勋爵亲自经手的一个案件，其大致案情是这样的：达顿太太一幢在建的房子倒塌了，原因是建筑商没有打好地基，为此达顿太太将建筑商和地方政府的检查员告上了法庭，要求他们赔偿损失。而在此之前从未有过指控地方政府及其检查员在批准房屋建造中过失的先例，因此这个案件的争点是地方政府的检查员和地方政府是否应当为此负责。传统的观点一致认为：房屋倒塌建筑商是责任方，与地方政府没有关系。但是丹宁勋爵并不同意这种说法，他认为：地方政府的检查员没有尽到检查该地基和看其是否承受得起房子的重量的责任，地方政府也没有完成他们受议会委托监督房屋的正确施工的任务，因此理应为此负责。本案对于法官来说，面临的最大的挑战不是法律问题，而是适用政策的问题，即什么是法律所能采用的最好的政策。丹宁认为："把责任加之于地方政府，将驱使他们工作得更好而不是更坏。""法律的政策应当是而且也是

❶ 郑汝纯.普通法之正义意识[J].比较法研究,1998(4).
❷ 郑汝纯.普通法之正义意识[J].比较法研究,1998(4).

这样——地方政府必须对其检查员把实际上是坏的东西作为好的东西来批准的过失行为负责。"❶

（三）普通法比其他法律体系能更好地保卫正义

郑汝纯认为普通法在维护正义方面具有独特的优势，因为"延续了一代又一代的普通法不是煞费苦心精心制作的学究式的形式正义概念，相反，它不仅寻求实质性地和负责任地去主持正义，承认新的错误，新的损害类别，新的危险和新的问题，而且也承认其中所涉及的对抗的利益和冲突的考虑是始终存在的"❷。换言之，普通法自始至终是一个灵活开放的体系，是一个不禁止创造的法律体系，它使法官在判决每一步都有机会进行恰当、合理和公正的选择，正如阿特金勋爵在"多诺霍诉史蒂文森"一案中所说："我不认为我们的法理会糟到让人们设想它的原则与文明社会的普通需要及其成员所提出的权利要求之间的距离是如此的遥远，以至于会在有如此明显的社会邪恶的情况下去拒绝一个合法的赔偿。"❸丹宁勋爵则十分坦白地指出：法官一方面要按照法律办事；另一方面必须考虑公平正义，而公平正义的原则是高于法律条文和过去的判例的。为了回应社会的需求，普通法在20世纪表现出巨大的创造性——从产品责任到大量增加雇主对雇员的责任，从宣告不平等的合同无效到对公民反对政府专断给予更大的保护等。最后郑汝纯总结道："正义是普通法之所为，它是传统、学说与程序的结果"，"普通法系国家享誉于世界的是其细致持续地坚持正义和逐步地纠正自身的滥用的能力，这种能力植根于普通法之正义意识，是一种既非纯形式的也非无力容纳社会与道德正义的意识，不像后者，它始终保持人性"，"我相信比另一些（法律体系）更好地保卫了正义"。❹

作为西方世界主要的法律体系之一，普通法和大陆法的正义意识都深受自古希腊罗马时期产生的自然法的影响，不约而同地将正义奉为法律的重要价值之一，但是由于国别或民族的文化风俗传统不同，普通法和大陆法在追求正义的方式上却选择了不同的路径，倾向于立法主义的大陆法系更青睐通过立法追求实质的正义，倾向于司法主义的普通法则更喜好通过司法追求程序的正义。因此"英

❶ 郑汝纯.普通法之正义意识[J].比较法研究,1998(4).

❷ 郑汝纯.普通法之正义意识[J].比较法研究,1998(4).

❸ 郑汝纯.普通法之正义意识[J].比较法研究,1998(4).

❹ 郑汝纯.普通法之正义意识[J].比较法研究,1998(4).

国法学家的注意力全部集中在各种不同的、非常拘泥于形式的、有各种令状规定的程序上"❶，在普通法法律人士的观念中，"一项权利能否得到保护首先要看当事人选择的程序是否正确，如果程序出现错误，其权利就得不到保护"❷，相反只要程序正确适当，那么结果一定是正义的，因此作为实现正义的普通法，其主题内容基本上是有关程序的规定，实体法则隐匿在程序法的缝隙当中。即使对于现代英国法而言，其发展仍有赖于各种诉讼程序，实际法律权利的享有和义务的履行有赖于程序的正当。就程序正义而言，普通法遵循的是古老的自然公正原则，并依赖自然公正原则保护当事人的合法程序性权利，通过公开审判、平等武装、陪审与辩护等司法程序厘清事实、审核证据、辨明法理，最终给予案件当事人一个公正的结论，这就是普通法中的正义，它不追求大而化之的正义，而是通过个案在具体纠纷的解决中将正义的原则渗透其中，帮助公民实现具体的正义。

第三节　普通法对正义的追求：公正地审理案件

一、公正审理案件的指导原则：自然正义

一直以来，公正审判都是英国刑事司法制度的核心理念，公正地审理案件在普通法领域不是一种宣传口号，而是一个具有实际内涵和实施标准的重要司法准则，是每个法官在审理案件时必须遵守的职业底线，是"落在每一个裁决者身上的义务"，正如丹宁勋爵所言："如果我在判案时没有秉公办事，我就会睡不着觉。"❸众所周知，在世界范围内，英国司法审判的公正性一直处于领先水平，英国的法官不仅在本国内享有崇高的威望，在国际上也颇受同行敬重，矢志不渝地追求公正审判是英国法官取得成功的重要原因之一，而且英国法官的这一优良传统具有悠久的历史。早在中世纪，他们在自然正义理念的熏陶之下，开始探索如何公正地审理案件，而且直到今天，英国法官仍将自然正义奉为司法审判的重要指导原则之一，换句话说，英国的司法审判一直在自然正义阳光雨露的滋润中缓慢前行，倘若完全离开了自然正义的指导，英国的司法审判不知会迈向何方。

何谓自然正义呢？在理论上这又是一个说不清道不明的问题，有人将自然正

---

❶ 勒内·达维德.当代主要法律体系[M].漆竹生,译.上海：上海译文出版社,1984:300.

❷ 何勤华.外国法制史[M].北京：法律出版社,1997:196.

❸ 约翰·莫蒂默.访问记[N].星期日泰晤士报,1982-08-01.

义理解为"天然的是非观",有人认为自然正义的含义根本不可能解释清晰,属于越解释越糊涂的概念。但是有一点可以肯定,自然正义与自然法思想之间是存在渊源关系的,在很多场合下自然正义和自然法、自然公正、正当程序等词是一个意思甚至可以互换使用。但在普通法语境当中,自然正义是一条可以在司法实践中作为审判依据的重要原则,因此它的含义是相对确定和明晰的。例如,有的法官将自然公正理解为:"是基本的、简单的、初步的公正,有别于复杂的、高标准的、技术性的公正。"❶《牛津法律大辞典》将自然正义解释为:通常指在处理纠纷时所采取的一般原则和最低公平标准,它体现了以下两个特定的要求:(a)任何人都不得在与自己有关的案件中担任法官(nemo judex in parte sua);(b)应听取双方之词,任何一方之词未被听取不得对其裁判(audi alteram partem)。很早以来这两个原则就被确定下来,按照第一项要求,假如法官与裁判结果有任何法律上或金钱上的利害关系,或者法官是一方当事人的亲戚或涉案机构的成员,从而会导致偏袒的现实可能性或迹象,那么法官就应回避。依照此原则,当事人可以撤回提出的异议,法律也可能规定当事人有权提出异议的情形。依照第二项要求,法官应当向双方或全体当事人提供作出平等陈述的机会,并同等关注他们的论点。❷

自然正义的两个特定的要求,在学界更习惯地将之称为两项基本规则,即反对偏私规则和公平听证规则。反对偏私规则是对裁决主体资格限定,意在排除偏见或者任何可能存在的偏见,它构成了回避制度的基础。在司法实践中,裁决主体是否存在偏见的判断标准主要有两个:一是偏见的确实可能性(real likelihood of bias);二是偏见的合理怀疑(reasonable suspicion of bias)。根据这两个标准,裁判者不但要做到实质上不带有偏见,而且从表面上也不能给人留下有理由怀疑可能带有偏见的印象,应该达到能够不让人产生合理怀疑的境界。英国学者布拉克顿在其《关于英国的法和习惯》中曾指出:如果与案件一方有血缘或朋友关系,或对案件一方怀有敌意,或与案件一方有服从关系,或是案件一方的拥护者,只要存在这种怀疑,一个法官就不应当审理该案件❸。在1956年的格林姆斯贝上诉案中,首席大法官戈达德说道:"我们强调的偏见是偏见的真实可能性,

❶ 皮纯协.行政程序法基本研究[M].北京:中国人民公安大学出版社,2000:41.

❷ 沃克.牛津法律大辞典[M].李双元,等译.北京:法律出版社,2003:787.

❸ 姜熙.CAS奥运会体育仲裁的程序正义[J].体育学刊,2011(1).

而不是确凿的偏见。"与反对偏私规则相比，公平听证规则更为关键，"任何人在受到不利影响之前都要被听取意见"被认为是自然正义原则更为根本的要求。公平听证规则主要包括三个方面的要求，一是裁决机关应将控告事项告知当事人；二是应向当事人公开各种证据材料；三是应听取当事人的意见。

总之，自然正义原则是普通法上一个古老的原则，一开始只限于司法领域，后来逐渐扩展到行政领域，"在某种程度上，英格兰普通法长期发展的过程，其实正是普通法院在自然法原则的引导下裁决案件、连续不断地试图追求自然正义的过程"。普通法院通过对自然正义原则的严格遵循，既成功地避免了司法权的滥用，又有力地维护了当事人的合法权利，因此在英国人民的心目中树立起正义主持者的形象，很多英国人认为：所谓法治，无非是普通法院之治，而普通法院之治就是自然正义之治。

二、公正审理案件透视

以上我们探讨了自然正义原则对普通法院产生的重要影响，但是我们同时也深知，英国司法审判的公正性除了自然正义原则的指导之外，还需要其他一些细节性的更具有可操作性的原则作为支撑，因为自然正义原则总体而论是属于一个方向性、概括性的原则，英国司法正义大厦固然离不开像自然正义原则这样总体性的结构框架，但同时也需要其他一些细节原则进行填充和装饰，否则这座大厦或难以担当起为英国人民的权利和自由进行遮风挡雨之历史重任。换言之，公正审理案件除了必须遵循自然正义的大原则外，还须贯彻其他一些重要的细节性原则。否则将难以解释，为何有些国家也同样深受自然正义观念的影响，在司法实践中也强调回避和兼听的原则，但是司法审判的公正性却不尽如人意这样的问题。对于公正审理案件的标准，学界有很多种观点，可谓仁者见仁、智者见智，但对于普通法而言，它经过长期司法实践总结出了一套适合自己的标准，这套标准被归纳为：（a）法官与陪审团的独立和两者均无涉入个人利益；（b）听取诉讼双方之言和考虑所有证据，但证据应被恰当地呈示于法院和不属传言；（c）双方当事人均提供有力证据；（d）法官个人的完善——不腐败和公正无私；（e）辩护律师在寻求事实过程中行为得当；（f）法官提供其根据法律和学说审定证据和制作判决的理由。❶下面我们逐一进行分析与探讨。

---

❶ 郑汝纯.普通法之正义意识[J].比较法研究,1998(4).

（一）法官与陪审团的独立和两者均无涉入个人利益

这一条强调两个意思，一是裁判者的独立；二是裁判者的中立，即反对偏私规则。众所周知，普通法院的审判通常有两个裁判主体，法官是其中之一，负责法律适用问题，另一个裁判主体是陪审团，负责事实问题的裁定。这两个裁判主体的决定意见合在一起共同形成案件的判决。因此，公正审理案件必然要求法官和陪审团两个裁判主体都要保持独立，如果任何一方没有保持独立，司法就不可能获得公正。所谓法官的独立，是指法官享有审理和裁判案件的权利，同时对自己的不正确或错误裁判承担完全责任的制度。这就是说，法官必须依法享有独立的审判权，法官只对法律负责，而不受任何外来的以及法院内部的其他法官的干预，法官在审理案件的过程中，只应当接受监督，而不应接受任何指示和命令，指挥方式在裁判中必须绝对避免❶。

陪审团的独立是指陪审团在聆听两造及其辩护人的陈述后，在不受外界干扰和压力之下经独立思考和充分协商后独立形成关于事实部分认定的意见。陪审团在裁决过程中，既不受来自外界的干扰，如当事人的贿赂、威胁等，也不受法官的控制。陪审制度起源于英国，但是陪审团的独立并不是自陪审制度实行的第一天起就自动获得的，而是经历过一个漫长的历史过程。一般认为陪审团的独立地位是在1670年的布歇尔案中正式确立的，因为在此之前法官可以通过中断食品供应等手段向陪审团施加压力，尽管如此，在中世纪英国陪审团仍然可以称得上是一个独立作出裁决的团体。几个世纪以来，法学家和法官们都把陪审团审判当作最公正的审判形式。早在1713年马修-黑尔爵士就把陪审团审判制度描述为"天底下最好的审判制度"，这一观点在1975年詹姆斯委员会报告中得到认可——同机械地应用法律条文相比，陪审团能给人以平等和公正感。

关于法官和陪审团的中立问题，是指法官和陪审团两个裁判主体与案件双方当事人中任何一方均无利害关系，关于法官的中立问题，即反对偏私规则，我们在上面已经稍加论述，于此不再赘言。对于陪审团的中立问题，在英国逐渐形成了一整套陪审员的选拔和回避制度，一般做法是由负责召集陪审员的官员从符合要求的公民当中随机抽取一些名单，然后由负责审理案件的法庭从这些名单当中抽签决定陪审团的组成人员。陪审团名单对外是公开的，当事人可以对其中成员提出回避要求，回避请求有两种：一是有因回避；二是无因回避。通过回避请求

❶ 王利明.司法改革研究(修订版)[M].北京:法律出版社,2001.

权利的行使，可以最大限度地割断陪审团成员与双方当事人可能存在的千丝万缕的关系，特殊情况下被告人可以凭借该原则申请陪审团所有成员回避，组建一个新的陪审团。值得我们注意的是，普通法除了强调法官和陪审团两个裁判主体各自独立与中立外，两个主体间还存在相互关联与监督的问题，一方面，两者之间可以形成合力共同抵御外部的干扰；另一方面，两者之间可以相互监督与牵制，避免单一司法主体下的独断专行。

（二）听取诉讼双方之言和考虑所有证据，但证据应被恰当地呈示于法院和不属传言

听取诉讼双方之言是指公开论辩，法院必须在公平地听取原被告双方公开发表意见的基础上作出决断，禁止偏听偏信。考虑所有证据是指裁判者在作出裁判时应当综合考虑全案证据，不考虑所有证据就作出决定是危险的。其理由：对每一个证据的证明力的判断离不开对所有证据的通盘考虑，案件事实不是单个证据的简单相加，必须允许事实审理者全面接触证据，这才是获得正确认识的关键。该观点被称为司法证明的"整体论"。❶证据应被恰当地呈示于法院是指收集提供证据的程序应当合法，如证据获取的方式或手段不合法、通过证据证明待证事实的手段不合法或证明的事实不合法，这样的证据法院一般不会采纳。例如，在英国普通法和《法官规则》中，自白证据是否具有可采信性完全取决于其真实有效性和证据提供者的自愿性，根据此规则在受到威胁或引诱或被压制下获得的证据便属非法。证据不属于传言是指在英国证据法中的"排除传闻"制度。传言或传闻通常是指法庭之外作出的口头或书面的陈述，这些陈述作为证据一旦提交法庭就变成了"传闻证据"，由于传闻证据本身具有伪造或误导的缺陷，所以在诉讼中英国司法机构禁止将传闻作为证据使用，早在1700年，英国法院确立明确的传闻证据规则：如果证人能够亲自出庭作证的话，庭外陈述即使经过宣誓也不得使用。近些年来，传闻证据使用规则稍稍作调整，出现了一些法定的例外情况。

（三）双方当事人均提供有力证据

英国诉讼模式是对抗制，强调裁判者的中立和消极地位，在整个庭审过程中裁判者不像大陆法系国家的法官一样主导审判，除非必要他们一般不主动干预审

---

❶ PENNINGTON N, HASTIE R. A cognitive theory of juror decision making: the story model[J].Cardozo Law Review, 1991,13(2):519-557.

判，而是保持安静、不动声色地聆听和观察案件当事人的对抗与交锋。由于事实认定的程序由双方当事人及律师主导，在这种竞争性机制下，如果一方当事人提供的证据明显弱于另一方当事人的证明，那么他将不得不面对败诉的命运。因此，原被告双方无不使出浑身解数积极收集对己方有利的证据，所以有人说普通法诉讼是双方当事人在幕后进行的一个技巧性极高的游戏。而很多大陆法系国家的法官是可以依职权介入调查取证的，法官既可以依一方当事人的申请进行调查取证，也可以自行决定主动出击进行调查取证，大陆法系法官的非中立性的好处是可以帮助弱势一方取证以弥补其取证能力的不足，从而有助于纠正自由竞争机制下双方能力不对等的弊端，但是由于法官的介入，很容易使他们对案件产生先入为主的意见，也必然会对司法中立产生消极影响。

（四）法官个人的完善——不腐败和公正无私

这一条是对法官品格及职业道德的要求，不腐败是对法官最低的要求，公正无私则是对法官提出的更高层次的要求。众所周知，腐败是司法公正的大敌，案件的主审法官只要有接受当事人好处等类似腐败行为，便不可能保持完全中立的立场，即使此法官并没有违法作出判决，在当事人心目中司法公正的大厦已经开始坍塌了，因为他们知道一个国家法官的廉洁一旦出现问题意味着什么，即将发生什么。从司法审判历史的角度看，其情形也大抵如此，但凡无法解决法官腐败问题的国家，司法腐败几乎成为定式，因为司法审判权毕竟是一种重要的国家权力，它可以直接决定人们在利益上的得失和在声誉上的荣辱，必然成为当事人腐蚀的对象。因此，公正地审理案件，从法官的角度看，要求法官首先做到不腐败，然后尽量追求公正无私。从审判模式上论，我们认为普通法系国家的法官更易做到不腐败，因为在对抗制的审判模式下，法官角色的轻重与职权大小与非对抗审判模式下的法官相比很显然要逊色许多，更何况对抗制审判模式下，法官只是裁判者之一，对事实问题还没有裁决权，在这些因素的影响下当事人贿赂法官的可能性或者意义不是很大。但是在职权主义审判模式中，审判过程由法官主导，法官既判定事实问题也判定法律问题，换言之，法官拥有案件的完全决定权，在这种情况下法官的腐败风险当然远远大于普通法系国家的同行。令人颇感吊诡的是，普通法系法官的弱势地位却成就了法官的崇高威望和廉洁声誉，在英国法官是最受人尊重的职业之一，其社会尊荣远非金钱所能衡量，腐败对于法官而言实在是一件得不偿失的事情，因此英国的法官在世界上一直保持清廉的名声，极少有法官因腐败问题而落马或受处理，司法审判的廉洁性在世界上一直保持领先水平。

（五）辩护律师在寻求事实过程中行为得当

作为法律职业群体中的一员，律师在诉讼活动中扮演着不可替代的角色，尤其在对抗诉讼模式下律师无疑是整个诉讼活动中关键人物之一，他们凭借丰富的法律知识和娴熟的办案技巧在法庭上大展风采，相比之下法官和案件的当事人好像是配角一样默不作声，很少发表意见。因此，在对抗制诉讼模式下，律师行为正当性无论对于诉讼的程序正义还是实质正义都有举足轻重的影响。我们在许多电影中经常看到这样的情境：西方人遇到纠纷时最喜欢说的一句话是"有事找我律师谈"；在被警察传唤时说得最多的一句话是"我想见一见我的律师"。这些生活中的细节充分说明律师这个职业对于普通人的重要性，律师群体在西方世界尤其普通法系国家享有较高的社会声望，律师职业是一个体面的受人尊重的职业，人们将律师视为维护自身合法权利的重要保障，从历史实践的角度看，普通法系国家律师这个群体也的确在维护普通人权利、推进司法独立和公正方面立下了汗马功劳。

我们知道英国的律师大约起源于13世纪，至今有700多年的历史了。英国的律师分为出庭律师和事务律师两种，出庭律师就是我们所说的辩护律师，他的主要职责是为当事人在法庭上进行辩护。按照英国的司法传统，辩护律师的地位要高于事务律师，并且英国法官主要从辩护律师中选拔，但并非每位辩护律师都能成为法官，只有少部分出类拔萃者才有可能被提名为法官，因此成为法官是每一位辩护律师的梦想，很多人将步入法官行列视为一生中迟来的荣耀。从这一角度看，英国的辩护律师是一个非常优秀的群体，他们无论在法律素养、职业道德还是行为规范上表现都很优秀，这一点对于公正审判是非常重要的。据考证，早在爱德华一世统治时期，英国就开始对律师行为进行规范，主要有三个法律。其一为1275年《威斯敏斯特1号令》中的第29章，主要针对13世纪后期司法体系中存在的问题，具体对象为行政司法长官、王室官吏、法庭书记员及其庭吏、过分好讼者。该法令针对的不法行为包括非法剥夺土地、敲诈勒索、助讼图利、包揽诉讼以及诉讼教唆。罗斯认为，上述法令（第29章）也许是最早的专业规范，为后来的规范奠定了基础。其二为1280年的《伦敦条例》，其由伦敦市官员制定。这一条例篇幅长而具体，对律师的开业、准入和律师在伦敦城的行为均作出了规定。其目标在于：控制律师数量、规范其不当行为。对于触犯条例者的惩处呈多样化特点：短期停止执业和罚款；永久停业；停业三年；监禁（"根据国王法令"）。其三为1292年《条例》，由爱德华一世颁布，涉及面较窄，只处理代辩律师的准入和普通民事法庭学徒方面的事宜。《条例》指导法官规范代辩律师在普通民事法庭执业的数量，确定每郡律师配额140名为宜（可浮动）。《条例》建基于1275年《威斯敏斯特1号令》和1280年《伦敦条例》，是对1289年司法丑闻的一种积极反应。主要关注律师数量及其称职与否，反映了当时的一种观念：限制律师数量是减少律师不当行为的有效方式。罗斯总的看法是：中世纪关于律师的规范成为现代律师规范的基础。❶英国律师界真正建立专业的行为规范是在20世纪，主要的规范性法律或文件有《律师法》(1974)、《律师专业行为指南》(1999) 和《律师执业规则》(2006) 等用于保障律师行为的正当性。例如，律师行为规则第1条说明中明白指出：律师同时为委任人及社会服务，其服务应遵守法律及司法管理，而在服务委任人方面则以委任人之利益为优先考虑，并列举了律师的核心义务（core duty）：①正直（integrity）。律师对于委任人、法院、律师或其他人之行为均应保持正直。②独立自主（Independence）。律师不得因法院、委任人等之压力而减其独立自主。③委任人最佳利益（best interests of clients）。律师应在遵守专业行为责任及维护司法管理的公共利益前提下，为委任人最佳利益处理案件。④保密（confidentiality）。⑤利益冲突（conflict of interests）。律师应避免自身与委任人或委任人间之利益冲突。⑥胜任能力（competence）。⑦公正（fairness）。在专业往来行为中应公正、合理对待他人，并不得有非法差别待遇。⑧关心委任人（client care）。律师应维持适当关心委任人程序，并清楚、实时、经常地告知委任人包含费用等案件相关信息，以供委任人知悉后作决定。⑨监督及管理（supervision and management）。律师应管理其工作来完成对委任人之义务。⑩专业（profession）。律师不得从事任何可能损及专业名誉及正直的行为。❷从上面所举英国律师行为规则第1条说明我们可以看出，英国对于律师行为的正当性要求是极为严格的，律师无论在工作时间还是私人生活均不能作出有损律师形象的行为，在实践中律师公会对律师的不正当行为始终保持高压处理姿态，尽管没有实际损害律师形象但是存在损害的可能性，律师公会仍会对当事律

---

❶ 郭义贵.论英国早期律师制度[J].法学评论,2008(1).

❷ 蔡云玺.律师伦理规范法制研究[D].台北:台湾大学,1996:52.

师进行惩戒。如果一个律师受到惩戒，意味着其声誉受损，接下来由于失去客户、同行及法官的信任，他将无法在行业中立足，最终会被淘汰出局。所以对于英国的辩护律师来说，行为的正当性是其在行业立足的根本之所在，律师们也深知这点，因此非常爱惜自己的羽毛，都愿意不断完善自己，不断进步，争取最后能成为一名法官，为自己职业生涯画上圆满的句号。

（六）法官提供其根据法律和学说审定证据和制作判决的理由

这一条是对法官适用法律进行判决的具体要求，一是要求法官依法裁判；二是要求法官必须说明理由。依法裁判是现代法治国家的一个普遍的司法原则，是公正审理案件的基本保障，依法裁判的反面是有法不依或者是以意志替代法律，其后果必然使司法陷入腐败的泥潭，成为人治的工具，给人权保护带来灾难性的后果。所以，现代法治国家无不把依法裁判作为保证司法公正一项重要的原则加以贯彻，如《拿破仑法典》中明确规定：审判员借口没有法律或法律不明确、完备而拒绝受理得依拒绝审判罪追诉，此款规定已被很多国家所采纳，很多国家的刑法典中还专门设有枉法裁判罪用于约束法官的裁量行为。一般而言，依法裁判主要包含以下三个方面内容：第一，司法裁判必须根据现存的法律。在成文法国家，法官必须以立法机关创制的各种法典的相关法条为依据进行裁判；在判例法系国家，除了立法机关创制的成文立法外，法官在裁判时还必须遵循以前的判例，判决的结果要和先例保持基本一致，不能有大的出入，这就是英美法上的"遵循先例"原则，对此德沃金曾强调：每个法官在理解法律时，要像一位"章回小说"的作者那样，尽力维持普通法的传统，表达这种传统一贯具有的正义和公平的含义。第二，司法裁判必须客观地适应法律。这要求法官在适用法律的时候，应当尽可能保持客观中立的立场，排拒不相关因素，禁止偏私。第三，司法裁判无论在程序上还是在实体上都必须遵守法律。历史上很多国家在程序正义和实体正义之间往往偏重实体正义，对程序正义的重视程度不够，这就造成在司法实践中法官普遍使用刑讯逼供等非法手段收集证据等不良现象，最终影响到了实体正义的实现。因此，对这些国家的法官而言，遵守法律，不仅仅指的是遵守实体性法律，更重要的是要严格遵守程序性法律，唯有如此才能确保依法裁判。

制作判决的理由，是指法官在作出裁判结论之后，还有义务说明裁判的理由。在许多国家的判决书中，在适用法律方面法官往往仅说明裁判的法律依据，通用的说法是："根据某某法律第几条的几款之规定，判决如下……"法官一般不再详细说明判决的理由，有的法官甚至很固执地认为，"某某法律第几条第几款"就是判决的理由。我们认为所谓的"某某法律第几条第几款"仅是交代裁判的依据，并没有说明理由。裁判的过程是指法官将抽象的法律条文和具体的案件相结合的过程，在这个过程中法官必须着力解决的一个问题是：这个案件为何适用这一法律条款？而这个问题的答案，就是我们称为案由或者判决书说理的那一部分。法官的裁判是否带有案由，我们认为这对审判公正具有十分重要的意义。首先，这是对法官自身能力的考验，一份好的案由就是一篇优秀的法律论文，既要有正确的观点，又要有清晰的思路和严密的论证，还要有熟练驾驭文字的能力。如果法官的案由部分出现了逻辑混乱等问题，那么其结论的正确性是很容易让人质疑的。其次，这是对法官裁判公正最有力的监督手段之一。公布裁判理由，在更深层次上使案件公开化，进一步避免暗箱操作，是司法透明的重要举措。判决和案由一起对外公布，人人都可对之进行研究，尤其是那些精通法律的人士，他们的意见对法官将会造成巨大的压力，因此法官的判决及其案由必须经得起考验，在这种情况下法官必须具有真才实学并且保持公正廉洁，否则根本无法在法官的位置上待得长久。与此相反，不公布案由的司法裁判制度则给司法腐败和那些昏庸的法官留下了生存空间。

三、普通法追求"公正审理案件"考察

以上我们从技术角度对公正审理案件进行了简要的分析，一共提出了六个方面的要求，实际上这六个方面依然不能完全涵盖公正审理案件所有要件，如及时审判的原则还没涉及，但是核心的要件基本具备了，换句话说只要做到这六个方面，基本上可以确保案件审理的公正性。现在我们从这个标准出发，考察一下普通法的司法制度是否符合公正审理案件的要求，普通法法院的法官们在司法实践中是否做到了公正地审理案件。为了避免叙事过于碎化，我们拟从司法独立、诉讼制度的改革和法律职业群体三个大的角度入手进行考察，这三个大的角度是在合并以上六个具体标准的基础上形成的，并没有偏离考察公正地审理案件的实质标准。

（一）司法独立

司法独立是一个现代性的概念，是近现代西方宪政体制下一个极其重要的基本精神和原则。司法独立原则是建立在分权理论之上的，历史上最早提出司法独

立理论的是法国启蒙思想家孟德斯鸠,他说:"如果司法权不同行政权和立法权分立,自由也就不存在了。如果司法权同立法权合而为一,则将对公民的生命和自由施行专断的权力,因为法官就是立法者。如果司法权同行政权合而为一,法官便将握有压迫者的力量。"❶因此从宪政的层面或宏观的角度上看,所谓的司法独立其实就是指司法权的独立。也有人从中观的角度出发将司法独立视为司法审判机关的独立,如英国学者斯蒂芬认为独立的司法机关是指一个只根据法律实现正义而不受政府政策和倾向性影响的司法机关。还有人从微观的角度出发认为司法独立指的是法官的独立,即法官在审判中只服从法律,不受外来力量的控制或干预。我们认为这三个角度看待司法独立并不矛盾,司法独立的内涵是非常丰富的,将这三个角度的理解结合起来恰恰最完整地阐释了司法独立的内涵,没有司法权的独立,就不可能有司法机关的独立,在司法机关不独立的情况下,法官个人更不可能独立,这是司法独立的一般规律。但对英国这个世界上第一个实现司法独立的国家而言,情况略微特殊,其司法权的独立、法院的独立和法官的独立并不是严格按照时间先后顺序分段进行的,而是纠结在一起,相互推进,共同努力实现司法独立的,这是英国特殊的经历。

1.英国司法独立的先天条件

英国之所以成为世界上第一个实现司法独立的国家,并非幸运或偶然二词所能解释,其背后隐藏着一些必然,这些必然因素或条件才是最终决定性因素。我们认为英国早期社会有以下因素对司法独立具有重要意义。

一是司法解纷方式的思维定式。自从人类结成社会,进一步形成国家,就产生了治理社会的需要,有很多公共事务要进行处理,但是不同的民族治理的模式是不一样的,有的偏重使用武力手段,有的偏重使用行政手段,有的偏重使用司法手段。盎格鲁-撒克逊时代的英格兰诸王国,大多都继承了其祖先日耳曼人的传统,偏重使用司法手段治理社会。在诸王国中,主要存在三种不同层次的司法组织:①贤人会议。主要管辖与国王或贵族利益攸关的重要案件。贤人会议作出的司法判决,国王也无权进行修改。②郡法院。法庭的组织由郡长负责,案件的审理权由诉讼人集体行使。司法审判的主要依据是地方性的习俗和惯例,判决一般比较公正。③百户区法院。百户区法院审案的方式同郡法院一样,只不过参加审判的诉讼人的身份与郡法院相比身份较卑微一些。可见,在上古时期,英国社

---

❶ 孟德斯鸠.论法的精神[M].许明龙,译.北京:商务印书馆,2006:103.

会主要通过司法方式解决社会纠纷。❶偏重司法方式治理社会相对于偏重武力或行政方式治理社会，对于国家权力的分配格局具有深远的影响，凡是偏重武力或行政手段的国家无不发展为专制统治国家，在这样的国家里，即使建立了司法机关，也难以独立，不过是行政权力的附庸罢了。偏重于司法方式治理社会的国家，司法的权威得以建立，即使将来在行政权力强大的时候，司法的权威虽然也会受到压制，但是不会被摧毁，司法始终存在独立的可能性，一旦机遇成熟，司法独立便会顺势实现，英国便是如此。

二是对法律一直保持信仰。在依靠武力或行政权力治理的社会里，人们只会迷信权力，而不会信仰法律，因为在这样的社会中"权大于法"，掌握权力的人可以随时修改法律，破坏法律，视法律如玩物，法律只不过是掩饰权力运行的一层虚伪的外衣，人们深知这样的法律是不可能保护自己的，自然也就不会对之寄予期望，甚至反感和仇恨法律。"法律需要被信仰，否则它形同虚设。"这句西方的谚语则说明了法律不被信仰的后果。在英国早期社会，由于偏重司法的方式治理社会，司法具有较高的权威，这种情况必然强化了法律在人们心中的地位。因为司法方式治理社会需要一套处理问题的规则，而且这套规则还需要得到双方当事人及大多数社会成员的认可，唯有如此它才可能具有实施的效力。在英国社会中，大家公认的司法裁决规则不是由某个人制定的，而是在当时社会盛行的习惯法，对包括国王在内的每位社会成员都具有约束力。由此可见，在英国早期法律是可以保护人们的合法权益的，法律并非一纸空文，这样一来信仰法律的念头便在人们头脑中扎根下来，非但如此，人们出于维护自身利益的需要还会非常积极主动地去维护法律的权威，一旦出现统治者践踏法律的现象，他们便会群起而攻之，直到其回到遵守法律的轨道上来。这样在英国社会形成了一个良性的循环，人们信仰法律，法律保护人们；人们保护法律，法律实现正义。

三是社会权力始终保持强大的约束力。英国在历史发展进程中权力博弈各方的力量始终没有出现严重失衡的情况，官方的力量从未强大到掌控一切的程度，而传统民间的力量也从未软弱到任人宰割的地步。因此，英国在国家形成的过程中走的是一条较为缓和之路，这种缓和的态势，使得权力难以过分集中在某一个人身上，国王虽为一国之君，但是其权威性远远形成不了压倒性的优势，要维护其统治必须和贵族或自由民分享包括司法权在内的各项公共权力。至于地方上最

---

❶ 刘吉涛.私人性、社会性和独立性——普通法视域中的司法权认知[J].民间法,2010(1).

重要的行政长官——郡长，在早期是由民众选举产生、经国王同意任命的，他在一定意义上可视为"民意的代表"，代表人民行使职权。因而，从今天的立场看，在上古时期的英国基本上建立了国家与社会二分结构社会，开始形成权利制约权力的机制，司法权是真正意义上的"社会之公器"，是一种社会性甚至是民间性的权力。也正是由于立法权和司法权从来就没有集中在国王政府手中，而是保留在了社会大众手中，故而建国伊始英国就形成了"王在法下"的法治传统。❶

以上列举的三点，虽然未能概括全面，但这三点确实是英国的独特之处，为其他国家所不具备，而这三点对于司法独立来说尤为关键，它们综合起来形成了一种气候或者氛围，在这种气候中发育成长起来的英国司法机构和法律职业群体当然具有与众不同的气质，在他们的努力争取下，英国从中世纪开始启动了追求司法独立之旅。

2. 中世纪司法的相对独立

发生在1066年的诺曼征服深刻地改变了英国的历史进程，开辟了英国法制发展的新时代。"诺曼征服后的英格兰历史是一部努力摆脱作为欧洲大陆无关紧要的一个岛屿而成为一个向全世界输送它的人民、语言和法律的伟大国家的历史。"❷诺曼征服后，建立了强大的王权，国王在司法领域进行了积极而又不动声色的权力扩张。一是建立了王室法院系统。尽管最初王室法院的管辖权十分有限，审案的范围仅限于与国王利益相关的案件，但是实体机构的建立为将来国王控制司法权奠定了物质基础。二是通过各种手段不断扩张王室法院的管辖权。国王通过创立令状、巡回审判和陪审等明显合理与先进的制度，通过"竞争"的方式，将原本不属于国王法庭管辖的案件源源不断地吸引过来，从而渐进式地完成了司法的中央化。在刑事案件上，国王凭借"王之安宁"的理论，借题发挥将刑事案件的管辖权从地方公共法院收归王室法院。在民事案件上，郡法院的管辖范围也越来越小。爱德华一世末期出台的《格罗切斯特法令》规定：郡法院不得管辖标的额超过40先令的案件。由于货币贬值，结果越来越多的案件进入王室法院。亨利三世时期下令禁止郡法院成为任何法院的上诉法院，规定错判案件的管辖权专属王室法院。以上这些举措大大削弱了地方公共法院的权力和地位，这意味着原本属于地方公共性质的司法权已经大部分转移到国王个人的控制之下。不

---

❶ 刘吉涛.私人性、社会性和独立性——普通法视域中的司法权认知[J].民间法,2010(1).

❷ 齐延平.论英国自由宪政文明的进路[J].金陵法律评论,2006(2):28-35.

过即便如此，英国的司法最终还是没有完全丧失独立，彻底沦为统治的工具。

首先，英国王权虽然较为强大，但却无法改变法律。英国的法律源于习惯，是英格兰人民世代相传的、经历史积淀而成的规范体系，是一套"自生自发秩序"，具有先天的独立性，非但不受国王个人意志的左右，而且还对国王的行为形成强有力的制约。因此，英格兰的国王是"根据法律而不是个人意志来引导他的人民，并且和他的人民一样服从于法律"。在英国人的心目中，"普通法象征着有秩序的生活和有纪律的行为……普通法是法律最完美的理想，因为它是由多少代人的集体智慧发展而来并加以阐述的自然理论……基于悠久的惯例和几近超自然的智慧，它的权威在议会的法令和王室的法条之上，而不是在它们之下"。因此，即使贵为一国之主的国王也必须尊重和服从普通法，否则便无法维护正常的统治。

其次，陪审制度的出现使英国的司法审判权之一部分始终牢牢掌控在普通民众手中。英国国王建立陪审制度的初衷，是想通过它来侵夺地方权力、加强中央集权。陪审制度在建立之初的确起到了这样的作用，"陪审团是英王室向地方渗权的最为重要的工具之一"。道森（Dawson）也认为，陪审团是"极其有效的一项伟大的创举"，"它几乎使得地方特权不能得到保障"。但是，陪审团后来的发展越来越背离制度设立的初衷，最终发展成为人们抵制霸权、维护权利与自由的堡垒了。按陪审制度的规定，陪审团负责案件事实部分的裁定，法官负责法律部分的裁定。尤其在刑事案件中，判定是否有罪的权力掌握在陪审团手中。在这样的制度设计之下，司法权之一部分，甚至最为核心的一部分，始终掌控在民众手中。

最后，很重要的一点，与司法的职业化有关。国王虽拥有任命法官之大权，但是英格兰的法官并没有完全成为国王的"奴才"；相反，他们通过明修栈道、暗度陈仓的方式，较早地完成了法律的专业化和职业化，并最终促成了英国法律职业共同体的形成，从而成功开启了司法独立之路。英国的法律职业共同体在长期的司法实践活动中，不但拥有近乎相同的法律知识，而且在履行职责的过程中滋生了对自己职业和司法工作的庄严责任感与使命感，形成了一种被称为"普通法心智"的观念❶，这一观念的形成使普通法法律职业共同体对于普通法有了普

---

❶ 根据波考特教授的观点，"普通法心智"观念主要内容包括："首先，英格兰所有的法律可以被称为普通法；其次，普通法是普通习惯，这种普通习惯来源自民众以及各种法院的宣示、解释和适用；最后，所有的这些习惯被认为是超出久远记忆的。任何被宣示的法律、判决或制定法，它们的内容都是超出久远记忆的习惯。"

遍的认同感,这种坚固的认同感使得英国法律职业群体敢于对抗专制王权,积极争取司法独立。在司法实践过程中,法官通过"拟制"的方法,将国王的称号与国王本人区分开来,他们宣称:法官忠于国王,并不是忠于国王这个人,而是忠于国王头顶上的桂冠,即国王这个称号所代表的"国家法律和秩序"。通过这种方式,法官将国王抽象化、概念化了,从而为排斥国王本人干预司法找到了理论依据。除此之外,英国法官还形成了另一种排斥国王干预司法的理论。法官们认为:国王已经将其司法权"委托"给各种法院,已无权直接行使自己的司法权,只能通过专职法官来行使,国王不能单凭个人意志裁断案件。这样一来,国王逐渐地失去了干预具体案件的权力,司法权在这个意义上,开始挣脱私人股掌走向独立。正如约翰·密尔顿所言:"英国人并没有援引任何皇室法把它(司法权)交给国王,英国国王除了依据既定的法律之外,便不能也从没有审判过任何人。"

总而言之,在中世纪这一历史阶段,英国在司法独立方面近乎同时发生"共生与互逆"性的变化:司法权在被国王逐渐控制的同时,又开始悄然从他的手中溜走。从表面上看,这里面矛盾重重,难以理解。实际上,在英国历史进程中,此种"悖论"并不少见,这正是英国法的独特之处。究其原因,英国是法治的先发国家,在法治的建构中,没有理论为先导,英国法治的形成完全建筑在本国特殊的国情、民风和独特历史发展道路之上,甚至可以说是一种"巧合"。❶

3.近代司法独立的确立

中世纪英国司法在帮助国王扩大王权、实现中央集权的过程中,发挥了关键性作用。但是英国司法也借此绝佳的历史机遇使自身不断强大,率先完成司法的专业化和职业化,在为王权服务的同时争取摆脱王权的束缚,朝着司法独立的目标缓步迈进。然而直到17世纪英国"光荣革命"之后,"议会主权"原则确立之后,司法才获得真正彻底的独立。

首先,英国的司法独立体现在英国法官的身份获得保障,只要行为良好就可以继续担任法官,而不必屈从于国王意志。在此之前,国王是可以随意解雇法官的。例如,在查理二世统治的最后11年解雇了11位法官。他的弟弟詹姆斯二世则在3年内解雇了12名法官。汉密尔顿曾在《联邦党人文集》中写道:"对确保

---

❶ 刘吉涛.私人性、社会性和独立性——普通法视域中的司法权认知[J].民间法,2010(1).

司法独立来说，除了终身任职之外，没有什么比将对其与持以固定的条文明确下来更起作用了。"英国法官身份获得保障是通过一系列的议会立法确立的。1701年颁布的《王位继承法》（*Act of Settlement*）确立法官终身制和法定薪金制，其中规定：法官行为良好便继续留任，其收入固定，除非由议会基于合法理由弹劾。随后，1760年颁布的《乔治三世法》（*Act of George III*）重申：法官在履行职责期间，只要行为良好，即应继续留任并享有充分的职权。后来，1876年颁布的《上诉管辖法》（*Appellate Jurisdiction Act*）和1981年颁布的《最高法院法》（*Supreme Court Act*）再次确认：法官行为良好即应留任，除非议会提出合法理由，才应将法官免职。

其次，英国的司法独立体现在法官政治上的"中立"。司法权是一种裁判权，处理事情一定要分清是非曲直，而政治恰恰是最难分清是非曲直的。当司法卷入了政治，其独立判断的立场和对于是非曲直的分析，必然受到极大干扰，结果无论对正义事业，还是对法官或当事人很可能是一场灾难。在英国历史上，这种事例俯首可见。例如，在1387年，理查二世就国会委员会的合法性向法官征询意见，后者已经创立实际上并取代国王日常职能的权利。六名法官建议国王说那个委员会是非法的和不忠的。最终，那些给出建议的法官包括两名首席法官和财政署首席男爵都被控告定罪，处以死刑。对此，英国法官逐渐形成了清醒的认识，尽量避免卷入政治的旋涡，由此形成了"法官不干涉政治"的传统。在玫瑰战争时代，"当法官们被要求就约克公爵对王位要求是否合法一事给出最终意见时，他们回答说，决定政策大事不是他们应当做的，毋宁说那是具有王室血统的贵族们应做的事情"。当然，在没有法律制度的保障之下的这种"中立"无疑是脆弱的，法官单凭个人的"自觉"根本无法彻底从政治斗争的旋涡中挣脱出来。法官的这种"中立地位"最终在光荣革命前后通过一系列的立法获得了保障。例如，1670年的巴谢尔案判例确认了法官的诉讼豁免权，即对法官在行使司法职权时说的错话、做的错事，不受法律的追究。这等于卸掉了法官的后顾之忧，使法官不必担心会遭到"秋后算账"式的政治迫害，从而敢于维护司法的真正独立。

另外，在这一时期，人们开始从理论上对国家权力的民主治理之属性有了新的认识。英国思想家洛克首先倡导了权力的分配，他把政治权力分为立法权、执行权和外交权三种。后来法国哲学家孟德斯鸠继续发展了洛克的权力分立理论，提出立法、行政和司法"三权分立"学说，第一次把司法权提升到与立法和行政同等的位置，由此奠定了司法权的属性并广泛被世人接受，成为最具权威性的观点。从英国的情况看，英国虽然最早实现了司法的独立，但是英国的司法权设置由于历史原因比较凌乱，司法权由议会、法院和部分行政机构共同行使，所以从形式上看，英国的司法权难以称为完全独立的权力，这和孟德斯鸠的"理论模型"有比较大的出入。实际上，英国的司法权表面上虽不像"三权分立"国家那么清晰可辨，但其实质的独立程度并没有太大的差别。英国法官在审判案件的时候，可以做到不受干扰独立审判。英国的大法官虽然身兼数职，但在履行不同职务时，其所扮演的角色和处理事情的方式、程序与机构却是截然分开的，有效地避免了相互掺和、纠缠不清的现象。所以，英国的权力分立尽管形式上是模糊的，但其实践是逻辑清晰的。否则，将无法解释权力分立的理论源头何以是英国了。

（二）诉讼制度的科学化、合理化——以刑事司法为例

诉讼制度从狭义的角度出发仅指法院审理案件阶段所有与诉讼有关的制度，从广义的角度出发还可以将侦查阶段和刑事执行的有关制度包含其中，由于英国司法制度的特殊性，警察部门对于刑事案件的起诉具有重大影响力，我们认为从案件的侦查阶段开始探索英国的诉讼制度更有利于展示英国司法审判的全貌，从而对英国诉讼制度是否科学化、合理化作出正确的判断。由于诉讼制度的科学化、合理化没有一个完全量化的标准，因此对它的把握还是要依赖于那些经过实践检验的经验和得到广泛认可的经典理论，除此之外，我们认为是否有利于人权保护也是判断一国诉讼制度是否科学化、合理化的重要参考依据，凡是能够在惩治犯罪和保障人权之间实现平衡的诉讼制度，其科学性、合理性毫无疑问是有所保障的。

1.对抗制模式：英国诉讼制度的灵魂与核心

在一个国家的诉讼制度中，诉讼模式是一个十分关键的概念，因为模式是所有诉讼制度综合显示出来的最具有本质特点的东西，是区分不同国家之间诉讼制度最有典型意义的参考标准，因此诉讼模式的设计是否科学合理对于整个国家诉讼制度的优劣具有决定性影响。对于诉讼模式本身的科学性和合理性，我们认为一方面要看一下这个诉讼模式是否可以有效地处理纠纷或追诉犯罪；另一方面还要看一下这个诉讼模式是否能够保障每个诉讼参与人的合法权利。

众所周知，英国是典型的对抗制诉讼模式国家，是对抗制诉讼模式的发源地。盎格鲁-撒克逊时代，英国的诉讼模式为弹劾式诉讼❶。诺曼征服之后，随着王室法院的建立，特别是经过亨利二世的司法改革后，英国的诉讼模式开始发生变化：亨利二世在审判中引入了陪审制，先后建立了大小陪审团制度——由大陪审团负责起诉，小陪审团负责事实认定，双方当事人需要在陪审团面前进行陈述，陪审团听取双方陈述之后进行集体商讨，决定被告是否有罪。这一阶段的诉讼制度已经初步具有对抗的性质，法官和陪审团是消极的中立者，庭审过程的主角是双方当事人，诉讼的胜负很大程度上取决于他们的陈述和答辩能力，所以也有人将之称为"争吵式审判"。英国严格意义上的对抗制诉讼模式是在近代社会建立起来的，其主要标志是辩护律师的介入，有人认为"真正使英国最终走上对抗制审判之路的不是陪审团，而是法庭的律师化"❷。英国的律师起源于12—13世纪，后来演化形成两种不同的律师——事务律师和出庭律师，但只有出庭律师才有资格出庭为当事人进行辩护。在17世纪90年代之前，法庭只允许被告在民事案件和轻罪案件中聘请辩护律师，在重大犯罪案件中是禁止被告人聘请律师代为辩护的。1696年出台的《叛国罪审判法》是一个重要的转折点，该法准许被告聘请辩护律师。但是直到1837年，法庭才准许被告在普通重罪中聘请辩护律师，从而使英国法庭的诉讼格局发生了深刻巨变——法官的作用变得更加消极与被动，律师成为法庭的绝对主角，诉讼的进展主要靠律师推动，律师既可以就法律问题进行辩护，也可以就事实问题进行辩护。案件的真正当事人因为有了律师的帮助，在法庭上越来越沉默，甚至给人留下可有可无的印象，"即使用一根竹竿顶他的帽子并以此代表他出庭，也不会有什么不同"❸。总而言之，陪审制、辩护律师制等这些具有特色的制度进入英国的诉讼程序之后，使英国的诉讼制度越来越具有对抗制的特色。

从历史实践的角度看，我们认为在当时的社会条件下，对抗制诉讼模式与纠问制诉讼模式相比，更有利于查清事实和保障当事人的合法权利。

❶ 弹劾式诉讼的基本程序是：原告向法庭提起诉讼，并负责将被告带上法庭，在庭审的过程中先由原告进行控诉，后由被告进行答辩；待双方陈诉完毕后，法庭便进入验证阶段，通过各种带有神秘主义色彩的方式检验双方或某一方当事人陈诉的真伪；最后是宣判阶段，没有通过检验的人被宣布败诉；整个庭审过程虽有官员主持，但是判决却由出席法庭的同胞集体作出。

❷ 李昌盛.对抗刑事审判考[J].刑事法评论,2008(2):174.

❸ LANGEIN J.The origins of adversary criminal trail[M].Oxford：Oxford Unversity Press,2003:253.

首先，从查清事实真相这个层面论，在对抗制诉讼模式下，查清案件事实真相是双方当事人的责任，原被告双方在开庭之前为了自己的利益无不竭尽全力调查收集对自己有利的证据，只要这些证据符合法律要求理所当然就会出现在法庭上，从证据的数量上论，经过双方的共同努力，无论真伪双方的劳动成果将汇成一个丰富的证据资源库，这对于查清事实是非常必要的。对于提交法庭上的这些证据，对方将会围绕真伪问题展开激烈的争辩。例如，在我们熟悉的交叉询问环节，双方的律师会毫不留情地对对方提供的证人进行询问，一般情况下虚假的证人证言很难抵御经验丰富老到的出庭律师凌厉的攻势，所以威格摩尔曾把交叉询问技术赞为"人类迄今为止所发明的发现真相的最佳装置"。正所谓真理越辩越明，只有经过双方质证后没有异议的证据才能成为法庭裁决的依据。而对于法庭的裁判者而言，由于事先没有接触证据，主要通过双方在法庭上的争辩过程中了解案件事实，可以有效防止审前产生不必要的偏见，更有利于其保持客观中立的立场，这对于查清案件事实是十分重要的。正如丹宁勋爵所言："假如一名法官亲自检验证人的证词，他自甘介入争论，从而有可能被甚嚣尘上的争吵遮住明断的视线。"❶在纠问制诉讼模式下，在刑事案件中，法官的立场从一开始就难以保持中立，因为他是在代表国家追诉犯罪，案前接触材料甚至主持调查取证，这种做法很容易使之站在被告人的对立面思考问题，进而形成有罪推定的思维。因此，在纠问制诉讼模式下，刑讯逼供成为法庭获取证据、查清事实的重要手段，这种做法在很多国家很普遍，并且合法。实践证明，通过刑讯逼供获得事实具有极大的风险和不确定性，屈打招供的冤假错案比比皆是。即使通过刑讯获得了真实的情况，它的最终价值也会因严重侵犯人权而成为负数。单从这一点上论，对抗制比纠问制更优越，所以从福蒂斯丘到布莱克斯通都以此为自豪。

其次，从权利保障的角度论，对抗制更有利于保护双方当事人的合法权利，更有利于防止公权力的专断与侵害。由于陪审团审判制度引入，对抗制诉讼模式下，法官的权力受到制约。在刑事案件中，被告人是否有罪由陪审团独立作出裁决，陪审团成员在作裁决的时候，不受当局和法官的干预，完全凭借自己对事实的判断进行裁决。法官则根据陪审团的结论，负责法律方面的裁决。这种制度上的安排，对于保障当事人尤其是被告人的合法权利是非常有利的。在英国历史上发生过好多起陪审团甘愿冒着忤逆国王的风险，宣布被告人无罪的案件，这在许

❶ 丹宁.法律的正当程序[M].李克强,等译.北京:法律出版社,1999:65.

多国家简直是不可想象的事情。从这一点上论，纠问制诉讼模式是难以做到的，在纠问制诉讼模式下，法官独掌案件的审判大权，在司法没有完全独立的时代，法官不可避免地会受到外来的干预，被迫作出办政治案、人情案等有悖于司法公正的行为。所以，陪审制度被英国人看作"自由的堡垒"。对抗制有利于保障人权的另一个理由是，对抗制度下控辩双方做到了"平等武装"。在刑事案件中，一般情况下由检察机关代表国家起诉犯罪嫌疑人，从自然状态上看，控辩双方是不对等的，因为被告人仅是一个个体，面对的是一个国家机关针对他发起的诉讼，而且在开庭之前本人往往处于被羁押的状态，没有活动的自由。在这种控辩双方严重不平等的情况下，诉讼的结果大家可想而知。在英国，对抗制诉讼模式建立之前的刑事案件的审理大抵如此，由此造成的审判不公早已引起了社会的广泛不满。为了改变控辩双方严重失衡的局面，英国最终准许授予出庭律师完全辩护权。被告人可以通过聘请律师来改善不利的境况，律师可以帮助被告人做很多事情，除了提供法律咨询之外，还可以帮助被告人调查取证，查看证据和有关档案文书、代表被告人出庭辩护等，几乎包办所有诉讼方面的事务，律师们对被告人经常说的一句话是："你所做的仅仅是说出你的名字、地址和出生日期，剩下的全部交给我。"如此一来，控辩双方在诉讼能力上基本实现了平等，因此作为受雇于国家的控方律师和辩方的律师除了个人能力差异之外，其他方面没有实质性差别，而且很多时候辩方的律师往往比控方的律师更优秀，因为辩方更愿意花大价钱聘请更出名、更老到的律师，而控方律师多数是初出茅庐的新手。按照对抗制诉讼模式，控辩双方在法庭上的权利和地位是完全平等的，控方是没有特权的，这就是普通法上的"平等武装"或"竞技性诉讼"，案件无论谁胜谁负，都是通过公平竞争决定的。换言之，在对抗制诉讼模式下，被告人的合法权利得到了充分尊重与保障。在纠问制诉讼模式中，刑事案件的被告人境况注定要差很多。法官和检察机关之间存在分工不同但是目标一致的情况，两者均代表国家追诉打击犯罪，甚至在一些国家起诉和审判由同一个机关完成，如此模式下，被告人的权利何以保障？更何况有的国家不允许律师介入，在有的国家律师即使介入了但其发挥空间十分有限，在法庭上的地位非常低下，经常被法官呵斥甚至赶出法庭。可见纠问制诉讼模式下，控辩双方的完全平等是难以做到的。

时至今日，仍有人在争论对抗制诉讼模式和纠问制诉讼模式谁更优越的问题，我们认为此时的争论已没有太大的意义，因为当下的对抗制和纠问制早已不纯粹了，两大模式相互学习和借鉴，彼此吸收呈现出一定程度的融合。而我们所进行的比较是在早期两大模式还相对比较纯粹的情况下进行的，通过比较我们不得不承认，对抗制诉讼模式在当时的社会条件下比纠问制诉讼模式更科学合理一些。用米勒教授的话说就是："以长远的观点来看，由争端的双方当事人为了各自的利益而努力拼斗的机制，毫无疑问地将比任何类型的父爱主义式的调查更有利于发现事实。"❶

2.所有人的正义：英国刑事诉讼制度的发展与完善

（1）英国早期刑事诉讼的基本情况。

第一，审前程序。提起刑事诉讼的前提是有人犯罪，在英国早期人们对犯罪的认识和今天差别很大，一般而言只有少数严重的犯罪受到重视并进入刑事司法程序，大多数今天视为犯罪的行为在当时仅被当作公民之间的相互侵害案件处理，并未进入刑事司法程序。即使对于那些进入刑事司法程序的案件，其处理方式和程序也和今天大不一样。就逮捕而论，早期英国没有专门维系社会治安的警察部门，地方治安维护和逮捕犯罪的任务自然就落在当地居民头上，根据当时法律规定，对犯罪嫌疑人进行的逮捕既可以由私人实施，也可以由公共官员实施。对于私人实施的逮捕，如果其在犯罪现场，则负有逮捕犯罪嫌疑人之责任；或者其虽然不在现场，但是根据呼喊捉贼的惯例，他也有义务参与逮捕；或者如果他有理由怀疑另外一个人可能实施了某种犯罪，也可以对之进行逮捕。但是对于私人逮捕，法律有明确规定，必须及时送到治安官面前，不能实施私人拘禁。允许私人逮捕，甚至将之视为一项义务强加给居民，这反映了英国早期行政统治力量还没有充分发育健全的事实，因此政府不得不依靠社会民众的参与对抗犯罪，但同时政府也对私人逮捕进行了合理的限制，这在一定程度上对犯罪嫌疑人起到了保护的作用。对于公共官员实施的逮捕，治安官和治安法官都有权实施逮捕，我们知道治安官和治安法官多数是不领薪水的官员，由地方乡绅志愿担任，从这一点上论，他们作为公共官员实施的逮捕，实际上仍带有私人逮捕的色彩。

犯罪嫌疑人被逮捕之后，根据法律的规定，治安法官需要对有关人员进行讯问，以便了解案情，此项制度后期发展成为预审制度。治安法官讯问被害人、抓捕人和犯罪嫌疑人后，将证明犯罪的重要内容记录下来，这些材料以后将作为审前证词提交法庭。经过讯问以后，如果不是严重的控告，当事人会被释放。如果

---

❶ MILLAR R W. The formative principles of civil procedure[M]. Evanston：Northwestern University Press，1923：16.

案情严重，犯罪嫌疑人一般会被送到监狱进行羁押，直待巡回法庭开庭审理。在羁押之前，犯罪嫌疑人可以通过申请保释令状或人身保护令等方式提出保释，正如英国学者詹姆斯·斯蒂芬所言：被保释的权利，与英格兰的法律一样悠久，我们最早的祖先就明确地认识到了❶。根据普通法，除杀人案件外，所有案件都可以保释。总之，应当保释而拒绝保释，或者不该保释而予以保释，都是违法行为，作出决定的治安法官是要受到惩罚的。为了保证犯罪嫌疑人实际享有保释的权利，法律还对保释的金额进行了明确规定，防止法官通过收取过高的保释金变相剥夺犯罪嫌疑人的权利。1679年的《人身保护法》规定：当犯罪嫌疑人自签保证书，或者提供保证人，治安法官必须在考虑被监禁者的特点和所涉嫌罪行的种类之后，运用自由裁量权来决定是否释放被监禁者；除非该犯罪嫌疑人触犯了不可保释的罪行，否则，都将予以保释。从这个意义上讲，保释可以视为犯罪嫌疑人享有的一项非常珍贵的权利，因为早期监狱条件是十分恶劣的，而犯人需要在此关押到巡回法庭到来之日，巡回法庭一般一年开庭两次，很多人甚至等不到开庭时间就在狱中染病死亡。

这是英国早期审前程序的大致情况，有学者将之称为玛丽式审前程序，因为审前程序的主要内容源于1555年的《玛丽收押法》。总而言之，英国早期刑事诉讼的审前程序，尽管在犯罪嫌疑人的权利保护方面也有亮点，但整体上还是存在比较大的缺陷，显示出一定的历史局限性。一是缺乏站在中立立场上对犯罪进行调查的部门，治安法官的职责过于偏向于证明犯罪，所以招致了诸如"鲍街那些治安官们从来不听犯人的证据，他们只听告状人的"❷此类的批评和抱怨。二是治安法官的非专业性再加上调查案情并非其主要职能，导致案件的真相需要在开庭后控辩双方的交锋中得以查明，这或许容易让一些无辜者陷入冗长的羁押，甚至因此丧失性命，造成一些冤案。但凡事都有两面性，换个角度看，尤其与其他国家早期的审前程序相比，英国的缺陷或许正是其特色的体现，由于没有正式的官方犯罪调查机构，英国人民免受了在其他国家普遍存在的严刑拷打讯问之苦，由于事实真相需要提交法庭辩论进行查清，英国的审判模式最终向对抗制演变，为辩护律师的成长提供了历史机遇，而辩护律师的介入又使英国的被告人的合法权益获得了更有效的保障。

❶ CORRE N，WOLCHOVER D. Bail in criminal proeeedings[M].Oxford：Oxford University Press，2006：25.

❷ 兰博约.对抗式刑事审判的起源[M].王志强，译.上海：复旦大学出版社，2010：29.

　　第二，审判程序。审判程序的第一个环节是提起诉讼。原告和官员均有权向大陪审团提起诉讼，大陪审团受理诉讼之后，经过分析诉状、讯问控方证人等方式决定是否起诉，如果大陪审团认为应当对被告人起诉，就在起诉书下面签署"真实文书"（true bill）字样；如果认为被告人的罪名不成立，则在起诉书下方签署"不成立"（not found）字样。由于大陪审团多由本地有产者组成，对当地的人和事比较了解，由他们对起诉进行审查，实际上是为审判程序的启动增添了一道过滤机制，可以防止一些恶意或不必要的起诉进入司法程序，在对滥诉形成遏制的同时，也可以保护部分无辜者免受诬告之害。英国学者麦高伟指出："大陪审团最初出现在英国，此机构建立的目的是为了避免在逮捕和起诉过程中官员的独断专行。"❶案件通过大陪审团的审查后，便进入了庭审阶段。开庭之后，被告人需要接受法官的聆讯，如果被告认罪伏法，法官便会对之进行定罪量刑，审判随即结束。如被告作无罪答辩，则需要继续开庭审理，并引入小陪审团。在小陪审团的组建过程中，被告有提出回避的权利。小陪审团组建后，进入正式庭审阶段，先由控方进行控告，再由被告进行答辩，最后提交陪审团裁决，若陪审团作出有罪裁决，法官负责定罪量刑；若陪审团作出无罪裁决，法官便会宣布被告无罪释放。

　　以上仅非常粗线条地勾勒了英国早期审判的过程，由于这一过程处于不停的变化之中，因此关于一些细节问题需要作一下特别说明。

　　①关于被告的地位。在早期的司法实践中，被告和原告的地位完全平等是不可能的，因为双方当事人地位平等是建立在被告无罪推定理念基础之上的，只有明确了这一点，被告才能在法庭上真正获得尊重。但在英国早期社会，无罪推定的理念还处于非常模糊的状态，人们更倾向于有罪推定，由此在司法实践中被告获得和原告平等的地位和待遇经历了漫长的历史时期。例如，原告可以申请法庭强制证人出庭，而被告则无此项权利，需要靠自己的力量让证人出庭，并且原告的证人可以宣誓作证，而被告的证人禁止宣誓作证，从效力上看宣誓后提供的证言要大大优于没有宣誓的证言，这显然对被告是非常不利的。

　　②律师的介入问题。早期重罪案件是不允许被告聘请律师的，但原告有权这样做，原告既可以聘请事务律师帮助其调查收集证据、安排证人出庭等事项，同

❶ 麦高伟,切斯特·米尔斯基.陪审制度与辩诉交易——一部真实的历史[M].陈碧,等译.北京:中国检察出版社,2006:40.

时还可以通过事务律师聘请出庭律师代为辩论。法庭之所以禁止被告聘请律师，其理论主张是：被告不仅是当事人之一，还是一名证人。被告的答辩和陈述对于查明事实非常重要，换言之，法庭把被告当成案情重要的信息来源之一，法庭认为辩护律师的介入会对此构成严重妨碍。另外，在英国还有"法官就是被告律师"的说法，法官可以在法律问题上为被告提供帮助。在这些因素的综合影响下，形成了禁止被告聘请律师的规则。这样的制度安排使控辩双方之间的地位和处境相差越来越大，最终影响到审判结构的平衡，在控方聘请律师的情况下被告是很难获得胜诉的，因此要求给予被告聘请辩护律师的权利的呼声越来越强烈。但是直到1696年的《叛国罪审判法》才对此进行了改革，允许被告聘请辩护律师。《叛国罪审判法》之所以对此进行改革，原因有二：一方面，因为在叛国罪审判中，控辩双方的不平衡已达到极点，控方代表的是国王，被告是某个个体。由于叛国罪多是政治性犯罪，而且侵害的是国王的利益，因此国王方面会动员政府的力量，聘用最好的律师，组成豪华的阵容出庭，目的就是要将被告置于死地。反观被告，其本人被关押在监狱里备受折磨不说，关键是对控告的信息一无所知，而且还无法让自己的证人出庭。相差如此悬殊之下的交锋，其后果可想而知。另一方面，由于叛国罪的被告大多数是贵族等社会上层人士，在他们眼里，早期的叛国罪审判就是国王镇压政敌的有效工具。1688年光荣革命后，为了限制君权，保护贵族自身的利益，议会出台了《叛国罪审判法》，授予被告聘请辩护律师的权利，在叛国罪审判中初步实现了控辩双方的均衡与平等。随后在伪证罪中也准许被告聘请辩护律师，之后此项规则逐渐延伸到所有重罪领域。由此可见，聘请辩护律师的权利，和英国人享有的其他权利一样，起先也是以特权名义出现的，后来逐渐发展成一种普遍的权利。辩护律师虽然允许出现在所有重罪法庭上，但是辩护律师的权利从受限制到全权辩护同样也经历了一番风雨波折。早期辩护律师获准进入法庭之后，只能帮助被告进行讯问和交叉讯问，提出法律问题，对事实问题则不允许置喙，法庭仍然坚持类似"被告可以像最好的律师一样，恰当地陈述事实……进行一场朴素、诚实的抗辩，并不需要技巧"和"法官就是被告律师"这样的观念。1777年，一位老贝利法官对一位重罪的被告说："如果你的抗辩是基于事实方面，那就得你自己来告诉法官我和陪审团。"面对法庭的禁令，辩护律师通常不得不照章办事，在1783年的一件老贝利的案件中，出庭律师对客户麦克纳马拉解释说："虽然我的辩论提要里有你说的事情，但我不能替你说。"❶直到19世纪，被告才获得完全由律师辩护的权利。

　　③证据问题。证据是刑事诉讼中的核心问题，因为被告是否有罪最终还要依靠证据来固定。在英国，最初也采用神判法来验证证据的可靠性，亨利二世司法改革后，神判法逐渐退出了历史舞台，改为由陪审团负责检验证据的可靠性，这种变化对证据制度的发展产生了深远的影响。早期陪审团成员大多由邻居组成，他们是案件的知情人，可以根据已经掌握的事实来辨明是非，但是后期的陪审团成员由抽签产生，在进入法庭之前他们对于案情可能一无所知，只能通过控辩双方的陈述和他们提出的证据来辨明是非，这种在很短时间内仅仅通过双方当事人的辩论来辨明事实的方式无疑蕴藏着巨大的风险，因为双方当事人及其代理律师无不竭尽所能在证据上大做文章，对己方有利的证据夸大其词，对不利的证据则竭力掩饰，结果可能使简单的事情变得极为复杂难辨。这种状况催生了证据规则的产生，对于法官而言，虽然没有权力裁决事实问题，但是可以通过制定合理的证据规则，尽可能将不合格的证据排除在外，或在证据的认定过程当中排除不合理的因素。在法官的主导和律师的参与下，法庭逐步形成了一些较为明确合理的证据规则，主要有品格规则、补强规则、口供规则等。根据品格规则的要求，在审判中"控方不得涉及被告的品格问题，除非被告传唤证人以表彰自己的品格，使控方得以论及于此；即使在这种情况下，控方也不得讯问特定事实"❷。在品格证据规则形成之前，在大量的案例中，控方通过质疑被告的品格对被告发起攻击，如指责被告犯有前科、道德败坏或游手好闲等，这些指责虽然不具有证据的意义，但很具有杀伤力，它可以转移陪审团对事实问题的关注，抹黑被告人的形象，进而影响陪审团对案件判决，很多被告因此被判有罪。为了避免品格证据对被告可能造成的不必要的偏见，进而影响陪审团的判决，法官在司法实践中逐步对品格证据的使用进行限制，最后形成了一般情况下禁止使用品格证据的规则。在1692年的哈里森谋杀案中，王座法院首席法官霍尔特没有允许一名控方证人出庭指证被告大约三年前所犯的所谓严重罪行。霍尔特精彩地问道："你准备指控他一辈子吗？去吧，去吧，这是不行的；那与本案无关。"❸补强规则，也称为共犯规则，主要适用于有污点证人的案件，在这类案件中如果罪犯同意站出来

---

❶ 兰博约.对抗式刑事审判的起源[M].王志强,译.上海:复旦大学出版社,2010:144,146.

❷ 兰博约.对抗式刑事审判的起源[M].王志强,译.上海:复旦大学出版社,2010:181.

❸ 兰博约.对抗式刑事审判的起源[M].王志强,译.上海:复旦大学出版社,2010:189.

揭发指证同案犯的话，通常可以获得免予起诉的待遇。据考察，在17—18世纪污点证人通过提供证据借以自保的现象非常普遍。鼓励罪犯相互揭发指证，这对于快速查明案情、追究犯罪而言无疑是非常有利的，但是这项制度并非完美无缺，其最大的弱点是存在伪证的风险，有些人为了个人利益甚至不惜提起诬告，企图指证无辜者而使自己脱身，如在1731年约翰·戴维因拦路抢劫和谋杀罪被捕，他为了能够充当污点证人，谎称有一个叫作纳撒尼尔·格雷维特的人和他一起参与犯罪。❶为了堵住这个缺口，法官在司法实践中发展形成了补强规则，其核心意思是仅凭污点证人的证词，还不足以认定被告罪名成立，还应有其他证据佐证。补强规则的产生，对于那些除了污点证人的证词之外，再没有其他任何证据案件的裁决产生了重大影响，以往在这些案件中，陪审团通常会作出有罪裁决，有了补强规则之后，陪审团根据法官的提示通常会倾向于作出无罪裁决。从这种变化当中我们可以看出，所谓的补强规则实质上贯彻的是"疑罪从无"的理念，因为单凭一个与案件本身有切身利害关系的人指控就裁定被告有罪的话，无疑是有些盲目和草率的，很可能令无辜者身陷囹圄甚至被送上断头台。当然，补强规则也有可能在个案中放纵真正的罪犯，但从理论上讲，放纵十个罪犯的后果和错杀一个无辜者的后果是不可同日而语的，不仅因为错杀一个无辜者的后果是永远无法挽回的，更深层次的意义在于错杀一个无辜者对于司法正义将形成巨大的戕害，与司法保障人权的理念完全是背道而驰的，在历史上只有暴君才会选择"宁可枉杀一千，不可放过一个"的做法。对于口供规则，大家更为熟悉一些，因为在我们传统社会的司法实践中，被告的口供是司法部门定罪量刑的重要依据，甚至还发展到"没有口供，就没法定罪"的极端局面。因此，鉴于被告口供的极端重要性，司法部门必会倾尽全力撬开被告的嘴巴，于是各种欺骗性、诱导性或者惩罚性的手段便应运而生，被广泛应用于司法实践当中，尤其是刑讯逼供制度，在许多国家里被堂而皇之地写入法律当中，完全合法化。在这样的口供规则主导之下，挨不过酷刑折磨屈打成招者比比皆是，难免使正义蒙羞，使人权被践踏。英国历史上很少存在刑讯逼供现象，除了与英国政治状况、文化观念等宏观方面因素有关外，从具体细节上，还与英国审判制度中适用的口供规则有直接关系。根据英国的口供规则，凡是"好言相许，或严刑威逼而违背其本意"所获得的口供，法庭均不予以采纳，一言以蔽之，英国的口供规则强调"自愿"二

---

❶ 兰博约.对抗式刑事审判的起源[M].王志强,译.上海:复旦大学出版社,2010:162.

字。其理由是：通过"好言相许，或严刑威逼"获得口供不可信，因此不能作为证据使用。正如在1769年布伦特伍德选举案中，古尔德法官所说："如果口供是由于威胁所迫，或为宽大所诱，没有任何一个法庭会予以接受，这有悖于英格兰法关于证据的基本精神。"❶

以上，我们简要介绍了英国早期审判制度的基本情况，并特别介绍了英国审判制度中被告人的地位和有关证据方面几个主要规则。通过基本情况的介绍，我们发现早期英国的审判制度已经为其现代化审判制度的建立和完善搭起了基本的框架，如对抗制、辩护制、陪审制、证据制度等主要审判制度已经建立起来，并不断获得改进与发展。这些制度在当时世界范围内很多为英国所独有，或者虽然非独有但是其水平已处于世界前列，因此从总体上论英国早期审判制度与同时期其他国家相比，其优越性是显而易见的。但从发展的角度看，早期英国的审判制度不可避免带有历史的局限性，有些制度尚处于草创时期，漏洞颇多，有些制度则处于试验阶段，经常出现迂回和反复，无论其科学性、合理性和精致程度都存在不同程度的缺陷，如被告的地位和合法权利的有限性、对抗制下控辩双方的不平衡性、陪审制度和证据制度在细节上也存在诸多问题，还有审前的逮捕和讯问等环节也存在不少瑕疵。这些问题或缺陷，随着英国社会跨入19、20世纪后，通过几次大的司法改革逐步获得了改进与完善，从而使英国的审判制度实现了现代化。

（2）英国刑事诉讼的现代化。

1688年英国经历了光荣革命，率先实现了政治的现代化，但是社会自身的发展有其内在的规律，政治的现代化并不意味着整个社会的现代化，更何况英国的光荣革命从严格意义上论不太符合"革命"的标准，它更像一次政治改良运动，对整个社会产生的影响是极为缓慢和温和的。根据马克思"经济基础决定上层建筑"的理论，一个国家只有经济实现了现代化才有可能使整个社会彻底现代化，众所周知，英国一直到19世纪才完成工业革命，这意味着英国社会现代化征程的真正起点是19世纪，此前的所作所为应该属于社会现代化的前奏。经济的现代化影响并决定上层建筑的现代化，法律作为上层建筑的一部分，在19世纪实现了前所未有的变革，完成了法律的现代化。"从本质上说，这次改革是英国的法律和司法制度与初步实现经济工业化、政治民主化的社会现实之间的一次

❶ Laurence Balfe and Edward McQuirk，OBSP（jan.1788，##108-9），at69.

整合运动。"❶ "刑事司法作为法律整体的一部分，在制度、程序、审判法官、救济措施等方面均由于经济工业化、政治民主化、思想自由化逐步实现现代化。英国源远流长的陪审制度在 19 世纪走上新的发展方向，审判程序有了重大调整，摆脱程序主义的束缚，确立了司法程序应该适应司法目的的法律原则，使英国法从诉讼程序的桎梏中解放出来。法官日益走向独立，慎重行使手中的司法权力。从仅仅存在有限的上诉程序到建立正式的上诉制度，这些都可以看作是 19 世纪英国刑事司法领域内实现现代化的标志。"❷

进入 20 世纪之后，随着资本主义从自由资本主义向垄断资本主义的过渡，包括英国在内的西方社会发生了深刻巨变，社会越来越复杂化，社会矛盾日益尖锐，民主与人权成为引领时代发展的思想潮流，在这种背景之下，原有的刑事司法体制已经远远不能满足时代的需要，为此英国在 20 世纪一直着手进行司法改革，前期主要完成了对治安法院的改革，并创设新的刑事法院；进一步对审判程序进行简化处理，同时对陪审制度和保释等制度进行了改进。后期主要通过议会制定和颁布一系列重要的法规对刑事司法进行改革，如 1984 年颁布了《警察和刑事证据法》，1985 年颁布了《犯罪起诉法》，1998 年颁布了《刑事裁判法》等。跨入 21 世纪之后，由于英国国内犯罪趋势不断恶化，特别是新型恐怖犯罪的崛起，对国家安全和社会秩序带来了严重的冲击，为了进一步适应国际国内安全环境的变化，快速提高刑事司法程序的效力，更加有效地打击犯罪，英国再次对刑事司法程序进行了大的改革。英国在 21 世纪的司法改革思路主要体现在 2002 年由大法官、总检察长和内政大臣共同签署的一份准立法性质的政府白皮书——《所有人的正义》(Justice for All)当中，它的前言部分就开门见山地表示："白皮书阐述了政府关于如何才能更有效地改善刑事司法制度并使之现代化的观点。"❸《所有人的正义》白皮书集中反映了英国政府改进刑事司法体制的理念和观点，勾勒出英国现代化刑事司法体制的宏观架构——以刑事被害人为核心，以打击犯罪为重点，以追求高效率为取向，以公众参与为基础的整体化的司法体制。

总之，从 19 世纪到 21 世纪，英国的刑事司法制度一直处于持续不间断的改革状态，改革的目标是通过建立现代化的刑事司法制度更好地打击犯罪和保障人

---

❶ 钱宏道.英美法讲座[M].北京:清华大学出版社,2004:90.

❷ 李玉彩.19世纪英国刑事司法现代化初探[D].开封:河南大学,2007:50.

❸ 最高人民检察院法律政策研究室.所有人的正义[M].北京:中国检察出版社,2003:1.

权，为此英国走过了从单纯地重视被告人的权利到在被告人权利、被害人权利和公共利益之间实现平衡的道路。下面，我们择要介绍一下英国现代化的刑事诉讼制度。

第一，审前程序的改进。19世纪以来，审前程序是英国刑事司法程序变革比较大的领域之一，随着警察部门的建立，审前的逮捕、讯问和起诉制度与之前相比发生了翻天覆地的变化。19世纪之前，英国尚不存在警察这一职业，抓捕罪犯工作主要依靠公民和治安官完成，由于治安官的职权较多，除了维系社会治安之外，还承担着大量行政管理工作，随着社会的发展，身兼多职的治安官面对日益恶化的治安状况，越来越感到力不从心，以治安官为核心加公民义务协助的治安模式显然已经无法适应时代发展的需要，这为警察制度的诞生创造了历史条件，从1829年《大都市警察法》开始，英国首都伦敦率先建立了警察制度，1856年《郡和市警察法》的颁布标志着英国全境警察制度建设工作的完成。警察部门的权力最初主要源于治安官维护治安的权力，但随着社会的发展，警察的权力不断获得强化与扩大。由于警察权力的行使与公民的人身自由等重要权利息息相关，英国的刑事司法改革在赋予警察更多权力的同时始终没有忘记规范和控制警察权力，1984年颁布的《警察与刑事证据法》和1996年颁布的《警察与刑事证据法的实践法》这两部法律体现了英国力图在打击犯罪和保障人权之间实现平衡的努力。

①关于逮捕。众所周知，逮捕是把双刃剑，一方面确为有效打击犯罪所必需；但是另一方面滥用逮捕则会严重侵犯人权，毕竟逮捕是以限制或剥夺公民人身自由为目的的强制手段。按照英国的法律，逮捕分为两种，一种是有证逮捕；另一种是无证逮捕。为了限制与规范警察的逮捕权，在普通法上，逮捕的决定权归属于治安法官，警察部门只有取得治安法官签发的逮捕令，才能对犯罪嫌疑人进行逮捕，这种制度安排最大的好处是可以防止无辜公民免受不合法逮捕的侵害，但也存在一些弊端，如在紧急情况下，取得治安法官的批准需要一些时间，或会错过破案的良机，因此除了有证逮捕之外，法律还允许有例外情况——无证逮捕，当警察在犯罪现场发现犯罪人时可以实施无证逮捕，或者警察在"合理怀疑"某人实施犯罪的情况下也可以实施无证逮捕，当然一般限于重罪范围。以上是1967年以前的情况，随着1967年《刑事法》的颁布，英国重新对犯罪进行了划分，将犯罪分为可捕罪和不可捕罪。此法授予警察有权无证逮捕任何即将实施

可捕罪的人或者有合理根据怀疑其将要实施可捕罪的人,由于可捕罪的范围较为宽大,因此此法实质上扩大了警察无证逮捕的范围。1984年颁布的《警察与刑事证据法》再次扩大了警察的无证逮捕权,"为警察对任何犯罪享有潜在的逮捕权提供了新的法律"❶,从而将所有的刑事犯罪都纳入了其无证逮捕权内。从逮捕制度的发展趋势看,为适应社会犯罪形势的需要英国警察无证逮捕的范围是呈增长态势的;从消极方面观之,无证逮捕范围的扩大与公民权利的保障不可避免存在潜在的冲突,甚至可能对公民的人身自由构成直接威胁。然而英国在这方面并没有因此产生严重的后果,英国警察在国内和国际社会一直呈献给世人良好的形象,这是为何呢?

我们认为主要有两个方面的原因,一是英国扩大警察无证逮捕的范围主要是出于打击犯罪的需要。现代社会的犯罪比传统社会的手段更高明、犯罪嫌疑人反侦察能力更高,而且很多犯罪属于突发性、流窜性的,留给警察侦破案件的时间往往不多,因此必须在简化程序和提高效率上做好文章,否则极有可能因为程序问题而导致警察难以破案,放纵犯罪,最终使整个社会治安恶化,危害社会成员的整体利益,从这层意思上看,扩大警察的无证逮捕也是为了保障人权。二是英国在扩大警察无证逮捕范围的同时,也注意加强对警察行使逮捕权的规范和控制,防止滥用逮捕权。根据法律规定,警察虽有无证逮捕的权力,但是应严格遵循法律的规定,即法律对于无证逮捕是设有条件的,如果警察没有按照法律的规定去做,其本人或被以侵权的名义告上法庭,承担相应的责任。而且对于警察的无证逮捕行为,英国设有内外、两个机构进行监督,内部监督是指警察部门自身的监督,根据法律,警察逮捕后需要及时将犯罪嫌疑人带到羁押官(custody officer)面前进行审查。外部监督是指治安法官的监督,法律规定警察在进行无证逮捕后在规定的时间(一般是24小时)内必须将犯罪嫌疑人带到治安法官面前,治安法官会对逮捕的合法性进行审查。有了这两道过滤与审查机制,再加上英国警察良好的素质和法治意识,虽然无证逮捕的范围扩大了,但是滥用逮捕权的现象并不突出,体现了英国逮捕制度设计的合理与精妙。

②关于讯问。对犯罪嫌疑人和其他有关人员进行讯问既是警察侦破案件所必需,同时也是警察侦查权的重要组成部分。按照英国法律的规定,犯罪嫌疑人被

---

❶ BEVAN V, LIDSTONE K. A guide to the police and criminal evidence act1984[M]. London:Butterworths, 1985:127.

带到警局之后，办案人员应当及时将其移送给羁押官，羁押官本人不参与案件的侦查和讯问工作，他的主要职责是保障犯罪嫌疑人的合法权利。按照法官规则的要求，讯问犯罪嫌疑人必须在规定的羁押场所进行，犯罪嫌疑人在羁押场所的活动和待遇由羁押官负责。犯罪嫌疑人接受办案警察第一次讯问之前，羁押官有义务告知犯罪嫌疑人所享有的权利和待遇，一般包含以下几个方面的内容：一是警察不能强迫犯罪嫌疑人说什么，即犯罪嫌疑人有说或者不说的自由选择的权利；二是明确向犯罪嫌疑人说明犯罪嫌疑人说与不说的后果；三是告知犯罪嫌疑人有聘请律师的权利。如果犯罪嫌疑人提出聘请律师，警察必须等到律师到场后才能开始对犯罪嫌疑人进行讯问。为了确保犯罪嫌疑人自愿回答问题，英国法律规定禁止警察采取体罚犯罪嫌疑人或对犯罪嫌疑人使用具有麻醉作用的药物等手段获得供述。另外，为了强化对讯问的监督，法律还规定警察在讯问时必须同时进行录像和录音，而且都是一式两份，一份封存留档，一份在诉讼中作为证据使用。从英国法律关于讯问的规定看，可谓用心良苦，从头至尾贯彻着规范警察权力和保障犯罪嫌疑人权利的理念，这些规定和措施使英国警察对犯罪嫌疑人的讯问过程变得非常公开和透明，基本杜绝了刑讯逼供等现象。

③关于起诉。经过调查，如果警察部门认为犯罪成立，审前程序便进入下一个环节，起诉被告人。在大陪审团被废除之前，很多案件的起诉需要经过大陪审团的审查之后，才能正式向法院提起诉讼，1948年《刑事审判法》颁布之后，大陪审团制度退出了历史舞台。此后大多数案件的起诉由警察部门负责，"在警察局与法院之间并未插入任何独立的机构，只是有些犯罪案件需要在诉讼程序开始前获得一位非警方官员的批准（例如总检察长或检察官）"❶。案件提交给治安法官那里以后，如果是不太严重的犯罪，由治安法官适用简易程序进行审理；如果是较为严重的犯罪，则须提交刑事法院审理，但是根据法律的规定案件在提交刑事法院之前，治安法官须对案件进行预审。预审在刑事司法程序中仍属于一道过滤机制，让问题在整个审判程序前解决或澄清，这样可以防止一些证据不充分的起诉案件进入刑事法院，从而起到节约司法资源、提高司法效率的作用。对于犯罪嫌疑人而言，预审程序对其有一定的保护作用，可以将毫无价值的指控或者恶意控告阻止于萌芽之中。经过预审程序之后，那些证据不足的案件将会遭到驳回，犯罪嫌疑人立即获得释放；那些证据充分的案件，治安法官将会裁定将被

---

❶ E.C.费里森,I.R.斯科特,朱文英.英国刑事审判:从逮捕到审判[J].环球法律评论,1979(5).

告人交付刑事法院进行审判。正如英国学者斯班塞尔所说:"预审程序正在发挥着更为重大的影响,英国刑事程序的重心正在脱离其传统的重心审判程序而逐渐向审前阶段转移。"❶

④关于保释。保释的权利对英国人来说是一项古老的权利,并且随着社会的发展与进步,保释权一直呈不断扩大的趋势。19世纪颁布的《刑事司法法》将保释的范围扩大到重罪的犯罪嫌疑人。20世纪英国又陆续出台了《保释法》《人权法》等法律进一步完善了保释制度,建立了"保释是常例、不予保释是例外"的司法原则,对不予保释的情形作了较为严格的限制,这意味着大多数犯罪嫌疑人在受审之前不必拘押候审,仍可继续享有一定的人身自由。按照法律规定,英国的保释分为两种:一种是"无条件保释",只要犯罪嫌疑人出具一个保证书,保证不妨碍侦查和不逃避审判即可获得保释;另一种是"附条件保释",就是在决定准予保释前,对犯罪嫌疑人明确宣告几条要求,在犯罪嫌疑人表示愿意遵守这些条件后,即将其放走,要他回家去等待审判。❷犯罪嫌疑人在被警察逮捕后可以提出保释要求,是否批准由羁押官根据案件的具体情况自由裁量决定。如果羁押官拒绝保释,犯罪嫌疑人还可以在第一次出庭时向治安法官提出保释申请,治安法官在听取检察机关和犯罪嫌疑人的意见后考虑是否准予保释。根据"保释是常例"的司法理念,多数情况下犯罪嫌疑人都能够获得保释,据统计英国当前的保释率达到了90%以上,而在20世纪六七十年代的保释率仅为40%,其增长率是显而易见的。保释率的高速增长意味着审前被羁押的人数很少,更意味着人权保障状况也正处在不断的攀升之中。

第二,审判程序的改进。在具体介绍英国现代化的刑事审判制度之前,有必要先对英国的刑事司法体系进行简要的说明,因为不同的刑事法院之间适用的司法审判程序是不同的。众所周知,英国的法院系统完全是历史的产物,是经过数百年"一点一点地成长"起来的混合了"先前各种难以解释的权宜之计"的复合体,在19世纪法院体系改革之前英国的法院系统极为杂乱无章,缺乏像其他国家法院体系所呈现出来的明晰的条理性,换言之英国的法院系统仍带有浓厚的封建时代的色彩,这是因为英国的法院是根据不同的司法管辖权设立的。进入19

❶ DELMAS-MARTY M, SPENCER J R. European criminal procedures[M].Cambridge : Cambridge University Press,2002:177, 501.

❷ 崔敏.英国的警察制度和刑事侦查程序[J].公安大学学报,1995(5).

世纪之后英国着手对其法院系统进行改革，但是前期的改革因过于谨慎而步伐缓慢，直到1875年《司法条例》的出台，英国的法院系统才获得脱胎换骨式的剧变。根据该条例，英国对中央司法系统进行了改组，将原先互不隶属、各负其责的大法官法院、王座法院、普通诉讼法院、财政署法院、海事法院、遗嘱检验法院、离婚法院和伦敦破产法院统一为一个英格兰最高法院。地方法院体系分为刑事和民事两条线，基层民事法院为郡法院，基层刑事法院为治安法院。经过1875年的司法改革，英国的刑事司法体系基本确定下来，主要由四级法院构成，基层刑事法院是治安法院，主要负责审理简易罪和可诉罪，此类法院在英格兰和威尔士共有700个，每年审理的刑事案件占全部刑事案件总数的95%。治安法院之上为刑事法院，是全国性的法院，负责审理刑事比较严重的必诉罪，英国按地域将全国划分为六大巡回区。刑事法院之上是最高法院的上诉法院刑事庭，主要负责审理上诉案件。英国国内刑事司法体系的塔尖是上议院，具有对重大刑事案件的最终决定权。从改革后的刑事司法体系来看，英国无论在法院的设置、管辖权的划分还是在厘清法院之间的关系等诸方面在保持自己特色的同时，基本实现了科学化、合理化和现代化，为刑事审判制度的改进打下了坚实的组织基础。

英国的治安法院虽为基层性质的法院，但是在英国的刑事司法审判中扮演了重要角色。在英国的审判制度中，治安法院主要承担两项重要职能，一是对犯罪性质较轻的案件进行快速审理；二是对犯罪性质较重的案件进行预审。当一件案子起诉到治安法院之后，治安法官首先会对案件进行初步审查，以便确定案件的管辖权，对于属于治安法院管辖权范围的案件，治安法院受理后可以开庭审理，在开庭审理时，法官会告知被告可以在有罪或无罪答辩之间进行选择，如果被告作有罪答辩，案件将采取简易程序审理，即不再出示证据和传唤证人，由法官直接作出判决。如果被告作无罪答辩，案件会进入正式审理程序，治安法院的正式审理程序与刑事法院审判程序相比要简洁不少，主要体现在治安法院不设陪审团，法官既负责裁定事实问题也负责裁定法律问题，案件经过审理之后，由治安法官一并作出判决。对于既可由治安法院审理也可以由刑事法院审理的混合罪案件，治安法官应当讯问被告人是选择简易审判还是陪审团审判，如果被告选择陪审团审判，治安法院应当对案件进行预审后移送刑事法院审判。对于属于刑事法院一审的案件，治安法院应当履行预审职能，对案件的证据等方面进行审查，将符合法律要求的案件移送刑事法院审理。据统计，英国的治安法院审理了大约

90%以上的刑事案件，单从这个数据看，英国的治安法院绝对功不可没，"如果英国地方刑事法院所有的案件都由陪审团审判，英国的法院只好宣布破产了"。英国的治安法院之所以有如此之高的审判效率，与其审判制度的科学性和合理性是密不可分的。据统计，在适用简易审判的案件中有一半以上的被告人会选择有罪答辩，法官审理一个有罪答辩案件一般只需要半天甚至几个小时，这意味着有限的司法资源被大大节约下来，司法效率当然也会随之大大提升，更难能可贵的是这些成绩的取得并没有牺牲公平正义。对于严重的犯罪，治安法院预审可以起到过滤与分流作用，可以阻止证据不充分的案件进入刑事法院，从而造成司法资源不必要的浪费；对于合格的案件，治安法院的预审可以起到进一步澄清事实或法律问题、进一步消除在证据等方面分歧的作用，为案件下一步在刑事法院获得快速有效审理做好铺垫。综上所述，可以看到英国治安法院刑事司法的主要特点是便捷与高效，英国有句古老的谚语叫作"迟来的正义为非正义"，一语道破效率与正义之间的关系，对于案件当事人，无论是被告人还是被害人，公平正义固然是其所求，但是倘若没有效率作为保障，被告人被超期羁押，被害人陷入拖沓的审判之中，他们感受的公平正义恐怕要大打折扣。

英国的刑事法院是重罪的一审法院，在英国刑事司法体系中处于关键位置。由于刑事法院审理的案件大多属于严重犯罪的范畴，判决的结果对于被告人的权利状况将产生严重影响，因此刑事法院的审理程序比治安法院要复杂一些，对抗制的色彩要更浓厚一些。一般来说，刑事法院的审判程序主要包括以下几个环节：第一个环节是审判前的"答辩和指导听审"（plea and directions hearing）程序。该程序创设于1995年，适用于除严重诈骗案以外的所有案件。此程序在法官的主持下展开，控辩双方可以借此公开或交换一些重要信息，如控方证人的名单等，此外，控辩双方均应简要地向对方以及主持听审的法官提出将要在正式的法庭审判中申请解决的问题。一言以蔽之，审前的"答辩和指导听审"程序主要目的在于为正式开庭审判做好准备，通过提前排除一些异议防止正式审判反复被打断，确保正式审判的顺利进行。刑事法院的审前程序是司法实践经验总结的产物，因为在此之前由于控辩双方互不知情，甚至可以隐瞒或保密，导致正式开庭时分歧不断，法庭不得不经常中断审判，从而造成审判的拖沓与延误。审前程序建立后，法官提前介入案件，无疑等于增强了法院对案件的管理能力，不可避免地使英国司法审判沾上了"职权主义"的色彩，这与传统的对抗制审判好像有所冲突，因为传统的对抗制强调法官的中立性，坚持法官在审前不接触当事人、不了解案情的做法。为此英国在审前程序里作出特别规定，主持审前"答辩和指导听审"程序的法官和主持正式审理案件的法官不能同为一人，力求在提高审判效率和确保审判公平之间保持平衡。此外，英国还于1996年通过《刑事诉讼与调查法》，确立了"预先听审"（preparatory hearings）程序，在陪审团不在现场的情况下解决案件中的某些法律问题。正式审判的第二个环节是提审程序。此环节旨在确定被告人的答辩方式，控方宣读起诉书后，被告人可以就所控之罪选择有罪答辩或无罪答辩，如选择有罪答辩，法庭直接判罪量刑，审理结束。在司法实践中，被告人若选择有罪答辩，法官会明确地告知其可以获得减少刑期的优惠，即所谓的诉辩交易原则。对于许多被告人而言，但凡案件到了正式开庭审理的阶段，基本上没有脱罪的机会，因此还不如选择有罪答辩争取在量刑上获得一些优惠，因此在刑事法院开庭审理的案件有接近三分之二的被告人选择有罪答辩。但是也有一些被告人十分坚定地选择作无罪答辩，这样案件进入下一个环节，组建陪审团。

陪审制是普通法的重要特色之一，在英国具有漫长的历史，陪审团审判曾经是英国人的古老权利之一，无论罪名大小一概由陪审团进行审判。但是在现代英国社会中，出于审判效率和社会成本的考虑，陪审团审判的范围和使用概率已经大大缩小，仅限于某些重罪的审判。在使用陪审团的审判中，被告人有罪还是无罪由陪审团说了算。根据1974年《陪审团法》的规定，在被告人作出无罪答辩决定之后，法庭应当在下次开庭之前组建陪审团，由大法官负责在适格公民中通过随机抽取的办法遴选陪审团成员的候选人。在正式确定名单之前，根据法律规定，控辩双方有权对陪审团成员进行审查，并且提出回避申请。控辩双方审查无异议后，由12名公民组成的陪审团正式成立，宣誓之后即可开始履行职责。陪审团召集完毕后，法庭正式开庭对案件进行审理，审判模式当然是对抗制，先由控方进行陈述，向法庭介绍指控内容和依据，并提交证据和证人，辩方此时可以就控方的证据提出质疑，并对控方证人进行交叉询问。如果辩方的反驳有效，获得法官的认可，这意味着控方的指控没有达到排除合理怀疑的标准，法官会根据无罪推定的原则指导陪审团作出罪名不成立的裁决，庭审到此结束。

需要特别指出的是，在英国刑事审判中负责起诉的控方是检察机关，但在刑事法院审判中检察机关需要通过聘请律师进行起诉，所以对于起诉的律师而言，其主要责任不是力求促成被告定罪，而是追求案件得到公正的审理，因此在庭审过程中，起诉的律师如果发现对被告有利的地方通常不会刻意隐瞒不告。如果控方证据较为扎实，未出现可疑之处，庭审进入辩方陈述阶段，辩方陈述辩护理由并提交证据和证人，控方也可以对辩方的证人进行交叉询问。庭审的最后一个环节是控辩双方总结陈述阶段，先由控方进行总结陈述，辩方作最后的总结陈述。在整个庭审过程中，表面上作为裁判者的陪审团和法官就像坐在剧院观看演出的观众一样，认真地观看控辩双方的PK，直至双方陈述完毕。控辩双方完成演出任务之后，便不再是庭审的主角了，法官和陪审团在其后的时间里扮演重要角色。首先法官要对本案的审理情况进行总结，并对陪审团进行提示。虽然陪审团只负责事实问题的裁判，很多人认为只要是心智正常的成年人在事实的理解上应该不存在问题，但实际情况是在审判中呈现出来的事实和日常生活中的事实是不一样的，审判中的事实必须是通过法律认证的事实，即使一个情节是真实存在的，也可能因为取证问题而被排除掉。所以在现代司法审判中事实问题有时也是法律问题，即使不是法律问题也常常和法律纠缠在一起，因此需要法官对外行的陪审团成员进行提示与指导，如在庭审中法官会经常提示陪审团"不必考虑这个证据"等。在法官总结与提示阶段，法官会就一些重要问题向陪审团进行说明，如"证明被告人有罪需要达到的排除合理怀疑的证明标准"等。法官的工作结束后，陪审团退席评议案件，经集体协商一致或绝大多数同意后，作出有罪或无罪的裁断。如陪审团认为被告无罪，庭审随即结束，被告当庭释放。如陪审团认为被告有罪，法官负责量刑，作出判决，判决宣布后整个庭审程序完毕。纵观刑事法院审判的全部过程，我们认为仍比较鲜明地体现出了普通法审判的"对抗"特色，尽管其中调和了些许职权主义的色彩，这些改变在很大程度上改善了传统对抗制审判拖沓、效率不高等问题，同时也更有利于被告等诉讼参与人的权利保障。

英国刑事审判现代化的另一个体现是上诉制度的建立与完善。传统英国司法体系中是不存在"上诉"一说的，这是因为上诉制度的建立首先需要存在一个结构完整、等级分明、自上而下统一的司法组织体系，古代中国就存在这样一个司法体系，所以中国的司法审判制度尽管比较落后，却存在上诉制度，而英国在19世纪末司法改革之前不存在这样一个司法体系，尽管存在各种各样的法院，但是法院之间缺乏清晰的等级逻辑结构，因此缺乏上诉制度存在的土壤。如果被告人对法院的判决不满，只能通过纠错程序进行救济：一是被定罪的被告人可以申请"程序错误令"，法院仅仅根据诉讼记录进行审查，确有程序错误时，可以签发令状撤销有罪裁决，但这种令状的签发率极低。二是对于轻罪案件，在极其特殊的情况下可以应被定罪的被告人申请批准进行重新审判。三是主审法官可依其裁量权将初审过程中出现的某一法律问题提交1848年设立的"刑事案件保留法院"予以审查，并裁定撤销、维持原判（如果已经作出判决的话）或者指令初审法院作出判决。这种法院每年只开庭三四次，每次开庭通常只持续半天，每年决定的案件可能不足20件。因此19世纪末，英国史学家施蒂芬写道："英国刑事诉讼的一个显著特征是不承认任何可以适当地称之谓上诉的东西，不管是基于事实问题的上诉还是基于法律问题的上诉。尽管也存在一些在一定程度上显得是、在一定程度也确实是这一原则例外的程序。"❶

众所周知，上诉是被告人的重要权利之一，是被告人免于错误审判获得救济的主要渠道，英国在19世纪各方面进入现代化的发展轨道，但是在刑事司法上存在如此之大一个漏洞不能不说是一个遗憾。究其原因，主要是由于当时英国国内对此看法不一，特别是司法界对于上诉制度改革态度较为保守，因此推动上诉制度改革的步伐一直步履维艰。但是英国社会公众一直对上诉制度改革态度热切，新闻媒体也不断为之呼吁，如1847年的《泰晤士报》即撰专文"为了众多有悖于法律和公正而被宣告有罪之人的利益，以及那些由于缺乏此类上诉权而在其人生的最好年华被监禁或者放逐之人的利益"而请命❷。特别当社会上发生影响比较大的冤假错案时，社会公众的注意焦点通常会不约而同地聚集在上诉制度的改革上。例如，在1889年"国王诉贝克"一案中，被告阿道夫·贝克两次被判对由他人所犯下的罪行负责。具体案情是这样的：1877年，威廉·韦斯，别名约翰·史密斯，因为欺诈数位妇女珠宝和其他财物被判处一段时期的刑事劳役。1896年，当发生相似的系列犯罪时，阿道夫·贝克被逮捕。侦办1877年案件的警官和另一位证人都指认他就是约翰·史密斯。尽管阿道夫·贝克指出案发时他在南非，根本无法犯案，但仍被认定有罪并获刑。1904年，阿道夫·贝克因同样的指控再度被捕，并由证人指认后，再度被陪审团裁定有罪。幸运的是，审理此案的法官心存疑虑，将判决拖延至下个开庭期，而真正的约翰·史密斯被

❶ STEPHEN J F. A history of the criminal law of England[M]. London：Macmillan，1883：309-312.

❷ 冷霞.英国刑事上诉法院诞生记[N].中国社会科学报，2010-08-31.

逮捕并承认了两起犯罪，阿道夫·贝克由此获释。贝克冤案引发民愤，舆论要求对这一严重的司法失误进行深入调查。为此成立的调查委员会迅速得出结论，认为 1896 年案件的主要责任在于法官，他们相信，如果存在上诉可能，阿道夫·贝克的不幸经历本可避免。1904 年的贝克案由此成为推动英国刑事上诉法院建立的最终催化剂。在公众的压力下，英国于 1907 年通过《刑事上诉法》，创设了刑事上诉法院，该院有权审理以事实或者事实与法律两方面的理由不服定罪以及以判刑畸重为理由而提出的上诉。至此，英国的刑事上诉制度方得以真正确立❶。1968 年英国再次对上诉制度进行改革，出台了《刑事上诉法》，废除了刑事上诉法院，将其管辖权移送上诉法院增设的刑事审判庭。之后英国又通过出台 1988 年《刑事审判法》和 1995 年《刑事上诉法》等法律，多次对上诉制度进行改革与完善，"被告人对审判刑事案件的法庭所作出的不利判决可以提起上诉的权利现在已成为英国司法程序的一个牢固确立的特征"。

简要地说，英国的刑事审判上诉主要分为三个层次，一是不服治安法院判决的上诉；二是不服刑事法院判决的上诉；三是向上议院或最高法院的上诉。先介绍一下不服治安法院判决的上诉。案件在治安法院审理后，如果被告对判决结果不满意，有三种上诉渠道可供被告选择。最常见的一种选择是向刑事法院提出上诉。根据 1980 年《治安法院法》有关规定，在治安法院审理的案件，如被告选择的是有罪答辩，一般只能就判刑问题向刑事法院提起上诉。而选择无罪答辩最后被判有罪的被告人可以向刑事法院就定罪或判刑或者对二者同时提出上诉。刑事法院受理上诉案件之后，先成立一个由 3~5 名法官组成的合议庭负责案件的审理，审理的方式为"复审制"——按照简易程序对上诉案件再审一次。经过刑事法院的复审之后，根据 1981 年《最高法院法》的有关规定，刑事法院有权维持、撤销或者变更治安法院判决中的任何部分，也可以附具意见发回重审，也可以作出其他认为适当的裁定。对于不服治安法院判决提起上诉的第二种渠道是向高等法院的王座分庭提出上诉申请，但是仅限于对治安法院的判决存在法律上的疑问，即高等法院不受理单独针对治安法院判决中事实问题的上诉。具体程序为：被告判决下达之后，可以以判决存在"法律上的错误"为由，向治安法院提出要求治安法官陈述案件的申请，如果治安法官拒绝陈述，被告可以向高等法院申请强制令，强迫治安法官陈述案件。高等法院王座分庭受理案件之后，将成立由

❶ 冷霞.英国刑事上诉法院诞生记[N].中国社会科学报,2010-08-31.

2~3名法官组成的合议庭进行审理，合议庭采取法律辩论的方式仅就法律问题听取控辩双方的意见，一般不涉及证据和事实问题，王座分庭最后可以"撤销、维持或者变更"治安法院的裁判，或者将案件发回治安法院重审并附上自己的意见，或者作出其他适当的裁判。对于不服治安法院判决提起上诉的第三种渠道是向高等法院提请司法审查。司法审查是英国法院体系内部设立的一道审判监督机制，高等法院拥有通过签发调卷令、强制令和禁止令对下级法院审判工作进行监督的特权。

对不服刑事法院判决提起的上诉。刑事法院是可诉罪的初审法院，被告人如果不服刑事法院的判决，据英国1968年《刑事上诉法》规定，可以就定罪或者量刑问题向上诉法院提出上诉。关于对刑事法院定罪问题的上诉，我们知道在刑事法院审判中定罪问题是由陪审团负责的，因此针对刑事法院定罪问题的上诉实际上是在质疑陪审团的工作。但陪审团的裁定从法理上论又是不容置疑的，因为陪审团裁定是事实问题，而从对案件事实的了解程度上看，陪审团应当比上诉法院的法官更胜一筹，毕竟陪审团从头到尾完整地参加了整个审判，观摩了控辩双方的"表演"，而上诉法院的法官则是通过案件材料等间接方式了解案情的。再者从技术上论，质疑陪审团的难度也很大，因为陪审团只作结论，不提供理由。陪审团裁判的不容置疑性，还有一个深层次的文化上的原因：陪审团是值得信任的，是会主持正义的，否则不会将定罪的权力交给他们，质疑陪审团等于质疑英国的法律文化传统。所以，在针对定罪问题的上诉处理上，英国一直奉行的一条基本规则是：不会轻易允许对陪审团就事实所作出的裁决提起上诉，对事实问题的上诉，须经上诉法院批准或者由原审法院发给适合于上诉的证明书。根据英国大法官部2001年度司法统计报告，在2001年英国上诉法院法官受理不服刑事法院定罪的上诉申请累计1943件，审结1583件，其中许可438件，不到审结数的28%。就法律问题针对刑事法院的定罪提出上诉，在1996年以前无须经过许可，属于被告的权利范畴，但是1995年《刑事上诉法》重新作出规定：即使就法律问题针对刑事法院的定罪提出上诉，也必须经过上诉法院许可或者由初审法官出具书面证明。从司法实践上看，就法律问题的上诉总体上要比就事实问题的上诉更容易获得许可。关于对不服刑事法院量刑上的判决，法律规定除谋杀罪以外，被告人可以单独就刑事法院的判刑向上诉法院提出上诉。但是也必须经过上诉法院许可或者由初审法官出具书面证明。

上诉法院对上诉案件的处理，一般需要经过以下几个环节。一是组建合议庭，由2~3名法官组成。二是采行事后审查制，主要通过审阅上诉材料，听取辩护律师、控诉律师意见审理案件。对于新证据的采纳问题，传统的做法是不接纳新的证据，因为这与陪审团审判原则存在冲突。但是在司法实践中又确实存在一审判决后又发现新的证据的情况，如果完全忽视新的证据的存在，无疑可能导致审判的不公。为此1968年《刑事上诉法》赋予上诉法院接受新证据的权力，但是上诉法院行使此权力时异常谨慎与克制，除非上诉法院认为新的证据具有极大的说服力，否则一般不予听取。案件经过审理之后，上诉法院如认为刑事法院的定罪是不安全的，可以撤销上诉所针对的任何判刑或者命令，另行判处适当的刑罚或者命令，相反情况下则会驳回上诉。

从上诉法院对上诉案件的审理程序看，给人们的感觉好像并不"给力"，有些制度或规定对于被告人而言并不十分有利。但是如果放眼英国的刑事诉讼的整体设计，这种看法好像又有点片面，原因是没有深入领略英国刑事司法审判的精髓之处。我们常说"好钢用在刀刃上"，英国将刑事司法审判的重心放在刑事法院的第一审上，强调的是"审判中心主义"，而不是放在上诉法院的事后审查上。刑事法院的一审案件受理的多是严重犯罪的案件，审判的程序最为复杂，实行的是典型的"对抗制"和"陪审制"，而且审判的周期一般比较长，不像治安法院的简易审理程序一样半天就可以了结一个案件。这意味着，在刑事法院审理一个案件不仅国家需要投入大量的人力、物力，消耗大量的司法成本，当事人通常也会竭尽全力，使出浑身解数，血拼到底。如此之大的投入，目的只有一个，那就是确保一审案件能够获得公正的审理，并且在司法实践中也确实取得令人满意的效果。这大概也是英国上诉制度建立时间比较晚的原因之一吧。但凡事必有例外，动用陪审团审判的刑事法院不可能做到每个案件判决公正无误，上诉制度存在的价值就是为这些例外服务的，因此在英国不服刑事法院判决的上诉不是被告人的一项"当然权利"，被告的上诉需要许可才能实现，那些理由不充分的上诉申请一般不会获得许可，这些限制意在向社会公众提示英国刑事司法的重心在哪里，引导当事人更加注重一审审判，可以防止因被告无限制的上诉而造成司法资源的浪费。因此从制度的设计上看，在英国刑事司法审判中的上诉审理程序并不是一个常规程序，主要是为被告提供的一种法律救济程序，但是一旦案件通过许可进入上诉审理程序，上诉审理的价值就会获得体现，在实现正义方面发挥非常重要的作用。英国上诉程序的终点是上议院，2005年最高法院成立之后，接替上议院成为英国司法的终审机构，只有非常重大的案件才能上诉到最高法院，对此，我们不再细究。

以上，我们简要介绍了英国现在刑事司法审判的概况，下面还有几个具体的问题需要特别交代一下，因为它们对于刑事司法审判具有巨大的价值和深刻的影响。首先是沉默权问题。沉默权（the right to silence），通俗地讲是指犯罪嫌疑人或被告人在接受司法人员询问时有保持沉默、免于自证其罪的权利，沉默权的核心价值是当犯罪嫌疑人或被告沉默时，司法机构不能以此为由推导出对其不利的结论。在现代刑事诉讼中，沉默权作为犯罪嫌疑人、被告人享有的一项基本诉讼权利已得到大多数国家认可，并被联合国确定为被告人的一项基本人权，成为判断司法公正的最低限度标准之一。英国是世界上最早确立沉默权的国家，沉默权从观念上来源于英国的一句法谚："任何人无义务控告自己。"据考证，早在13世纪普通法大陪审团审查起诉中已经出现了沉默权的萌芽，但是未应用于审判之中。美国学者莱纳德·利维认为："沉默权是在两种对立的刑事诉讼制度的斗争中产生的，一边是支持公民权利和自由的普通法，它逐步形成发展了不得被迫回答可能导致自我归罪的权利；另一边是罗马法传统以及适用审讯制度的英国教会法庭，它的执法者们强烈反对沉默权。"[1]从时间上论，一般认为英国的沉默权制度确立于17世纪的利尔伯恩案件，利尔伯恩被控走私煽动叛乱的书籍，但他否认被指控的犯罪，同时以不自己伤害自己为由，在法院审讯时拒绝宣誓和供述，因此而被法院定罪处刑。英国议会两院均认为对利尔伯恩的判决违法并予以撤销，同时禁止在刑事案件中要求被告宣誓作证。之后，在一起由议会审理的"十二主教"案中，沉默权被引用并得到确认。至1688年，沉默权在英国已完全站稳了脚跟。成文法上最早对沉默权进行规定的是1898年的《刑事证据法》，之后沉默权又获得1984年的《警察与刑事证据法》和《法官规则》等法律的进一步确认，并且被告人的沉默权在司法审判中也一直获得较为充分的实现。但是进入20世纪70年代以来，英国社会对沉默权问题出现了争论，有人提出应当对沉默权进行限制的主张，理由是沉默权制度对被告过于有利，甚至构成偏袒，一些老练的犯罪人经常利用沉默权制度逃避惩罚。1988年，英国政府为了强化打击北爱尔兰地区暴力恐怖犯罪，通过适用于北爱尔兰地区的《刑事证据法令》对沉默

---

[1] 金泽刚.沉默权的限制与限制的沉默权——刑事诉讼法规定沉默权的理性思考[J].诉讼法论坛,2000(1).

权作了重要限制。1994年英国又通过了《刑事审判和公共秩序法》，将对沉默权的限制适用范围扩展至英格兰和威尔士地区。根据上述法律的规定，在四种情况下❶，被告人的沉默权是受限制的。换言之，一旦出现了法律规定可以限制沉默权的情况，被告人如果仍然保持沉默，不理会司法人员的讯问，其法律后果是法庭将从被告人保持沉默的行为中作出适当的推论，至于何谓"适当的推论"，法律并没有明说，但从司法实践的经验出发，所谓"适当的推论"就是指对被告人不利的推论。从沉默权在英国的发展历程看，好像走的是一个环形的轨迹，前半段是从无到有，从不充分到充分，后半段逐渐向回退缩，从充分状态到限制状态，似乎又要回到起点。因此，在英国国内，包括国际上有很多人对此感到不解，甚至对此进行批评与抨击，视之为历史性的退步。我们认为英国对沉默权进行限制，单从被告人的人权保障上看，肯定是不利的。但从全局角度出发，从整个社会的人权保障看，这种限制或不失为一种务实理性的选择。一是这种做法的性质不是取消沉默权，而是仅作小范围的限制，并没有撼动沉默权的基石，被告人享有沉默权作为原则还是存在的。二是任何制度都有两面性，沉默权也是如此，沉默权在司法实践中被恶意用于逃避侦查的事情屡有发生，适当限制对化解沉默权的消极影响能起到一定作用。三是现代刑事诉讼各项制度均设计得较为科学合理，即使对被告人的沉默权进行适当限制也不会对被告人的权利产生大的影响，更何况现代刑事诉讼在价值追求上更全面与均衡，在打击犯罪与保障被告人权利之间实现平衡，在保障被告人权利和被害人等其他人权利之间实现平衡。因此，我们认为对于限制沉默权的做法不宜进行简单否定，是否限制或者限制到什么程度，应当根据现实情况进行评估与论证之后再行定夺。

　　其次是关于证据方面的改进问题。"虽然现在的一些证据规则，可以追溯到中世纪，但其发展史却真正开始于十七和十八世纪普通法法官的判决"❷，到了

---

❶ 这四种情况是：①犯罪嫌疑人在讯问中没有告诉警察期待提及的事实，而这一事实为辩护方审判中用作辩护依据，那么法官和陪审团可以作不利于被告人的推论；②假如被告人在审判中保持沉默，法官和控诉方可提请陪审团作任何认为适宜的推论——包括"同感推论"，并且这种推论不对不利于被告人的证据和被告人有罪的证据加以解释；③嫌疑人拒绝回答警察关于可疑物体、物质痕迹的提问，而这些物质在被告人的身体、衣服上或者被逮捕地点被发现时，法官和陪审团可作不利于被告人的推论；④嫌疑人不向警察解释为何在发生犯罪的大致时间内在犯罪现场出现并因此而被捕，法官和陪审团可作不利于被告人的推论。

❷ ANDREWS，HISRIT. Criminal evidence[M]. 2nd ed. London：London Sweet & Maxwell Press，1992：1.

19世纪、20世纪英国证据法进入了快速发展轨道，英国议会出台了大量与证据有关的法律，比较重要的有1898年《刑事证据法》、1984年《警察与刑事证据法》和1988年《刑事审判法》等，这些法律构架起英国现代证据法律的主要轮廓。尽管在形式上由于缺乏一部法典化的证据法而显得异常杂乱，除了上面提到的几部成文法律之外，还有大量的规则分散于法官的判决、其他形式的立法和一些国际法规定当中，但是英国证据法的内在逻辑还是比较清晰的，主要围绕四个方面问题展开：规定什么样的事实可以用作证据；证明责任和证明标准；证明的方法和规则；与审判有关的一些证据规则。①关于什么样的证据可以作为证据。英国法律主要从关联性与可采性两个方面进行判断，关联性是指证据必须与案件事实的争点有关联关系，对于关联关系的确定，大法官西蒙认为："如果证据能够从逻辑上证明或者反驳需要证明的一些事实，那么该证据就是有关联的。"在司法审判中法官可以运用关联性规则将一些无关的证据排除在法庭之外，既可以防止这些无关证据对陪审团的判断造成干扰甚至误导，同时也可以大大提高审判效率，节约司法成本。关联性是可采性的逻辑前提，起初英国法院对于证据的可采性持有的态度是比较开放的，认为所有据有关联性的证据都是可采的，证据的取得方式不影响证据可采性。例如，在1861年的利瑟姆案和1870年的琼斯案中，法院判决指出：你如何获取到它并不重要，即使你是偷窃而得，证据仍然具有可采性。在1955年的库卢姆案中，法院仍坚持认为：证据的获取方式是不予考虑的。事实证明不考虑证据的获取方式实际上背后隐喻着对程序正义的忽视，必然招致不利的法律后果。20世纪后半期随着警察侦查权力的不断扩张，英国开始出现警察利用暴力等手段强迫犯罪嫌疑人招供的案例，如在70年代的麦克斯韦尔·康菲特案中，警察对三名青少年进行讯问和殴打，强迫他们承认有罪，最终三人被判处刑罚，此案后来被上诉法院重审，三名被告被判无罪。这些案例的发生对英国证据法上的可采性产生了重要影响，逐步形成了非法证据排除规则。根据英国证据法上的非法证据排除规则，有很多证据尽管与案件事实具有很强的关联性，但是由于存在证据收集手段或程序不合法等原因最终导致这些证据不被法庭接纳与采信。根据法律规定，非法证据的排除有两种方式，一是自动排除。法律有明确规定的适用自动排除规则，如警察通过刑讯逼供取得证据，这样的证据是不能进入法庭的。二是自由裁量排除。在法律没有明确规定的其他情况下，证据是否排除，由法官根据案件的情况斟酌决定，总的原则是应有利于公正审判。

②关于证明责任和证明标准问题。在刑事审判中控辩双方都负有举证责任，需要通过提出证据证明己方的观点或质疑对方的观点，除了举证责任之外，控方的证明责任还包括说服责任，使陪审团相信被告有罪，如果控方做不到这一点就等于败诉，对于被告来说，则没有证明自己无罪的责任，他需要做的事情无非就是否认或质疑。那么作为负有说服责任的控方，其工作做到什么程度或者符合什么要求才能够达到说服陪审团相信被告有罪的目标呢？英国的刑事司法对于证明责任设立的尺度是：排除合理怀疑（beyond reasonable doubt）。"排除合理怀疑在英国法上可以追溯至18世纪初期。开始要求如对被告定罪科刑，须有明白的根据。以后曾用各种不同的用语，用来表示信念的程度。最后仍用疑字做标准，即所谓'合理怀疑'亦即须信其有罪至无合理之怀疑。到了19世纪初期，流行一种典型的说法，就是由于良知的确信，足以排除一切合理怀疑。"❶例如，在1935年的威明顿案中，桑基大法官指出：公诉方应当排除合理怀疑地证明案件，如果在全案终结时仍存在"合理怀疑"，被告人有获得无罪判决的权利。在1972年的麦格里维案中，莫里斯勋爵指出："必须向陪审团解释清楚，除非他们被说服至排除合理怀疑地相信被告人有罪，否则不能对被告人定罪。"❷排除合理怀疑的证明标准毫无疑问是一个很高的标准，要求控方对被告人的刑事指控无论在事实方面还是在逻辑方面都不能令一个普通的理性人对之明智而审慎地产生怀疑。陪审团只有在对控方指控确信无疑的情况下，才能裁定被告有罪，否则不能作出对被告不利的裁定。③关于证明方法和证明规则。证明的方法主要有书面证据证明、言辞证据证明和实物证据证明三种。证明的规则方面主要有以下几项：一是传闻证据规则（hearsay rule）。由于传闻证据属于间接证据，未经宣誓确认，也无法在法庭接受交叉讯问，其可靠性是值得怀疑的，因此一般不能作为证据使用。二是意见证据规则（evidence of opinion）。证人提供证据时仅限于对了解的事实进行陈述，而不能对之进行评价，证人对证据的个人意见属于意见证据，也不能作为证据使用。三是倾向性证据规则（evidence of disposition）。关于被告人有犯罪倾向的证据，一般也不能作为证据使用。④关于与审判有关的一些证据规则。于此我们重点介绍一下证据开示制度。据考证，英国刑事诉讼的证据开示制度最早是于16—17世纪通过司法判例建立起来的，建立证据开示制度的初衷是防止当事人

---

❶ 樊崇义.客观真实管见[J].中国法学,2000(1).

❷ 廖明."排除合理怀疑"标准在英美国家的理解与适用[J].证据学论坛,2004,8(2):391.

利用证据突袭手段取得胜诉从而影响审判公正的实现。由于早期英国刑事司法审判奉行的是尚未成熟的"对抗制"，法官对于案件的管理近乎处于自由放纵状态，开庭前对控辩双方提交的证据并不多作审查，控辩双方对于对方证据掌握情况一般知之甚少，甚至相互刻意隐藏保密，目的是在开庭时打对方一个措手不及，这种做法在司法实践中造成了比较严重的消极后果，一是证据突袭对法庭审判的进程造成极大困扰，常使庭审限于久拖不决之中，造成司法资源的浪费；二是证据突袭，相对于被告人而言，对于控方更为有利，因为控方一般比被告一方能量更强大，掌握更多的案件资源，更容易从证据突袭中获益，这样势必进一步加剧控辩双方之间的失衡状态，更加偏离"平等武装"的审判原则，最终会对司法审判的正义性造成消极影响。为了克服这种缺陷，英国在司法实践中逐步建立起证据开示制度，特别是通过1996年《刑事诉讼与侦查法》形成了较为完善的证据开示制度，控方必须把与案件有关且未曾使用过的、准备在法庭审判中作为指控证据使用的材料开示给辩方，即所谓的"首次检控开示"。在"首次检控开示"的同时，控方还必须提供一份由控方掌握的但他们认为与案件的控诉关系不大的证据材料清单。在控方履行了必要的证据开示义务之后，辩方随后有义务将其在审判中提出的辩护理由和证据开示给控方；在辩方进行证据开示之后，控方有义务将新的、未曾使用过的证据材料向辩方作第二次开示，这就是所谓的"二次检控开示"。除此之外，公诉人还负有继续披露的义务，在遵守首次披露义务到被告人被宣告无罪或被认定有罪或公诉人决定终止诉讼之前，必须不间断地审查指控材料，只要公诉人发现尚有未向被告人披露的可能损害被告人的材料，就必须在合理的时间内尽快向被告人披露。[1]关于证据开示制度的价值，1991年皇家刑事司法委员会在关于证据开示的立法建议中作了简明但切中要害的阐释："如果辩诉双方都能提前公开其证据材料，不仅有利于更早更好地审查案件，也可使检察院根据被告人公开的证据材料撤回起诉，或早日确定审判日期。还有利于法院和诉讼各方更好地利用时间，并可将被告人企图在最后一刻误导陪审团，或规避对伪造的辩护证据进行调查的案件数量，控制在最低限度。"[2]

关于英国的审判制度的现代化，我们最后还需要谈一下被告等主要诉讼当事人的权利保障问题。毋庸置疑，随着刑事诉讼的现代化，被告人等诉讼当事人的

❶ 齐树洁.英国刑事证据制度的新发展[J].河南司法警官职业学院学报,2003(1).
❷ 陈泽宪.寻求效率与公正平衡——英国皇家刑事司法委员会报告要点述评[J].外国法译评,1994(4).

权利保障水平总体上与以前相比有了大幅度的提升，体现了历史的进步性，尽管存在个别权利如沉默权受到限制的情况。被告人权利保障水平的提升，我们认为主要体现在两个方面，一是通过规范公权力的方式提升被告人的权利保障水平。我们知道在整个刑事诉讼活动中，对被告权利状况影响最大或者说最具有威胁性的无疑是侦查、起诉、审判等权力机构，这些机构在某种程度上掌握着对被告生杀予夺之大权，而被告作为一个个体在面对这些机构时当然处于绝对的弱势地位，其权利很容易遭到侵害，而且这种侵害在本质上属于制度性侵害，是由于法律的缺位或不完善而给予了权力机构滥用权力的机会。为此英国通过司法判例或者议会立法不断弥补这些法律上的漏洞，不断规范公权力的运作，最终将之控制和约束在合理的范围之内，从而为被告人的权利保障筑起了一道牢固的法律屏障，这道法律屏障从被告人第一次与警察打交道时便开始发挥作用，并且涵盖了整个刑事诉讼全过程，几乎做到了无缝覆盖。例如，在侦查阶段法律对警察的逮捕权、讯问权和搜查权等权力的行使作了十分详细的规定，目的就是防止警察部门为了尽快破案而对犯罪嫌疑人滥用权力。在起诉和审判阶段，法律通过设定审查起诉等过滤机制防止被告被恶意诉讼侵害，通过建立证据开示制度增加控方指控的透明度，通过确立"排除一切合理怀疑"等证明标准确保被告得到公正的审判。总之，这些制度的建立和完善虽然不是直接或者纯粹为保护被告人权利而设计的，但在客观上起到了这种效果，我们认为对公权力进行合理的规范与约束对于被告人权利保障所起到的作用其实并不逊于对某种或某些权利的确认。二是通过不断丰富权利的种类和内容来提升被告权利保障的水平。例如，在侦查阶段，过去犯罪嫌疑人不享有得到律师帮助的权利，现在犯罪嫌疑人在第一次接受警察讯问的时候就有权要求律师在场提供帮助。在此阶段，犯罪嫌疑人还享有获得保释等权利。在审判中，以前被告人和被告人的证人是没有资格宣誓作证的，现在可以宣誓作证，以前对于被告人申请出庭而本人拒绝出庭的证人，法庭是坐视不管的，现在法庭可以通过强制手段责成被告证人出庭作证。这些法律规定设计的目标是很明确的，就是通过强化被告人权利保障水平使被告人在法庭上获得公正的审判。

除了被告人权利保障水平获得提升之外，英国刑事诉讼还非常注重权利保障的均衡性，同时加强了对证人特别是刑事被害人等诉讼参与人的权利保障。为了提高证人到庭作证率，英国加强了对证人安全的保护力度，提高了证人的工作待遇。为了加强对被害人的保护，英国通过立法授予被害人诸多权利。被害人在以前的刑事司法程序中仅仅被作为一个证人对待，在诉讼程序处于边缘化的地位，他们被赋予配合警方调查案件和配合检方起诉等义务，但他们自身的感受和权利状况却很少有人问津，甚至其权利在诉讼过程中还经常受到"第二次或第三次侵害"，这种局面不仅对于被害人来讲是有失公平的，也极大地损害了刑事诉讼本身的价值完整性，即刑事诉讼的价值不仅仅是打击犯罪，同时也要医治社会创伤。在英国被害人的权利保护问题直到20世纪才得到重视，被害人在刑事司法中的地位逐渐得到提高与改善，从英国当前司法改革的趋向看，被害人或会被置于刑事诉讼中心的位置。根据法律规定，被害人享有的主要权利有：①在审判前，警察部门在作出起诉决定之前应当征求被害人的意见，并在决定中考虑被害人的利益；②在审判阶段，有提供被害人陈述的权利和免受第二次侵害的权利；③在审判后，相关机构在准备提供释放罪犯的报告时应将被害人及其家人的意见考虑进去。

（三）高素质的法律职业群体

中国古代伟大的思想家孟子曾说过这样一句话"徒法不足以自行"，意指光有完备的法律是不够的，因为作为文本的法律是不会自动实施的，最终还要借助人的力量去落实、去实施。从司法的层面上论，法律能否主持正义，除了法律本身是正义的之外，适用法律的人也必须保持正义，否则即使法律制作得再精良，也很有可能被不正义的法官所歪曲或篡改，最终使正义蒙羞，在人类的司法实践中"好经让坏和尚给念歪了"的事例可谓比比皆是。由此可见，司法能否维护正义，人的因素是很关键的。这里所说的"人"，并非泛指普罗大众，而是特指在司法领域内对司法公正具有显著甚至决定性影响的一个群体——法律职业群体，这个群体一般由三部分人组成：法官、律师和检察官，在有些国家也将法学家列入其中。由这些人组成的法律职业群体形成了一个相对固定和封闭的"圈子"，他们之间通过分工与合作几乎"包揽"了某一具体案件的审判过程：检察官负责起诉，律师负责辩护，法官负责判决。可见这个职业群体的整体素质对于司法公正是极为重要的，历史上古代罗马帝国之所以能够最早建设成立"法治"国家，与其国内法律职业阶层的早熟具有很大关系，有人认为："罗马的法律机器得以完美的运行，得益于程序完备的罗马法庭和专业律师阶层的出现"，"没有职业律师阶层就不可能存在法治"❶，而与罗马同时代的其他国家则不存在这样一个高素质的法律职业群体。从英国的情况看，英国的法律职业群体与当今世界绝大多数国家相比不但历史更为悠久，而且整体素质也处于一流行列。

1.中世纪英国的法律职业群体

中世纪英国的法律职业群体主要由法官和律师两个阶层组成，当然，中世纪英国也出现了一些伟大的法学家，如格兰维尔和布拉克顿等人，不过这些人还算不上纯粹的法学家，因为他们的主要身份是王室法院的法官，学术研究属于副业，而且其著作的内容主要来源于他们审理的案件。法官是中世纪英国法律职业群体的核心，早在盎格鲁-撒克逊时代，英格兰的司法体制是集会式司法，还不存在严格意义上的法官，参加集会的公民行使裁判职能。诺曼征服之后，随着王室法院的建立和普通法的形成，在英国开始出现法官这一职业群体，当然法官群体的职业化和专业化经历了一个比较长的历史周期。早期英国在法官的任命上，看重的是当事人的政治关系，而不是法律素养，而且谋求法官职位的人也大多不以此谋生，这表明早期的法官还是一个政治性职位，并不是一个专业性职位，因此这个职位的流动性很强，并没有形成一支较稳定的法官队伍。随着法庭审理的不断专业化和诉讼程序的日益复杂化，对法官的法律素养要求越来越高，在这种情况下，在12世纪的晚期英国开始出现职业法官的萌芽，其标志是有一些人开始长期担任法官，并且很少担任与法庭无关的其他工作。在约翰国王统治时期产生的《大宪章》中，对法官的任职提出了明确要求：只任命那些懂得法律的人为法官。这对于法官的专业化和职业化无疑是一个大大推进，但是直到亨利三世时期，职业法官群体才在英国正式形成，其标志是很多人依靠法律才能当上法官，终生以此为业，并且靠此领薪来养家糊口。律师阶层的形成要稍稍晚于法官，同样得益于法庭的专业化和诉讼的复杂化。在此背景下，不熟悉法律和诉讼程序的当事人在没有专业的帮助下是很难取得胜诉的，社会大众对法律专业知识的需求催生了律师这个职业。1235年的《默顿法规》规定，所有自由人均可通过法律代理人进行诉讼。起初，很多人并不以此为业，而是因为伶牙俐齿或者粗通法律在亲朋好友遇到诉讼的时候被临时聘为代理人，诉讼结束之后，便继续从事原来的职业。随着时间的推移，这部分人中的佼佼者因为其才能出众或者其他原因通过帮助他人诉讼逐渐赢得了好名声，获得的委托越来越多，并且可以通过代理诉

---

❶ 约翰·麦赞恩.法律的故事[M].刘昕,胡凝,译.南京:江苏人民出版社,1998:142-144.

讼来养家糊口，这些专门从事法律服务的陈述人（narrator）、助诉人（pleader）、代诉人（attorney）即为后世律师的前身。斯坦顿女士认为在约翰王统治时期才见证了"职业律师"的出现，尽管律师这一职务还处于其发展的早期阶段，委任律师一般不会超出以下情形：委任自己的亲属，如儿子、兄弟、丈夫和妻子代表自己……而布兰德对此有不同看法，他认为单纯代理亲属案件的律师属于业余律师，还不能称为职业律师，因为那样定义职业律师范围太过宽泛了，他认为职业律师阶层在亨利三世时期正式形成。总而言之，中世纪英国的法律职业群体的两大组成要素，法官和律师大约都在13世纪正式形成了，并且这两大法律职业阶层在形成的过程中并不是单线独立发展的，而是互有接触和交汇，特别是法官阶层对于律师阶层的形成产生过重大影响，这使得英国的法官与律师从一开始就形成了一种非常紧密的关系，从而为以后英国法律职业共同体的形成奠定了坚实的历史基础。

（1）法律会馆：法律职业群体成长的摇篮。普通法和大陆法相比，是一门实践性很强的学问，普通法是习惯法，没有成文性法典，核心内容主要隐藏在法官的判例当中，这些因素注定了学习普通法和学习法典法的方式与过程是不可能一致的。在大陆法国家，学员主要在大学里依靠教授的讲解学习法律，在英国学员是通过学徒的方式学习法律，学习的机构不是大学而是法律会馆。法律会馆从本质上论，类似我们今天所讲的职业培训机构，它的任务很单一：就是为培养法律职业人才服务。英国最早的法官和律师大多属于自学成才型的，都是通过边干边学，逐渐成为法律专家的，其后很多人是通过子承父业或者师傅带徒弟的方式学习法律的，这种法律职业人才的培养模式显然效率太低了，难以适应社会发展的需要。法律会馆就是在社会需要规模化培养法律职业人才的背景下诞生的，最初是由那些聚集在威斯敏斯特附近的学习法律的年轻人自发成立的。这些年轻的富家子弟怀揣梦想从全国各地汇集于此，为了便于学习和交流，大家自发地形成若干学习小组，同吃同住，一起研习案例，一起旁听案件审理，一起出资聘请资深法官或律师讲课，久而久之形成了大大小小为数众多的法律学校，至14世纪形成了四所主要的法律会馆，即格雷会馆、林肯会馆、内殿会馆和中殿会馆。法律会馆的管理工作一般由通过选举产生的大律师负责，采用的是偏重实践的教学模式，学员主要通过三种方式学习法律：一是通过资深律师讲解法令或案例进行学习；二是通过旁听律师辩护和法官庭审进行学习，为了便于法律学徒们旁听，法庭甚至专门划出区域留给他们使用；三是通过参加模拟审判学习法律，在此阶段法官经常受邀参与指导或自由讨论。由此可见，在中世纪，在法律会馆学习的法律学徒们"参加的是一种准修道院式的公共生活，在其中法律是'训练所得而非教授所获'"❶。梅特兰对法律会馆的教学模式曾给予相当高的评价，他说：如同法官发展了普通法，国会创造了成文法，律师会馆也创造了"教授法"（taught law），因为律师会馆通过教育提炼、科学化了普通法，塑造了未来的立法者（议员）与法官，"教授法"在他们手中将变成"实在法"❷。总之，英国法律会馆所采用的法律职业人才培养模式完全不同于那种教授讲、学生听的学院派教学模式，而是动员了整个法律职业群体整体参与，法官、律师既以教师的身份为学徒授课或指导业务，也以学长的身份与学徒同吃同住，自由辩论，贯通了法律职业群体不同层次之间的壁垒，使得法律知识的传播与法律职业共同体的建立和发展形成一种相互促进、相辅相成的局面，对具有独立品格的法律职业团体的形成起到了至关重要的作用。

在法律会馆的影响推动下，大约在14世纪中期，法官、律师以及法学家之间的一体化趋势逐渐加强，一批以法律为生的普通法法律职业共同体形成了❸。有学者认为：中世纪英格兰最有特色的不是议会，因为在欧洲大陆，各阶层的民众大会随处可见；也不是陪审团，因为这东西是慢慢在法国衰落下去的；而是律师公会以及在其中讲解的判例报告，因为在其他地方我们很难发现类似的东西⋯⋯在那样一个书籍并没有普及的年代，很难设想什么更合适的制度能够比这种强迫每一位律师前来通过听取知名法律家公开演讲而接受法律教育的方式更能建立和强化一种法律的传统❶。

（2）普通法心智：法律职业群体的共同价值观。法律职业群体的构成要素除了人的要素之外，即社会上存在法官、律师这样的一些专门从事法律工作的阶层，还要求这些阶层对法律和职业的认识在总体上保持一致，并逐步形成了共同的价值观念。在这两个要素中，共同的价值观念要素更为关键，因为即便是在早期社会几乎每个国家都存在法官、律师等法律职业工作阶层，但是形成一个法律

---

❶ 伍达德，张志铭.威廉·布莱克斯通与英美法理学[J].南京大学法律评论,1996(2).

❷ BAKER J H. An introduction to English legal history[M]. 4th ed. London：Butterworths,2002：161-162.

❸ HOLDSWORTH W S. A history of English law[M].7th ed. London：Methuen & Co. Ltd.，1956：165-176.

❹ 李红海.普通法的历史解读——从梅特兰开始[M].北京：清华大学出版社,2003：20.

职业群体的并不多，其中的缘由多半是因为在这些国家中法官和律师各走各的路，法律理念和职业观念存在较大差异甚至处于对立的状态，不可能形成在一个战壕里并肩作战、一致对外的亲密关系。英国的情况较为特殊，法官和律师这两个阶层在形成和发展过程中自始至终就没有分开过，法官参与律师的培养，律师功成名就之后最大的愿望就是跨入法官的行列，而且法官只能从律师中选任，这种司法传统将法官和律师结成了一个整体，法官和律师就像法律职业群体两张不同的面孔，但是使用同一个身体的躯干。英国法律职业群体之间的关系注定了法官和律师等不同法律阶层在法律理念和职业观念上都秉承同一种价值观念，这种共同的价值观念在早期被称为"普通法心智"（common law mind）❶。

　　"普通法心智"的概念是波考特教授在20世纪50年代《古代宪制与封建法》一书中首先提出来的，用来概括并表述英国早期法律职业群体所秉承的共同的法律理念❷。现代英国学者塔布斯在波考特教授所提概念的基础上对"普通法心智"观念的发展谱系进行了系统梳理，追述了从14世纪到17世纪、从布拉克顿到柯克这一历史阶段中"普通法心智"观念内涵不断丰富变化的过程。根据波考特、塔布斯等人的解释与梳理，"普通法心智"的内涵主要包括以下几层意思：一是强调普通法的历史性。学术界一般将普通法的正式形成时期定位于14世纪，但是英国的法律界并不这么认为，他们将普通法形成的历史无限向上追诉，如柯克曾认为普通法早在盎格鲁-撒克逊时代之前就存在了，其他人虽然没有像柯克如此肯定，但是都倾向于认为普通法形成于十分久远的年代，是超出英国人记忆的法律。英国的法律界之所以热衷于此，其目的不外乎想通过证明普通法的历史性来维护普通法的权威性，以应对外界特别是体现国王意志的法令对普通法形成的冲击与动摇。并且在这一点上，法官和律师态度是一致的，从私的角度上论，普通法是法官和律师谋生的手段，维护普通法等于维护自身的利益；从公的角度上论，普通法是实现正义的平台，维护普通法的历史性就是维护普通法的神圣性，而普通法的神圣性对于普通法的独立性又是至关重要的，倘若普通法失去了独立性，必将沦为个人权威的工具，这对正义的实现和公民权利的保障无疑是极为不利的，因此在英国的司法实践中，经常出现法官或律师为了实现审判的公正甚至不惜从故纸堆里寻找案例的现象。二是强调普通法的理性。英国法律界一直将普

---

❶ 李栋.试论英格兰法律职业共同体的普通法心智观念[J].华中科技大学学报(社会科学版),2009(1).

❷ TUBBS J W. The common law mind[M]. Baltimore：The Johns Hopkins University Press,2000:129.

通法视为历史经验的总结，并且将之视为一种理性的法律，如在柯克的眼中，普通法不外乎就是理性，而且还是理性的圆满状态，柯克称为"技艺理性"。英国法律界强调普通法的理性，目的在于证成普通法的品质，以回应外界关于普通法属于非理性的抨击。非理性的评价，对于一个法律体系而言无疑是致命的，非理性等同于恣意或擅断，是不可能实现正义的，甚至可以划入恶法的范畴。非理性的评价意在通过质疑普通法的品质进而对普通法进行打击或颠覆。面对挑战，英国的法律职业群体奋起反击，不仅证成了普通法是一种理性的法律，但不同于大陆法系的建构理性，而且进一步证成了普通法是一种高级的理性，是法律职业群体的理性，是技艺理性，这种理性只能通过长期司法的研究、深思和实践经验的积累获得，显然比普通人所具有的自然理性更深刻和科学。三是强调普通法的至上性。在英国的法律传统中"法律至上"是一个核心理念，这里的"法律至上"与"普通法至上"之间是可以画等号的。普通法之所以具有如此之高的地位，首先是因为普通法的历史久远而神圣；其次是因为普通法为习惯法，它是民族生活经验的积累与结晶，在效力上胜于由某个个人或某个集团创制的法律；最后是因为普通法的品质良好，它是理性的法律。普通法的这些特殊条件是其"至上"的前提，但是如果没有英国法律职业群体的竭力维护和不懈斗争，普通法的至上性恐难以实现，13世纪王室法官布拉克顿的那句"国王在法律之下"的名言一直是英格兰法律职业群体的座右铭，不断激励英国法律职业群体为司法的独立和正义的实现不断奋斗。

（3）王座下的雄狮：法律职业群体的政治地位。从源头上论，早期的王室法官和其他王室官员一样都是国王的仆从，为国王服务的，他们行使的司法权力也是国王固有权力的一部分，因此法官的工作从本质上论是在帮助国王处理纠纷，并非独立地行使一种国家权力。在这种背景之下，法官的任命和工作待遇等都由国王说了算，法官只能看国王的脸色做事，只能忠实地履行和贯彻国王的意志。因此，才有"法官是王座下的雄狮"一说，正如1617—1621年任英国大法官的弗朗西斯·培根所说："法官们应该记住，所罗门王的宝座两边有雄狮护卫，法官也应做雄狮，必须时时慎其所为，不可能在任何方面约束或妨碍君王行使权力。"❶但雄狮终归是雄狮，它和看家狗是不一样的，雄狮固然可以助长主人之威风，但是毕竟从本性上论它不是笼中之物，不可能总是甘心匍匐在某个人脚下，

---

❶ 培根.培根随笔集[M].曹明伦，译.北京：燕山出版社，2000：219.

它会不断地追求自我的自由、独立与尊严。从这层意义上看，用雄狮比喻英国的法官还是很贴切的，因为英国法官具有和雄狮一样的特性，他们一边为王权服务，一边为争取独立不懈努力。同时英国独特的政治、法律环境也为法官的独立创造了得天独厚的条件。一是英国没有成文法典，施行的是习惯法，这为英国法官的自由发挥创造了空间。在成文法国家，法官只能机械地执行国王的立法，不能随便加以改变，像是一架执法的机器，法官没有自己的根，撤换法官的代价与成本很低，因此地位非常不稳固。英国没有成文法典，法官只能依靠习惯法审判案件，由于各地的习惯法千差万别，法官不得不对习惯法进行适当的改造与加工，实际上等于履行了立法的职责，普通法就是法官立法的产物。法官发展了自己的法律，自然就会形成深厚的根基，在法律上具有很大的发言权，相应地，其地位就会越来越稳固。二是英国普通法自身的复杂性和技术性。法典法具有一目了然的特点，上手较为容易，而普通法表象上缺乏一个明确的逻辑体系，在外人看来像是一团乱麻，难以理解，不得不敬而远之，普通法的复杂性和技术性成为法官排除外部干预的有效的挡箭牌，柯克就是以此为由拒绝詹姆斯一世对司法的干预。另外，由于普通法的复杂性与技术性决定了普通法法官的培养是一件极为费时费力的事情，培养一名合格的法官需要十多年的时间。除了法官之外，社会上精通普通法的只有律师这个群体了，因此法官从律师中选任是很自然的事情。正是因为英国具有这些特殊的政治法律条件，为法官争取独立创造了条件。再加上英国的法律职业群体一向比较团结，一致对外，因此其政治地位一直处于不断改善之中。纵观整个中世纪，司法权虽然名义上依然属于国王，国王仍是正义之源，而法官是"王座下的雄狮"，必须忠于国王，国王有权任免法官，可以随时撤换不中意的法官，但是在司法实践过程中，雄狮们并没有故步自封，甘愿一直匍匐于王座脚下，他们总是在寻求各种方法摆脱受控制的状态，在争取独立的道路上踽踽独行。

2.近现代英国的法律职业群体

（1）法律教育的现代化。光荣革命之后，英国开始由传统社会向现代社会转型，政治上实行了君主立宪制，经济上开启了自由资本主义的大门，整个社会的转型对于法律教育不可避免地产生了诸多冲击和挑战。诉讼数量的增多导致律师和法官经常陷入繁忙的业务当中，他们在法律会馆的工作因此受到很大的影响，原先精心的讲解逐渐松懈下来，有的甚至到了敷衍塞责的地步，模拟法庭也变得无关紧要了，甚至流于形式，成为纯粹的走过场。总之，法律会馆管理上的松懈、教学质量上的滑坡，导致英国的法律职业教育开始滞后于时代的需要，在国际上原先处于前列的位置，也逐渐被其他国家所追赶或超越。19世纪之后，欧洲大陆一些国家如法国和德国，将法律职业人才的培养交给了大学，很多著名大学都设有法学院，集中了非常优秀和完备的师资力量，专门培养法律人才。学生们在大学中不仅可以系统地学习法律知识，而且同时可以学习其他相关的人文社科课程，提高整体素质。学生毕业取得法学专业学位之后，再通过相应的资格或选拔考试就可以进入司法部门任职。英国虽然国内也有很多著名大学，但是英国大学的法律教育起步很晚，究其原因，一方面与英国普通法本身的特点有关，多数人认为普通法本身比较凌乱和琐碎，难以在大学课堂作为课程进行系统讲授；另一方面也与英国法律界的保守态度有关，属于行会组织性质的法律会馆长期垄断法律职业教育，并且具有授予律师资格的权力，发展大学法律教育势必对法律会馆造成冲击，因此法律界态度并不积极。受这些因素的影响，英国大学法律教育一直发展十分缓慢。1846年"法律教育特别委员会"的报告认为英国的大学法律教育几乎是空白，整个英格兰和爱尔兰都没有真正名副其实的大学法律教育。进入20世纪之后，尤其是第二次世界大战之后，在整个高等教育蓬勃发展的环境影响之下，英国的大学法律教育才有了长足的发展，在校就读法律专业的学生数量呈快速增长的趋势，但是由于行业准入等因素的限制，对有志于将来从事律师或法官职业的人而言，大学的法学院仍不是他们的第一选择。因此，英国法律职业教育的现代化面临的最大障碍是如何把大学的法律教育同行业资格准入衔接起来，这显然需要有外部力量的强力推动才有可能得到实现。1964年杰拉尔德就任司法大臣后，成立了一个由奥姆罗德（Ormrod）任主席的委员会（奥姆罗德委员会）负责法律教育的改革，经过委员会的不懈努力，终于在大学法律教育和行业资格认证之间架起了衔接的桥梁，其重要内容是：法律职业者应当具备大学文凭，然后进入法律会馆进行业务培训，经考试合格，授予其出庭律师资格证，取得律师资格证者在律师事务所实习一年后，便可以正式执业。由此可见，英国的法律职业教育在进行现代化改革的过程中，仍保留其若干固有的传统，在认可大学法律教育的同时，仍旧坚持法律会馆式的教育，强调实践教育的重要性。

（2）以法治为核心共同价值观的嬗变。法治作为一项重要的政治性原则，其思想源头具有古老的历史，中国从先秦时期就有人在著作中使用"法治"这一词语，西方世界从古希腊罗马时期的哲学家起开始探讨法治，如古希腊的亚里士多德就认为：法治要优于人治；罗马帝国的西塞罗认为：要真正使公民获得幸福，国家应当实行法治，不允许任何人享有法律以外的特权。西方的法治思想从古希腊罗马时期起便源远流长未曾中断，虽然在中世纪被遮蔽在王权的光芒之下，但仍在缓慢发展，犹如地火在地底下潜行，一旦遇到适当的机遇，便喷薄而出。英国法律虽然在形式上没有继承罗马法的传统，但是一直同样深受罗马法蕴藏的法治思想的熏陶和影响，中世纪英国法律职业群体一直忠实秉承的"王在法下"理念，实际上就是法治思想的一部分。到了近现代社会之后，随着西方资产阶级革命的成功，象征专制制度的王权或被推翻或被限制，法治的思想开始大放异彩，并成为治理国家的主流思想理念之一，在政治生活中得到贯彻和运用。在这种时代背景下，英国法律职业群体所持的共同价值观念也开始发生嬗变，从中世纪的"普通法心智"向现代"法治"理念过渡。从逻辑上看，普通法心智的内涵与现代法治的理念之间虽然存在一定的差别，如普通法心智观念强调的仅是普通法的权威性和神圣性，而法治观念强调的是在整个国家治理规则中法律的重要性和至上性，但在本质上两者是相通的，即都是为了限制或约束公权力的运行。因此从普通法心智向现代法治理念的转换与过渡，对于英国法律职业群体而言并非难事，甚至在一定程度上可以用水到渠成来形容这个价值观的转变过程。

17世纪英国哲学家洛克在其不朽之作《政府论》中对法治的原则进行了阐述，洛克主张权力分立与制衡原则，并将其作为法治的前提，他将国家权力划分为立法权、执行权和联盟权，着重强调立法权和执行权的分立。洛克还主张政府应当依据公布的法律进行统治，并且做到法律面前人人平等。在英国法治思想发展史上，洛克是一个承前启后的人物，他的理论是在总结英国司法实践历史经验的基础上进行创新产生的，如关于权力分立，英国法律职业群体从中世纪开始就在谋求司法的独立，而司法独立背后体现的便是权力分立与制衡的理论，只不过司法界做得多说得少，没有从哲学的角度进行系统论证。另外，洛克提出的政府应当依法进行统治和法律面前人人平等等主张，都可以在中世纪法律职业群体所秉持的价值观念当中找到原型，洛克的贡献是将这些经验上升为抽象理论，使之进一步系统化、现代化。继洛克之后，对英国法治观念发展贡献最大的是19世纪著名法学家戴雪。戴雪是英国现代法治观念研究的集大成者，他站在洛克的肩膀上对英国300年来的法治理论研究与实践进行了系统的概括与阐述，取得了令人瞩目的成就。戴雪认为法治的含义有三：一是法治意味着普通法律的绝对权威和居于社会主导地位；二是法治意味着法律面前的平等；三是法治意味着宪法不是个人权利的来源而是其结果。戴雪法治理论的第一层含义与英国法律职业阶层长期秉持的理念基本是一致的，只不过戴雪的论述更为全面和深刻，更具有一般性和抽象性，对于法律绝对的权威性，戴雪明确指出：除非明显触犯了普通法律的明文规定，并且由普通法院通过合法程序判定，任何人都是不可惩处的。戴雪法治理论的第二层含义是关于法律面前的平等问题，中世纪的司法传统强调的"同侪审判"原则其实涉及法律面前的平等问题，只不过中世纪社会是一个等级社会，因此那个时代的"平等"带有很大的历史局限性，往往仅限于某个社会阶层内部的平等，不同社会阶层之间在法律面前是不可能平等的。到了洛克的时代，封建等级的观念逐渐淡出历史舞台，新型的公民社会正在逐步形成，因此洛克所主张的法律面前人人平等开始具有普遍意义，但是在社会实践层面仍未获得全面实现。在19世纪末，工业革命完成之后，英国社会结构发生了深刻的变化，公民社会日渐发育成熟，在这种情况下，戴雪提出的法律面前平等的主张，无论在理论上还是在司法实践中都实现了普遍性。戴雪法治理论的第三层含义是对英国法治传统进行了新的阐释与发扬。在19世纪欧洲大陆流行的观念是：人民的权利来源于法律的规定，特别是宪法的规定，这种理论在具有法典传统的国家被广泛接受。但是在实行普通法的英国，人们信奉的是另一种理论，即人们的权利来源于久远的习惯，是通过法院无数次判决累积形成的，并非由哪部成文法律所规定的。戴雪首次将这种传统观念纳入法治体系的范畴，并在理论上对权利和宪法之间的关系进行了廓清，他的观念和欧洲大陆恰好相反，他认为在英国，宪法是权利保护的结果，而不是权利产生的母体。根据戴雪的观点，我们可以进行以下推论：在权利依赖于宪法规定的国家，人们的权利是不稳固的，因为宪法也可以修订甚至废除。但是在英国，无论法律如何变动，人的权利却是岿然不动的，如果法律的变动损害了人们的权利，法律的正义性便值得怀疑，其原理是法律由权利产生，当然不能背离权利本身。若背离了权利，一定是法律被歪曲了。由此可见，戴雪的法治理论中也同时容纳了人权保护的内容，这是戴雪对英国法治理论作出的新拓展、新贡献。

总之，无论是洛克还是戴雪，他们关于法治的阐释都是建立在英国法律实践

历史经验之上的，都是对英国法律传统精神的再次提升和深化，都没有背离普通
法传统本身，因此他们的理念毫无疑问地获得了英国法律职业阶层的拥护和采
纳，成为现代社会英国法律职业群体共同价值观的核心。

（3）法律帝国的王侯：法律职业群体的政治社会地位变迁。从逻辑上论，决
定或者一个职业阶层在整个社会结构序列中位置的影响因素有很多，如不同的政
治体制、不同的文化背景等，但在这些因素当中这个职业阶层自身状况无疑是有
可能起到决定性影响的因素之一。以法官为核心的英国法律职业群体，在英国享
有非常崇高的政治社会地位，具体表现在：一是英国法官的职位相当稳固与独
立。早在1689年，英国就通过了《权利法案》，确定司法独立的政治原则，为法
官的独立审判免受外来干预提供了法律保障。1701年的《王位继承法》对法官
的任免条件作出了具体规定：法官在职期间品行良好不得被免职，除两院弹劾外
不得被免职。从司法实践看，自司法独立原则确定后英国没有一名法官因政治原
因被免职，仅有少数法官因个人原因被免职，个人自愿放弃法官职位的人同样凤
毛麟角，在20世纪70年代曾经有一位任期不到3年的法官辞职到一家大银行做
法律顾问，结果这个史无前例的举动在英国法律界引发了巨大震动。综合这些
情况看，法官在英国是一个相当稳定的职位，法官根本无须为自己的饭碗忧
心，这对他们保持独立是非常有利的。二是法官的待遇比较优厚。英国法官都
是从执业比较成功的律师中选任的，在当法官之前他们的收入已经颇为丰厚，
成为法官后虽然收入可能有所下降，但是仍旧属于高薪阶层，否则律师当法官
的意愿就不会很高。按照1987年英国议会批准的标准，英国下级巡回法院的法
官年薪为43000英镑，高等法院的法官年薪为65000英镑，上诉法院的法官年
薪为71500英镑，这种收入水平基本可以确保法官过上衣食无忧的中产阶级生
活。三是英国法官的职业声望很高。英国法官的收入虽然不是处于社会一流水
平，但是其职业声望绝对处于社会一流水平，在英国，法官是一个非常令人尊
敬的职业，在英国人眼里，法官是社会精英中的精英，是法律的塑造者以及法
律传统和理想的捍卫者，是法律权威的化身，是法律文化的象征。1993年，英
国皇家刑事司法委员会对3000个刑事案件的陪审员进行调查，受调查的陪审员
99%认为法官的表现"非常好"或"很好"。正如伯利曼的评价，"在我们看
来，法官是有修养的人，甚至有着父亲般的慈严"❶。正是因为法官所具有的

---

❶ 王旭军.感悟英国法官的文化[N].人民法院报,2012-03-16.

崇高社会威望，英国律师无不把被任命法官常看成一生中姗姗来迟的荣耀。

当代美国著名法学家德沃金在其名著《法律帝国》一书中，曾对法院和法官的地位进行过定位，他认为：法院应当是法律帝国的首都，而法官应是帝国的王侯。根据德沃金的观点，法院和法官在司法领域应当居于绝对核心的位置，并且具有不容置疑的权威。但是总览当今世界各国的司法实况，除英国之外，能够达到德沃金对于司法定位标准的国家并不多。英国法官之所以具有如此至高的政治、社会地位和职业声望，这与英国法官自身的素质和作为是密不可分的。从素质上论，从中世纪法官、律师阶层职业化之后，英国的法律职业群体作为一个行业非常注重行业成员素质的培养，一般情况下在法律会馆注册接受法律教育的学徒都来自中产阶级以上家庭，从小受到比较好的教育，在法律会馆经过严格的法律训练之后，无论在法律素养、行为举止还是其他方面的综合素质都获得很大提高，因此也有人把法律会馆称作一所培养绅士的礼仪学校。按照惯例，法官是从律师当中产生的，但是只有优秀的律师才有机会被提名为法官，而所谓的优秀律师至少具有十多年的执业经验，并且在业界具有良好的声誉，当然不能有任何明显的瑕疵。这种选拔机制使英国的法律职业阶层始终保持一种良性循环，律师为争取成为法官的机会，无不专心钻研业务、严格自律不断提升自己，成为法官之后会更加珍惜羽毛，不敢有丝毫懈怠。在现代社会，特别是在英国法律教育改革之后，法律职业阶层的素质随之不断获得提高。一名英国人要成为法律职业阶层，首先要接受大学教育并获得大学文凭，然后进入法律会馆进行专业训练，考核合格之后经过一年实习之后才能正式执业，执业成功之后才能有机会获得法官任职提名。从现代法律职业群体阶层的成长之路看，这个阶层成员的主体依然是来自英国中产以上家庭的子女，因为一般家庭通常难以承受如此昂贵的学习费用，而且其中的出类拔萃者大多沿着诸如伊顿公学、剑桥大学、律师会馆、执业律师、法官这条路走下来，换言之他们一直接受的是英国最优质的教育，再加上个人的家庭条件和成长环境潜移默化的影响，使英国的法律职业群体，特别是法官群体具有很高的综合素质。例如，戈登曾就此发表评论说："成为身着鲜红貂皮长袍、头戴笨重假发的司法官的途径，既不像大多数大陆法系国家那样单凭职业选择，也不像美国那样靠政治任命或选举。向法官席的攀登是一个漫长而规律的进程，四十岁以前被任命为法官是极少见的事情。法官一律从出庭律师中任命。如此产生的法官便有其他行业所不可比拟的尊荣。英国法制的成功依靠其声誉，依靠其他地方对它的接受，同样也依靠它的品格和原则。"❶从作为上论，英国法律职业群体之所以能够获得今天的地位和声望，绝不是偶然或者幸运，而是通过自身不断地努力和抗争获得的，可谓来之不易。从中世纪始英国法官就在不断地尝试独立审判，通过司法的手段约束政府权力，保护普通人的合法权益。这个群体出现了许多诸如莫尔、柯克这样不畏权贵、坚持正义的法官，正是在这个群体的努力和抗争下英国最早实现了司法独立。与此同时，英国法官们的所作所为也得到了广大英国人民的认可和拥护，人民的信任和拥戴最终成就了司法的权威性。在现代社会，英国法律职业群体以严格自律的精神为人称道，英国法官是一个神秘而受人尊敬的群体，他们很少在公开场合露面，也很少同外界交往，尤其是与律师或当事人绝对不会私下交往，为此有的法官感慨道："当法官无上光荣，但是失去朋友和乐趣，要耐得住寂寞。"法官们即使偶尔与朋友或家人会面，一般坚持做到"不与合议庭以外的人谈论案件、不征询他人意见和不发表自己的意见、不让无关人员接触审判秘密、不屈服权贵、不受新闻媒介的影响、保持慎独、公正的心"。这样的工作作风和生活习惯使英国的法官在保持廉洁的同时也保持了独立，从而为公正地审理案件提供了人的因素保障。英国的律师阶层虽然比法官活跃，但是对于那些有可能影响其声誉的事情律师也是慎之又慎，因为一旦声誉受损，不仅面临着失去提名为法官的机会，更严重的是有可能面临被行业淘汰出局的严重后果。有鉴于此，有人对英国的法律职业群体给予了高度评价："在这个世界上，没有哪一个国家的律师和法官在廉正方面享有比英国更高的声誉。"❷

总之，从抽象或普遍意义上论，公正地审理案件的内涵无论怎么变化，但是万变不离其宗，一个国家的法律传统、审判机制和法官职业群体这三个层面对于公正地审理案件具有决定性的影响力。只要其法律传统倾向于维护法治、其审判机制科学合理、其法律职业群体的素质过硬，那么公正地审理案件的目标毫无疑问是可欲的。相反，如果没有同时具备这三个层次的要求，其公正审理案件的目标几乎是不可能实现的。从英国的情况看，这三个条件都已经具备，因此其审判案件的公正性也就有了牢固的保障，从而进一步彰显了普通法的正义性。

---

❶ 格伦顿,戈登,奥萨魁.比较法律传统[M].米健,贺卫方,高鸿钧,译.北京:中国政法大学出版社,1993:135.
❷ MALLESON K.The Judiciary[M]. Burlington:Ashgate Publishing Company,1998:184.

本章小结

法律本身具有正义性，才有可能更好地保障人权，不正义的法律非但不能保护人权，反而会戕害人权。因此，我们在探讨某一个法律体系是否能很好地保障人权的时候，法律的正义性是一个不应回避的话题。就普通法而言，从源头上就开始与正义发生关联，在其后的发展成长过程当中也始终没有背离正义的要求，因此我们认为普通法属于正义法的范畴。但是普通法所主张的正义与其他国家法律体系所主张的正义又有较大的区别，普通法追求的正义不是一种理论意义上宏大的正义、空洞的正义，普通法有自己的正义意识，其核心理念是具体正义，主张正义是通过一个又一个公正的判决实现的，而不是通过立法获得的抽象的正义。因此，对于普通法而言，它追求、实现的正义渠道具有非常鲜明的个性，即不追求宏大的主旨，而是通过公正地审理每一个具体的案件去实现自己的理想。为了公正地审理每一个案件，普通法通过努力与抗争实现了司法独立、通过不断地总结与革新建立了科学合理的审判机制，还培养了一个高素质的法律职业群体，从而将实现正义的目标固定住，由是英国人的自由和权利在正义的呵护下获得全面保障。

第七章　普通法是具有"宪法性能"的法

前文从普通法崇尚实践理性和追求具体正义等层面论证了普通法的品质，从而将普通法为何有利于保障人权这个谜底揭开了一部分，但是仍未完全地将这个命题表述透彻。这是因为人权的保障除了要求法律本身具有品质的优良之外，还要求法律在整个国家宪政结构中具有重要的地位和重大的影响力，只有这两者结合起来才能更有力地保障人们的权利。从法律体系本身的逻辑结构看，宪法一般在一国法律体系中处于核心的位置，具有最高效力，其他法律都由宪法所派生并不得与宪法规定相违背，换言之宪法是国家的根本大法，只有宪法才能担纲其保障人权之重任。从历史上看，宪法从它诞生的那一天起就与人权保护形成密不可分的关系，人类社会最早的宪法性文件《大宪章》就是以记载人民的权利而著称，在法国大革命期间产生的《人权宣言》是人类社会近现代第一个人权保护方面的纲领性文件，革命胜利之后该宣言作为序言部分被纳入了1791年《法国宪法》，由此开创了以正式宪法宣布和保护人权的先例。这一理念和做法逐步被世界上多数国家所接受和采纳，现在通过宪法宣布和保护人权或公民权利已成为各国立宪的通例，大凡有成文宪法的国家不约而同地在宪法中写入人权保障的内容，如《中华人民共和国宪法》中的"公民的基本权利和义务"部分，美国宪法中的《权利法案》部分都属于这种情况。因此，我们认为从这个角度切入探讨普通法与人权保障之间的关系无疑是十分必要的，而且也是十分可行的。其可行性表现在：一是英国本身没有一部成文的宪法，英国宪法是由很多元素组成的，其中很大一部分蕴含在普通法之中。二是"普通法可以从三个层面予以理解。第一个层面是普通法法院所形成的实体法律规范；第二个层面是指普通法所特有的生成法律规范的机制，也即法官造法、遵循先例的制度；第三个层面，则是宪政结构中的普通法，发挥着宪政功能的普通法"❶。

第一节　普通法与英国宪法的关系

众所周知，英国是宪法的发源地，人类社会最早的宪法性文件就出自英国，

---

❶ 秋风.普通法宪政主义断想[EB/OL].[2018-03-26].http://www.aisixiang.com/data/10648.html.

这一点就牢牢奠定了英国宪法在世界宪法史上的地位。除此之外，英国宪法给人印象最深刻的是其不成文性，英国至今还没有一部统一的成文宪法，英国宪法体现在不同历史时期产生的习惯法、宪章、议会立法、法院判例或权威性著作当中。以上所讲两点都是英国宪法的与众不同之处，实际上除了这些表面上的个性之外，英国宪法还有一个比较隐蔽的独特之处，就是它与普通法存在极为特殊紧密的关系。在大多数国家的法律体系之中，宪法是根本大法，处于金字塔的最顶端，其后才是各种具体实用的法律，这种结构下形成了宪法和其他部门法律之间泾渭分明的逻辑关系，即先有宪法，后有其他部门法，宪法是作为母法存在的，其他法律部门则通过具体细则落实宪法的规定。但是英国的情况比较独特，宪法和普通法常常交织在一起，普通法中的一部分承担着宪法的功能，两者之间存在特殊紧密的关系，具体表现在以下几点。

第一，从英国宪法的构成上看，宪法中很大一部分内容来源于普通法，普通法的一部分同时也属于宪法的范畴，即宪法和普通法之间存在交集，宪法的一部分功能实际上是由普通法来承担的。其一，习惯法是宪法和普通法的共同组成部分。习惯法是英国宪法重要组成部分，很多人认为英国宪法就是英国700多年习惯法的总和，英国法学家布赖斯认为宪法就是"法律和习惯的总和，借此并在此之下，国家的生活乃得进行"。普通法作为一个庞杂的法律体系，习惯法也是它的重要组成部分，并且普通法本身就是来源于习惯法。由此可见，习惯法同时属于宪法和普通法，尽管属于宪法的习惯法和属于普通法的习惯法不可能完全相同，但在理论和实践的层面毫无疑问存在这样一些习惯法，它们既属于宪法的范畴同时也属于普通法的一部分，这部分习惯法往往是用于解决重大问题时所使用的法律，如习惯法中关于同等人审判的规定，在普通法当中的意义是早期普通法只审理自由农民之间的案件，农奴之间的案件由农奴参加的庄园法庭审理；在宪法层面则涉及分权的问题，对中央的司法管辖权和地方司法管辖权进行了划分。其二，作为宪法组成部分的判例本身就是普通法庭的产物。普通法是判例法，是由无数个法庭判例组成的，这些判例当中有许多涉及宪政的层面，如关于言论自由、隐私权等一些公民权利都出自法庭的判决。这些判决因其意义重大，在属于普通法的同时也被吸收到宪法的范畴。其三，英国宪法中有许多成文的法律或法令，其内容或主旨均与普通法有密切的关联性。例如，1215年的《大宪章》在英国本身就被视为普通法的一部分，但它同时被公认为英国第一个宪法性文件，奠定英国人自由的权利的基础，有人甚至认为"英国的宪政史就是大宪章的注释史"。再如《人身保护法》等法律虽然是通过议会立法的方式产生的，但其核心内容和精神来源于普通法，是对普通法相关内容的成文化。由此可见，从英国宪法的构成上看，普通法中一部分在英国宪法的结构中占的分量很重。

第二，从英国宪法和普通法产生发展的过程看，两者之间存在"我中有你、你中有我"交织在一起成长的关系。在中世纪普通法和宪法交织的另一个重要节点就是1215年《大宪章》的签署。众所周知，《大宪章》的主要内容就是详细列举了英国自古以来享有的各种权利和自由，而这些权利和自由一直是普通法所保护的对象。因此《大宪章》体现的是普通法的内容，只不过是换了一种表达方式。当约翰国王签署《大宪章》之后，普通法的这部分内容并没有发生多大变化，但是性质上有了新的变化，由于国王的签署，使这部分内容在政治上具有超越普通法其他部分的地位，从而具有了宪法的性质。到了近代社会，普通法和宪法交织的重要节点之一是《权利请愿书》和《权利法案》的产生，《权利请愿书》是由议会提出的，得到查理一世国王的同意，属于宪法性的法律文件，《权利请愿书》顾名思义是为了保障人权提出的，它既重申了《大宪章》记载的权利，同时在此基础上又有所创新和发展；《权利法案》的内容不限于记载人民的权利，而且对议会、王位继承等重大事项进行了规定，这两个宪法性文件关于权利部分的规定和关于限制王权的规定皆来源于普通法。在近现代社会宪法的发展还有一个重要的渠道：通过司法判例主要是高等法院的判例实现，其中最重要的如有关法官特权的判决、有关臣民控诉国家官吏不法行为的判决、有关颁发人身保护令程序的判决等。

第三，从品质上论，普通法具有宪法的品质。普通法在前期是习惯法的汇总，后期则主要通过法官的判例进行发展，它是属于一种自生自发的法律秩序。因此普通法体现的是社会大众共同的意志，而不是某个人或者某个集团的私人意志，由此普通法在对抗王权和保护民众合法权利方面发挥了重要作用。另外，在涉及国家宪政层面的一些重大问题上，如司法独立的实现、议会主权的建立、国王特权的界定等，几乎都离不开普通法的支持或影响。凡此种种都表明，普通法由于其特殊的法律生成机制，从而具有了维系宪政的品质。总之，通过上面的论述可知，英国的宪法已经深深地打上了普通法的烙印，普通法则构成了英格兰宪政制度的基础，因此有学者将英国的宪政称为"普通法宪政主义"❶。

第二节　普通法的宪法维度之一："分权"

一提到"分权"这个概念，我们会不约而同将其同"三权分立"联系在一起，其意是指在宪政层面对国家权力进行的划分和分配，三权是指将国家权力划分为立法权、行政权和司法权。这种"分权"的概念与理论是一个现代性的命题，它是在近代国家建立并实行宪政的基础上提出来的，具有历史的时效性。我们在本节使用的"分权"概念其含义比上述要更广泛一些，从历史的时效性上它既可以适用于古代社会，也可以适用于近现代社会；从内涵上它既包含了对国家权力的划分，也包含了对不同主体之间权利的分配与界定。由此本节所谓的普通法分权功能特指从普通法产生的时刻起，普通法就开始对国家（国王）权力、臣民权利等进行界定与划分，并以司法的方式进行维护与保障，而这种功能在别的国家通常是由宪法或宪法性法律来承担的。有学者认为："普通法形成的过程，就是不断地厘清臣民自由与国王及其大臣、地方长官的权力、教会权力与国王权力之间的关系的过程。"❷

一、西方分权理论对英国普通法的影响

（一）西方法律传统中分权理论的源流

鉴于整个西方社会法律传统是同源同根的，因此欲考察英国社会"分权"理论的产生、演进与社会实践，须将目光放眼于整个西方社会法律传统的形成。从历史角度看，西方社会"分权"理论的思想渊源相当久远，最早可以向上追溯到古希腊罗马时期，柏拉图、亚里士多德的混合政体理论中最早对"分权"进行论述；其后，古罗马的波里比阿、西塞罗在总结罗马共和国政治实践的基础上进一步发展"分权"理论。在中世纪政教分离的时代背景下，经过奥古斯丁、格拉修斯等神学思想家之手，分权理论的基本因素得以确立，为近代社会"分权"理论的正式确立奠定了基础。下面简要考察一下西方法律传统中

---

❶ 段元秀．普通法宪政主义的内涵及复兴——兼论詹姆斯·塔利的普通法宪政主义观[J].长春大学学报，2015(7).

❷ 秋风．普通法宪政主义断想[EB/OL].[2018-03-26]. http://www.aisixiang.com/data/10648.html.

"分权"思想的大致演进过程。

1.古希腊时期"分权"思想的孕育

（1）柏拉图混合政体思想中的"分权"。柏拉图生活在雅典民主政体衰微的时期，伯罗奔尼撒战争导致雅典政体混乱，阶级冲突严重。他以希腊城邦为模板，对其政体进行观察、总结和反思，提出了混合政体理论，并从中阐发了他的"分权"理念。他认为可以通过建立某种国家协调机制，分配国家事权，从而制约各个阶层的利益决策，达到缓和的目的。在《法律篇》中柏拉图对人类社会从城邦向国家过渡进行了描述性解释，他认为"原始的政治行为已在大洪水中湮灭，洪水之后，一切重新开始。食物充足，人们无须竞争；而人的孤独处境使得他们善待彼此。他们生活在习惯和族长统治之下，没有对成文法的需求；他们的群体渐渐聚合为大的社区，最终形成了类似国家的政体"❶。随后，柏拉图开始着重探讨如何治理好城邦国家这一命题，就此阐述了其"混合政体"的思想。通过对斯巴达和雅典两个政体形式进行分析，柏拉图认为由于斯巴达实行军事化体制，其政体将伴随着君主政体或者僭主政体的专制而衰亡；由于雅典实行直接民主政体，将因过分的自由而毁灭。在书中柏拉图借"雅典陌生人"之口说道："有两种'母制'，几乎所有政体都是由这两种政体组成。一种是以波斯君主制为代表，另一种由雅典民主制代表。如果想要享有自由、友爱和审慎，就必须综合这两种政体。"❷进而"雅典陌生人"对波斯君主制和雅典民主制作了详尽的分析，并总结其经验教训，试图由此找出建立最好之城邦的方法。"雅典陌生人"认为波斯君主制的失败在于其专制倾向，导致民众缺乏自由。而自由和专制这一项矛盾正是希腊城邦与东方专制帝国之间的差异。"雅典陌生人"希望混合波斯的君主制，但他肯定不愿看到雅典由于君主制的混合导致东方化。因此，他认为政体的混合必须以城邦的自由为基础，即对城邦自由进行改进，使希腊的民主城邦能够接受和认可君主制的要素，使拥有"君主式权力"的城邦领导人成为民主和法律的保卫者。然而，柏拉图并不认为这一君主制在希腊的混合能够得到成功，因此又借"雅典陌生人"之口谈到了一个年轻僭主和立法者的合作❸，柏拉图以希波战争时的雅典政体为例，证实了希波战争之后雅典的民主制就已经被败

---

❶ 柏拉图：《法律篇》,677 ff.

❷ 柏拉图：《法律篇》,693d –e.

❸ 柏拉图：《法律篇》,709e –710a.

坏了，"剧场政府"取代了雅典早期的"音乐贤人政体"。这一政体最重要的一个特征就是当时人们对法律的尊重和服从❶，也正因为如此，雅典人在波斯入侵时能够发挥惊人的爱国热情，团结一致，以少胜多击溃了波斯人。因此，柏拉图指出，无论是专制政体还是自由政体，"当它们被限制在标准之中时，情况非常良好，反之，如果它们都趋于极端——不管是奴役还是自由——则在任何事情上都毫无优势"❷。在《法律篇》关于混合政体的最后一次探讨中，"雅典陌生人"在"言辞"中为"马格尼西亚"立法，不仅为"马格尼西亚"制定了一套法典、对生活的各方面进行了细致的规定，还确定了"马格尼西亚"的政体❸。在"马格尼西亚"中，首先设立了37个法律守护者，意在克服伯里克利时代的极端民主制；其次，从四个财产等级中选出360个人组成议事会，防止类似梭伦立法式的贵族控制议事会的局面再次发生，从而达到分权的目的；最后，"雅典陌生人"创造性地设置了"夜间议事会"这一机构，由10个最年长的法律守护者和城邦特派到其他城邦考察的人构成，每个成员有一个助手，这些助手具有卓越的天赋且受到了良好的教育，而且年龄不低于30岁❹。"夜间议事会"成员的任务是研究美德的统一性和辩证关系、天文学和数学。最终，《法律篇》中"夜间议事会"的出现，使得柏拉图混合政体思想上升到了新的高度，即柏拉图所设想的国家是由一个宗教议事会领导的国家，这个议事会行动的根据是由天文学研究得来的神圣真理。❺因此，正如巴克所言：他的政治理论的最后定论其实是神权政治。❻纵观柏拉图的混合政体思想，尽管可以从多维度进行解读，但是"分权"的理念无疑是其中非常重要的一环，否定东方专制主义即意味着否定集权，否定集权则意味对分权的间接肯定，更何况柏拉图在其所提出的"马格尼西亚"政体中十分清晰地体现了这种"分权"的思想，即国家权力由"法律守护者""议事会""夜间议事会"三个不同的机构分别行使。

（2）亚里士多德对"混合政体理论"的发展。作为柏拉图的亲传弟子，亚里士多德在继承了其师混合政体思想的同时，又进行了更加细致的思考，并以如何

❶ 柏拉图：《法律篇》，698b.

❷ 柏拉图：《法律篇》，701e.

❸ 王恒.《法篇》中的混合政体理论研究[J].历史法学,2011(4).

❹ 柏拉图：《法律篇》，961a.

❺ 王恒.《法篇》中的混合政体理论研究[J].历史法学,2011(4).

❻ 恩斯特·巴克.希腊政治理论[M].卢华萍,译.长春:吉林人民出版社,2003:490.

保存政体稳定为出发点进行了研究。首先，亚里士多德将政体进行了划分，以统治者是否为公民的利益服务这一划分标准将政体划分为正宗的和变态的两大类，"政体和政府表示同一个意思，后者是城邦的最高权力机构，由一个人、少数人或多数人执掌。正确政体必然是，这一个人、少数人或多数人以公民的共同利益为施政目标；然而倘若以私人的利益为目标，无论执政的是一人、少数人还是多数人，都是正确政体的蜕变"❶。因此，亚里士多德认为无论是平民政体还是寡头政体或其他政体，都无所谓好坏，其关键在于是否根据具体条件实现其内部的利益平衡。不同利益间的平衡与协调，正是亚里士多德混合政体思想的逻辑基础。其次，亚里士多德提出了维持政体稳定的原则性建议，如树立法律的权威；对各个阶级都给予公正的安排，实现正义的平衡；尽可能保持统治阶级内部的团结一致；避免政治地位与财富分配方面的不公及由此导致的城邦公民在政治和经济方面的严重分化。在亚里士多德的混合政体理论中，主要包含两层含义：第一层含义，是指不同阶级通过参与城邦政治，其利益都能在城邦政治结构中得到体现并得到某种程度的满足。亚里士多德将一切城邦中的公民分为三个阶级——极富、极贫和两者之间的中产阶级，而"就一个城邦各种成分的自然配合说，惟有以中产阶级为基础才能组成最好的政体"❷，即庞大的中产阶级将是一个国家最好的社会基础。第二层含义，是指混合政体是不同的政治机构中不同政治原则的混合。亚里士多德认为一切政体都有三个要素，即议事机能、行政机能、审判（司法）机能。混合政体理论强调，在法律作为最高政治准则之下，三种机能的相互配合与协调，从而构建理想城邦。这可以认为是现代三权分立的雏形，但由于时代的局限，亚里士多德的混合理念并未提出权力之间的制约机制，正如美国学者戈登所说，"他不认为这三种职能应该体现于不同的机构之中，更不用说通过这三种职能的相互作用和相互依赖"❸，因此不能简单地等同于现代意义上的立法权、行政权、司法权三权分立。虽然如此，亚里士多德的混合政体理论已经产生了分权思想的雏形，并为后世分权思想的产生提供了基础。

2.古罗马时期"分权"思想的发展

（1）波里比阿混合政体理论中的"分权与制衡"。波里比阿是希腊历史学家，

---

❶ 亚里士多德.政治学[M]//苗力田.亚里士多德全集:第四卷.北京:中国人民大学出版社,1994:86.

❷ 亚里士多德.政治学[M].吴寿彭,译.北京:商务印书馆,1997:206.

❸ 戈登.控制国家——西方宪政的历史[M].应奇,等译.南京:江苏人民出版社,2005:86.

是亚加亚联盟领袖吕克尔塔斯之子，公元前169年任阿哈伊亚同盟骑兵长官。在罗马人第三次战胜马其顿之后，波里比阿作为希腊人质被派往罗马，并在这一时期分析了罗马的政体，对"古罗马如何在很短的时间内征服了古希腊城邦"这一问题进行了深入研究。波里比阿认为古希腊城邦之所以被征服，其根本原因在于古希腊只采用了一种单一的、纯粹的政体形式，而任何的单一政体都会不可避免地发生蜕化变质——所有单一政体都将蜕化为自己的对立面，从军事专制制度开始，经过王政（君主政体）、僭主政体、贵族政体、寡头政体，发展到民主政体，最后蜕变为暴民政体而衰亡。因此古希腊的单一政体使其陷入该循环更替的怪圈，逐步走向衰落。与此同时，波里比阿以其"希腊视角"发现罗马共和国采取了一种混合政体的形式，通过执政官、元老院和公民大会三种权力的相互钳制、相互合作，从而实现了权力之间的分配与平衡，即将三种单一政体（君主制、贵族制和民主制）的特点集于一身，使各种政治要素混合为一种平衡稳定状态的政体。由于此政体兼具每一种政体的长处，又都不占据完全的支配地位，因此它也就能够避免蜕化变质。正如波里比阿所说，罗马政体既非君主制，亦非贵族制、平民制，而是三种政体相混合的政体，便构成了"一个联合体，它强大的力量足以应付任何危机，所以没有一种形式的政体能胜过它"❶。波里比阿由此提出了混合政体理论，首先，设置执政官、元老院和公民大会等不同的机构来分别行使不同的国家权力，且由不同的阶级占据不同的政治机构，从而实现政体的混合和平衡❷。其次，强调三种国家权力机构之间的相互制衡。"任何越权的行为都必然会被制止，而且每个部门自始就得担心受到其他部门的干涉……"❸这是混合政体理论中关于"制衡"思想的开创式发现，是对柏拉图及亚里士多德混合政体思想的极大飞跃，并对近代"分权与制衡"理论产生了重大影响。

（2）西塞罗的法治型分权制约机制。正如爱尔兰学者约翰·莫里斯·凯利所说，虽然罗马在政权上征服了古希腊，但罗马人的思想却被希腊思想所征服。西塞罗作为罗马的思想家、政治家，依然延续柏拉图、亚里士多德的思想，将混合政体视为最佳政体。西塞罗认为单一政体存在弊端：君主政体相较其他单一政体中为最好，但国家由一人任意支配，人民享有的权利过少；贵族制的优点在于智

---

❶ 米诺斯.当代学术入门政治学[M].龚人,译.沈阳:辽宁教育出版社,1998:22.

❷ 储建国.调和与制衡——西方混合政体思想的演变[M].武汉:武汉大学出版社,2006:11.

❸ 任炳湘.世界史资料丛刊·罗马史共和国时期:上[M].北京:生活·读书·新知三联书店,1957:53.

慧，但在贵族制下，人民被排除在政治权力之外；民主制的优点在于自由和平等，但不应不加区别地将所有人一视同仁。同时，正如波里比阿阐述的那样，单一政体容易导致蜕化变质：国王变成暴君、贵族变成寡头、人民变成集体僭主或暴民……为了避免以上各种缺陷，最好的方法是把三种单一政体结合在一起。"一种温和的并平衡了的政府形式（结合了这三种优良的简单政府形式）甚至比君主制更可取。因为一个国家中必须有一种最高的和高贵的成分，某些权力应该授予上层公民，而某些事物又应该留给民众来判断和欲求。"❶西塞罗的混合政体思想将波里比阿的分权理论进一步明确，与此同时，西塞罗更进一步阐述了法律——依法行政——在权力分配与制衡中起到的重要作用。

在西塞罗看来，单靠制定执政官法来制约三大权力机关的权力是不够的，国家还应当建立完备的司法审判制度。国家要制定严格的刑法惩罚犯罪，但必须通过严格的诉讼程序，即司法执政官主持审判的同时受到平民大会和元老院的监督。从西塞罗的混合政体思想中可以看出，在元老院、公民大会和执政官所拥有的权力，即立法、行政、司法、监督几种权力之间都存在严格制约关系：元老院以其立法权制衡公民大会决策权和执政官的行政权、司法权；公民大会以其选举权、监督权制衡元老院的立法权和执政官的行政权、司法权；执政官以其行政权、司法权制衡元老院的立法权和公民大会的选举权、监督权。因此，西塞罗并不是简单表述了波里比阿的分权制衡思想，而是极大地发展了波里比阿的分权制衡理论，即建立了一种法治型的制约机制。"波利比阿只是靠执政官、元老院、人民大会三个权力机构之间的相互制约，而西塞罗的权力制约不是单靠各权力机构的相互制约，它还依靠法律的力量，用法律的形式明确各权力机构、各政治力量的职权，具有规范性和强制性。"❷由此，西塞罗运用法治的手段，将国家权力进行分配，并使其相互制衡，建立了依法行政的概念，使国家权力的行使更加规范明确。

3.中世纪政教分离时期"分权"思想的演进

（1）奥古斯丁政教分离思想蕴含的"分权"理念。中世纪由于基督教的迅速崛起，逐渐呈现出了文化力量向政治权力的转化，产生了独特的政权与教权二元化的权力体系。在基督教的信仰中，人被理解为二重性的，即分成灵魂和肉体两

---

❶ 西塞罗.国家篇 法律篇[M].沈叔平,等译.北京:商务印书馆,1999:53.

❷ 应克复,金太军,胡传胜.西方民主史[M].北京:中国社会科学出版社,2003:110.

个方面，进而将人们的生活分为宗教（精神）生活与世俗（物质）生活，正如《圣经》中耶稣的一句名言"恺撒的物当归恺撒，上帝的物当归给上帝"。之后有"中世纪教父"之称的奥古斯丁为了解释罗马毁灭的原因以及罗马帝国与基督教之间的关系，写下了著名的《上帝之城》，进一步发展了基督教中教权与政权的分权思想。奥古斯丁描绘了上帝之城，与此相对立的是代表世俗的地上之城。其中，上帝之城是"最高的善，是永久和完美的和平"，是那些正义的灵魂栖息之所，其成员在上帝的统治下过着圣洁的生活，上帝之城可以由教会来代表；地上之城则体现了人间的政治秩序，地上之城可由世俗国家、政权来代表。所以"两城"的关系在一定意义上即代表着政教关系。奥古斯丁认为，在现实生活中，上帝之城与地上之城并非截然分开，而是相互混同的。人们可以加入教会，接受洗礼，获得来自"上帝之城"的恩典。同时，国家应在世俗中保护教会，维护正教，为教会成员的世俗生活提供基本的社会秩序。奥古斯丁的《上帝之城》对西方政治思想具有重大意义：其引《圣经》为据，建立起上帝之城与地上之城的二元权力结构，上帝的权力与君主的权力二者相互独立，同时以上帝之名宣布君主的权力并非至高无上和独一无二的，在君主之上有上帝的律法，且提出了君主权力应受上帝权力监督和制约的思想，从而为政教关系提供了基本原则。

（2）格拉修斯自然法中的"分权"思想。作为最早阐述自然法的格拉修斯，完善并发展了"双剑说"。"双剑说"是由奥古斯丁的"双城论"转喻而来，其意为上帝掌握了两把剑，一把剑是精神之剑，象征着最高的宗教权力，由上帝交给教皇执掌；另一把剑是物质之剑，象征着最高的世俗权力，由上帝交给君主执掌。而最高的宗教权力与最高的世俗权力，在国家内部必须保持平衡、相互制约。教皇与君主必须各司其职，不得干预另一方的权限，"每一种权限都要尊重上帝为另一种权限规定的权利"❶。同时，格拉修斯认为在人们的精神生活中，教会具有更加崇高的地位，不应被世俗君主统治，"即便是皇帝，在负责圣事的人面前，也要虔诚地低下高贵的头，并从他们那里寻求得救之道"❷。由此，格拉修斯系统、完整地阐述了"世俗权威"与"宗教权威"的理论，并为中世纪的教权与王权关系明确了最终的界限，从而为近代权力制衡理论奠定了思想基础。

以上通过简要梳理可知，在西方社会早期法律传统中，"分权"的思想虽然

---

❶ 乔治·霍兰·萨拜因.政治学说史[M].盛葵阳,崔妙因,译.北京:商务印书馆,1986:237.

❷ 林建华,余莉霞.西方权力制衡理论的历史溯源[J].黑龙江社会科学,2008(2).

或明或暗，还未达到明确清晰的程度，但是却一以贯之地沿着既定的方向一直延续下来，从而成为西方法治与宪政思想理论的重要渊源，并对英国普通法宪政与法治思想产生了重大而深刻的影响。

（二）分权理论对英国普通法的影响

英国作为普通法系的起源和代表性国家，有着深厚的法治传统，分权的思想也深植于普通法学家的理论和司法实践当中。

1.格兰维尔

论到英国分权理论对英国普通法传统下分权体制的影响，就不得不首先提到格兰维尔。格兰维尔是英国12世纪著名的法官和法学家，其代表作《论英格兰王国的法律与习惯》被誉为普通法的开山之作，在英国历史上首次对英国普通法作了系统总结。在《论英格兰王国的法律与习惯》一书中，格兰维尔概括了亨利二世司法改革的重要成果，总结了亨利二世改革在法律技术和法律规则方面的变革。在格兰维尔看来，亨利二世的司法改革扩大了国王的司法管辖权，确立了令状制度并设立了专门的司法机构，增强了王室法律的确定性和权威性，在英国形成了王权之下统一的司法权和司法体系，是英国法历史上的一次革命。具体到分权理论方面，格兰维尔在亨利二世司法改革的基础之上，总结和发展了"王权二分"的思想，他写道："王权不仅当事武备，以镇压反对国王和王国的叛逆和民族，而且宜修法律，以治理臣民及和平之民族……"❶将国王的权力划分为司法审判权与政治统治权是英国分权理论的萌芽和开始，对之后英国分权理论和普通法的发展起到了重要的引领作用。

2.布拉克顿

在格兰维尔之后，13世纪中叶英国著名法学家布拉克顿总结了诺曼征服以来英国王权发展的历史，在诺曼征服以来英国王权变迁的基础上，强调了英国"国王在法律之下"的传统以及基督神学发展而来的"君权神授"观念，并由此发展出其独特的权力理论，进一步发展了政治统治权与司法审判权"王权二分"的理论，标志着英国分权理论的进一步完善，对英国法律与宪政发展起到非常重要的作用。

❶ 伯尔曼.法律与革命——西方法律传统的形成[M].贺卫方,高鸿钧,等译.北京:中国大百科全书出版社,1996:561.

一方面，布拉克顿明确了国王的政治统治权即治理权。国王所拥有的政治统治权或者说治理权是指国王手中掌握的对于王国事务的管理权。国王所享有的政治统治权目的是更好地维护王国内的和平与安全，是"为使他的人民生活平静安乐……以使所有人不相互伤害、虐待、侵夺和残杀……"❶因此，在政治统治方面，国王拥有独裁的权力，是唯一的主宰者，国王应当而且必须掌握最高的权力，并且他的权力是"绝对的"，任何人的权力不得高于国王的政治统治权。

另一方面，布拉克顿进一步明确了与国王的政治统治权相分立的司法审判权。布拉克顿认为，"国王有个上司，该上司不仅在成就国王的上帝和法律中，而且在他的国王委员会（curia）中——在国王的同伴即男爵和伯爵中——有同伴者即有主人，因此，如果国王超越法律，同伴们应给他戴上笼头"❷。国王的意志除非得到贵族的支持，否则其不得取得法律的地位。除此之外，居民或臣民的传统权利也应当超越于国王的政治统治权，属于司法审判权管辖的范畴。在司法审判权的领域之内，如果国王超出了法律或者贵族的同意，其权力将会受到相当的制约，正如布拉克顿的名言所说的，"国王不应服从任何人，但应服从于上帝和法律"❸。同时，布拉克顿还主张以令状的形式限制国王的司法审判权，使国王的权力进一步受到制约。

3.福蒂斯丘

布拉克顿以后，15世纪的福蒂斯丘爵士更进一步系统论述了"王权二分"的分权理论，福蒂斯丘将权力划分为"国王的统治"和"政治且国王的统治"。福蒂斯丘在《论英格兰的政制》的开篇对"王权二分"的以上观点有着这样的叙述："有两种类型的王权，其中一种用拉丁语表示就是国王的统治（dominium regale），另一种被称为政治且国王的统治（dominium politicum et regale）。它们的区别在于，在第一种统治中，国王可以凭借其制定的法律来治理他的臣民。因而，只要他自己愿意，便可以向他们征税和增加其他负担（impositions），而不需要经过其臣民的同意。在第二种统治中，国王只能凭借臣民同意的那些法律治理他们，因此，没有他们的同意，就不能向其臣民征税和增加其他负担。"❹

---

❶ C.H.麦基文.宪政古今[M].翟小波,译.贵阳:贵州人民出版社,2004:62.

❷ C.H.麦基文.宪政古今[M].翟小波,译.贵阳:贵州人民出版社,2004:57.

❸ HOLDSWORTH W S. A history of English law:Vol. 2[M].7th ed. London:Methuen & Co. Ltd., 1956:253.

❹ FORTESCUE J. On the laws and governance of England[M]. Cambridge:Cambridge University Press,1997:83.

一方面，福蒂斯丘的"国王的统治"与国家主权密切相关，其主要表现形式就是立法权和行政权，是一种关涉"国家性的权力"，与布拉克顿的"政治统治权"或者"治理权"相类似。这种"国王的统治"权力应当是绝对的、不可侵犯的，任何人都不得限制"国王的统治"权力。另一方面，福蒂斯丘的"政治且国王的统治"的概念，与布拉克顿所划分的司法审判权类似。它是对国王治理权消极的、法律的限制，这种限制由国王誓词中所维护的臣民权利所构成，没有法律的规定，国王不得限制和剥夺臣民的合法权利。正如福蒂斯丘明确指出的那样："此时，在我看来，这已经得到了足够的证明，即为什么一个国王'仅仅依靠国王权力'（by only royal dominion）统治他的臣民，而另一个国王'依靠政治且国王的权力'（by political and royal dominion）进行统治；这是因为前一个王国开始于君主的力量，并凭借君主的力量，后者则开始于同一君主之下臣民的渴望与联合。"❶

不过，值得注意的是，17世纪之前的英格兰传统政治中虽然潜蕴着司法审判权与政治统治权的两权分立理论，但这种理论还是原始的和模糊的。司法审判权与政治统治权两者之间的界限非但不十分清楚，而且彼此之间还时常发生冲突，司法审判权经常受到政治统治权的侵扰，因此，无论是布拉克顿还是福蒂斯丘，其"王权二分"的分权理论在本质上还是中世纪的理论，对现代英国宪政体制的影响是有限的。

4.柯克

提到英国的分权理论，不得不提到的是英国詹姆斯一世时期著名的法学家和大法官柯克爵士，与布拉克顿和福蒂斯丘等法学家不同的是，他创造性地提出了限制王权和司法独立地独特的分权制衡理论。

一方面，柯克打破了"王权至上"的神话，提出了富有创造性的权力制约理论，以规范和限制国王的权力。柯克认为，凡是权力都应当受到法律的限制，如果权力不受限制，那么，这种不受限制的权力就极有可能被滥用。因此，他提倡"在法律限制之下的议会主权至上"。对于英国普通法，柯克认为，普通法是一个自主自生的完整体系，是理性和传统的产物，而不是国王权力的附庸，任何人都不应当自负地对其进行改变，国王也不能例外，国王不可以任意改变普通法的任何部分，也不能宣告以前的无罪为有罪，"每一个先例确实都有第一回；但当权威和先例缺乏的时候，在需要确立任何新东西并使它不违背王国的法律之前，需

❶ FORTESCUE J. On the laws and governance of England[M]. Cambridge: Cambridge University Press, 1997:87.

要进行大量的思考；我是这样说的，因为，没有国会，国王不能改变普通法中的任何部分，也不能通过他的谕令创造出任何罪名，如果在此之前它不是一个罪名的话"❶。不管是柯克坚持国王权力与法律界限的区别，还是他注重普通法法庭的权威性，这些都为普通法中司法中心主义的确立奠定了基础。

另一方面，柯克竭力主张司法独立，致力于使司法权真正成为与王权相抗衡的国家权力。柯克认为，法律是精妙而艺术的，是人工理性的产物而非自然理性的产物，司法权力必须由具有较高的职业素养，并经过专门的职业训练的法官去行使，国王不得以王权利益对司法进行干预。

除此之外，柯克还倡导司法审查制度，通过司法审查限制议会的权力。他认为："在许多情况下，普通法将审查议会的法令，有时会裁定这些法令完全无效，因为当一项议会的法令有悖于共同理性、或自相矛盾、或不能实施时，普通法将对其予以审查并裁定该法令无效，这种理论在我们的书本里随处可见。"❷但是，柯克关于司法审查的主张在英国并未得到实现，但为美国等其他国家建立类似制度奠定了理论根基。

通过柯克的理论和努力，英国普通法法院体系独立性逐渐提高，法律至上和司法独立精神逐渐在英国深入人心，并在法律与制度上得到保障，成为英国普通法的重要内容之一。

5.洛克

中世纪过后的启蒙时期，17世纪英国著名思想家洛克真正将中世纪以来英国的权力分立理论予以现代化，促进了英国乃至整个西方国家现代分权制衡制度的发展。"光荣革命"之后，英国建立了议会主权制度，限制和削弱了国王的权力，改变了之前国王的政治统治权（治理权）不受限制的状况，议会取代了国王，成为最高权力主体，使得公共权力所有权与行使权相分离。在经历了"光荣革命"之后，洛克撰写并发表了《政府论》下篇，提出了其独具开创性的现代分权理论，把国家权力划分为三类，即立法权、执行权和对外权。

首先，"立法权指享有权利指导如何运用国家的力量以保障这个社会及其成员的权力，也就是制定法的权力"❸。人类在脱离自然状态之后，为了社会生活

---

❶ SHEPPARD S. The selected writings and speeches of Sir Edward Coke [M]. Indianapolis：Liberty Fund, 2003:487.

❷ 爱德华·S.考文.美国宪法的"高级法"背景[M].强世功，译.上海：生活·读书·新知三联书店,1996:43.

❸ 洛克.政府论：下篇[M].叶启芳，瞿菊农，译.北京：商务印书馆,1996:89.

中和平安宁的生活并且保障私人所有权，首先需要制定法律，因此，立法权是所有国家权力的起点，也是基础和核心。由于立法权存在的目的"就是为了保护社会以及（在与公众福利相符的限度内）其中的每一成员"❶，加之它是每个人同意和授权的结果，所以立法权"不仅是国家最高的权力，而且当共同体一旦把它交给某些人时，它便是神圣的和不可变更的"❷。立法权力应当由代表人民意志的议会行使。但是，洛克同时也认为，拥有最高权力的议会，其权力亦应当有所限制。

其次，为了执行法律，国家权力需要有执行权和对外权。执行权是指"负责执行被制定和继续有效的法律"；对外权是指"包括战争与和平、联合与联盟以及同国外一切认识和社会进行一切事务的权力"。❸从本质上说，执行权和对外权都是执行权的范畴，执行权和对外权来源于立法权并在一定程度上服从服务于立法权，但是执行权和对外权对立法权也应当有所制约。

洛克将权力划分为这三个部分其根本的目的是实现权力的分立和制衡。洛克认为立法权属于集体掌握下的议会，对于立法权来说是一个很大的制约，很大程度上防止了独断专行，除此之外，洛克将执行权和对外权与立法权分立，将制定法律和执行法律的权力分开行使，可以很好地防止权力的滥用。洛克的权力分立理论是在英国资产阶级革命后具体的历史文化之下的产物，本质上是英国传统的"二权分立"理论的发展和现代化，虽然存在譬如忽视司法权的瑕疵和缺点，却是分权理论的巨大飞跃和突破，对于英国和西欧宪政理论与实践的发展产生了巨大的影响。

6.布莱克斯通

进入18世纪以后，英国法学家布莱克斯通对分权理论作了进一步的阐述。布莱克斯通的代表作《英国法释义》一书系统阐述了英国的法律制度，并将中世纪以后盛行的古典自然法学说与英国的普通法结合起来，形成了独到的分权理论体系。布莱克斯通认为优秀的宪政体制应当拥有完善的分权制衡机制，他认为英国国家权力的运行也不例外，也应当具有完善的分权制衡体系。

一方面，在布莱克斯通看来，国家权力应当是立法权、行政权和司法权分

❶ 洛克.政府论：下篇[M].叶启芳,瞿菊农,译.北京:商务印书馆,1996:82.

❷ 洛克.政府论：下篇[M].叶启芳,瞿菊农,译.北京:商务印书馆,1996:82.

❸ 洛克.政府论：下篇[M].叶启芳,瞿菊农,译.北京:商务印书馆,1996:90.

立：在国家权力中，立法权是最高也是最核心的国家权力，应当由议会行使；行政权由国王行使；司法权由法院行使。立法权与行政权应当分立，不能由同一个人或者国家机关掌握，这样才能保证立法机关不会给予行政机关过大权力，从而行政机关也就减小了破坏立法机关的独立性，也进而减免侵犯公民的自由权的机会。同时独立的司法权的存在又可以成为对公众自由保护的另一方式。另一方面，布莱克斯通认为，在权力分立的基础上，立法权、行政权和司法权应当相互协调制衡：首先，立法权与行政权应当相互协调制衡，议会掌握立法权，但是议会不仅应当包括上议院、下议院，国王作为行政机关，也应当是议会的组成，从而可以让权力部分分立，使得这三方既可以相互制约使其不越权，同时立法权和行政权也可以协调配合运转；其次，布莱克斯通认为，司法是相对独立的，但立法与司法也不是完全对立的，其亦有重叠和配合，主要表现在议会上、下两院有一定的司法特权。在这样的机制下，立法权、行政权和司法权就可以形成相互协调制衡的局面，以达成国家权力和谐运行的目标。

在分权理论方面，布莱克斯通较多地借鉴了前代和同时期思想家的分权理论，并在英国国情的基础上予以完善和发展，其分权理论对于英国国家权力体制的发展具有积极的借鉴意义

7.戴雪

继以上思想家之后，19世纪著名宪法学者戴雪也对分权理论有过颇多的论述。

戴雪在法学上最大的贡献在于第一次比较全面地阐述了法治概念。戴雪认为，法治具有三层意义："除非明确违反国家一般法院以惯常方式所确立的法律，任何人不受惩罚，其人身或财产不受侵害"；"任何人不得凌驾于法律之上，且所有人，不论地位条件如何，都要服从国家一般法律，服从一般法院的审判管辖权"；"个人的权利以一般法院提起的特定案件决定之"。❶戴雪在法治概念的基础上，认为实现法治，立法、行政和司法功能必须保持分立，但是，在立法、行政和司法分立的基础上，戴雪又极力倡导议会主权。戴雪认为，在国家权力当中，议会掌握立法权，其应当占据最高地位和绝对权威，其他权力应当来源于和服从服务于议会主权。但是，戴雪也认为，议会主权不应当绝对。在关于议会主

❶ DICEY A V. Introduction to the study of the law of the constitution[M].10th ed. London:Macmillan Education Ltd., 1959:183-201.

权的限制这一问题上，戴雪提出了政治主权和法律主权的划分理论，认为政治主权应当高于法律主权并对法律主权予以限制：所谓的政治主权，就是指英国公民的最终决定权和公民的舆论，法律主权是指立法权。议会主权具有最高性和绝对性，但是，议会主权仅仅代表法律主权，其应当服从于英国公民的政治主权。除了政治主权对议会主权（法律主权）的限制以外，戴雪还认为议会应当受到社会伦理和社会公议的限制以及国家权力内部内生的诸多限制。戴雪的分权理论立足于法治，对于传统议会主权理论进行了新的发展并注入了法治的血液，对于英国宪政发展具有较强的指导意义。

总而言之，从格兰维尔、布拉克顿、福蒂斯丘、柯克、洛克、布莱克斯通一直到戴雪，从二权分立到议会主权，英国的分权理论在政治实践中一直沿着清晰的脉络向前发展，奠定了对英国普通法下的宪政体制的理论基础，对英国政治文明产生了深远的影响。

二、普通法分权功能的形成及表现

（一）普通法的微观分权功能

普通法的微观分权是指普通法在不同社会阶层之间进行的权利分配、界定和给予相应的保障。英国社会基于其特殊的发展历程，权利的分配具有自发形成的特色，即英国人普遍认为他们的权利是与生俱来的，不是国王等统治者赐予的，并且这种观念在英国社会一直根深蒂固、源远流长，在盎格鲁-撒克逊时期如此，到了诺曼征服之后依然如此，稍微有所变化的是，在盎格鲁-撒克逊时期权利的分配和界定主要依靠习惯法维持，在诺曼征服之后随着普通法的兴起，英国社会的权利分配和界定主要依靠普通法维持。普通法的微观分权不同于其他国家，如集权国家的权利分配的概念，这是因为在集权国家中，以皇帝为首的统治者独占国家权力，他们为了维持正常的社会秩序也会分配给子民们些许权利，并通过立法授予和保障，但是这种权利的分配不具有分权的意义，因为子民的权利是统治者赐予的，这种权利的地位是不确定的，统治者随时可以收回或者改变，当他们的权利受损时，是否能够获得救济还要看统治者的脸色，换言之普通百姓的权利和统治者的权利不具有对抗性，因此这种权利分配模式不属于分权的范畴。普通法下的微观分权，国王的权利、封建领主和自由民的权利是确定的，三者之间是可以对抗的，任何一种权利侵犯到另外一个阶层的权利都是非正义的，都可以寻求普通法的介入，正义的一方甚至可以通过发起战争来维护其合法权利，并且这样的战争会得到整个社会的支持。我们熟悉的《大宪章》，其背景就是由于约翰国王践踏臣民的合法权利，结果引发了一场针对国王本人的武装起义，迫使国王回到尊重臣民的合法权利的轨道上来。这意味着在英国，国王的权利和其他社会阶层的权利一样，不具有超越性地位，都要受到法律传统约束，这就是普通法微观分权的精髓与核心。

普通法的微观分权主要体现在两个层面：一是纵向的分权，即普通法厘定了国王的权利和臣民的权利，厘定了中央和地方的权力；二是横向的分权，厘清了国王和教会之间的权力边界。我们首先看一下普通法的纵向分权功能。关于国王和臣民的权利之间的划分，在英国主要有两个重要的参照系，一个参照系是源于久远的历史传统，这可能要上溯到比盎格鲁-撒克逊还要久远的时代，源于其日耳曼传统，如在马尔克公社时形成的一些关于权利分配的惯例，这些惯例有的随着时代的变迁逐步被淘汰，有的却一直获得保留。另一个参照系是进入封建社会之后，领主和附庸之间订立的"契约"，在契约当中约定了双方的权利和义务关系，如领主有向附庸征税的权利，并且税收的数额是确定的，如果领主未经同意擅自征税，就是一种对附庸合法权利侵犯的行为，附庸有向普通法院申请救济的权利。普通法对于国王和臣民之间权利的厘定实际上综合以上两个重要参照系所确定的标准。在公权利方面，在中央层面，英国一直遵循的传统是国王和贵族共同行使管理国家的权力，具体的形式在盎格鲁-撒克逊时期是库利亚大会，在诺曼征服之后是御前会议，凡是国王的直系封臣都有权利参加这个会议，会议虽然由国王召集和主持，但是重要的决议须经共同协商作出，也就是每一位参会者都有权发表意见并参与决策，国王不可以抛开贵族实行个人统治，如果他这样做了，根据《大宪章》贵族可以使用武力迫使国王回到正常的轨道上来。在地方层面，根据英国的政治传统实行的是地方自治，即地方上的重要事务由地方当局自己处理，国王一般不进行干预。国王在各地设立的郡长等公职其主要职责是维护国王在地方的利益，对于纯粹地方事务郡长主要负责召集地方会议协商解决，事情的最终决定由参会人员共同作出，并非郡长个人所能定夺。对于庄园或者村社等基层社会单位的事务的处理基本上也是如此，庄园由领主自行治理，国王不可妄加干涉，村社由村民集体参与处理重要事务。由此可见，在公权利的分配上，英国厘定得比较清晰，权利之间虽然有大小之分，但是权利之间却是并行存在的，权利分配的格局是平面化的。如一种权利侵犯另一种权利，普通法会提供救济，如领主侵犯了一个自由民的权利，自由民可以就此将领主告上法庭恢复其受损的权利。在私权利方面，主要是关于土地、婚姻家庭等与财产有关的权利，均列入普通法的保护范围之内。对于英国人的私权利而言，大多数是在基于土地权利之上形成的或者与土地权利密切相关，如监护权，其权利的本质还是着眼于对被监护人土地的实际控制上，婚姻权也是如此，至于保有、占有以及各种税收关系则与土地之间的关系更为直接和紧密，因此土地法是调整整个私权利的核心，而普通法就是在土地法基础上发展起来的一套综合性的法律体系。普通法对于私权利的保护方式侧重于救济，即私权利的实体内容一般由习惯法和封建契约确定，但是当实体权利遭到侵害的时候，普通法通过创造各种诉讼程序对之进行救济，如早期普通法针对社会上各种典型的侵权行为创造出了许多种专门的诉讼程序，对于快速恢复权利起到了关键作用。当然，普通法也在通过处理社会上新出现的侵权行为不断确定新的权利或者对已有的权利进行重新界定，如早期普通法不受理商人之间的争讼，后期逐渐将商法的内容纳入其调整范围。

普通法的横向分权功能主要体现在对国王和教会之间权力的厘定上。在中世纪，从宏观上看，英国存在两个并行的司法管辖权，一个是国王的司法管辖权，主要负责处理世俗事务争议；另一个是教会的司法管辖权，主要负责处理精神领域产生的争议。这两个司法管辖权之间互不隶属，并行存在，世俗司法管辖权以王室法院为最高审判机构，主要适用的是普通法；宗教司法管辖权理论上则以罗马教皇为最高审判等级，主要适用的是教会法。从历史上看，尽管基督教早在公元9世纪的时候就进入英国，但是直到诺曼征服之后才确立其独立的司法管辖权，在此之前，英国教会没有建立自己的司法组织系统，主要通过参与地方法院的审判体现对司法的干预，威廉一世在征服不列颠的过程当中得到教会的帮助，作为回报同意教会建立自己的司法机构，负责处理涉及灵魂的案件。教会的司法管辖权在获得独立之后，下一步的目标便是寻求扩张，这不仅是权力的属性所致，在中世纪司法管辖权还意味着经济上的巨大收益。教会司法管辖权的存在与扩张毫无疑问是建立在对国王司法管辖权侵蚀与分割的基础之上的，因为教会司法管辖权名义上管辖的是涉及灵魂的案件，但由于涉及灵魂本身是一个模糊的概念，教会为了自身的利益，在实践当中尽可能地将其扩大解释，如他们将"涉及灵魂的"解释为包括有信义保证的俗人契约、僧侣所犯罪以及许多其他的被世俗权威必然看作在本质上属于世俗的事项，但是国王和普通法法院的法官们对此有自己的看法。由于认识上的分歧，在司法实践中必然产生司法管辖权的交叉与冲突，即对于许多案件双方都声称拥有排他性管辖权。在国王与教会争夺司法管辖权的斗争中，在国王比较强大的时候斗争的天平自然会向世俗司法管辖权倾斜，如在威廉一世时期，教会被国王牢牢控制；在国王比较弱势的时候斗争的天平则会向教会司法管辖权倾斜，如在斯蒂芬统治期间，英国教会的司法管辖权大大扩张：所有与教职人员有关的案件，不管是民事案件还是刑事案件，都归教会法庭管辖。国王和教会司法管辖权的斗争一直延续到16世纪才告结束，16世纪英国通过宗教改革基本确定了教会法院和世俗法院之间的管辖权范围。在这场旷日持久的斗争过程当中，政治力量的对比固然是决定因素，但它不是显性的因素，而是隐藏在斗争背后默默地发挥作用，在这场斗争中冲在最前面的是彼此法院所采用的法律，即普通法与教会法之间的斗争，普通法竭力维护国王的司法管辖权，教会法竭力维护教会组织的司法管辖权，当两者经过斗争最后达成共识的时候，其后果是确定了国王和教会的权力边界与范围，从而形成两大司法管辖权在政治上的分权与制衡关系。下面我们以圣职推荐权司法管辖权为例略作解析。所谓的圣职，是指在教会组织中可以享受圣奉的职位，获此职位者可以拥有一份稳定的地产和什一税收入，由于有圣奉的职位较少，因此成为教职人士激烈争夺的对象。依据中世纪教会的传统，要获得此种职位必须获得圣职推荐人的提名才行，圣职推荐人的这种提名权即圣职推荐权。从表面上看，圣职推荐权像是一种单纯的人事任命权，实际上在中世纪圣职推荐权背后有巨大的经济利益，在社会实践中它和土地、房屋一样是一种可以继承、转让的财产性权利，可见圣职推荐权是一种支配人和物的综合性权利。按照中世纪教会的主张，涉及圣职推荐方面的案件属于教会事务，理所当然应当归教会法院管辖。但是王室法院对此有不同的看法，法官们将有关推荐僧侣担任有利可图的教会官职的权利划为"世俗"的范围，普通法上一直将圣职推荐权作为一种财产权利对待，而审理涉及财产方面的纠纷案件是王室法院的权力。由于教会和王室同时主张对此类案件拥有司法管辖权，这样一来双方之间不可避免围绕此类案件展开争夺司法管辖权的斗争。在斯蒂芬治下，王室衰微，社会失序，此类案件基本由教会法院审理。亨利二世上台执政之后，励精图治，逐步扩张王室的司法管辖权，他于1164年召集全体贵族召开了一次会议，会上通过了《克拉伦敦宪章》，其中第1条规定：涉及圣职推荐权的诉讼由郡守主持的普通法法庭裁决。在司法实践中王室法院还创制了最终圣职推荐权令（darrein presentment），专门用于解决此类纠纷案件，为了证明己方做法的正当性，王室法院先是通过普通法从法理上向对方展开攻击，王室法官们认为圣职推荐权是一种依附于土地上的权利，在客观上具有财产的属性，并且在社会呈现可交易性，而普通法本身就是调整自由人之间财产纠纷的法律，因此圣职推荐权纠纷案件作为普通财产纠纷案件自然应当由普通法院进行管辖。换言之，普通法通过法理上的论证使原本属于教会法院管辖的案件具有了可争议性，打破了教会法院对此类案件的垄断。然后普通法通过提供更加合理有效的审判制度将案件吸引过来，从而在竞争中胜出。最后，虽然圣职推荐纠纷由普通法院裁决，但是普通法并没有包揽一切，凡是其中涉及有争议的教堂收入等，普通法还是会交由教会法院裁决。由此可见，普通法关于圣职推荐权纠纷案件的处理，不仅具有确定权利、救济权利的司法意义，在宪政层面也具有深刻的意义，它通过此类案件逐步划定或厘清了王室和教会的权力范围与边界，从而使自己本身具有分权的功能。

（二）普通法的宏观分权功能："法律权"和"统治权"的分立

在论及国家权力的时候，我们最耳熟能详的理论是三权分立学说，但早期社会是不可能存在这样结构清晰的权力分配逻辑的，因为在大多数国家里，君主和国家常常被当作同一事物来对待，很显然，在这样的国家中不可能存在宪政意义上的"分权"现象。但英国似乎是个例外，因为在中世纪英国君主从未获得绝对权力，从未建立起个人的专制，在社会上始终存在一种可以与君主抗衡并制约君主的权力，这种权力被称为"法律权"，具体表现为普通法不是由君主创制的，君主非但不能修改或废除此法律，并且其个人行为还受此法律的约束，人们习惯性地将这种传统称为"王在法下"。在这种社会传统之下无疑是存在"分权"之可能性的，虽然在逻辑上未必清晰可辨。总而言之，我们认为在早期英国除了君主的统治权之外，还存在另一种具有独立性并且能够制约君主统治权的权力——法律权。所谓的法律权，是指"发现、阐明、确认、补充、修正作为正当规则的、普遍且一般法律的权力"；所谓的统治权，是指"借助暴力、追求特定性目的的统治性权力"❶。从学者对于法律权与统治权所下的定义出发，我们可以看到在英国早期社会这两大权力实际上是由不同的权力主体分开行使的，统治权毫

---

❶ 秋风.立宪的技艺[M].北京:北京大学出版社,2005:34.

无疑问是由君主所掌控，因为君主负有保卫国家不受外来之入侵，维护王国和平，打击犯罪，保护臣民生命、财产等安全之责任，君主履行自己的义务所运用的权力即统治权，这一点不止适用于英国，其他国家也大多如此，正如布拉克顿所言："在严格限定的狭义的统治权领域，国王不仅是唯一的掌门，而且理应掌握也必须掌握为有效管理所必需的全部权力；他有权处理伴随或附带于统治权的一切事务"，否则"在法律中确立权利将是毫无意义的"❶。法律权，在此我们将之理解为立法和司法相结合的一种综合性权力，而不仅仅是一种单一的司法权，因为在司法未获完全独立时单一的司法权是很难与君主的统治权相抗衡的。这种结合立法与司法的法律权，在其他国家是很少见的，因为在成文法国家立法权往往还是掌握在君主手中。由于君主掌握了立法大权，所以司法之权更易受其操纵，因为君主可以通过修改法律和撤换法官来控制司法，也就是说在这样的国家中是不可能存在法律权这种权力的。但是英国由于其特殊的社会传统和国家演变路径，在社会上形成并确立了这样一种特殊法律权。从立法上看，英国普通法的主要成分是历行久远的习惯法和法官在习惯法基础上创制的判例法，这意味着普通法是在统治权之外自由成长起来的一套法律体系，它获得了英国社会的普遍认可，即使拥有统治之权的君主也不得不承认它、尊重它。从司法上看，虽然法官由君主任命，但是法官的审判工作主要依据的是普通法，也就是说法官的真正上司是普通法，国王可以撤换法官，但是无论谁成为法官，他在审理案件时依据的还是普通法，这意味着在英国法官这个职位（职业）是独立的，国王无法像其他国家的君主一样通过任意修改法律干预或控制审判，更何况在英国除了法官之外，还存在一个更独立和不容易受控制的陪审团，他们也在行使部分司法权。所以，综合立法和司法的具体境况，我们可以看出在英国由立法和司法综合构成的法律权是比较独立的，是一种可以与君主的统治权并列的国家权力，正是因为存在这两种并列的权力，所以我们认为在早期英国社会存在宪政意义上的"分权"。

在论证存在"分权"这个逻辑之后，很多人不免会产生疑问：在早期英国的这两种并列的国家权力之间是否存在固定的边界？当两者产生冲突的时候，是通过何种方式解决呢？解决的依据又是什么呢？在这两种权力之中，法律权在本质上属于一种判断权，以追求公平正义为目标，天生具有保守性；统治权在本质上属于一种执行权，以追求速度和效益为目标，天生具有扩张性。所以在这两种权

---

❶ 麦基文.宪政古今[M].翟小波,译.贵阳:贵州人民出版社,2004:62-64.

力的相处过程之中，统治权往往处于主动攻击的态势，即总是追求权力运用的最大自由化，结果往往导致权力的滥用；而法律权总是处于固守反击的状态，总是竭力保持自身的独立性，但是当统治权威胁到自身的独立性时或当统治权超越合法的范围时，法律权会毫不犹豫地进行反击，对统治权施加适当的约束，甚至将其关进笼子里。在英国这两种权力之间虽然没有非常清晰的边界与范围，但是两者之间权力划分的大的原则还是存在的，并且被社会所承认，这个大的原则就是英国的普通法传统。因此当这两种权力产生矛盾或冲突的时候，双方主要不是凭借暴力，而是通过法律的手段进行斗争，具体的争议一般会通过普通法庭进行裁决，抽象的争议主要通过朝野双方辩论澄清，但是无论通过哪种方式，双方的用力点都是法律，都会竭力从法律中寻找对自己有利的论据。如果一方的论据优于另一方的论据，自然就会取得胜利，而且失败的一方也会接受这样的结果，由此可见，在英国以习惯法为母体的普通法具有一种超然的地位，成为两种权力之争的裁判标准和依据。换句话说，普通法不仅是一种解决公民之间纠纷的法律，还是一种解决公权力之间纠纷的法律，正是在此意义上，普通法承担了"分权"的宪政功能。例如，英国历史上始终不乏一些具有雄心壮志或追求独断专行的君主，他们为了成就霸业之需要或者为了最大限度地满足个人的欲求，对社会进行高压统治，无端增加税收或巧取豪夺侵害人民的权益。面对君主的滥用统治权，人们通常会群起而抗争，但在大多数情况下，人们抗争的手段不是借助暴力，而是通过法律手段维护自己的合法权利，即将争端交由普通法进行裁决，通过普通法恢复其权利，如在1215年，当"失地王"约翰国王的横征暴敛引发人们的普遍不满时，人们发动了"武装起义"，但是起义的目的不是通过武力推翻约翰的统治，而是为了制造足够的压力迫使约翰签署《大宪章》，而《大宪章》的主要内容不外乎还是重申普通法的相关规定。又如在伊丽莎白一世时期，为了增加王室收入开始大量向社会出售各种贸易的垄断经营权和各种商品的专卖权，这种行为属于典型的滥用权力行为，侵害的是英国人民自由经营的权利和自由，引起了英国人民的广泛不满，人们一方面通过议会向国王施加压力；另一方面将之提交到普通法庭使之接受普通法的裁决。面对君主的滥用权力行为，普通法站在正义的立场上对专卖行为给予了否定性评价：在1603年的垄断案中，法院判决特许生产的任何产品的排他性权利损害了普通法和臣民的自由。1624年的《反垄断法》又赋予据普通法对一切专卖行为进行审查的权力。除了专卖权之外，英国的君主还做过许多诸如此类的滥用权力行为,如强行征税、强制借款、任意监禁等,这些行为对人们的人身自由和财产安全构成直接威胁,因此引发人民的普遍反抗,并最终通过借助普通法的力量对君主滥用权力的行为进行约束与规范。通过上面简短的论述可知,统治权本质上属于一种管理国家事务的行政性权力,在许多国家仅存在统治权一权,法律权从属于统治权,为统治权服务,未能独立,在这样的国家是不存在分权一说的。英国除了统治权之外,法律权也是相对独立的一种权力,它甚至相对于统治权而言具有超越性地位,它不仅具有崇高的权威性,更具有约束和制约统治权的作用。英国法律权之所以具有如此效能,我们认为根源在于英国的普通法传统,在英国人的集体意识中,国王的统治权和人民的自由与权利都来源于普通法,"普通法是王国内共同权利的源泉"❶,记载着统治权和人民的自由与权利的内容及范围,就像17世纪时下议院议员奥尔福德所说的那样:"法律给国王多少权力,我们就给国王多少权力,再不能多。"❷就此普通法就具有至上性,成为界定权力冲突和权力边界的重要依据。相应地,在普通法传统中发育起来的法律权,自然在理论上就具有不受统治权控制的属性,再加上合适的现实条件,在英国法律职业群体的不懈努力之下,法律权的独立地位最终获得实现。对于英国宪政层面的分权问题,柯克在关于《权利请愿书》的讨论过程中曾经说过这样一段话:"所有我们请愿的是英格兰的法律,这种主权权力似乎是一种截然不同于法律权力的权力。我知道如何附加'主权'于国王个人身上,但这不是他的权力。同时,我们不能将主权权力留给他——我们从来没有拥有过它。"❸柯克在这段话中否定了主权权力,认为国王不拥有主权权力,因为主权权力是绝对的,在英国就不存在这种绝对性权力。对此英国著名宪法学者戴雪给出了更明确的观点:他在1885年出版的《英国宪法研究导论》中认为英国不存在专断独裁的权力。不存在绝对性权力意味着英国在宪政层面必然存在分权的格局。依照柯克,英国国王拥有统治权是一种法律权力,即国王应当根据王国法律进行统治,这种观念背后显然隐含着这样一层意义:除了国王的统治权之外,还应存在一种对国王运用权力进行监督与制约的权力,否则国王应当依据法律进

❶ EDWARD C. The fourth part of the institutes of the laws of England : concerning the jurisdiction of courts [M]. London: W. Clarke and Sons ,1929:97.

❷ 基佐.一六四〇年英国革命史[M].伍光建,译.北京:商务印书馆,1985:45.

❸ ROBERT C J. Commons Debates 1628:Vol. 3[M]. New Haven: Yale University Press,1977:494.

行统治将成为一句空话，在英国这种监督和制约国王的权力其实就是我们所提到的"法律权"。当然随着社会的进步，人们对国家权力运作的本质和规律看得越来越透，洛克在《政府论》中将国家权力还分为立法权、行政权和对外权三种权力；而法国的孟德斯鸠在洛克的基础上提出了新的三权分立说，主张把国家权力划分为立法权、行政权和司法权这三种权力，这是迄今最为广泛接受的一种国家权力划分方式，并且已经在很多国家得到实践和应用。但是作为最早探索分权的国家，英国一直在延续自己的传统，直到今日英国也还不能称得上是一个孟德斯鸠式三权分立的国家，英国的分权仍保持着自己的特色。

第三节 普通法的宪法维度之二："限权"

一、普通法对行政权的限制

行政权是一种治理国家的权力，它的本质属性决定了其天生具有攻击性或侵略性，因此它对人们的潜在威胁最大。举个不太恰当的例子，行政权就好比一头猛兽，如果放任不管，它必伤人，因此只有给它套上锁链才能确保人们的安全，人类的社会实践表明，法律是规范和约束行政权最恰当的"锁链"。对于普通法而言，它对行政权力的制约是综合性的，既有立法的因素，也有司法的因素。在早期，社会行政权力掌握在君主手中，普通法主要通过限制王权来规范和制约行政权力；在近现代社会，君主成为国家的象征，行政权力主要掌握在内阁手中，普通法主要通过限制政府部门的行为来规范和制约行政权力。

（一）普通法对王权的限制

1.从治理工具到宪政力量：早期普通法的角色转换

从普通法的形成来说，普通法属于王室法，这是毫无争议的，因为普通法是借助王权的力量形成的一套法律体系。在益格鲁-撒克逊时期，英国没有形成全国统一的法律体系，各地均适用地方性习惯法。诺曼政府之后，威廉一世建立了较为强大的王权，开始将王权的影响力向地方渗透，为普通法的形成在政治上创造了条件，但是威廉一世时期法律仍处于分散不统一的格局。对普通法的形成具有关键性意义的两个事件，一是王室法院的建立，即从国王的财政署、御前会议等统治机器逐渐分离出专门从事司法审判的机构；二是巡回审判制度的建立，王室法院定期派出法官到各地进行巡回审判。负责巡回审判的法官源源不断地将各地的习惯法带回王室法院，王室法院则作为信息汇总处理中心，把从各地收集的习惯法进行加工和提炼，去芜存菁，将合理的部分逐渐沉淀成一套全国统一适用的法律体系——普通法。从普通法的形成来看，它离不开王权的支持，并且它本身也毫不掩饰为王权服务的特征，如巡回法官莅临各地进行巡回时，依据普通法对地方政府的行为进行审查，查看地方是否存在损害王室利益的行为和破坏国王和平的行为，如果存在有悖于普通法的行为地方将招致沉重的罚款，而这些罚款毫无疑问将进入国王的腰包，于此普通法体现了其作为治理工具的特点。但是普通法毕竟和其他法律体系不一样，它并非王权的直接产物，它是一种具有自主性的法律体系，因此不可能总是跟着王权的节奏起舞。当普通法的缔造者王室法院和法律职业阶层地位稳定并趋向独立的时候，普通法的角色也逐渐在发生变化，从治理的工具向宪政力量过渡，即普通法开始对王权说不，将国王的行为纳入其审查范围，要求国王依法行政。

2.早期普通法对王权的限制

普通法的内容主要来源于在英国历时久远的习惯，英国人通过这些习惯记载着王国内不同社会成员的权利。诺曼征服之后，英国进入封建社会，领主通过封建性契约确立了双方的权利和义务关系，这些也是普通法的重要组成部分之一。总之，虽然英国普通法不是成文法律，但照样非常清晰地记载了英国人民的权利和义务关系，对此普通法之外的人往往感到费解，生活在普通法传统中的英国人则对此烂熟于心。众所周知，封建社会的权利分配原则是按照社会等级的高低进行分配，作为一国之君的国王，同时也是全国最大的领主，拥有的权利自然也是最广泛的。尽管如此，国王不可能独占国家权力，必须依靠贵族才能维系统治，为了获得贵族的支持，国王将部分权力让渡给大贵族行使；大贵族获得权利之后，往往会再次分配给效忠于自己的中小贵族，中小贵族获得权利之后有可能再作分配，这样一来在英国形成一个网格状的权利分配格局，包括国王在内的每个人都依据其身份和地位获得相应的权利，并且其获得的权利得到普通法的承认和保护。以上我们所描述的是一种静态的权利分配格局，但在现实生活中，权利分配后不可能总是保持固定的状态，因为享有权利的主体，特别是那些在社会上处于强势地位的人总是千方百计扩张自己的权利，侵夺弱者的权利，国王作为拥有权力最多的人，自然也是对臣民的权利构成威胁最大的一个人，因此只有对王权加以适当的限制，才有可能保全臣民的合法权利。这种限制王权的理论，除英国之外，在其他国家也有人提出过，如在春秋战国时期，中国有许多思想家都提出过限制君主权力的主张，其中以孟子的"暴君放伐论"最为典型。但遗憾的是，在其他国家这种主张好像无一获得实现，只在英国社会形成了运用普通法限制国王权力的机制——当国王滥用权力侵害人民合法权利的时候，英国人民便会把普通法搬出来，先从法理上揭示国王行为的违法性，然后要求国王进行改正，如果国王拒不改正人民则会抗争到底，一直迫使国王回到遵守普通法的轨道上来。正如布莱克斯通所言："公民自由的主要保障措施之一（或者换句话说）英国的宪法体制，就是以划定众所周知的王权范围的方式限制国王的特权，这样一方面，国王未经人民同意不能超越这一范围行使特权，另一方面，国王亦不能违反社会原始契约，这种原始契约存在于所有国家的国王与臣民之间，但在其他国家都是暗示的，只有在我们的国家最为明确。"[1]早期普通法对王权的限制主要体现在以下三个层面。

　　第一，对国王公然违背法律的行为说不。在英国的法律传统之中，普通法的重要组成部分是习惯法，这些习惯法得到了包括国王在内的所有社会成员的认可和尊重，这意味着法律不但对国王具有约束力，而且国王的统治也离不开法律的支持，所以在英国产生了"法律造就了国王"的观念。《法官之鉴》一书中曾这样描述国王与法律的关系："在大战之后，人们选举了一位国王凌驾于他们之上，统治上帝的人民。根据法律的规定，他要保护他们的人身和财产安全。首先，他们要国王发誓尽可能使用他的权力维护神圣的基督教信仰，根据法律而不是个人意志来引导他的人民，并且和他的人民一样服从于法律。"英国历史上比较开明的国王一般深谙此道，会谨慎行事，克制自己，尽量不公开践踏法律，确保统治秩序的稳定。例如，诺曼王朝的威廉一世征服英格兰之后，为了维系稳定采取了灵活的立场，宣布尊重英格兰人民意愿，确认英国人原有的法律继续有效。亨利一世上台之后，为了整顿被威廉二世破坏的统治秩序，发布自由宪章，恢复英国原有的法律，尊重英国臣民固有的合法权利。但是也有一些国王对此不屑一顾，完全根据自己的喜好行事，公开违背法律规定，侵害其他人的合法权益，结果招致民怨，甚至引发社会反叛，最终不得不向法律低头，接受法律的约束。其中最典型的例子，就是我们耳熟能详的"失地王"约翰和《大宪章》的故事。从《大宪章》的规定来看，并没有增加新的内容，主要是将正在施行的一些习惯法成文

---

❶ 布莱克斯通.英国法释义：第一卷[M].游云庭,等译.上海：上海人民出版社,2006：265.

化，很显然起义者的主要目的是迫使国王遵守这些已有的法律而不是提出新的要求，这种行为背后的宪政意义是：权力必须受到法律的限制，王权也不能逾越法律的界限。对此15世纪末的福蒂斯丘曾指出：流行于大陆的"凡国王所好即为法律"的格言在英国是行不通的，在英国法律是高于国王之上的。梅特兰曾将《大宪章》比作加在君主身上的镣铐。在柯克眼里，《大宪章》则是对古代普通法的宣示，《大宪章》中对国王权利与权力的限制在"普通法中古已有之"。下面我们可以借助柯克对《大宪章》的评注，体会一下普通法对王权的限制。例如，《大宪章》第2条明确限定：伯爵的单一或多位继承人需缴纳100镑即可继承伯爵的全部遗产，男爵的单一或多位继承人也是缴纳100镑即可继承男爵的全部遗产，骑士的单一或多位继承人只需缴纳100先令即可继承骑士的全部遗产，其余按照固有的采邑习惯能够少缴的就少缴。柯克详细考证了历史上各类贵族领地继承金的数额，进而指出依据《大宪章》第2条，伯爵和男爵等贵族的继承人只需缴纳合法合理的继承金，也即缴纳和领地收入相称的继承金，不再承担不确定的继承金，这实际是回归和宣示古老的普通法。如果伯爵或男爵等贵族没有那么多的领地，甚或国王在封赐贵族时并未封授相应的领地，那么要求这类贵族的继承人缴纳继承金就背离了普通法。按照没有骑士领，骑士的继承人就无须缴纳继承金的原则，伯爵和男爵如果没有伯爵领或男爵领，其继承人也无须缴纳继承金。第15条规定：任何城镇和自由人不得被强迫在河流上修建桥梁和堤岸，而那些在先王亨利统治期间就已经有此义务的人除外。柯克阐明订立这一条有其深刻的背景：在理查德和约翰王在位时期，曾经以国王的名义经常向臣民索取财富，来建造防波堤、城堡以及桥梁等设施，这有悖法律和正义。柯克认为建设桥梁和堤岸已成为国王勒索压迫臣民的借口，在先王亨利一世在位时期没有这一义务的城镇和自由人现在也无须承担，国王以修建桥梁和城堡等设施为由向无此义务的臣民收取钱财不具有合法性。第29条规定：未经同等地位之人依据王国的法律进行合法的审判，任何自由人不得被逮捕、监禁、剥夺财产、逐出法外及流放，也不得被施以任何形式的伤害。不得向任何人出售、拒绝或拖延其应享有的权利和正义。柯克对这一条评注的内容长达12页，详细解释了每一部分的历史依据及其内涵。柯克强调自由人无论男性或女性都必须根据王国的法律——包括普通法、制定法以及习惯法才能被逮捕、监禁、剥夺财产以及逐出法外等。柯克认为除非经由合法的诉讼，对国王和咨议会的请求或建议都不能导致臣民的自由受到限制。任何人的土地、房屋、不动产或者动产都不能在有悖《大宪章》或王国法律的情况下交由国王占有。任何人在未抗辩之前都不应被剥夺生计。这一条主要申明了伯爵和男爵等各级贵族要由同等地位者审判的传统权利,这限制了国王对贵族的司法审判权,并且将保护的对象扩展到所有自由人。未经合法的审判,任何自由人不得遭受国王及其官员所施加的任何形式的处罚,这是将王权限定在法律之下的重要一步。❶在英国历史上除了约翰国王之外,还有几位由于践踏法律招致不良后果的国王,譬如主张"法律存在于国王口腹之中"的理查二世,由于在位期间暴虐无道、目无法制,在1399年被废黜。刚愎自用的查理一世最终被送上了断头台,法庭对其进行审判的重要理由是:英国国王并不是一个"人",而是一个根据国家法律受到委托的有一定权力限制的官员,受托行使的有限统治权力是国家法律所赋予的,此外并无其他来源。从他接受托付时起,他就应实践为人民谋利益的誓言、履行维护人民权利和自由的职责。英国继《大宪章》之后,还产生了诸如《牛津条例》《权利请愿书》《人身保护法》等普通法文件,这些法律的主旨毫无例外都是围绕限制君主权力、保障臣民的自由展开的,从而使普通法限制王权成为一种一以贯之、不曾中断的传统,一直持续到通过光荣革命从政治上确立了君主权力有限的宪政体制为止。

第二,限制国王特权使用范围。根据维基百科,国王特权是指一些政府关于他们国家统治方式进程的行政权力被执行的手段,由君主拥有并被赋予君主。国王特权只在如英国那样由君主统治的国家才被承认。特权起初只由君主行使,并且不需要国会的同意,但它们现在总在首相或内阁的建议下被行使,首相或内阁就对决定负有对国会的责任。宪法理论家戴雪曾从学术角度对特权作出以下定义:特权是君主起初的权力的剩余部分,在任何时候被留在君主手中的自由决定的权力——不论这样的权力在事实上是由国王自己还是由他的大臣们行使。在英国,国王拥有特权是一个确定的观念。大多数英国人认为:国王的权力是社会必不可少的支柱,对于保护公民的自由权是必需的。但是他们对国王的特权也始终保持清醒的认识:要求国王的特权不能侵犯到公民的天赋自由权。因此在英国的政治法律文化中自然就衍生出通过法律限制国王特权适用范围的话题,并由此引发了关于国王特权范围的争议。站在国王立场上,他当然主张特权无限,并以此为由扩张国王权力范围,如伊丽莎白女王一直坚持:即使威严的议会"也应当不

❶ 于洪.柯克法治思想研究[D].长春:东北师范大学,2010:61-65.

要讨论、评级或干涉女王陛下的特权"。而站在对立立场上的人士则认为国王的特权由法律确定。由于"特许权界限的模糊不定,内在地构成了对法律、审判权和所有法律权利的威胁。国王自己通过政府制定压迫性的法律,固然是一种威胁,但更大的威胁却来自贪得无厌的特许权拥有者"❶。很明显,在国王特权的争议背后实际上体现专制与宪政两种力量的抗衡,国王特权的扩大必然形成对人民权利的压制,尤其是那些主张国王特权不受法律限制的说法,对人们的合法权利将构成直接的威胁。对于国王的特权,普通法一直是站在正义的立场上看待这个问题的,一方面承认国王拥有特权,而且其本身也是普通法的一部分,普通法予以承认并加以保护;但另一方面坚持认为国王的特权来源于普通法,国王特权的行使应当受到普通法的审查与约束。正如柯克在与王权作斗争时所说:"除了法律与国家认可的特权外,国王没有特权。而且,国王自己不能解释这种特权,只有法官才是权威的解释者。"❷其实不仅在英国,"在古代欧洲所有的哥特政府体制中,对君主权力进行限制曾被当作一项首要的基本的原则加以确定,不过大多数欧洲大陆的王国已通过武力或欺诈的方式,陆续排除或取消了这些对王权的限制"。但在英国这种传统从未间断,从布拉克顿到福蒂斯丘,再到亨利・芬奇爵士都主张对国王的特权进行限制,认为"国王在所有不损害臣民利益的事情上都享有特权,臣民们必须牢记:国王的特权不包括做任何不法之事"❸。在国王詹姆斯一世在位期间的公告案(1611年)中,英格兰普通法院法官断然声称他们拥有权利确定皇家特权的限制。在查理一世统治期间,国王和议会就国王的特权展开过公开论战,国王认为特许权在法律之外,任何法律人对此都"无权置喙"。但是议员们并不认可,他们以普通法传统为由,向国王特权发起挑战。在这场国王与议会之间展开的关于特许权的争论中,双方都诉至普通法证明自己主张的合法性和正当性。正如一位权威的宪法专家所说:"在所有中世纪宪法案例中,对特许权的辩护都以具体的先例为基础,他们的反对者们则被迫诉诸古代宪法的一般原则。二者或许也都是本着诚信行事。一方依赖英格兰君主制的文字,另一方则依赖其精神。"❹

❶ 麦基文.宪政古今[M].翟小波,译.贵阳:贵州人民出版社,2004:99.

❷ 爱德华・考文.美国宪法的"高级法"背景[M].强世功,译.上海:生活・读书・新知三联书店,1996:42.

❸ 布莱克斯通.英国法释义:第一卷[M].游云庭,等译.上海:上海人民出版社,2006:266.

❹ 麦基文.宪政古今[M].翟小波,译.贵阳:贵州人民出版社,2004:92.

　　一般而言，在社会实践中，英国人民对国王特权行使进行限制主要通过两种方式，一是针对国王违法行为提起诉讼。国王在自己的国家能否成为被告，这是检验一个国家君主权力是否受到限制的重要参考标准。在专制性质的国家中，君主掌控一切大权，包括司法权，因此在逻辑上不存在君主成为被告的可能，任何针对君主的诉讼是不可想象的。在英国，在政治上国王也处于至高无上的地位，但是在法律上，国王的地位要低于法律，也就是说国王和其他人一样也要接受法律的统治，在逻辑上国王存在成为被告的可能性。例如，在盎格鲁-撒克逊时期，英国最高的权力机构是贤人会议，贤人会议在司法上拥有处理大贵族之间纠纷的权力，国王身为大贵族中的一员有时也会卷入各种纠纷当中成为被告，与会的贵族则根据习惯法进行集体裁决，迫使国王遵守法律。布莱克斯通认为：如果任何人对国王提起有依据的财产方面的诉请，他可以向国王大法官法院提交诉状，在那里国王的大法官会以国王的恩典（而不是被迫为之）的形式授予起诉者起诉权❶。如果在民事方面，国王成为被告在英国已经形成制度化，但在刑事方面国王成为被告几乎是罕见的，因为这会极大地损害国王作为最高统治者的尊严。即便必须追究其刑事责任，也要先把他从国王的宝座上拉下来以后才行。但是作为一个特例，在英国的确存在国王本人被推上刑事法庭被告席，并被判处死刑的案例，他就是查理一世国王。"虽然坐在被告席上，但是，查理·斯图亚特仍然是国王，那些坐在法官席上的人们也如此称呼他。国王本人在法庭上更是公然对于法庭的管辖权提出质疑：'记住，我是你们的国王，是法定的国王。仔细想想，你们企图审判国王，这是多么大的罪恶啊，记住上帝才是这片土地上真正的审判官，我说你们在犯下更大的罪之前真该仔细想想……况且，我的权力是上帝所托付的，这是古老的合法的世袭权力，我绝不会违背这项托付的。我也不会为了答复一项新的非法权力而违背我的托付，所以你们要先告诉我你们权力的来源，否则我无可奉告。'"针对查理一世的诘问，法官布兰德肖阐释了审判国王的理由："在国王和他的人民之间存在着一个契约协定。国王的即位宣誓就是为保证好好履约。同时，先生，这一约定当然是相互的，你是他们忠实的君主，他们也是你忠实的国民……这就好像一条纽带，纽带的一头是君主对国民应尽的保护义务，另一头是国民对君主应尽的服从义务。先生，一旦这条纽带被切断，那么只能说，别了，君主统治！"副总检察长约翰·库克在论证君主与人民之间关系时也

❶ 布莱克斯通.英国法释义:第一卷[M].游云庭,等译.上海:上海人民出版社,2006:271.

强调了普通法对于受托统治国家的君主所施加的限制。最后法庭判决所确定的罪名是"暴君、叛国者、杀人犯和本国善良人民之公敌"。❶二是运用法律，通过政治手段约束国王的特权。一般而言，国王单独对某一个人实施财产上的侵权这种情况是少见的，即使发生这样的情况，受害人通常也会谨慎考虑是否对国王提起诉讼。实际上，国王滥用特权往往侵害的是社会整体利益，如国王擅自提高某种税收的数量，受害者是所有纳税人。针对国王这种带有压迫性质的滥用特权行为，人们一般不会采取单独对国王提起诉讼的手段进行反抗，而是会团结起来，运用法律，通过政治斗争的形式迫使国王遵守法律，尊重臣民的传统自由和权利。例如，在对待国王滥用采买特权时英国人民就是这样做的。所谓王室采买权，是指中世纪英国国王享有的一种财政特权，即国王可以下令王廷官吏或各地郡守以低于市场的价格、数量无限制地优先采购王室成员的生活必需品❷。王室的采买权是被英国人民和法律认可的一种古老的习惯权利，这种特权是由"款待权"演变而来的。在古代，英国国王主要靠巡游四方的方式对王国进行统治，国王每到一处，当地人有义务为国王等人提供免费衣食住行，因为在理论上英国土地归国王所有，人们从国王手中获得土地，向国王交租缴税或款待国王被看作自然义务，人们也愿意承担，国王享有的这种权利称为"款待权"。其后，随着地租的货币化，国王将款待义务转化为一种物资供给义务，即国王巡游时之所需通过王室官员采购来满足，但是此种采购具有一定的强制性，要求人们低价供应物资。以低于市场价格采购物资，必然影响到人民的正常收入，如果王室有所节制的话，人们或可容忍，但是随着王室需求量的不断增加，这种采买特权日益成为人民的一种沉重的负担。非但如此，国王采买特权的范围也在不断地向外延伸，除外出巡游外，每逢国王举行大型宴会等庆祝活动，也要使用采买特权；在13世纪末至14世纪中期，国王还运用这一特权为军队采买后勤物资，于是在采买特权的基础上又延伸滋生一种新权力——军事强买权。军事强买权的实质就是将战争的成本通过强制手段赤裸裸地转嫁给普通百姓，在性质上属于擅自扩权、严重违法的不当行为。国王滥用采买权行为进一步加重了人民的负担，并且造成严重不良社会后果，大量底层生产者因此破产、流离失所，同时也使大量的土地抛荒，加剧了采买区的贫困化。因此，对于国王滥用采买特权的行为，人们一直在

❶ 贺卫方.国王在自己的王国可以成为被告吗[N].南方周末,2009-03-26.

❷ 施诚.中世纪英国的军事强买权[J].首都师范大学学报(社会科学版),2006(5).

不停地进行抗争，力图将国王的采买权纳入法律治理的轨道。例如，早在1215年的《大宪章》中人们要求国王遵守习惯法的规定：如果不当场支付现款，或经卖主同意延期付款，国王的城堡守卫官或其下属不得采买任何人的谷物或牲口。在1216年亨利三世重新颁布的《大宪章》中承诺：按照习惯承认的价格当场支付现款。在1297年爱德华一世签署的《宪章确认书》中第一次提出：不经过全国同意，国王的大臣不能以国王的名义在全国采买。在爱德华二世和爱德华三世时期，在人民的压力下，国王要求采买官从便利而且尽量不给臣民造成损失的地方采买。1316年和1335年，国王甚至特别规定了采买的价格。在人们的抗争下，尽管国王不断作出让步，并且摆出尊重法律规定的姿态，但是由于采买特权可以给王室带来巨大的经济效益，因此国王对于采买特权一直迟迟不愿放手。14世纪后，议会成为英国宪政领域一支异军突起的重要力量，成为英国人民和国王特权进行斗争的重要舞台。对于国王滥用采买特权、变相搜刮的行为，议会一直持批评态度，并不断向国王施加政治压力。为约束国王采买行为，英国议会于1362年通过一个法律——《采买官法》，对采买价格协议、采买款支付、限制采买数量、确认采买官的身份和权力等方面都作了具体的规定，这个法律在承认国王采买权的前提下，将采买行为纳入了法律治理的轨道。之后，国王的采买权基本处于较稳定的状态。直到英国内战爆发后，英国国王的这项传统的采买特权才被议会废除。

第三，对国王试图建立个人统治进行阻击。在英国不管国王特权具体是人民授予的还是法律授予的，其目的是相同的：授予国王特权是为了维系社会的安全与稳定，使人们的生命、自由、财产安全等权利获得较好的保障。但由于国王特权的范围是一个非常模糊的概念，这一点常常会被一些国王利用，用来满足自己利益需求，如通过随意将某种产品列为专卖高价出售给某个人从而获得大笔收益。这些滥用经济上特权的行为必将损害人们的利益，当然遭到人民的普遍反对。诸如此类滥用特权的行为尽管很多，也给人们造成了损失，但从性质上论这些行为大多属于违法或不正当行为，尚未对人们构成政治上的压迫，对此，人们也大多通过诉讼等常规法律手段进行解决。但是有些国王并不满足于此，他们力求通过运用特权，特别是政治上的特权建立个人的统治，进一步威胁到人们的人身自由和安全，甚至最终形成了一种政治上的压迫，并引发了英国的宪政危机。每当此时，英国人民定会群起反抗，甚至不惜动用武力迫使国王回到法律的轨道上来。例如，监禁权是最容易被国王滥用于建立个人统治带有压迫性的工具之一。国王作为王国和平的守护者，必须拥有像逮捕、监禁等一些特殊权力，用于处罚那些不遵守法律规定、破坏社会秩序的人。但监禁毕竟是以剥夺或限制被监禁者人身自由为代价的，因此在逻辑上国王的监禁权和臣民的自由之间必然存在矛盾与冲突，为了弥合这种逻辑上的冲突可能对现实造成的冲击，在英国特权理论上产生了国王特权不能侵害臣民合法利益的说法。对此，《大宪章》第39条规定：任何自由人，如未经其同等地位之人并依据这块土地上的法律作出合法裁判，皆不得被逮捕、监禁、剥夺法律保护权、流放，或加以其他任何形式的损害。我们知道，《大宪章》第39条并不是一个新规定，而是对过去习惯做法的重申，表明在约翰登上王位之前英国社会对国王监禁权的使用已经有了明确的规范。1215年《大宪章》之所以要重申此规定，很显然是从约翰国王滥用监禁特权、大肆侵害民众人身自由的行为中吸取了足够的教训。例如，一名叫威廉·得·布劳斯的贵族因为无力支付国王开出的巨额罚金，结果本人遭到流放，妻子和儿子则被监禁致死。自《大宪章》重申了关于监禁权使用的规范以来，其后英国人民继续沿着这条正确的道路前进，并且逐步取得新的进步：一是将本条适用的对象由过去狭隘的自由人扩展到覆盖全体英国人民；二是将同等地位之人审判程序演化为更为科学合理的正当法律程序概念。这些进步在规范国王监禁特权的使用、保护公民的人身自由方面发挥了积极作用，但在中世纪后期仍遇到了严峻的挑战，有的国王企图抛开英国的政治法律传统，寻求建立个人的统治，为了打击和镇压反抗，又开始滥用监禁之权。如1614年，詹姆斯一世因征税问题解散第二届议会，不加以审判，逮捕和监禁了议会中的反对派。1621年议会休会后，詹姆斯一世以同样方式逮捕和监禁柯克与罗伯特·菲利普斯。1626年，查理一世以约翰·埃利奥特、达德利·迪格斯言论攻击白金汉公爵而在议会期间逮捕和监禁二人。据统计，查理一世在17世纪20年代监禁了超过17位拒绝缴纳强制贷款的贵族，其中比较著名的案件是"五骑士"案。1626年，托马斯·达内尔、约翰·科伯特、沃尔特·厄尔、约翰·黑伍宁翰、埃德蒙·汉普顿五人因拒绝缴纳国王的强制借贷而遭到逮捕和监禁，并且当局还拒绝了他们提出的保释申请，理由是监禁是根据国王命令作出的，不是根据普通法的相关规定。这种解释的言外之意是，监禁是基于国王的特权，它的行使不受普通法的干预，因此普通法上的救济措施无效。由于这个案件对英国人民的自由和安全具有重大意义，针对这个案件英国朝野双方展开了激烈的辩论。塞尔顿指出：人民的福利是最高的法律，而人民的自由则又是最大的人民福利，王国的法律不允许未经宣布犯罪理由就监禁人的做法。雷顿指出：《大宪章》中规定的"这款土地上的法律"意味着要监禁一个人必须通过控告程序进行。柯克强调：一个人未经法庭审判不得被监禁，仅凭国王权威或王室命令的拘押行为是非法的，国王要监禁一个人必须借助于他的法官通过司法途径进行。经过辩论，国王的总检察长黑斯接受了监禁应当指明理由的说法，但是仍坚持监禁是国王固有特权的概念，并且他的观念被议会上院所接受。对此，柯克等人进行了反驳，他们认为这种做法会"彻底摧毁宪法的基础"，"任何人都会无一幸免地失去自由"。这场辩论的最终成果是在议会产生了一份具有里程碑意义的宪法性的文件——《权利请愿书》，请愿书再次特别强调：没有阐明理由、未经合法程序，任何人不得被逮捕和监禁。《权利请愿书》虽不属于正式的法律，但是由于其经过了议会两院的审查，并经过查理一世本人的批准，具有巨大的现实意义和深远的历史影响，有学者称为"英国的第二份《大宪章》"，它的精神实质随后在《人身保护法》和《权利法案》中得到比较完整的体现。布莱克斯通在《英国法释义》中对于合法使用监禁权有过系统的阐述，他说："要使监禁合法化，必须经司法法院的诉讼程序，或者是得到某个司法官员的授权。这名司法官员必须具备将某人送入监狱的权力。他的授权必须是由他亲笔写就并加盖印章的书面文件，文件中要表明实行监禁的理由，以备《人身保护令》程序（在必要时）进行审查。"❶

历史上英国国王除了过度使用类似监禁这样的特权为其建立个人统治服务外，还有另外一种更富有效力的方式——利用特权建立一个效忠于自己的机构或者组织，通过这些机构或组织的运作推行个人决策或者打击镇压反抗，但国王本人并不出面，而是躲藏在后面提供有力的支持。中世纪广泛存在的各种特权法庭就在这些机构行列之中。中世纪英国的司法体系构成十分复杂，除了常规性质的三大王室法院之外，在不同的历史时期还存在其他一些具有特殊性质的司法机构，其中包括特权法庭。所谓的特权法庭，是指英国国王根据自己掌握的剩余司法权批准建立的司法机构。在英国，司法权从源头上论来源于王权，三大普通王室法院也是从王室机构分离出来，并逐步获得独立的。三大王室法院虽然源于王权，但是随着其专业化和职业化发展，逐渐摆脱了王权的控制，成为可以独立行

---

❶ 布莱克斯通.英国法释义：第一卷[M].游云庭，等译.上海：上海人民出版社，2006：156.

使审判权力、主持正义的机构，得到了广大英国人民的认可和拥护，因此三大王室法院在英国人民看来非但不是国王施行专制的统治工具，而是一种限制王权、保障民权的重要宪政力量之一。也许正是这些方面的原因，那些倾向于专制的国王便利用自己拥有设立法院的特权建立了一些能够唯命是从的新司法机构，以此来削弱、限制或摆脱三大普通法院的制约，从而为实现个人统治创造条件。中世纪英国存在的具有代表性的特权法庭有衡平法院、星室法院、小额债权法庭、海事法庭和宗教事务高等法庭等。以衡平法院为例，衡平法院的前身为大法官法庭，产生于14世纪。当时由于普通法存在的一些固有弊端导致很多案件得不到救济，国王的司法大臣便以"国王良心守护者"的名义开始受理案件，对那些在普通法院得不到救济的人提供救济。后来随着大法官法庭审理案件的增多，在15世纪获得独立的审判权，形成了衡平法院。应该说在17世纪之前的这一段历史时期，衡平法院虽为特权法院，但一直作为普通法院有益补充的角色存在，发挥了积极作用。但是到了斯图亚特王朝时期，随着王权的膨胀，衡平法院开始转向为王权服务，成为国王忠实的奴仆，并且在国王的支持下开始积极扩张司法权，同普通法院展开了争夺案件管辖权大战。衡平法院扩张司法管辖权常用手法之一是通过鼓励不服普通法院判决的当事人在衡平法院再次提起诉讼。这种做法实质上是把衡平法院设定为普通法院的上级法院，衡平法院可以通过对案件的重新审理推翻普通法院判决。衡平法院之所以有此举动，是因为他们信奉这样一种理论：王权是神圣的，君主就是法律，法官应是国王宝座下的雄狮，衡平法院依据国王特权而建，地位仅次于国王及其枢密院。衡平法院的这套理论迎合了正在谋求个人专制的詹姆斯一世，因此得到王权的大力支持，尽管普通法院以"普通法至上"为由进行了顽强抗争，但是最终功败垂成，国王裁定衡平法在效力上优于普通法。从历史角度看，衡平法院之所以晚节不保，在中世纪晚期沦为王权的奴仆，其深层原因还是在于它是一个特权法庭，始终同王权保持密切联系，没有像普通法院一样从治理的工具转化为一种宪政的力量，因此当王权需要它为自己服务的时候，衡平法院便显示出其本质属性。在英国近代革命中，衡平法院遭到议会的猛烈批评甚至面临废除的危险，但是鉴于衡平法已经体系化，具有不可替代性，衡平法院虽然获得保留，但是其性质发生了根本变化，不再作为特权法庭而存在，19世纪司法改革之后衡平法院最终被合并到普通法院之中。除此之外，特权法庭中沦为国王统治工具的还有一个典型的例子——星室法院。星室法院为亨利七世所创，创立的主要目的是进一步肃清国内的敌对政治力量。这意味着星室法院自诞生起就与政治斗争联系在一起，并不是一个纯粹的司法审判机构，亨利七世本人也的确通过星室法院惩治了那些对他不忠或存有敌意的贵族从而恢复了王国的和平。从星室法院的司法管辖上看，同样也毫不掩饰地反映出其为王权服务的性质：该法院主要受理暴乱等违反统治秩序的犯罪和违反王室公告的案件。例如，在1600年7月，一群青年绅士因为在旅店里吃吃喝喝直至凌晨2点，然后又在街道上游荡以及说一些煽动性的话，结果构成暴乱罪，被迫接受星室法院的惩罚❶。又如，在1598年10月，两个伦敦人在星室法院受到起诉，每人被罚款20英镑。前者是因为私自建造房屋并把其中2间屋子租给2个贫民；后者是因为把一座老房子拆分出租给7个人。他们的行为违反了不得在伦敦新建房屋和出租房屋的王室公告。❷在亨利八世时期，星室法院成为国王推行宗教改革的有力工具。梅特兰认为：在斯图亚特王朝最初两位国王的治下，星室法院变得臭名昭著，以至于没有人怀疑长期议会将其废除是做了一件功德无量的好事。因为它已经变成了一个政治的法庭，一个残忍的法庭，变成了一个拥有神圣权力者依靠重刑强制推行宗教信条和仪式的法庭。在其协助之下，国王实行没有议会的统治，致力于赋予他的公告以议会法令的效力，征收议会下院所拒绝的税收❸。我们认为梅特兰对星室法院的评价是比较中肯的，理由如下：一是星室法院是为王权服务的政治性法庭，因此不可能像普通法庭一样以实现正义为目的，这注定它在审判案件时会将国王的政治利益放在首要位置，即使一些简单的违法行为也会常常被贴上暴乱的标签，从而遭到严厉打击或沉重罚款。例如，在1634年复活节开庭期内，15位伦敦的制皂者被判处罚金、监禁并终身禁止从事该职业，理由是国王要求只能用橄榄油和菜油制皂，而他们使用了鱼油。同年，一位叫作帕默的乡绅被星室法院罚款1000英镑并投进监狱，因为他违背了詹姆斯一世和查理一世发布的要求绅士们只有在伦敦的房子里居住数年才能拥有房子地产权的命令❹。二是星室法院审理案件的程序存在严重瑕疵，大量使用刑讯逼供，并且刑罚比较严酷。例如，在星室法院的审判中仍使用口头程序，检察官仅靠口头指控

❶ CHEYNEY E P .The court of star chamber[J].The American Historical Review, 1913,18(4):727-750.

❷ CHEYNEY E P .The court of star chamber[J].The American Historical Review, 1913,18(4):727-750.

❸ MAITLAND F W, MONTAGUE F C. A sketch of English legal history[M]. New York：G. P. Putnam's Sons, 1915:118-119.

❹ CHEYNEY E P.The court of star chamber[J].The American Historical Review, 1913,18(4):727-750.

就可以将一个人诉至星室法院受审，整个审理过程也缺乏质询和质证等必要程序，这对于被告人显而易见是非常不利的。据统计，在1631—1641年，总检察长就在星室法院提起了175件诉讼，大部分都是涉及违反王室法令的案件，其中40件审结完毕。总检察长在这些案件中采用了口头起诉❶。星室法院的刑罚手段，常见的有四种：监禁、公开承认犯罪、羞辱刑和罚金。其中羞辱刑又大多和肉刑联系在一起，包括割耳刑、枷刑、鞭刑以及把罪犯的耳朵钉在刑具上等。罚金则沦为国王敛财的重要手段，星室法院判处罚金的数额常常远远超出人们的收入，对当事人形成了很沉重的负担。据统计，在1625—1641年星室法院的240件案件中，被判处500英镑以上罚金的案件比例达到了85%。❷这个标准大大超出了人们的收入，当时一个绅士家庭的年收入不过才280英镑，工匠手艺人的年收入则仅为40英镑，过高的罚金导致很多被告因交不起罚金被捕入狱。从上面我们简单列举的几个细节可以看出，无论星室法院在英国历史上曾作出何种有益的举动，它的积极方面总是属于片面性质的，其充当王权推行专制工具的基本面是无可置疑的。它的存在和它的所作所为与普通法所秉持的"王权有限"或"王在法下"的理念是背道而驰的，因此普通法律职业者对于星室法院一直保持强烈的反对态度。在反对詹姆斯一世和查理一世专制的斗争中，普通法院法官和律师始终同议会下院站在一起，以普通法理论作为论据对星室法院等特权法庭进行了猛烈抨击，最终推动议会废除了星室法院等特权法庭，将其司法管辖权转入普通法庭，此举不啻为对专职王权进行了致命一击。

（二）普通法对政府权力的限制

在中世纪，国家的行政大权主要掌握在国王手中，很多权力是以国王特权性质存在的，因此普通法对行政大权的约束主要体现在对国王特权的监督上。但从总体上看，这种监督没有形成体系，更没有在宪政制度上形成固定的模式，而且在监督王权行使的过程当中，始终存在一道政治体制上的障碍，或者说是逻辑上的悖论：一方面包括议员、司法官等在内的英国大众不得不承认英国国王在政治上的至尊性，认为国王的行为不受任何人约束，只有上帝才能惩罚国王；但在另一方面对国王的行为和作出的决定常常持反对态度，在一定程度上损害了国王的权威。英国人对王权的这种矛盾的心态在布拉克顿论王权中得到了典型的体现。

---

❶ 刘君.星宫法院研究[D].上海：华东政法大学，2006：32.

❷ BATHO G R. The payment and mitigation of a star chamber fine[J]. The Historical Journal，1958，1(1)：40-51.

特别是在 17 世纪爆发的内战中，英国人民将专制国王查理一世送上了断头台，在历史上这是对王权至尊性最严厉的一次打击，但是后果并没有大家预想的那样美好，护国主克伦威尔的统治甚至比查理一世更专制。经过这段无国王统治的体验之后，英国人最终决定重新恢复国王的统治，将在外国流亡的查理二世拥戴为王。这段历史经历表明，在英国的政治模式中，国王仍是不可或缺的一部分。为了保持国王的尊严——尽管可能是表面上的，避免再次陷入这种逻辑上的悖论，在英国逐渐形成了"国王不能为非"的理论，其核心要旨是国王是正义的源泉，永远是正确的，不可能犯错误；即使国王有错，也不能怪罪国王，一定是国王的大臣向国王提供了不正确的建议，因此大臣必须对此负责。这种理论巧妙地避开了监督机构和王权之间的正面冲突，既保存了国王的颜面，同时仍没有放松对王权的监督。但监督的形式已经发生了变化，普通法对行政权力的监督重点由王权转向大臣的执行权，特别是光荣革命之后，国王沦为虚君，再无监督的必要，掌握行政大权的内阁大臣自然成为普通法监督的重点。普通法对政府行政大权的运行进行监督的重要手段是司法审查。

英国普通法上的司法审查是指"高等法院根据它对下级法院和行政机关所具有的传统的监督权，对后两者的行为的合法性进行审查"❶。众所周知，中世纪英国的司法组织并不是一个自下而上逻辑结构体系清晰的体系，地方法院和中央法院之间不存在上下级法律关系，那种不服下级法院判决再向上级法院提起上诉的情况直到 19 世纪司法改革才得以实现。但是这并不意味着英国的中央法院和地方法院之间没有任何联系，基于王权产生的中央法院负有在整个王国实现正义的责任，因为王权是正义的源泉，因此当地方法院不能主持正义的时候，国王的法院可以进行干预，前提是原告获得在王室法院起诉的令状。王室法院受理案件之后，会通过发布调卷令、禁制令、人身保护令等方式对当事人进行救济。王室法院的这种干预形成了对地方法院的监督机制，同理在中央法院之间，居于首位的王座法院也可以通过这些手段对其他中央法院进行监督。王室法院对行政机关的监督权正是由此而来，王室法院通过逐步将用于监督地方法院的手段适用在行政机关上建立了对行政机关的监督权，从而为司法审查奠定了基础。英国的司法审查制度真正确立于 17 世纪，是在普通法与王权矛盾斗争最激烈的时候产生的。学界一般把"博纳姆医生诉皇家医师学院"案件作为司法审查产生的标志性案

---

❶ 王名扬.英国行政法[M].北京:中国政法大学出版社,1987:149.

件。本案中博纳姆医生因为无照行医被伦敦皇家医师学院罚款、监禁，博纳姆医生以错误监禁为由向柯克主持的普通民事法院需求司法救济。普通民事法院受理案件之后，向皇家医师学院发出人身保护令，并最终判决博纳姆医生胜诉。由于皇家医师学院在法律上获得授予医生行医执照的权力，它是以行政机关的名义行使这一权力，由此本案开启了法院通过发布令状监督行政机构的先河。作为主审此案的法官柯克爵士曾系统地阐述了本案判决的理由，柯克认为依照普通法皇家医师学院没有监禁博纳姆医生的权力，即使它有这样的权力也没有正确行使，违背了普通法上一条重要的原则：一个人不能成为自己案件的法官。换言之，在柯克眼里皇家医师学院既构成了法律上的越权，也背离了程序正义的要求，其行为从头到脚都是不合法的，因此应当败诉。除了博纳姆医生诉皇家医师学院案件外，柯克还曾对下水道委员会的职权发起挑战，下水道委员会同皇家医师学院一样是一个获得法律授权的机构，负责征收税款维护城市下水道等设施，有点类似于今天的公共事业局。由于其不断扩大管辖范围，将原本不属于其管理的维修事务揽到名下，并以此为由增加税收，结果引发人民的反抗，下水道委员会则利用职权对抗税者实施监禁。柯克主持下的王座法院经审理后裁定：下水道委员会的监禁无效。在这些案件中，尽管柯克没有明确提出司法审查的概念，但其言行当中已经隐喻了司法审查的含义，正如美国行政法大家雅弗所指出，当柯克裁定发布令状时，"似乎存在这样的一个假设，即普通法法院本来有权审查行政官员行为之有效性"❶。美国另一位著名宪法学者考文教授则直言不讳地指出："他（柯克）在博纳姆案中的'附论'提供了一种语辞形式，这种语辞形式最终经过一大批法官、评论者和律师，在不考虑柯克其他思想的情况下，进行专门阐释，从而成为司法审查概念最重要的一个源泉。"❷继柯克之后，英国另一位法官霍尔特通过审理一系列案件对英国司法审查理论进行了较为系统的阐述。在格罗思维特诉布威一案中，霍尔特指出当行政机关超越其管辖权时，法院有权根据普通法发布调卷令进行审查，任何机关都不得企图逃避国王之王座法院的监督。在国王诉格拉莫干郡居民一案中，霍尔特继续重申：法院可以对任何管辖权的行使发布调卷令和执行令。从霍尔特法官的论述看，英国法院已经对行政权建立起了一种监督权，当行政机关行使权力不合法时法院可以进行干预，直至宣布行政行为无效，

❶ JAFFE L L. The right to judicial review[J]. Harvard Law Review, 1958, 71(3):401-437.

❷ 考文.美国宪法的"高级法"背景[M].强世功,译.北京:生活·读书·新知三联书店,1996:57-58.

而法院对行政机关进行监督和干预的依据是来自普通法的规定。学界通常把这种司法审查的模式称为"普通法模式"。

在普通法模式下，司法审查的基础是普通法，而不是议会立法。我们知道，英国的司法审查除了普通法模式之外，还存在另一种司法审查的模式——越权无效模式，在越权无效模式下，司法审查的基础是制定法，即议会的立法。这两种司法审查的模式在实践中都获得应用，从而使英国的司法审查呈现一种复杂的局面，这两种模式各有利弊，在学界也各有拥趸，因此引发了学术上的争论。鉴于本书主旨所在，我们探讨的重点是普通法模式司法审查，但也会兼顾越权无效模式，因为这两种模式都是普通法院监督、约束行政机关的重要手段。在普通法模式下，法院对行政权力的监督大约经历以下三个历史阶段。

第一个历史阶段为司法审查萌芽与初创时期，时间为英国的中世纪时代。在中世纪早期产生的《大宪章》奠定了普通法作为司法审查的基础，在《大宪章》中人民要求国王遵守"这块土地上的法律"，就是指普通法。可见《大宪章》作为第一个宪法性文件，奠定了英国一个重要的法治传统：普通法至上。其后随着普通法院的职业化和日益独立，中央普通法院依靠普通法的这种崇高地位形成了对下级法院和行政机构的监督。在中世纪中后期，地方主要的统治机构是治安法院，而治安法院是一个综合行使司法审判和行政管理权的机构，从司法这个系统上论，中央法院已经建立起对地方法院的审判监督权，可以通过调卷令等方式将案件的管辖权收到自己名下。后来，中央法院将这种监督权不露声色地扩展到治安法院所有管辖的事务，包括行政事务在内，逐渐建立起对地方政府的监督权。由于这种监督对国王有利，因此并没有引起国王的警觉与反对。中央法院对中央层级行政机构监督权的建立从时间上论要稍晚一些，其正式形成于17世纪普通法院与专制王权的斗争过程，是柯克、霍尔特等法官通过审理诸如博纳姆医生诉皇家医师学院等案件逐步建立起来的。在这一阶段，法院对行政机关进行的司法审查的主要依据是一种相对模糊的普通法传统，还未形成清晰明确的具体原则。例如，在博纳姆医生诉皇家医师学院一案中，柯克所主张的审查依据是较为抽象的"正义"观念：依据普通法一个人不能成为自己案件的法官，因为这有悖于程序正义，或者自然公正原则。而霍尔特法官所持的任何管辖权都要受法院监督的观念同样来自《大宪章》精神。总体上看，这一时期的司法审查虽然已经开始形成，但是限于英国的政治格局还是封建性的，缺乏宪政体制支撑的司法审查难以牢固确立起来，因此不应对司法机关通过司法审查对行政权力进行监督的效果抱有过高的期望。

第二个历史阶段是司法审查的正式确立与完善时期，历史跨度为大约是从光荣革命到19世纪这一段时期。英国经过光荣革命建立了宪政体制，议会成为最高权力机构，司法获得独立，行政权力转为由内阁行使。分权——尽管是一种模糊不清晰的分权——已经初步形成，为司法审查奠定了政治基础。这一时期司法审查出现了重大变化，法院对行政机关进行司法审查的主要模式由普通法模式转为越权无效模式，普通法模式处于次要的位置。变化的主要原因有三：一是议会主权的建立，使议会立法的地位大大提高，高于普通法。二是现代政府机构的建立大多是根据议会立法成立的，在逻辑上它首先应对议会立法负责。三是在这一历史时期法官相对比较保守，司法创造的意愿不强。在这些因素的影响下，法院对行政机关的监督主要采用议会立法作为依据，即重点审查行政机关是否按照议会立法授予的权限进行运作，如果行政机构超越议会立法授予的权限即构成了司法审查的理由。法院对行政机关的这种司法审查模式，被学界称为"越权无效模式"，其依据的主要原则"越权无效"自然成为英国行政法的核心原则。越权无效原则起初的定义较为狭窄，仅指行政机构的管辖权，根据这一定义，当行政机构在其职权范围内行事，无论对错，法院无权对其进行司法审查。这种狭隘的定义致使很多受行政机构侵权的当事人无法获得司法机构的救济，这显然有悖于司法审查的主要目的——保护权利。为纠正上述弊端，司法机构对越权原则进行扩大解释，将权限不仅理解为管辖权，而且还包括了议会立法规定的使用权力的各种法定条件。这意味着即使行政机关没有超越管辖权，但是在行使权力时违背了立法规定的任何一个条件，都可以构成司法审查的理由。例如，在安提克诉卡灵顿（1765年）一案中，卡灵顿等四人凭借枢密院大臣哈里法克斯的手令进入原告安提克的家中进行搜查，取走安提克的出版物品，并将其拘捕。首席法官坎姆顿勋爵审理了此案，最后判决原告胜诉，责令卡灵顿等四人给予安提克惩戒性赔偿。根据坎姆顿法官，此案判决的主要依据是：法院认定枢密院大臣哈里法克斯签署的手令没有经过法定程序，是无效的。从法院的判决理由看，枢密院大臣哈里法克斯签发搜查拘捕手令的行为并没有超越权限，但是其签发手令的程序不符合法律规定的条件，因此也构成了行政法上的"越权无效"。总体上看，这一阶段虽然司法审查的模式以制定法上的"越权无效"模式为主，但是普通法模式仍在发挥其作用，主要表现在两个方面：一是对于不是由议会立法授权的那些行政机构，或者说是根据普通法授权的那些机构，普通法仍是审查的主要依据；二是对于制定法没有涉及的方面，法院将用普通法作为审查的标准。"在巴克案件（Barker）中，曼斯菲尔德法官（Mansfield）仍然使用抽象的正义概念去弥补制定法的不足。甚至到了19世纪，当法官们频繁引用议会意图来证明司法审查的正当性的时候，仍然有法官在若干著名案件中声称，普通法填补了制定法的缺憾。"❶

　　第三个历史阶段，进入20世纪之后英国司法审查进入相对成熟时期并迎来新的发展机遇。这一时期，基于制定法的越权无效模式继续发挥作用，同时普通法上司法审查处于活跃的状态。进入20世纪，尽管越权无效模式受到越来越多的质疑，但目前仍是英国行政法的核心原则。越权无效模式之所以受到质疑，是因为这一模式随着社会的发展呈现出一定的局限性。奥利弗教授曾于1987年发表了一篇题为《越权无效是行政法的基本原则吗？》的论文对越权无效模式提出质疑，他的基本观点是：越权原则已经不能涵盖行政法的所有领域，称为基本原则已经名不副实。的确，在现代社会中除了议会授权建立的公共机构外，还存在大量未经议会授权但是实质上行使公共权力的新型机构，如工会、商会这样的部门或机构，也有人将这样的部门称为介入政府部门和企业之间的第三部门。如果这些机构在履行职权时侵害公民的合法权益，很显然构不成制定法上的越权无效，法院将没有办法通过司法审查对受害人进行救济。正是因为制定法上的越权无效原则存在这种局限性，为普通法上的司法审查进一步向前发展预留了空间。在20世纪，普通法院的法官们积极进行司法创造，创造性地发展出一系列普通法上的审查原则，解决了很多疑难案件，很好地保护了公民的合法权利。例如，在内格尔诉费尔顿一案中，原告内格尔多次向英国赛马会申请执照，均遭拒绝，理由是内格尔是女性。内格尔于是将赛马会和其董事告上法庭，要求赛马会发给执照。受理案件的一审法庭以赛马会与原告之间不存在契约关系为由撤销了内格尔的诉状。内格尔不服判决将案件诉至上诉法院。上诉法院主审法官丹宁勋爵主审了此案，丹宁认为赛马会是一家在一项重要活动中拥有庞大权力的机构，如果这个机构滥用权力，法庭应当予以纠正。丹宁进一步阐述了其中的原理，他说："几个世纪以来，英国普通法承认一个人在自己的行业当中有工作的权利，不受

❶ 何海波.越权无效是行政法的基本原则吗？英国学界一场未息的争论[J].中外法学.2005（4）.

不公平的排斥。在他的行业中操管理权的人不可以凭一时的兴致阻挡他入行。如果他们立例专横地、轻率地、不合理地拒绝他的入行申请，这条规例就是一条不良规例。它违反公共政策、法庭不会承认它的效力。"❶据此，丹宁法官认为如果内格尔所提证据属实，她就有权向法庭要求通过颁布宣告令或禁制令进行救济。此案最终以上诉法院作出了对原告有利的判决而告终。从这一案件中我们可以获得很多信息。首先，一审法庭之所以判决撤销原告的起诉，主要原因是法庭对赛马会这个机构的定性不准，它显然没有把赛马会视为一个具有公共性质的机构，所以法庭把当事人之间的关系视为一种合同关系，而不是按照行政法律关系对待的。但在上诉法院，丹宁法官将赛马会视为一个行使某一方面公共管理职权的机构，将赛马会拒绝授予原告执照的做法视为一种行政行为。一审法院固守的是一种旧观念，丹宁法官则与时俱进，倡导的是一种新观念，相比之下，新观念更具有合理性。其次，我们可以看到丹宁在审查赛马会行为是否合法时，参考的依据是普通法的有关规定，而不是议会的立法，因此本案应属于普通法上的司法审查。非但如此，丹宁法官通过审理本案进一步发展了普通法模式的审查标准，本案中丹宁法官在评价行政行为时使用了"合理"这个术语，这意味着普通上的司法审查，除了原有的"正义""合法"标准之外，又发展形成了"合理"的标准。此外，尽管没有详加阐述，丹宁法官还提出了"公共政策"的标准，这些都体现了普通法模式司法审查在20世纪取得的新进展。对于普通法模式下的司法审查的创新，得到了英国社会的广泛认可，就连越权无效原则的创始人韦德对此也给予肯定的评价："不是由行政机关来决定他们愿意容忍司法约束到什么程度，而应当由法官来决定他们能够容忍行政滥用职权到什么程度。这是宪法赋予法官的角色之一。当他们扮演这个角色时，不要指责他们，不要非议什么法官的统治。"❷普通法模式的倡导者牛津大学克雷格教授认为：普通法模式准确地把握住了过去350年来司法的逻辑，更好地阐述了民主宪政下司法与立法机关之间的关系。虽然在传统的主权概念下，立法能够最终限制司法审查，但这一事实并不意味着司法判决的合法性必须由立法意图来证明，特别是在立法意图欠缺的情况下。宪法赋予议会一个角色，它同样赋予法院一个角色。❸

❶ 黄金鸿.英国人权60案[M].北京：中国政法大学出版社，2011：291.

❷ WADE W. Constitutional fundamentals[M]. London：Stevens，1980：70.

❸ 何海波.越权无效是行政法的基本原则吗？英国学界一场未息的争论[J].中外法学.2005(4).

二、普通法对议会权力的限制

(一)英国议会主权的确立

英国议会素有"议会之母"的称号，自1295年英国模范议会开始，议会就作为一种新型政治实体登上了英国历史舞台。在中世纪，英国议会的性质比较单一，其主要职能是讨论征税问题，言外之意是只有国王感到财政吃紧的时候才会想起召开议会，因为在英国按照古老的传统征税须经过全国人民的同意，否则便是非法的，人民有权进行反抗。对于国王来说，召开议会唯一的目的是征税，并不想涉及其他政治问题，但是参加议会的议员们显然并不甘心仅仅充当掏腰包的角色，他们通常会十分珍惜这次来之不易向国王"发难"的机会，提出各种令国王感到头疼的问题。由此国王对于议会的态度可想而知，只要财政上过得去坚决避免召开议会。可见，中世纪的议会仍是受国王控制的一个政治组织，议会的召开与否和议会讨论的议题均由国王决定，并且国王随时可以解散议会。但议会毕竟不同于听命于国王的王室政府机构，它在政治利益上的诉求恰恰和国王相反，这为议会和王权的冲突埋下了伏笔。在斯图亚特王朝统治时期，两者之间的矛盾开始酝酿发酵，并最终演变成一场内战。经过几个世纪的发展，英国议会的能量和政治影响力逐渐扩大，在英国政治舞台上的分量越来越重，就连都铎王朝伊丽莎白一世这样有威望的国王在和议会打交道时也不得不给予相当程度的尊重。但是来自苏格兰的斯图亚特王朝詹姆斯一世，既不知议会为何物，更一心谋求建立个人专制，因此同议会之间不断产生矛盾与摩擦。到了查理一世治下，国王和议会之间的矛盾与摩擦不断加深，甚至到了无法调和的地步，最终引发了国王和议会之间的军事对抗，最终冲突以国王被判处死刑而告结束。这场冲突对英国王权形成了沉重打击，自此以后英国议会在政治上处于有利地位。1649年1月，当议会彻底战胜国王时，议会通过决议说："在上帝之下，人民是一切正当权力的来源；在议会里集会的英国下议院是人民选出并代表人民的，在本国有最高的权力……"❶内战结束后，随着克伦威尔统治的终结，英国人民虽然恢复了王室统治，但是国王的权势和地位早已风光不再，国王的统治必须接受议会的监督。复辟之后登上王位的詹姆斯二世就是因为违反王国的基本宪法，被议会宣布退位的。之后，英国议会从荷兰迎来了威廉和玛丽，通过不流血的形式完成了政治革

---

❶ 阿·莱·莫尔顿.人民的英国史[M].上海：上海三联书店，1976：336.

命，建立了君主立宪政治体制。根据英国的立宪政体，国王虽依然为国家元首，但是已不掌实权，其中行政权交由内阁行使，司法权归法院掌握，立法权则掌握在议会手中。在这三个重要的权力机构中，议会处于主导地位，内阁由议会产生，须对议会负责，只有获得议会信任，才能继续执政，否则必须解散。议会同样对法院拥有监督权，法官虽然不是议会选举或任命产生，但是法官的解职之权掌握在议会手中；议会对法院的主导还体现在议会的立法效力胜过法院的判例，法院的判例不得同议会立法相冲突。鉴于议会在英国政治体制中所处的地位，所以"议会主权"原则被戴雪称为"英吉利政治制度所有主要特性"，被著名宪法学者詹宁斯称为"英国宪法的主导特征"。布莱克斯通则对其作了以下概括：简短来讲，议会可做任何可能的事情，而对于议会所做的，地球上没有任何权威可以挑战❶。丹宁勋爵曾将议会主权的含义概括为四点内容：①议会是英国最高立法机关，只有议会有权制定法律；②议会拥有最高权威，并且议会的立法范围不应有任何限制，议会能制定它想制定的任何法律；③任何一届议会的立法都不能限制将来任何一届议会的立法权；④法院必须遵循议会制定的法律，任何法院都无权损害或限制议会的立法权。❷

（二）普通法与议会的关系

普通法是英国于12世纪开始形成的一套不成文的法律体系，它的缔造者是王室法院的法官们。英国议会是在13世纪形成的一个政治性机构，这个机构成立的主要目的是解决征税问题，后来逐渐发展成为具有民主性质的代议机构。从议会产生的源头看，可以追溯到《大宪章》，依据《大宪章》贵族可以成立一个由25人组成的委员会监督国王的统治，如果国王的行为违背《大宪章》的约定，委员会可以号召全国人民进行反抗。国王违背《大宪章》的行为，实际上就是违背普通法，因为《大宪章》的内容基本上来源于普通法。从这个视角看，早期议会还有维护普通法的作用，就此议会和普通法之间的关系得以奠定基础。其后，随着议会的逐渐强大，在英国政治体制中的分量越来越重，不可避免地同王权发生各种冲突。在这场具有宪政性质的冲突过程当中，普通法和议会结成了联盟，共同抵抗追求专制的王权。普通法院在议会的支持下，逐步走向司法独立；在议会与国王的辩论中，普通法则不自觉地充当了批判王权的理论武器。总之，在中

❶ BLACKSTONE W. Commentaries on the laws of England[M]. 4th ed. Dublin: Printed for J. Exshaw,1771:161.
❷ 褚江丽.英国宪法中的议会主权和法律主治思想探析[J].河北法学,2010(9).

世纪，普通法和议会之间保持的是一种合作关系。光荣革命之后，英国确立了议会主权的政治体制，议会成为握有立法大权的最高权力机构。作为立法机构的议会，开始真正行使立法职能，制定了大量法律。这样一来，在英国的立法体系中，存在两个并列的立法源，一是普通法院通过法官的判例继续发展普通法；二是议会，还有受议会委托的机构源源不断地起草和公布各种成文法律。依据议会主权原则，议会的立法效力要高于普通法，并且明确要求法官在审理案件中应当优先适用议会立法。从事物发展的客观规律上论，这种二元化的立法机制在逻辑上必然存在冲突的可能性，更何况英国过去长久以来一直奉行的是普通法至上的传统，这种传统和议会主权原则之间并没有完全相融，在宪政层面始终存在着某种张力。表面上看，英国好像从未在这方面发生激烈冲突，但在平静的表象下，普通法对议会主权的质疑从未完全中断过，普通法的品质注定它绝不承认任何不受法律约束的独断性权力存在。虽然直到今天，英国仍奉行的是议会主权的政治体制，但是这种理论的根基因不断地受到普通法和其他理论的冲刷而开始出现动摇。

（三）普通法制约议会的思想基础

英国虽然确立了议会主权的政治体制，但这并不代表议会是一个绝对的权力机关，因为绝对的权力必然导致专制，如果议会的权力不受任何监督，那么英国就极有可能由国王的个人专制转化为议会的一个机构的专政。这种情况没有在英国发生，表明议会作为最高权力机构其权力的运作还是受到一定的监督和制约，其中就有来自普通法的监督和约束。而普通法之所以能够对议会形成监督与制约，主要原因是普通法在漫长历史过程中形成的一些得到全体英国人认可的法治传统和精神。在英国，任何机构或个人如背离了这些传统和精神，将遭到人民的集体反对或群起攻之，历史证明无论多么强大的权力在人民的集体反对下都将不复存在，我们认为这是英国普通法敢于并且能够监督其他权力最根本原因之所在。普通法具有的这些传统和精神主要体现在以下几个方面。

第一，法律至上的观念。在英国，人们普遍认为法律起源于历时悠久的习惯法，而习惯法又被看作英国人集体生活智慧和经验的结晶，是一种理性法。国家形成之后，作为一国之君的国王也没有创制法律的权力，他必须按照已有的法律进行统治。当国王违背法律进行统治的时候，国王的地位便会受到质疑，甚至被否定，由此在英国形成"王在法下""法律至上"的政治法律传统。英国的这种法律传统并没有随着社会的变迁而中断，时代变化了，但是原理没有变化，在英国社会形成了"英国人受法律的统治而且只受法律的统治"的法治模式，只不过接受监督的对象过去是封建国王，现在是议会等权力机构。即使大力主张"议会主权"的戴雪也不得不承认，议会主权绝不是绝对无限的。在英国的宪政模式中，除了议会主权原则之外，还有一个重要的原则——"法律主治"原则，而这一原则本身就包含了"法律至上"的思想。在戴雪看来，法律主治意味着法律在治理国家中具有"至尊性"，法律不仅约束被统治者，同时也约束统治者，不允许任何人站在法律之上或在法律之外，法律面前没有特权。行文至此，我们发现在戴雪的宪法理论中存在两个至尊性，一是议会地位的至尊性；二是法律地位的至尊性。这两个至尊性常常令人感到困惑，因为至尊性意味着唯一性，两个并列至尊性岂不自相矛盾？我们认为，戴雪是在两个维度上使用至尊性这个评价用语的，并不矛盾。议会地位的至尊性是从国家权力机构地位高低这个维度出发的，强调议会与内阁、法院等机构相比具有不可挑战的权威性；法律地位的至尊性是从国家治理模式这个维度提出的，强调法律在国家治理中的权威性和至上性。如果非得将两个至尊性相提并论的话，我们认为戴雪的观念是：法律主治下的议会主权，表明议会仍受法律的控制。具体地说，议会既受它自己制定法律的限制，同时也受普通法律的限制。

第二，权力有限的观念。有限的权力，既指权力在量上的有限性，也指权力在质上的受约束性。英国议会作为国家最高权力机关，其地位是至高无上的，但并不代表其权力是绝对的和不受限制的。从客观上论，绝对和不受限制的权力是不存在的，即使古代东方国家皇帝所掌控的权力也不是绝对的，更何况作为近现代社会民主化产物的议会又怎么可能拥有无限的权力呢？从这层意义上看，但凡权力一定存在相应的约束，这是一条自然规律，只不过有的权力约束松一些，有的权力约束紧一些，有的权力则被关进了笼子。英国社会的主流思想观念从源头上论，毫无例外继承的是古希腊、罗马的政治文明。我们知道，在古希腊、罗马留给后世的政治和思想遗产中，权力有限是重要的一部分内容。在古希腊的城邦国家中，统治者是经过城邦公民选举产生的，他拥有的政治权力是有限的，并且受到很强的监督。在罗马共和国甚至罗马帝国时期，皇帝的权力也是有限的，元老院等机构拥有重要权力对皇帝形成强有力的制约。古代希腊、罗马文明是西方世界政治文明的源头活水，即使在黑暗的中世纪，文明的火种也没有熄灭。到了近现代革命时期，文明的火种开始熊熊燃烧，照亮整个西方世界。英国在中世纪没有经历过欧陆国家普遍存在的专制统治时期，因此与这些国家相比，英国更好地保存和继承了古希腊、罗马的政治文明。在中世纪人们信奉权力有限原则，因此一直同王权进行斗争，施加适当的约束，最终用《大宪章》给王权戴上了锁链。17世纪英国著名的思想家洛克在其名著《政府论》中系统地提出了权力有限的主张。权力有限的思想由英国思想家最早提出，这绝不是偶然现象，也不是洛克凭空苦想得来的，其思想根源来自对英国政治实践经验的总结与升华，换言之洛克是英国政治文明的阐述人。在洛克看来，立法权在国家权力结构中处于最高地位，但最高权力不等于不受限制、可恣意行使的权力，而是受限制的权力，这些限制包括：不可以临时的专断命令来进行统治；不可用绝对的专断权力或不以确定的、经常有效的法律来进行统治；未经本人同意，不能取去任何财产的任何部分❶。由此可见，权力有限的思想在英国具有极为深厚的历史基础，它早已内化为民族性格体现在每个英国人身上。在这种社会背景下，即使拥有至尊地位的议会也不可能享有不受限制的权力。

（四）普通法约束议会权力的措施

议会的权力是有限的，在英国不仅在理论上是成立的，在社会实践中也得到了落实。作为立法权之外其他两大权力的行政权和司法权，都从不同的角度对立法权进行制衡和限制。普通法作为一套法律体系，它本身是静态的，不可能自动运行，因此普通法对议会权力进行制约主要通过普通法院的司法审判活动具体操作实施。我们知道，在同属普通法系的美国，其联邦最高法院具有违宪审查的权力，可以公开挑战国会的立法权威，宣布国会的某项立法无效。美国联邦最高法院之所以具有这样的权威，得益于美国宪政体制的构造，美国是典型三权分立的国家，立法、行政和司法机构三足鼎立，相互之间是平等与制衡的关系，再加上美国有成文宪法作为联邦最高法院行使违宪审查权的靠山。但英国的宪政体制构造比较复杂，议会的地位高于司法和行政机构，英国最高法院不可能公开挑战议会的权威——这有悖于议会主权的原则。更何况英国不存在一部成文宪法，法院没有对议会立法进行违宪审查的明确依据。因此，英国法院对议会权力的制约不可能采取美国的方式，只能走自己的路。总体上，英国法院对议会权力的限制是在尊重议会主权原则下，通过各种技术性手段，以不张扬的方式进行的。

❶ 洛克.政府论:下[M].叶启芳,瞿菊农,译.北京:商务印书馆,1964:82-86.

1.普通法院对议会特权的限制

议会作为一个历史悠久的权力机构，是在中世纪的土壤中发育成长起来的。在其发展过程中，为了抵抗外来的干预、保护自身的利益，通过不断的斗争为自己争取了一些特权。特权在中世纪是一个广泛存在的事物，各行各业、不同的城市，还有个人都有获得某些特权的可能性，因此议会拥有自己的特权并不令人感到意外，是一件比较合理的事情。例如，为了保证议员在议会畅所欲言，不因为其言论而获罪，议会的特权中就有保障议员言论自由的内容。英国学者伊恩·罗兰认为：议会特权早在1450年就在议会中取得一种连贯的形式，从那时起议长就在每届议会召开时向国王宣称下议院享有古老的权利和特权❶。一般来说，英国议会拥有以下几种主要特权：①免受民事拘禁权；②言论自由；③觐见君主权；④内部程序性权利，如决定议事程序、开除议员等权利；⑤对侵犯或藐视议会特权者的惩治权。在早期议会运用特权的主要目的是进行自保，确保议会能够在不受外界干预的情况下正常召开，确保参加会议议员们的人身安全和其他合法权益。因为议会在政治上和王权之间经常处于紧张的状态，大多数国王不喜欢议会，高明的国王如伊丽莎白一世等会谨慎地同议会保持合作关系，那些比较自大的国王则直接对议会持敌对态度，长期不召开议会，即使迫于无奈召开议会，也会想方设法进行控制和干预，甚至对敢于反抗的议员使用武力。在这种情况下，议会必须进行抗争，否则将面临名存实亡的危险。在不断的抗争过程当中，议会迫使国王承认某些要求，这些要求久而久之就发展成为不可动摇的特权。以言论自由权利为例，早期议员们在议会的发言是异常谨慎的，担心祸从口出，因言获罪。这样势必影响议会开会的效果，因为早期议会就是一个言论机构，通过借助舆论对国王进行施压，如果大家三缄其口，不敢仗义执言，议会早晚将会沦为王权的附庸。例如，1512年下议院议员理查·斯特罗德经过调查后在议会上提出了一项针对达特茅斯地区锡矿开采进行法律上规范的议案，结果他被锡矿区法院判处了监禁，理由是：他在议会里提了一个不好的建议。这件事情切中议会要害，深深地刺痛了议员们的神经，议员们不得不奋起反抗，在议会通过一项重要法案——《斯特罗德法》，要求国王："不仅承认了议会实际上已经拥有的特权，并且还要在未来保护上下议院的人们，不会因他们的言论而遭到法庭质询。"在1541年，议长在会议开始时已经在援引这项法案，"将言论自由列为平民向国王

❶ LOVELAND I. Constitutional law: a critical introduction [M]. 2nd ed. London: Butterworths, 2000:212.

请求的、古已有之且毋庸置疑的权利和特权，自此，议长在开会时主张该权利即成惯例"❶。

　　光荣革命议会主权原则确立之后，议会成为最高权力机关，已无须为自保而担忧。但是权力属性的另一张面孔开始显现，议会的特权意识开始由收敛状态逐步走向膨胀，一方面积极寻求扩张特权的范围；另一方面滥用特权的现象逐渐增多，并且在这些事件的处理当中议会表现出了专权倾向，极力排除司法机关的干预。议会的这些举动，英国人民当然看在眼里，并产生了警觉，大家开始思考诸如"议会究竟有哪些特权？谁有权决定议会特权的范围？议会特权和普通法之间是什么关系？"等问题，这些问题的提出本身就构成了对议会特权的质疑，当然由于这些问题关系重大，涉及英国宪政的精髓，到目前为止仍没有清晰明确的答案。英国司法机关对议会特权的态度一直比较暧昧，并且也处于不断变化和调整当中，但有一点是肯定的，司法机关反对议会滥用已有的特权和扩张新的特权。近代早期法院对议会特权采取有意避让的立场，一般情况下不会对确定的议会特权提出质疑，也不会干预议会内部事务的管理。正如斯蒂芬法官在布雷德罗诉戈塞一案中所言：要遵循的是下议院在涉及内部自身议事活动的调整上享有解释成文法的排他性权力；并且，即使这种解释是错误的，法院也没有权力直接或间接地干预它❷。斯蒂芬法官的观点具有一定的代表性，反映了法官在处理涉及议会特权案件时所持有的保守心态，这种心态在法官群体中具有相当的普遍性。但也有部分法官心态比较开放，敢于对议会特权提出批评，甚至将之适用于自己审理的案件。在1701年肯特郡请愿者扣押事件中，议会以请愿行为对议会形成诽谤侮辱和对议会特权形成挑战为名监禁了来自肯特郡的四名请愿者。霍尔特法官就对议会监禁请愿者的行为提出了质疑，他认为：向议会进行请愿是英国民众固有的权利，下议院监禁请愿者的行为侵犯了人民的请愿权，也违反了自然法。退一步说，即使民众的请愿是非法的，议会也没有权力管辖，这有悖于古老的自然公正原则，下议院以特权之名监禁请愿者是篡夺法院司法权的表现。在1703年艾什比一案中，霍尔特法官再次向议会特权发起了挑战。本案中艾什比因为在议员选举中被取消投票权将地方长官告上法庭，结果一审法庭以原告没有救济权为由驳回起诉。尽管一审法院没有受理原告的起诉，但是议会仍对原告将此事提交司

---

❶ 孙骁骥.英国议会往事：议会不是一天开成的[M].北京：中国法制出版社，2011：62.

❷ Bradlaugh v Cossett（1883-84）L.R.12QBD.271.

法解决大为不满，因为在议会看来议员选举属于议会内部管理事务，只有议会有管辖权，原告诉诸司法的行为构成了对议会的藐视。霍尔特法官就这个案件发表意见认为：原告拥有选举权，在性质上属于一种实体性权利，当其受到侵害时法院应当提供救济。如果当事人选择向法院提起诉讼，就必须由法院来管辖。本案的最后结果是以艾什比通过上诉到上议院获得胜诉，上议院在判决中否决了下议院享有一切关于选举事项专属权力的主张，并且明确法院有审查议会特权是否存在的权力。通过这两个还有其他相关案件，霍尔特法官除了表明立场之外，还向我们揭示了英国宪政体制中存在的一个瑕疵：当议会以特权之名主张管辖权时，它注定要充当自己案件的法官，那么在这些案件当中权利受到侵害的人还能获得救济吗？换言之，正义能够得到实现吗？如果允许议会继续这么做，英国会不会面临另一种专制权力统治的危险？对此，霍尔特法官提出了法治优于议会特权的主张，认为议会特权不能超越普通法和成文法的管辖之外。当然，在早期像霍尔特这样直言不讳挑战议会特权的法官为数并不多，大多数法官仍倾向于保守立场，尽量不去质疑或挑战议会特权。但这毕竟也是一种示范，随着时代的发展和观念的革新，霍尔特的观点被越来越多的人所接受，逐渐增强了法院对议会滥用特权的专断行为进行挑战的信念。在1839年斯托克尔诉汉萨德一案中，首席法官登曼勋爵认为下议院关于议事行为不受法院管辖的主张与议会主权和法治传统是背道而驰的，议会不能授予自己新的特权，现有特权的范围由普通法院根据普通法的规定确定。在1963年斯托顿诉斯托顿一案中，斯卡曼法官对议会特权和普通法院的关系作出了有利于法院的判决，他说："我并不认为，我在高等法院审案时……必然要答应必须适应来自于议会习惯的法律。我认为，为了在特定案件中确定特权是否产生，以及如果产生，它的范围和效力是什么，我必须把普通法作为司法判决中的推理依据。"❶经过普通法院的努力，议会在很长一段时期对运用特权的行为保持了克制的态度，只有在议会认为必要且正当的时候才会动用特权。从目前的情况看，由于议会仍是英国最高权力机构，具有强大的政治影响力，所以关于议会特权的准确含义在英国还处于模糊的状态，但议会已经不太可能像过去那样随意使用自己的特权，换言之议会在使用特权上感受到来自普通法院监督的压力。总而言之，英国的普通法院虽然可以通过发挥能动性对议会特权运行进行监督，但这种监督总体上是有限度的，法院仅凭自身的力量无法对议会

---

❶ Stourton v Stourton（1963）.

特权进行定义,更不可能将议会特权完全置于自己的控制之下。就此体现出来的议会和法院之间的关系是非常微妙的,用波普尔韦尔法官的话说:承认议会特权的重要性必须与同样重要的一项原则进行平衡,该原则是公民应当自由地和不受限制地进入法院维护自身的利益,并且只要服从法院规则就能够充分地和自由地提出他们的案件。❶

2.普通法院对议会立法权的限制

(1)普通法与议会立法之间的关系。一般认为普通法是一种判例法,这种理解主要的依据是法律的外在表现形式,因为普通法的载体是法院的判例。实际上,这种理解并不完全准确,普通法并不完全都是判例法,尽管判例法是其主要表现形式,我们知道英国历史上有很多成文法令也属于普通法的范畴,除此之外一些习惯、学说等无形的东西也是普通法的组成部分。从这个意义上说,那种把普通法定义为一套由法律概念和原则构成的体系更符合普通法的本质。议会立法是成文法这是毫无疑问的,法律的外在表现形式就是由法条组成的一个文本书件。在英国,普通法和议会产生的制定法共同构成了一个混合型的法律结构体系,尽管其内的东西是相互融合的。既然存在两种不同的法律,并且这两种不同的法律分别来自不同的立法主体,前者可以视为由法院创造,尽管有的法官至今坚持法律是发现和非创造的观点,不愿承认法官有造法的权力;后者由议会或者议会授权的其他机构创造。那么,接下来的问题是:这两个法律系统之间是一种怎样的关系?一般教科书给出的答案是:两者之间相互补充,其中制定法在效力上优于普通法。这显然是一种笼统的回答,虽然基本正确,但是没有切入问题的核心。实际上,英国普通法和制定法之间的关系是相当微妙与深奥的,关于两者之间关系的争论很早就存在,并且一直延续到现在。在中世纪,普通法(这里是指广义的普通法,包含衡平法)形成之后,一直处于英国法律体系的核心地位,尽管那时也有一些成文性法律存在或产生,但是无法对普通法构成威胁。经过长时期的运作,普通法不仅自身不断获得完善,更重要的是得到了英国人民的信任,具有很高的权威性,再加上英国法律职业群体的极力维护,普通法甚至具有了"至上性"。典型的案例是柯克在博纳姆医生一案中说过的那段话:"在很多情况下,普通法得审查议会的法案,有时可以裁决其为完全无效:因为,当议会的一项法案违背普遍的权利和理性,或者令人反感,或者不可能实施的时候,普通

---

❶ 童建华.英国法院与议会特权关系的历史演变[J].欧洲研究,2006(5).

法得审查它，并宣布该法案无效。"普通法在 17 世纪斯图亚特王朝统治时期遭遇一次重大危机，追求专制统治的詹姆斯一世和查理一世企图将自己的意志凌驾于普通法之上，在英国推行"朕即法律"那一套大陆的统治理念，有些人趁机迎合国王，主张英国法律的成文化和法典化。由于普通法法律职业者和议会的联合抵抗，这些企图最终未能得逞，普通法有惊无险地渡过了这次危机。光荣革命之后，议会的主权地位确定，并且从那时起议会变成了一个真正的立法机关，开始出台法律，虽然数量不大，但鉴于议会的崇高地位，议会立法的地位超过普通法在宪法上已经获得明确：议会立法可以修改普通法，当两者发生冲突的时候，议会立法的效力优先于普通法。但是有一点值得我们注意，就是议会立法虽然地位和效力高于普通法，但是并不排斥普通法，也不是要取代普通法，而且在那个年代议会立法的数量总体上并不是很多。在这种政治背景下，普通法法律职业者对此是持接受态度的，这表明在近代早期社会制定法和普通法之间的关系是相对平稳的，没有出现大的波折。这一时期著名的普通法学者布莱克斯通的态度很具有代表性。他的总体意见是：在价值上，普通法胜过制定法；在效力上，制定法优于普通法。布莱克斯通像所有普通法法律职业者一样，对普通法给予很高的评价，在他们眼里普通法是英国人民世代代生活经验的结晶，是理性而正确的法律，能够最大限度地维护英国人民的权利和自由。相比之下，议会立法存在某些内在而绝非偶然的缺陷。这主要体现在：作为议会立法之核心的人的意志具有临时性和武断性，而不是对现存社会秩序的理性反思，因此无法保证其合理性。更为糟糕的是，议员变动不居，无法保证其立法产品形成一个内在一致的合理体系；而不像普通法那样，法官必须从先前的资源（如判例）中寻找规则，并以此为出发点对手头案件所适用的规则予以重新表述，因而可以保持规范的一贯性和连续性[1]。因此，从价值上（或者说品质上）普通法要胜过制定法。但根据英国宪法的特点，制定法在效力上高于普通法。我们认为布莱克斯通的观点体现了普通法法律职业者的一种非常矛盾的心态，或者说是一种妥协的心态。在他们的价值判断中，普通法无疑是最好的，在司法审判中应当优先适用普通法。但是议会通过革命获得主权地位，在英国建立了宪政，并促成司法的独立，而且议会的立法是一种民主程序，在这些现实因素的影响下，普通法法律职业者不得不进行妥协，放弃柯克的论调，承认议会立法的地位，并保持克制，不去挑战议会立法的权威。

---

[1] POSTEMA G J. Bentham and the common law tradition[M]. Oxford：Clarendon Press，1989：15-16.

到20世纪后，英国进入现代化社会，各种新事物、新矛盾层出不穷，对国家管理形成巨大挑战。在这种情况下，通过传统的方式发展法律已经不能跟上社会前进的步伐了。因此，议会不得不加快立法节奏，创制大量的制定法，其中大部分立法名义上是由议会制定的，实际上是由获得议会授权的政府部门制定的，因而现代社会英国的立法行政化色彩日益浓厚。由于行政部门首先是一个管理者，由他们主导的立法很难完全站在客观中立的立场上去看待和处理问题，立法的天平总是自觉或不自觉地向管理者倾斜，这当然对公众权利和自由的维护是不利的。根据英国政治体制，在议会占据多数席位的执政党组建政府，由政府起草的立法在议会获得通过并非难事。从宪政理论上看，英国的立法权和行政权实质上形成了某种联合，或者呈现一体化趋势。按照洛克、孟德斯鸠等人的分权观念，在三权中任何两种权力如果完全结合在一起，那么极可能为专制权力的形成铺就温床。英国的立法权和行政权虽没有完全结合，但已经出现两权默契合作的现象。这种形势下，作为分权体制的另一个重要的权力机构——普通法院必须体现出自己的存在，以维护英国宪政结构的平衡和保障民众的权利与自由。因此，20世纪之后，英国法官开始采取较为积极的态度，在一定程度上放弃了保持克制的消极做法，通过司法审查的方式，对议会立法进行适当干预。随着英国加入欧盟之后，英国法院开始探索以欧盟法为依据审查国内制定法，1998年《人权法》出台之后，法院开始以这部法律为依据审查国内的制定法，如果发现议会立法有悖于《人权法》，法院可以进行宣告，迫使议会作出相应的修改。总而言之，在现阶段，法院对议会立法的审查从无到有开始建立起来，尽管英国最高法院还没有获得违宪审查的权力，但是正在一步一步向前推进，议会无所不能的神话色彩也随之淡化。

（2）普通法限制议会立法的方式。由于英国本身缺乏一部成文宪法，对司法机构的政治地位和权力没有明确表述，再加上英国奉行的是议会主权的宪政体制，司法机构长期保持克制的司法风格，因此普通法院对于议会立法等制定法的限制注定不会采取美国的模式，必须走自己的路，形成自己的风格。从历史上看，英国普通法对包括议会立法在内的制定法进行限制的措施主要有以下几种。

第一，与制定法划清界限，甚至视而不见。普通法是普通法院的法官一手创造的，在普通法法律职业者群体中具有近乎神圣的地位。在这种观念的主导之下，普通法院的法官习惯性地对制定法等非普通法法律持有敌视的情绪，一则制定法体现的是立法者的个人意志，与普通法的价值、理念格格不入；二则如果允许制定法大行其道，削弱普通法的地位，必将极大地损害普通法法律职业者自身的利益。但根据英国的政治体制，普通法院法官无权推翻或修改成文法律，无论制定法是由国王发布的（中世纪），还是议会创制的。为此，英国的法官煞费苦心，采取各种措施，抵制和消解制定法的效力，视而不见是其中的措施之一。所谓视而不见，是指法官明知一项制定法存在，但是在审理案件时仍将普通法作为判决的依据，不理会制定法是如何规定的。例如，普拉克内特认为，在13世纪晚期到14世纪早期这一历史阶段，制定法对于法官而言，只是其判案时的一种规范来源或者一种资料而已。这种做法属于一种沉默的反抗，表面上法官并没有对制定法说三道四，但是在司法实践中通过不予理会的方式将制定法沦为一纸空文。这种做法实质上构成了对议会立法权的侵害，议会对此当然是心知肚明的，并对此提出反制措施：对法官故意搁置制定法的行为，议会将以藐视议会为由追究法官的责任。此后，虽然法官很少明目张胆地对议会立法采取视而不见的态度，但是仍保持对议会立法的戒心，采取了更加迂回的方式消除制定法的影响。法官们最常见的做法是，尽量不直接引用制定法，即在判决中不像大陆法系国家一样使用"根据某某法，第几条的几款之规定"这样的用语，他们倾向于通过间接的方式使用制定法——依据某个曾使用制定法的司法判例来审理案件，也就是说审理案件的法律依据是制定法确定的，但是在形式上还是遵循普通法从案例到案例的方法，间接地引用制定法。这种做法在本质上尊重了议会的立法权，议会尽管对此并不满意，但也无话可说。我们认为，这种做法典型地体现了普通法院、法官对普通法所持有的那种深入骨髓的骄傲和自豪。美国法学家庞德曾对此有以下描述："我们有着太多的立法，而法院和律师却对此漠不关心。法律教科书的编写者们仔细地、从最偏远的角落里收集来那些已遭废弃的判例并加以引用，却很少去引用制定法——除非是那些已经成为我们普通法一部分的、界碑式的制定法；即使引用制定法，也是通过司法判决来适用的。同样，法院倾向于对重要的制定法置之不理：不止是裁决其为宣示性的，而且有时候会悄无声息地认定其为宣示性的而不给出任何理由，他们只是引用先前的判例而并不提及相关的制定法。"❶

第二，通过司法解释限制议会立法。正如波斯纳所说，法律解释是一个制定法问题。一是因为制定法是一个由词语和语句组成的文本系统，由于词语的意思

---

❶ 李红海.水和油，抑或水与乳——论英国普通法和制定法之间的关系[J].中外法学，2011（2）.

本身就有多义性，由词语构成的句子也必然存在多种理解的可能性，尽管立法者在立法的时候充分注意到了这一点，特别注重立法语言的严谨和明确，但是仍无法彻底避免这一点，立法中总是存在含义模糊或者模棱两可的地方。法官的工作是准确地适用法律，如果遇到立法模糊的地方，必须加以解释，通过司法解释澄清法律的含义，进而作出判决，法官不能以立法模糊为由，拒绝对当事人提供救济。二是因为立法者本身存在缺陷，因此作为其产品的制定法自然也不可能完美。立法者作为一个特殊的群体，无论其多么优秀也不是万能的，不可能将所有的事情都考虑周全，即使考虑周全也不可能事无巨细地全部纳入立法当中，因此立法总会存在疏漏之处。而法官在司法审判中遇到的则是鲜活的事实，为了正确对待这些鲜活的事实，法官必须发挥创造性来弥补立法上的疏漏。三是因为立法的滞后性。作为文本性质的法律，一经公布就意味着开始落后于社会的发展，因为社会发展的步伐不会停止，而法律又不可能朝令夕改，因此法律的滞后性是必然的，所以会出现卡拉布雷西所形容的"制定法卡喉"现象。由于上述原因的存在，在理论上证成了法院拥有解释法律权力这一命题的成立，在英国议会承认法院有对议会立法的解释权。根据法律解释的一般原理和规则，作为司法审判机构的法院在行使法律解释权的时候，应当忠实于立法者的原义，不得通过解释改变立法，否则就有重新造法、侵害立法权的嫌疑。但在司法实践过程中，法院对司法解释权运用的程度，主要取决于本国的宪法体制、司法传统和法官的能量等综合因素，一般而言，普通法系法院在法律解释方面比大陆法系法院走得更远一些，大陆法系国家的法官被比喻为"自动售货机"，只能机械地适用法律，严格禁止司法创造，普通法系国家法官本身具有通过判例造法的权力，因而在适用制定法方面也比大陆法系国家灵活很多。在英国，司法解释原则上不能逾越"改变或推翻议会制定的法律"这条红线。例如，在英国铁路委员会诉皮金（1974）一案中，上议院明确指出：法院不能对一部成文法的效力提出质疑❶。但普通法院在行使法律解释权这件事上仍采取了灵活的立场，瞅准时机利用这种权力进行司法创造，从而对议会立法进行了适当干预。

英国普通法院常用的做法主要有两种。一是通过解释法律改变制定法的原义，甚至排除制定法的适用。根据普拉克内特对早期英国制定法解释问题的研究，在13世纪晚期和14世纪早期一些英国法官在对制定法进行解释时，"有时进

❶ 李忠诚.英国司法解释的四项规则[J].政治与法律,1999(3).

行严格的字面解释，有时进行了很大的扩展，有时又大大缩小了制定法的适用范围，有时还会直接拒绝该法的适用——认为合适时会完全置制定法于不顾"❶。在早期社会，制定法的效力和地位同现代社会的议会立法尚不能相提并论，因此法官的顾忌可能要少一些，随意性更大一些。在近现代社会中，即使在议会加强监督力度的情况下，英国法官也没有完全放弃这种做法，在一些案件中仍采取这种方式维护普通法所保护的权利。例如，在1868年的怀特利诉查普尔一案中，某甲因为以一位已故选民的名义投票而被指控"冒充有投票权之选民"投票。高等法院分院在判决中指出，对刑事法律应当本着有利于被告的原则作严格的解释。即使只从字义上看，由于已经死亡的选民不可能再"有投票权"，因此对被告的指控不能成立❷。本案中，法官对法律条文的解释采用了字义解释规则——按照文字的字面含义进行了解释，并且选择对被告有利的狭义解释。实际上，这种解释与立法者的原义存在较大出入。因为从立法者的角度看，立法的意图是惩罚那些冒名顶替进行投票的不法行为，至于行为人冒用活着的人还是死去的人，在性质上并没有差别，其行为已经构成违法。如果法官从这个角度解释法律的话，本案的原告面临的可能是另一种命运。由此可见，高等法院分院对制定法的解释和立法者的原义是不同的，根据判例法上遵循先例的原则，如果这个案例没有被推翻，今后其他法院遇到类似的案件时，法官会优先参考这个案件的判决，一般不会关心制定法是怎么规定的，实际上这意味着法官对制定法进行了某种程度的修改。在同为普通法系的美国，法院也有类似的做法，并形成了公开的司法原则："改变普通法的制定法应被严格解释。"这样做的理由是为了维护普通法上的权利不受到制定法的减损。例如，物的所有人拥有在其房屋上建造任何东西的普通法权利，如果一项制定法减损了这项普通法权利，该制定法应按照有利于权利人的方式进行严格解释。如果制定法创造了判例法中没有的义务，除非制定法明示，否则，它应当被解释为有利于承担此类义务的主体，并对抗损害赔偿请求人❸。这种理念同样适应于英国。法院通过法律解释排除制定法的做法，较早例子可以追溯至1334年的"特雷高案"，本案中法官曾宣称：违反法律和权利的制

❶ PLUCKNETT T F T. Statutes and their interpretation in the first half of the fourteenth century[M]. Cambridge: Cambridge University Press, 1922:20-34.

❷ 魏伟.英国法律解释三大原则之应用[J].法律适应,2002(2).

❸ Prewitt v WalRer, 231Miss.860, 97so.2d514(1957); 73am.Jur.2d statutes§190.

定法不能被执行❶，这里所说的法律和权力也是指普通法和普通法上的权利。再如，为了防止制定法对普通法上契约自由权利的限制，1875年法学家乔治·杰塞尔认为："如果有一样东西比其他的都更应该为公共政策所要求的话，那就是具有充分的理解能力的成年人都应该享有最大限度的签订契约的自由。"❷

二是对制定法进行自由解释。自由解释是指允许法官突破制定法文字表面含义，对法律进行更加自由的解释，用于避免字义解释可能产生的缺陷或者弥补法律自身的疏漏。英国21世纪最伟大的法官丹宁勋爵曾说过这样一段话："制定法和法律文件的语言永远不可能是绝对明确的，因此解释它们的时候就有两种可供选择的道路，我总是倾向能够实现正义的解释。"❸丹宁所说的两种可供选择的道路，一种道路是保守主义的道路，即严格按照法律的字面意思进行解释。丹宁认为这种道路是不可取的，并指出了如果法官们仍坚持抱残守缺的保守主义，不坚持真理和主持公正，那么英国自由的大厦将会崩塌。原因是过去的法律规定，尽管适合当时的社会情况，但是已经不适应当前的社会现实，如果依然按照过去的法律判案，必然会导致荒谬、不公正的结果。为此丹宁多次强调说："如果我们不做任何前人没有做过的事情，我们就会永远呆在一个地方，法律将停止不前，而世界上其他事情将继续前进。"❹另一种道路就是自由解释法律的道路，丹宁称为"能够实现正义"的解释道路。在丹宁看来，法律的首要目的是实现公正，如果因为制定法的缺陷可能导致出现不公正的判决时，法官应当采取灵活的立场解释法律，最终促使案件获得公正的处理。"如果有任何妨碍做到公正的法律，那么法官所要做的全部本分工作就是合法地避开——甚至改变——那条法律。"丹宁曾经就此问题作了一个极其形象的比喻。如果把法律比作编织物，那么议会决定编织物的材料，而"一个法官绝不可以改变法律织物的编织材料，但他可以，也应该把皱折熨平"❺。丹宁勋爵对此不仅有理论上的阐述，在司法实践中也身体力行，运用自由解释法律的原理审理了很多有争议的案件。例如，在萨姆诺诉巴尼特委员会一案中，一位夫人61岁就被辞退了，根据合同不论男女都有权工作到65岁，这位女士对这一不公正的做法要求赔偿。但是就业上诉裁判所认为，

❶ Y.B.Pasch, 8EDW. Ⅲ.

❷ Printing & Numerical Registering Co.v. SamPson.(1975) I.R19 Eq462,465.

❸ 刘庸安.丹宁勋爵和他的法学思想[J].中外法学,1999(1).

❹ 刘庸安.丹宁勋爵和他的法学思想[J].中外法学,1999(1).

❺ 丹宁.法律的训诫[M].刘庸安,等译.北京:法律出版社,1999:10.

根据法律词句字面意思，男人有权要求赔偿，女人没有这种权利，他们对此感到抱歉。丹宁勋爵对此发表评论认为："这些话在我看来是陈词老调，25年以前我就听到过不少这类说法，这是严格的解释者的论调，这是那些逐字逐句地解释法律的人的声音，这是那些对法律词句采取严格的字面和语法的解释者的意见，这是不负责任的说法，在明显的不公正面前，法官是无能为力的、没有资格的和不该有所建树的，这对本法院不适应。这种从字面上解释法律的方法现在完全过时了，它已经被迪普洛克勋爵所说的'探求意图的方法'所取代……现在在所有的案件中，在解释法律时，我们采用会'促使立法的总目的实现'的方法，而立法的总目的是构成立法的基础。法官们再也不用绕着手指说：'对此我们毫无办法了。不管对法律进行严格解释在甚么时候造成荒谬和不公正的情况，法官们可以，也应该以他们的善意，如果需要就在法律的文句中加进公正的解释，去做议会本来会做的事，想到他们就要想到的情况。"❶在今天的人们看来，丹宁的主张并不算出奇，而且是很合理的。但在当时的时代氛围中，丹宁被视为法律改革的急先锋，很多人认为他的思想和做法过了头，还有人指责他"赤裸裸地篡夺立法职权"，他审理过的案件被上议院推翻不少，本人也最终因此终结了司法生涯。但是丹宁的贡献还是获得充分肯定，他对于英国的法律改革作出了重大贡献，他的思想对英国法律的发展产生了深远影响，"没有他那些最重要的原则至今也不可能建立起来"。我们知道，经过英国法官群体的不断努力和完善，在司法解释方面逐渐形成了一些公认的规则，除了字义解释规则之外，还有黄金规则、不确切文字解释规则、整体解释规则等，后面三种规则具有共同的特点：突破了字义解释规则的限制，根据立法意图或目的去解释法律，从而避免出现荒谬或不公正的结果。值得注意的是，这里所说的立法意图或者立法目的，不是具体的立法意图或立法目的，而是抽象意义上的，即法官认为立法机关制定某部法律的目的是实现公正或保护人权，因此当法律需要解释的时候，法官会选择以公正或保护人权为依据对法律进行解释，这项原则本质上等于赋予法官通过司法解释改变立法的权力。因此也有人对此提出异议，但是由于立法意图是个需要默会、难以说清楚的事情，如某个或某些议员的观点是否能代表立法意图，更何况法官也不可能通过旁听议会立法的辩论来了解立法意图，所以法官只能把公正等抽象的理念作为立法的意图，并且可以适应所有的立法。但是很显然，这对法院过度利用解释

---

❶ 丹宁.法律的训诫[M].刘庸安,等译.北京:法律出版社,1999:19.

权提供了便利，为了避免这一点，法院通过司法实践逐渐发展形成一套解释的规则，确保法官将司法解释权在合理的范围内使用，在对议会立法进行必要的修正时，与议会主权的原则不产生大的抵触。

第三，通过司法审查限制议会立法。前面我们在论述法院对行政权力进行监督的时候已经简要介绍过英国的司法审查制度。司法审查最早适用于法院内部，上级法院通过调卷令、禁制令等手段对下级法院的判决进行监督。后来法院逐渐将这种手段扩展到行政管理领域，用于监督行政机构的决定是否合法或合理。从理念上看，法院系统内上级对下级的审判进行监督是一件很平常的事，属于内部管理的完善，而法院利用司法审查对行政权力进行监督，则属于外部监督，需要一定的理由，否则行政机关不会心甘情愿地接受监督。在英国，法院形成对行政机构进行监督的权力与本国的历史传统有很大的关系，但是仅凭这一点恐怕还不够，法院对行政机关进行监督权的确立离不开议会的支持。我们知道法院对行政权进行监督的主要依据是"越权无效"原则，这里所说的"权"，是指议会立法授予行政机关的权限，法院主要是以议会立法规定为依据对行政机关进行司法审查，虽然议会未曾明确授权法院监督行政机构是否越权，但在司法实践中默认了法院对行政机关进行审查的做法。现在我们的问题是：法院对议会立法进行司法审查的话，议会能接受吗？依据何在？众所周知，从英国统治独立出来的美国，其联邦最高法院已经建立起对国会立法的司法审查权，必要时可以宣布国会的立法无效。一般认为，美国的司法机构之所以能够对立法机构进行司法审查，重要的原因是美国有一部成文宪法，为司法机构的审查提供了依据。其实，这只是一种表象，当今世界有成文宪法的国家何止美国一家，但是真正建立起违宪审查制度的国家依然屈指可数，原因何在呢？我们认为一个国家的司法机构是否能够建立对立法机构的司法审查，主要取决于该国宪政构造的精神特质，即在该国是否真正实现了分权和制衡，是否存在一个权威的对分权和制衡进行指导的原则。就美国而言，它是孟德斯鸠分权理论的实践者，是一个典型的三权分立国家，并且存在一个分权和制衡的指导原则，这个原则被考文称为"高级法"，美国宪法就是"高级法"的体现。美国法院（也）认为高级法院是自然法的保护人，由法院行使审查法律是否符合宪法的权力，是美国宪法所承认的高级法原则❶。根据考文的观点，美国宪法的"高级法"原则从源头上论来自英国的普通法。其

---

❶ 季金华.历史与逻辑：司法审查的制度化机理[J].法律科学,2010(4).

实考文的观点并非空穴来风，早在1761年，美国律师詹姆士·奥特士就明确主张："议会制定的法律若显而违反自然衡平及英国宪法的根本原则，法官应宣告其无效。"❶这种高级法原则是美国违宪审查制度建立的思想基础和力量源泉，只不过一项重大制度的建立也需要一个合适的历史机遇，在美国这个机遇就是马伯里诉麦迪逊案。在英国，很显然这个重大历史机遇还没有出现，这说明英国的宪政结构在某一方面可能还存在问题或者这一重大的历史机遇正在酝酿当中，我们认为只要英国仍存在这种高级法原则，违宪审查制度的建立就存在可能性。从历史实践看，英国虽然没有建立违宪审查制度，但是法院对议会立法进行司法审查的努力从未完全停止过。

一是英国的"高级法"观念。"高级法"观念是理解英国乃至西方法律文化的关键所在。高级法，是指这样一种法，它高于人间统治者制定的法律，表明在人类立法之上存在一个代表公平、正义、理性的普遍规则，人类立法应当接受高级法的指导。以下引用的这段话，对高级法观念进行了深刻全面阐述："有某些关于权利和正义的特定原则，它们凭着自身内在的优越性而值得普遍遵行，全然不用顾及那些支配共同体物质资源的人们的态度。这些原则并不是由人制定的；实际上，如果说它们不是先于神而存在的话，那么它们仍然表达了神的本性并以此来约束和控制神。它们存在于所有意志之外，但于理性本身却相互浸透融通。它们是永恒不变的。相对于这些原则而言，当人法除某些不相关的情况而有资格受到普遍遵行时，它只不过是这些原则的记录或摹本，而且制定这些人法不是体现意志和权力的行为，而是发现和宣布这些原则的行为。"❷在西方的法律传统中，高级法观念具有悠久的历史。在西方文明的发源地古希腊文明中，就有高级法的观念，如在安提戈涅的心目中就存在一种高级法："它们既不属于今天，也不属于昨天，永恒地存在着"❸，安提戈涅以此为由对国王的立法进行了抗辩，

❶ 罗志渊.美国政府及政治[M].台北:台北正中书局,1982:227-228.

❷ 考文.美国宪法的"高级法"背景[M].强世功,译.北京:生活·读书·新知三联书店,1996:5.

❸《安提戈涅》是古希腊悲剧作家索福克勒斯公元前442年的一部作品，被公认为戏剧史上最伟大的作品之一。剧中描写了俄狄浦斯的女儿安提戈涅不顾国王克瑞翁的禁令，将自己的兄长——反叛城邦的波吕尼刻斯安葬，而被处死，而一意孤行的国王也招致妻离子散的命运。安提戈涅更是被塑造成维护神权/自然法，而不向世俗权势低头的伟大女英雄形象，激发了后世的许多思想家如黑格尔、克尔凯郭尔、德里达等的哲思。

她对城邦法的控诉在西方法学中被称为"安提戈涅之怨"。安提戈涅所说的更高级的法，指的是一种神法，这种观念在古希腊后期和古罗马时期时被解读为一种自然法，将法律和理性结合起来，视自然法是正确的理性，永恒不变且永远有效，人类立法不应违背自然法。在中世纪，自然法的思想虽然披上了宗教的外衣，但是其精神内核没有被实质性改变。由于教会帝国实行的是成文法律，自然法的许多观念便潜移默化地渗透到了这些法律当中，也就是说自然法开始和实在法相结合。基督教会在中世纪是一个庞大的跨国组织，因此其法律对包括英国在内的西方世界各国都有深远影响。英国的普通法虽然没有继承教会法的外在表现形式，但这并不意味着在观念领域也是如此，一个明显的证据是英国早期重要的法官职位大多数由教会人士担任，英国的普通法和其他西欧国家的法律一样都继承了自然法的思想遗产。很多人甚至认为，普通法比其他国家的法律更多地保留了自然法的东西，自然法中很多观念性的东西在普通法里发展成为一些可以适用的法律原则。我们认为这种观点是可信的，因为当时在其他一些国家，法律一般是由国王制定的，体现的是国王个人意志，而英国的普通法是由习惯法发展而来的，体现的是社会大众集体智慧，更符合自然法的精神要义。由此我们可以推论英国普通法本身虽然是一种实在法，但是它又具有某种超越性，即在实在法背后隐匿着高级法的内容，就像考文所说的那样："它首先是最严格意义上的实在法，是经常在普通法院里解决私人争端的法律，然后才是一种高级法"❶，"普通法体现正确理性这一观念从十四世纪起就提供了普通法要求被看作是高级法的主要依据"❷。普通法是高级法的观念在英国社会是一种被广泛接受的理念，尤其在英国的法律职业群体当中获得高度认同，我们所熟知的布拉克顿、索尔兹伯里的约翰等人在他们的著作当中都对此有过阐述或体现。菲格神父的著作中有一段话很具有代表性，他说："普通法是法律最完美的理想，因为它是由多少代人的集体智慧发展而来并加以阐释的自然理性。"随后福蒂斯丘爵士在《英国法礼赞》，柯克爵士在《英国法总论》，布莱克斯通爵士在《英国法释义》当中对此都有阐释，尽管他们有时并没有直接使用"高级法"这个词汇，而是使用"基本法"或者"古代宪法"等词语，但其本质含义和高级法是基本一致的。例如，布莱克斯通一再告诉人们：古老的法律规则的结构非常精妙，这些规则紧密地联系、交织在

---

❶ 考文.美国宪法的"高级法"背景[M].强世功,译.北京:生活·读书·新知三联书店,1996:18.
❷ 考文.美国宪法的"高级法"背景[M].强世功,译.北京:生活·读书·新知三联书店,1996:20.

一起，它们互相支持、互相说明、互相证明；国内法是某种永恒的、一致的、普遍的东西❶。在现代社会，仍有很多人坚持这种理念，一些普通法原则的倡导者认为，普通法才是宪法的"终极基础"；1937年澳大利亚学者拉特姆提出：议会主权不是法律的终极渊源。议会的权力必须来自一个更基本的规则，包括如何看待议会立法的效力、如何识别议会意图；这些规则在逻辑上先于议会立法。❷总而言之，在英国高级法观念的存在不但是一个历史事实，而且是一种活的思想传统。英国虽然没有像美国一样依据高级法观念建立违宪审查制度，但是高级法观念为英国司法机构对议会立法进行审查提供了观念基础。

二是司法机构对于议会立法的审查。一般认为英国司法机构对议会立法进行审查开始于17世纪，并且与柯克有关，他在1606年博纳姆医生一案中，大胆地提出对议会立法进行审查的主张。在本案中，柯克除了在程序意义上解释了皇家医师学院的行政行为存在瑕疵之外，进一步将批判的矛头指向了议会立法，提出了使用普通法审查议会立法的主张，他说："我们的案例集显示，在许多案件中，普通法将控制议会的法案，并且有的时候会宣布它们完全无效；因为当一件议会法案同普遍的权利和理性相抵触，或不一致，或无法被执行时，普通法将控制它，并宣布这一法案为无效……"❸尽管本案中柯克并没有在正式判决中宣布议会法案无效，他的这段名言是作为附论呈现在判决当中的，但柯克的贡献仍是巨大的。在考文看来，首先，柯克提供了一种"语辞形式"，为司法审查概念提供了一个最重要的源泉。其次，柯克提出了审查议会立法的参考标准，体现在普通法中的"共同权利和理性"。更重要的是，柯克的司法审查观念并非昙花一现，转瞬即逝，而是对后世形成极为深远的影响。例如，在1614年的戴伊诉萨维奇一案中，大法官霍巴特说："甚至一项议会法令，如果违背自然公平，使得一个人审理他自己的案件，那么这个法令本身就是无效的，因为自然法是不可改变的，它们是法律学说。"1710年霍尔特法官在谈到议会立法时表达了同样的思想："无论如何议会立法不能使通奸合法化，换句话说，这样的立法无效。"

❶ 仝宗锦.布莱克斯通法律思想的内在逻辑[J].法哲学与法社会学论丛,2006(9).

❷ 何海波.没有宪法的违宪审查——英国故事[J].中国社会科学,2005(2).

❸ GRAY C M. Bonham's case reviewed[J]. Proceedings of the American Philosophical Society, 1972, 116(1): 35-58.

　　在17世纪后期英国爆发了资产阶级革命，随着议会主权原则确立，议会立法获得至上性，那种主张司法机构对议会立法进行审查的观念一度开始销声匿迹，接下来在漫长的时期内，司法机关将审查的重点主要放在行政机关上面。司法机关重提对议会立法权进行审查的话题是在1959年的安尼斯米尼克案中。此案案情并不复杂，安尼斯米尼克是一家设在埃及的英国公司，根据英国和埃及政府达成的协议，该公司被埃及政府收购，但在收购之前安尼斯米尼克低价将部分资产转给别的公司。后来根据两国达成的协议，埃及出资对被收购的公司进行赔偿，具体由英国分配。安尼斯米尼克公司向英国政府提出赔偿申请，但遭到拒绝，理由是安尼斯米尼克已经将财产转让给埃及公司，因此失去赔偿权。安尼斯米尼克因此将赔偿委员会诉上法庭。根据行政法的一般原则，法院对于行政机关在其权限之内作出的决定一般无权干预，这是法院尊重议会主权地位的表现。但是受立法瑕疵等诸多因素的影响，行政机关即使在立法权限内活动也经常产生一些有悖公平正义的不良社会后果，在这种情况下，法院通过发展合理性审查等原则更深层次地对行政机关进行监督。对于议会而言，司法机关对行政机关的监督每向前迈进一步，意味着对其主权地位的挑战力度又增加一个层次，因此议会对此保持高度警惕。为了避免司法机关的干预，议会后来干脆在一些立法中明确不接受法院的审查。这等于对法院下了逐客令，当法院面对这样的法律时，不得不保持克制，因为法院一旦介入等于直接公开向议会叫板，这需要巨大的政治勇气，而且不一定能够成功。但英国的司法机构并非等闲之辈，他们对于专断的权力总是持有强烈的反感，在历史上他们勇于向王权发起挑战，在现代社会他们运用司法智慧不断地向行政权力发起挑战，并逐步获得成功。现在面对议会这种几乎蛮横的方式，自然心有不甘，耐心等待时机，发起挑战。在安尼斯米尼克一案中，法院对议会立法《国外赔偿法》提出质疑。1950年的《国外赔偿法》明确规定：赔偿委员会对于赔偿申请所作的决定，任何法院都不得审查。此款法律规定的指向性和针对性非常明确：排除司法机构的干预。但是赔偿委员会的决定对于安尼斯米尼克公司而言又是显失公平的。这无疑将法院置身于一种十分尴尬的处境：明知当事人遭到不公正对待，却不能施以救济。实际上这种困境背后隐喻着对英国法治的讽刺，司法的终极目标是主持公平与正义，法治的核心理念是将权力关进笼子。如果在本案中，英国法院继续恪守克制之道，驳回原告的诉讼请求，必然对司法的权威性造成损害。不同的是，英国法院这次选择了迎难而上，策略性地对议会立法进行了审查。以里德法官为首的多数派认为：《国外赔偿法》所称的"赔偿委员会的决定"，不应理解为赔偿委员会的任何决定，而只能是赔偿委员会在其权限内所作的决定；对于赔偿委员会越权的行为，法院不受"不得审查"的限制，可以进行审查。本案中，赔偿委员会错误地理解了有关法律，从而超越了它的权限，其决定应予撤销。自始至终，上议院没有径直宣布"不得审查"的规定无效，但它利用法律解释技术绕开了这条规定。按照上议院这一判决精神，任何禁止司法审查的法律规定对法院都将没有实际约束力。上议院在历史性的判决中冲破了议会的禁令，在普通法温和外衣下，法院把自己从议会立法"不得审查"的禁令中解放出来，为司法对抗行政专横和议会"恶法"提供了新的武器。❶以历史的眼光看，安尼斯米尼克案件与博纳姆医生案件一样，是普通法司法审查制度上一个重要的转折点，安尼斯米尼克判决的精神成为英国法律职业群体法律信仰的重要组成部分。

从理论上看，从17世纪到20世纪司法机关对议会立法进行审查的主要依据是普通法以及包含在普通法中的一些理念。要实现这一点，英国司法界必须证成一个理论命题，即普通法具有至上性或神圣性，这正是柯克等人做过的工作，尽管所使用的概念有所不同，但无论是高级法、基本法、古代宪法等名称如何发生变化，其内在实质是一样的，都意味着普通法比一般立法在品质上更胜一筹。进入21世纪之后，英国司法审查的理论依据逐渐具有某种超越性，也就是说，法院进行司法审查的依据越来越抽象化，不再单纯地以普通法作为审查的依据，而是在普通法基础上建立起一种更为本质和明确的审查标准：以人权为标准，只要制定法的规定不利于人权保护，法院可以以此为由进行干预，审查议会的立法。人权保护的标准，在当今世界是一种普适性的标准，很多国际性公约、区域性公约和发达国家（既有普通法国家，也有大陆法国家）均采用这一标准。对于英国来说，人权保护实际上一直包含在司法审查的标准之中，只不过过去没有将之单列出来，如柯克在博纳姆医生案中所称的"共同权利和理性"的标准就包含人权保护的内容。进入现代社会后，在国际潮流的促动下，在国内人民人权意识日益强烈的背景下（很多人动不动将案件提交到欧洲人权法庭），英国司法审查制度最核心的东西也必须与时俱进，否则将会滞后于社会的发展，从而对司法乃至英国的宪法产生消极的影响。于是英国在1998年出台了《人权法》，将包括《欧洲

人权公约》等国际性法律内容及精神纳入其中，实现了与国际法的接轨。《人权法》的出台对于英国的司法审查产生的积极后果是：为英国司法组织审查议会立法扫清了障碍。在此之前，英国法院依据欧盟法律对国内的议会立法进行审查的时候遭遇重重阻力，如在范特泰姆一案中，上议院第一次宣布"不适用"议会的立法——《商船法》，这又是一个具有里程碑意义的判决。但是英国法院始终面临着"篡夺议会立法权"的指责与批评。《人权法》出台后，该法第4条规定：法院在必要时，可以宣告议会立法"抵触人权公约"。从效力上看，宣布抵触人权公约不等于宣布议会立法无效，这意味着英国仍坚持议会主权的原则，但是立场已经出现某种松动，相当于授权给法院通过间接的手段宣布某项法律或某款法律无效。根据实践，法院一旦作出这种抵触宣告，议会在公众的压力下必然会对这项立法作出处理。这是典型的英国式处理问题的方法：总是习惯通过平静缓和的手段化解危机，既维护了议会主权的政治传统，同时也提高了司法审查的力度，使英国在人权保护上跟上时代潮流。有学者认为，1998年《人权法》的颁布在两方面对英国的议会主权信条形成了重要限制：其一，根据《人权法》第3条第1款的规定，在解释《人权法》在内的议会立法时，法院应行使最灵活的法定解释技术；当议会立法与《欧洲人权公约》不一致时，该条存在英国法院应抛弃议会原始立法意图的要求和趋向，这实际上在改变英国法院严格遵循议会立法的传统功能。其二，根据《人权法》第6条第1款的规定，除非法院的行为与《欧洲人权公约》不相抵触，否则，法院在发展普通法的过程中的行为为非法；该法案虽然没有授权法院可以凌驾于与公约权利相抵触的制定法之上，但是却给予了法院最宽泛法定解释的司法技术，以便使其行为与《欧洲人权公约》相一致。因此，这些规定为法院发挥人权的司法审查功能提供了新的宪法基础。❶

　　在限权功能上，除了上述论及的限制国王的特权、行政权、立法权之外，普通法实际上还有一项重要的限权功能，就是限制司法机构自身的权力。普通法虽然通过法院对其他权力行使主体进行限制，但与此同时并没有忘记对法院和法官的职权进行限制，防止其滥用司法权，如遵循先例制度、陪审制度、法官遴选制度等。由于这部分实际上已经渗透在通篇的论述当中，如果再专门论述，则有重复之嫌，因此在本章结束之际，稍作提示。

---

❶ GORDON R，WARD T. Judicial review and the human rights act[M]. London：Cavendish Publishing，2000：5-7.

本章小结

这一章主要讨论了普通法的一个重要特质：普通法是具有宪法性能的法律。主要的论据是：普通法的一部分本身就是宪法复杂体系的一个组成部分，另外普通法还具有只有宪法性法律才具有的功能，即分权、限权和保障人权。究其原因（实际上在上文中已经分别作过解释，在这里统一梳理一下），我们认为：在古代由于普通法的特质，英国人民实际上一直在拿普通法当作宪法来用，特别在面临重大政治性危机的时候，对立的双方都从普通法中寻找依据。因此对于英国人而言，成文宪法似乎没有必要，也不适应英国人的传统，普通法是一种囊括公法和私法的综合法，很多问题都可以在普通法框架内解决。到了近现代社会，由于社会的发展，出现了一些普通法涵盖范围之外的问题，为了快速作出反应，议会立法成为解决这些问题的重要手段。根据英国的司法传统，议会立法的精神最终还是要体现在法院的判决之中，普通法通过这种方式逐渐吸纳议会立法精神，从而保持与时代的同步性，也就是说普通法在近现代社会中仍不断丰富自己的宪法性，仍保持着宪法性法律的特质。我们认为普通法具有的这种特质，不能说绝无仅有，但绝对是稀有罕见的，它体现了英国人民的经验和智慧。

结束语

　　综上所述，不难得出以下结论：相对于其他各国的法律制度，英国普通法总体上对人权保护是比较重视的，效果是较好的。普通法之所以在保护人权方面与众不同，既与这个国家的自然条件、历史发展进程等客观性因素密切相关，也与该国的社会传统、民族性格等主观性因素密不可分。前者可概括为"自然因素"，后者可统称为"社会传统因素"。自然因素是指自然地理环境，可以进一步理解为环境塑造下的民族性格。社会传统因素既根植于民族性格又超越其上，形而上属于文化层面的东西，包括政治、法律、宗教、风俗等内容，英国普通法的人权保护机制是在自然因素与社会传统因素相互融合的基础上共同缔造的。

　　第一，英国的自然环境。

　　关于自然地理环境与法律之间的关系，在思想界有一套专门理论来解释这个问题——"地理环境决定论"，其基本观点是以自然条件作为社会发展的决定因素，代表人物有法国的孟德斯鸠、英国的巴克尔、德国的拉国尔。其中，孟德斯鸠的观点广为流传，他在《论法的精神》一书中对此作了专门阐述，认为自然地理环境对法律的影响主要体现在这几个方面：一是气候条件对法律有重要影响。炎热地方，适于暴君制，且制定较多残酷的法律维护统治；寒冷地方，易建立民主共和制，且利用法律维护自由。亚洲法律多苛刻，而欧洲法律多轻缓，完全是因为两者处在不同的气候条件下。二是国家所处的地理位置、地理格局和土壤条件对法律制度有重要影响。肥沃的土壤、平坦的地势地理环境，其法律内容比较简单和残暴；在多山的地方，法律的基本内容多是规定投票权利、选举方式、人民参政等事项。孟德斯鸠的理论一经提出，便争议不断，批评者多认为孟德斯鸠夸大了自然地理环境对法律的影响，但也没有人完全否认自然地理与法律之间存在的联系。例如，我国学者葛剑雄认为："从本质上和总体上说，地理环境对人类和人类社会所起的作用是决定性的。……但是，在具体的时间和空间范围中，在具体的人和物上，地理环境一般只起着加速或延缓的作用，而不是决定性的。"❶在法学界，范忠信教授对自然地理环境与法律之间的联系持肯定态度，他认为东亚大陆特殊的地域气候或自然环境对中华法律传统的形成有重要影响❷。那么，自然地理环境究竟对英国法律传统造成了什么影响呢？

英国人的主要构成是日耳曼人。在入侵不列颠之前，他们居住于北海之东的日德兰半岛，气候比较寒冷。据塔西佗描述："他们有着凶暴的蓝眼睛，金黄色的头发，高大的身躯。他们只有突然冲动的勇猛而不耐心于操劳和艰苦的工作。""他们无论在办公事或私事，兵器从不离手。""他们觉得：可以以流血的方式获得的东西，如果以流汗的方式得之，未免太文弱无能了。""当赌本输光的时候，把自己的身体自由拿来做孤注一掷，输家情愿去做奴隶。"❸通过塔西佗对日耳曼人的描述，我们基本可以把握住古代日耳曼人的主要"习性"：一是意志坚强、刚毅、勇敢、豪放、崇尚武力、注重荣誉、不甘于被奴役。二是具有规则意识，尊重基本的社会行为规范。这是古代日耳曼人区别其他民族的一些重要特征，对于这种区别以前人们一般非常笼统地将之解释为"天性如此"。但是孟德斯鸠对此作了比较系统的阐释，也比较有说服力。根据孟德斯鸠的理论，古代日耳曼人的这种"习性"与他们生活在寒冷的气候中有很大的关系。因为"寒冷的空气使我们外部纤维的末端紧缩起来，这样会增加纤维末端的弹力并有利于血液从这些末端返回心脏。……寒冷的空气还会减少这些纤维的长度。所以人们在寒冷气候条件下，便有更充沛的精力。心脏的跳动和纤维末端的反应都比较强，分泌更加均衡，血液更有力地流回心房。在这种循环过程中，心脏的跳动更有力量。心脏力量的增强就必然产生良好的效果，例如有较强的自信，也就是说，有较大的勇气。对自己的优势有更多的了解，也就是说有较少的复仇的愿望。对自己的安全有信心，也就是说变得更加开朗直爽，而较少猜疑、耍手腕和施诡计。……

---

❶ 葛剑雄.全面正确地认识地理环境对历史和文化的影响[J].复旦学报(社会科学版),1992(6).

❷ 范忠信.自然人文地理与中华法律传统之特征[J].现代法学,2003(3).

❸ 塔西佗.阿古利可拉传 日耳曼尼亚志[M].马雍,傅正元,译.北京:商务印书馆,1959:57,61,62,63,67.

你会在北方的气候条件下发现那里人民很少有什么邪恶而是有道德、待人诚恳坦率。……我们的祖先，古时的日耳曼人，居住在一种使他们的感情极为镇定的气候里。他们的法律只规定看得见的东西，并没有别的什么想象的东西"❶。可见，气候是通过影响人的身体、脾气、精神，进而对形而上的法律产生影响的。江山易改、本性难易，古代日耳曼人后来离开了寒冷地带，即使在不列颠这样气候温和的地方生活，那些民族的"本性"，尤其是，"珍视荣誉和自由"的本性得以完好地保留。我们甚至可以这样理解：在英国人的眼里，"自由和权利"如同空气一样不可或缺，即使在权力较为集中的中世纪，无论哪位国王临朝执政，都必须尊重英国人民所享有的这种自古以来的"自由和权利"，如果这些自由和权利遭到侵害，英国人民必是无法接受和忍耐的，必然团结起来进行反抗，直到这些权利和自由获得恢复。英国人民对自由和权利的珍爱，在其他地方很难找到类似情况。更难能可贵的是，英国人在长期历史演进过程当中，不断积累斗争经验，逐渐形成了通过建立合理的制度来保护自己合法权利的传统。英国人的这种做法被哲学家称为"经验理性主义"。英国人相信但并不迷信理性，尤其厌恶那种我们称为"建构主义"的理性，他们不相信通过一部立法就可以确保权利和自由安然无恙，他们总是习惯脚踏实地、按部就班地追求正义、维护权利。这种民族性格赋予英国人民沉稳平静的气质，每当遇到重大历史事件或重要转折点时，英国人民总是能够做到较为理性地思考和解决问题，并且他们总是习惯立足公平正义的原则，尊重事物发展的客观规律，该怎么办，就怎么办，因此总是能够在吸取以往经验的基础上作出相对合理的选择。如果存在阻力，他们便会团结起来积极争取，通过诉至政治、法律等手段说服对方，除非在万不得已的情况下才会诉至武力解决。这种民族性格使得英国历史发展相对平稳，大规模的战争和大起大落的变革并不多见，因而人民多数时间可以生活在和平社会环境当中，持续享有固有的权利和自由。

英国是一个岛国，这种特殊的地理位置使英格兰保持了相对独立性，处于相对安全的生存环境中，这对英国人的自由和权利保护产生了重要影响。因为国家多半处于和平时期，没有必要像其他国家一样保持一支常备武装力量。常备军的阙如，无疑大大削弱了统治阶级的强制性力量，不列颠人民的自由相对就比较充分一些。另外，与欧洲大陆仅有一水之隔的位置没有使不列颠同外界隔绝，而一

❶ 孟德斯鸠.论法的精神[M].张雁深,译.北京:商务印书馆,1961:227-232.

直保持密切的接触与联系。不列颠的羊毛、矿石等特产源源不断地出口到欧陆国家，又从上述地区运回葡萄酒、纺织品等产品。所以英格兰的经济不像古代中国一样以农业为本，商业一直是其重要的经济收入来源。再加上不列颠的气候湿润多雨，土壤肥沃，物产丰富，英国人生活普遍相对富足平静，国内大规模的冲突比较少，即使发生战争，一来规模不大，二来对方表示臣服即告结束，这种不以把对方赶尽杀绝为目的的战争通常结束比较快。这种差别在法律上的体现是英格兰社会没有行政法概念，刑事法律也比较简单，而追求自由和平等的宪法性法律与经济性法律则比较发达，这样一来人们的权利和自由受到法律的干预就比较少，这与中国古代社会以强制为目的的刑事法律和行政法律最为发达、民商法律最为缺乏的情况形成鲜明对照。总之，英国特殊的自然地理环境决定了统治这样一个国家并不需要一部强大的国家官僚机器，科层式的管理模式没有成长的动力，导致英国的行政官僚机构一直发育缓慢，绝对权威迟迟建立不起来，所以英国人基本的生活状态便是"自治"。

第二，英国的社会传统。

在行政方面，英国社会一直没有形成一个凌驾于社会之上的超级权威。任何社会的发展都离不开权威的存在。权威缺失，则社会大乱，如《吕氏春秋·审分》所云："万邪并起，权威分移。"权威过度，则社会禁锢，就像黄宗羲所指出的那样"为天下之大害者君而已矣"。权威适度，则社会和谐。在盎格鲁-撒克逊时代，英国各王国的首领虽然通过有限的战争获取了不少权力，确立了相应的权威，但最终没有实现取得凌驾于社会之上的超然地位，其权力普遍受到部落原始民主遗风的限制和约束。诺曼征服之后，英国虽然建立起了在西欧世界比较强大的王权，强大王权对英国实现政治统一、法律统一等起到了积极促进作用，但这个王权仍然是有限的，一直受到贵族和人民力量的制约。14世纪始议会兴起，王权又受到议会强有力的制约。总之，从历史上看，英国王权终究是有限的、受限的。

在立法方面，英国的立法权没有被某一集团完全垄断。立法权是一个国家最重要的权力之一，谁主导立法，法律就会体现谁的意志，维护谁的权益。早期英国人的意识形态中极少有"立法"的概念，在部落时期他们把风俗习惯当作法。当王权稳定增长时，许多王国开始了有意识的"立法"工作，但所谓的"立法"指的是习惯法的汇编，并非法律的创制。诺曼征服之后，在王权的支持下，英国逐渐形成了通行全国的普通法，普通法虽然出自法官之手，但是英格兰法官们坚持认为他们没有立法，只是发现法律，实际上普通法从源头上论，大部分来源于习惯法。到了近代社会，议会产生之后，英国开始真正意义上的立法工作。从原理上论，议会是一个民意机构，代表的是全体英国人民的意志，再加上议会大多数采用开门立法的方式，广泛吸纳民意，因此议会立法可以视为英国人民的立法，不是某一个人或某一个集团的立法。由此可见，英国社会的立法权一直没有被某个阶层所垄断，法律基本上体现的是社会大众意志，维护的是社会整体利益。

在司法方面，英国的司法始终保持并体现司法民主化特色，即人民参与司法，与法官一道分享司法权。早期英国由于没有建立起自上而下统一的行政官僚机构体系，大小事务无不在法院通过司法的方式解决，并且在司法实践中实行的是"同等人审判"原则，涉及重要政治人物的案件一般会在贤人会议、御前会议上审理，由参加会议的大贵族集体作出判决。中小贵族的案件一般在郡法院审理，由参加会议的自由土地保有者集体作出判决。普通百姓的案件在百户区法院审理，由案件当事人的邻居集体作出判决。在中世纪，英国逐步建立起专业的司法机构，国家最重要的法院是王室法院，但是王室法院并没有彻底沦为王权的仆人，而是走上了一条追求司法独立的道路，以普通法为审判依据、以实现正义为目的，不断发展和完善审判制度，给英国人民提供了强有力的司法救济。即便在司法职业化和专业化程度较高的现代社会，英国还一直为人民参与司法审判保留通道——在重要刑事案件中仍适用陪审制，由人民来决定被告人是否有罪。这种以司法为中心的权利救济机制与以行政为主导的权利救济机制相比，其最大的优点在于公平的保障上，"在国家、公民和社会三者利害关系中，法官代表的是社会，任务是平衡国家与公民之间的利益关系"❶。因而当普通百姓的权利无论遭到谁的侵犯，差不多总是能给予公平的救济，也正是由于司法权从来就没有集中于国王政府手中，而是保留在了社会大众手中，故而英国始终保持了"王在法下""权在法下"的法治传统❷。

在思想信仰方面，中世纪英国王权和基督教展开了激烈的竞争，而最终的受益者是普通百姓。基督教在公元6世纪末登陆不列颠，自此之后基督教因素便深

❶ 郝铁川.法治随想录[M].北京:中国法制出版社,2000:89.
❷ 程汉大.法治的英国经验[J].中国政法大学学报,2008(1).

深地根植于日耳曼传统之中,对英国法律政治制度产生了深远的影响。基督教观念加强了王权的神圣性,也潜含着对王权的限制因素。根据基督教的观念,国王不享有无限的权力,国王必须委身于上帝恩典之下,必须尊敬神法——教会法。在现实生活中,教会成为与王权抗衡的重要力量,"教会可以决定一个国王是否应该永恒地升天堂还是下地狱;可以解除臣民们效忠的责任,从而就可以鼓动反叛"❶。由于教会势力的强大,最终在英格兰社会形成了教权与王权的二元格局。二元格局的形成对于保护人民的权利无疑是有利的,因为在一元格局的古代社会,一旦个人和国家发生冲突,政府既是当事人又是裁判员,个人的权利是难以保障的。"二元社会的建立,使这一困难迎刃而解。举世公认,教会守护着一切的道德利益,它可以通过其法庭,裁断各类法律问题,包括意志与契约之类的事件;与此同时,它也有能力令所有人,包括世俗统治者,接受这一裁决。同样,教会也是道德律法的最高解释,有权监督、控制世俗机关对法律的执行……将所有的人类行为——包括政府行为与私人行为——列置于法律的规范之下。这样,基督教的二元观有助于加强古典法治思想;这两项传统结合起来,终于实现了古代社会无法实现的理想。"❷总之,由于宗教传统的影响,如权力分立和权力有限的观念、法律神圣和法律至上的观念以及个体独立和众生平等的观念得到进一步强化与弘扬,这些观念对于人权保护来说是必不可少的,缺乏这些观念的支撑人权保护是难以实现的。

在自然因素和社会传统的综合影响下,再加上英国人的不懈努力与追求,最终在英国形成了这种品质和效果都比较好的人权保护模式与机制。当然,任何一种模式都不可能是完美的,普通法人权保护模式也存在一些问题。一是在普通法框架下,人权的具体内容一直不是很明确。人们所说的普通法上的自由和权利,到底包括哪些内容,很多英国人至今也搞不明白,法官们也不敢轻易断言。这种似是而非的模糊状态,有可能对人权保护的效率形成不利影响。二是由于缺乏成文宪法的支持,法院在保护人权的时候,未免总是畏首畏尾,不敢轻易越雷池半步。对很多法官来说,当其面临人权保护与权力机关冲突的时候,恐怕多半会不敢冒险从而选择克制,这对人权保护也会形成消极影响。三是通过发展判例来保

---

❶ 罗素.西方哲学史[M].何兆武,李约瑟,译.北京:商务印书馆,1976:17.

❷ 弗里德里希·沃特金斯.西方政治传统:现代自由主义发展研究[M].黄辉,杨健,译.长春:吉林人民出版社,2001:36-37.

护人权不可避免地具有滞后性。社会现实是鲜活的，判例虽然具有灵活性，但两者之间总是存在脱节之处。因为通过判例难以快速高效率地对社会变动作出全面反应，时间一长容易导致法律出现滞后，从而不利于人权保护。四是普通法过于强调自己的传统，容易与国际潮流不融合。英国在人权保护上自成一体，具有鲜明的特色，但由于过于坚持自己的传统，难免与国际潮流存在一些不太一致之处，如英国直到1998年才将《欧洲人权公约》引入国内法，在此之前一些案件的当事人不服国内判决，将案件上诉到欧洲人权法院并获得欧洲人权法院的支持，这种结果无疑令英国非常尴尬。1998年之后，英国虽然引入《欧洲人权公约》，但是仍有所保留。

总而言之，在当今世界就人权保护而论，英国仍位居前列，英国人权保护模式和机制仍是许多国家学习和仿效的对象。但是，由于英国普通法人权保护模式是特定的历史时空和主客观条件下的产物，所以不具有可复制性，即使是同属于普通法系的国家，也不可能完全照搬英国的模式。然而，这并不意味着英国模式不具有可借鉴的价值。托克维尔在《美国的民主》（第十二版）"序"中曾写道，他之所以研究美国的民主经验，"并不是为了亦步亦趋地仿效它所建立的制度，而是为了更好地学习适用于我们的东西；更不是为了照搬它的教育之类的制度，我们所要引以为鉴的是其法制的原则，而非其法制的细节。"同理，对于英国人权保护方面的经验，我们也不应过多关注制度细节，更不能简单地照抄其制度模式，而应把重点放在参透、领悟制度背后的理念、原理和精神上，然后根据本国实际，灵活加以运用。

从英国人权保护模式的内在机理上看，我们认为至少可以借鉴和吸收以下几个方面的经验。

一是始终保持立法的多元化和相互竞争机制，确保法律品质的稳定提升。法律品质的好坏优劣对人权保护具有决定性影响，劣法或者恶法非但不会起到保护人权的作用，反而会戕害人权。一个国家法律品质的好坏与这个国家的立法机制有很大的关系。历史经验告诉我们，但凡法律出自单一主体之手，其品质绝大多数情况下是难以保证的，一则单一主体的立法客观上难以完全屏蔽专断的意志，总会深深地烙上阶级的印痕；二则由于缺乏竞争，单一主体立法必然出现惰性，法律更新缓慢，抱残守缺的结果便是法律滞后于社会发展。而多元化立法可以避免单一主体立法带来的弊端，多元化立法机制不会存在一个鼻孔出气的现象，不同的法律体现的是不同社会群体的意志，多元化立法机制使不同法律之间总是处于竞争的状态，迫使法律不断进行自我更新和自我完善，即便如此，竞争的最终结果还是优胜劣汰，如果一个国家能够保持这种立法机制长期运行，毋庸置疑其法律的品质总体上是有保障的。英国的立法情况大抵如此，英国始终存在多元立法机制，最早是以习惯法为主，后来在习惯法基础上发展形成判例法，议会产生后成文立法开始增多，除此之外宪法习惯、权威学说等在英国都是有效的法律来源。历史上英国几种主要立法之间曾经进行过激烈的交锋，其中以判例法和议会立法之间的竞争最具典型性，尽管议会立法具有更高政治地位，但在司法实践中，法官选择适应法律的标准是"公正审判"，议会立法如果做不到这一点或者不如判例法做得好照样会被无视，这必然促使议会在立法方面下真功夫不断提高立法品质。我们看到竞争的最终结果是这几种法律形式都保留下来了，并且自身的品质在竞争中不断获得提升，得到了社会广泛认可，在不同的领域发挥不可替代的作用，最终使英国的法律体系形成一个完备的整体。

二是始终不背离或者扭曲司法权的本质属性。我们知道，司法权的本质属性有二：其一，司法权是一种社会权；其二，司法权是一种判断权。社会权力的属性要求司法权不能被某一个集团彻底垄断，成为其忠实的管理工具。判断权力的属性要求司法权必须保持独立和中立，否则无法正确作出判断。尽管道理并不复杂，但在社会实践当中，保持司法权的本性却并非一件容易做到的事情，而背离或者扭曲司法权本性的事例比比皆是，历史上很多国家的司法机构和行政机构混在一起，司法被行政化，成为一种彻底的治理工具：法官被当作行政官员对待，可以不懂法律，但要严格服从上级意志；在刑事审判中法官代表政府对被告进行起诉和审判……在这样的司法传统之下，何谈大众权利？历史上英国的人权保护情况比较好，这与本国始终保持司法权的本质属性有密切关系。与其他一些国家不同，英国的传统是"行政司法化"，司法非但没有被行政所控制，甚至反过来对行政形成深刻影响。古代英国地方统治机构是郡法院，从名称上就可以看出司法的分量很重，实际上郡法院是一个综合机构，融司法和行政为一体，这一点与中国古代地方政府较为相似，但是两者之间存在本质化区别：中国古代地方政府是行政兼理司法，行政是主业，司法是副业，行政主导司法（很多司法事务以行政的方式处理）；英国是司法兼理行政，司法是主业，行政是副业，司法主导行政（很多行政事务以司法的方式处理）。英国之所以形成这种司法兼理行政的传统，根源上是由于英国在地方实行的"自治"——国王对地方影响较弱，本地居民管理本地事务。由于缺乏强有力的政府，地方事务不得不靠当地居民共同参与解决，如像修桥、筑路、审理重大案件等重大公共事务，没有当地居民的参与根本不可能完成。因此，地方大事无论行政的还是司法的，不是通过自上而下的行政方式解决的，而是经过辩论由集体作出处理意见，这种方式很显然是延续了日耳曼时期的集会司法审判传统。地方如此，中央层面也是如此，在英国王室政府中王室法院是其中为数不多的重要机构之一，而且王室法院一直游离于王权意志之外，不愿受其支配和控制。这种行政司法化的传统，在宪政与法治未确立的年代，对于人权保护具有重要意义，它使人们的合法权利始终较少程度地受到行政权力的侵害，即使受到侵害，司法机构可以通过正常司法程序进行救济。因此从人权保护的视角看，尊重或维护司法的本质属性对于人权保护而言意义非凡。

三是通过追求具体正义不断加强对人权的保护。人权需要立法和司法的保障与维护，但事实证明并非所有的法律、所有的法院都能保护人权，那些对人权起到较好保护作用的立法和司法具有一个共同的特质——追求正义。我们知道法律领域内的正义存在两种主要类型：抽象的正义和具体的正义。所谓抽象的正义，是指法律规则本身的正义，这种正义观念认为：只要法律本身是正义的，那么个案正义一定是可欲的（假定法官一定会正确理解并严格执行法律）。这种观念在逻辑上是成立的，但从实践看却未必完全与正义相符，大前提和小前提都存在问题。就大前提而论，法律本身不可能完全符合正义的要求：其一，作为立法者本身不可避免具有局限性，对正义的理解和把握难以做到充分与客观，这种局限性必然体现在立法上。其二，从技术上论，即使再好的法律也难以面面俱到对所有问题作出规定，总有意想不到或者不适合纳入法律的东西存在。就小前提而论，作为法律适用者的法官，如严格适用法律则会因法律自身问题而产生个案的不公；如完全追求个案正义，则可能与法律规定相背离。由此可见，抽象正义自身在逻辑上存在不周延性，一个国家如果完全将正义寄托在这种类型上面，人权保护也会存在相应问题。所谓具体正义，可以通俗地理解为个案正义，具体正义和抽象正义对于社会大众来说最明显的差别是具体正义是可感知的正义、看得见的正义；抽象争议是看不见、摸不着的正义。英国是普通法系的创始国，其主流正义观念是具体正义。英国人不太喜欢离开个案抽象地谈论正义，一则是因为他们对人的认识判断能力持怀疑态度，认为抽象的正义就像画饼充饥一样是靠不住的，因此他们对成文立法一直不感兴趣。二则是因为他们在长久的生活中养成了就事论事式解决纠纷的思维，在没有纠纷发生的情况下大家自由行动，社会上不存在某个人（或阶层）通过立法教导人们该如何行为的情况；如果纠纷产生了，解决的方式是大家坐在一起协商研究处理办法，总的原则是一事一议、具体问题具体解决，最终实现公平解决纠纷的目的。这种注重通过个案追求正义的类型叫作具体正义。从英国的历史经验看，具体正义相对于抽象正义对于人权保护具有比较优势。首先，个案的正义把握在社会大众手中。早期英国实行的是集会式司法，法官由同等人担任，案件如何裁决是由大家集体决定的，依据的是社会共同正义观念而不是某个人的正义观念。中世纪以降，职业法官兴起，即便如此，大的案件仍然先由陪审团裁决，后由法官判决，贯彻的还是共同正义观；小的案件虽由职业法官单独审理，但是英格兰的职业法官较少受到外部干预，他们依据普通法进行审理，普通法来源于习惯法，其正义观念是建立在社会大众的共同正义观基础之上的。由此观之，英国司法审判始终奉行的是社会自然形成的共同正义观念，这种正义观念是在无数个案基础上形成的具体正义，每个社会成员对此非常熟悉，统治者难以个人的正义观念或者抽象空洞的正义替代这种具体的正义。其次，具体正义具有非常灵活的特征，能够最大限度地满足人们对正义的需求。抽象的正义着眼点是宏观层面的，能够适应大多数情况，但是总有覆盖不到的地方，对于这些覆盖不到的地方，司法机构常常以"没有法律依据"为由拒绝受理案件。很多人据此怪罪于法官，实际上症结并不在此，绝大多数法官不是不愿对当事人进行救济，而是不能，因为法官被责令严格执行法律条文。在普通法下，这种困境较少存在，法官总会灵活利用法律帮助当事人实现正义。在没有先例可以遵循的情况下，法官可以创造新的判例；在有先例原则下，法官可以利用"区别技术"，为在审案件的裁决寻找新的理由；在按照先例进行裁决可能导致不公的情况下，法官还可以推翻先例。由此可见，具体的正义比抽象的正义更灵活，更符合复杂多样、变幻莫测的现实要求，因而对人权的保护更为有利。

参考文献

一、中文文献

[1] 程汉大.英国法制史[M].济南:齐鲁书社,2001.

[2] 程汉大,李培锋.英国司法制度史[M].北京:清华大学出版社,2007.

[3] 程春明.司法权及其配置:理论语境、中英法式样及国际趋势[M].北京:中国法制出版社,2009.

[4] 范忠信.中西法文化的暗合与差异[M].北京:中国政法大学出版社,2001.

[5] 高全喜.法律秩序与自由主义——哈耶克的法律思想与宪政思想[M].北京:北京大学出版社,2003.

[6] 何海波.司法审查的合法性基础[M].北京:中国政法大学出版社,2007.

[7] 黄金鸿.英国人权60案[M].北京:中国政法大学出版社,2011.

[8] 侯建新.现代化第一基石——农民个人力量增长与中世纪晚期社会变迁[M].天津:天津社会科学出版社,1991.

[9] 李栋.通过司法限制权力[M].北京:北京大学出版社,2011.

[10] 李红海.普通法的历史解读——从梅特兰开始[M].北京:清华大学出版社,2003.

[11] 李秀清.日耳曼法研究[M].北京:商务印书馆,2005.

[12] 马克垚.英国封建社会研究[M].北京:北京大学出版社,2005.

[13] 孟广林.英国封建王权论稿[M].北京:人民出版社,2002.

[14] 钱乘旦,陈晓律.英国文化模式溯源[M].上海:上海社会科学院出版社,2003.

[15] 齐延平.自由大宪章研究[M].北京:中国政法大学出版社,2007.

[16] 齐延平.人权与法治[M].济南:山东人民出版社,2003.

[17] 秋风.立宪的技艺[M].北京:北京大学出版社,2005.

[18] 沈汉.英国土地制度史[M].上海:学林出版社,2005.

[19] 孙骁骥.英国议会往事[M].北京:中国法制出版社,2011.

[20] 夏勇.人权概念起源[M].北京:中国政法大学出版社,1992.

[21] 咸鸿昌.英国土地法史[M].北京:北京大学出版社,2009.

[22] 王怡.宪政主义:观念与制度的转捩[M].济南:山东人民出版社,2006.

[23] 魏建国.宪政体制形成与近代英国崛起[M].北京:法律出版社,2006.

[24] 薛波.元照英美法辞典[M].北京:法律出版社,2003.

[25] 阎照祥.英国贵族史[M].北京:人民出版社,2000.

[26] 易延友.陪审团审判与对抗式诉讼[M].台北:三民书局,2004.

[27] 郑祝君.英美法史论[M].武汉:武汉大学出版社,1998.

[28] 郑戈.法律与现代人的命运:马克斯·韦伯法律思想研究导论[M].北京:法律出版社,2006.

[29] 阿兰·艾伯斯坦.哈耶克传[M].秋风,译.北京:中国社会科学出版社,2003.

[30] 盎格鲁—撒克逊编年史[M].寿纪瑜,译.北京:商务印书馆,2004.

[31] 爱德华·甄克斯.中世纪的法律与政治[M].屈文生,任海涛,译.北京:中国政法大学出版社,2010.

[32] 爱德华·S.考文.美国宪法的"高级法"背景[M].强世功,译.北京:生活·读书·新知三联书店,1996.

[33] 埃德蒙·柏克.自由与传统[M].蒋庆,等译.北京:商务印书馆,2001.

[34] 艾伦·麦克法兰.英国个人主义的起源[M].管可秾,译.北京:商务印书馆,2008.

[35] 伯纳姆.英美法导论[M].林利,译.北京:中国政法大学出版社,2003.

[36] 保罗·布兰德.英格兰法律职业的起源[M].北京:北京大学出版社,2009.

[37] 布鲁诺·莱奥尼.自由与法律[M].秋风,译.长春:吉林人民出版社,2004.

[38] 丹宁.法律的正当程序[M].刘庸安,等译.北京:法律出版社,2011.

[39] 丹宁.法律的未来[M].刘庸安,张文镇,译.北京:法律出版社,1999.

[40] 丹宁.法律的训诫[M].刘庸安,等译.北京:法律出版社,1999.

[41] 德沃金.认真对待权利[M].信春鹰,吴玉章,译.北京:中国大百科全书出版社,1998.

[42] 戴雪.英宪精义[M].雷宾南,译.北京:中国法制出版社,2001.

[43] 福蒂斯丘.论英格兰的法律与政制[M].袁瑜琤,译.北京:北京大学出版社,2008.

[44] 弗里德利希·冯·哈耶克.自由宪章[M].杨玉生,等译.北京:中国社会科学出版社,1998.

[45] 弗里德利希·冯·哈耶克.自由秩序原理[M].邓正来,译.北京:生活·读书·新知三联书店,2003.

[46] 弗里德里希·冯·哈耶克.法律、立法与自由:第一卷[M].邓正来,等译.北京:中国大百科全书出版社,2000.

[47] 格伦顿,戈登,奥萨魁.比较法律传统[M].米健,贺卫方,高鸿钧,译.北京:中国政法大学出版社,1993.

[48] 哈罗德·J.伯尔曼.法律与革命——西方法律传统的形成:第一卷[M].贺卫方,高鸿钧,等译.北京:中国大百科全书出版社,1996.

[49] 哈罗德·J.伯尔曼.法律与革命——新教改革对西方法律传统的影响:第二卷[M].袁瑜琤,苗文龙,译.北京:法律出版社,2008.

[50] 黑尔.国王的诉讼[M].王雨田,译.北京:中国公安大学出版社,2008.

[51] 霍尔特.大宪章[M].2版.毕竞悦,等译.北京:北京大学出版社,2010.

[52] 汉密尔顿,杰伊,麦迪逊.联邦党人文集[M].程逢如,在汉,舒逊,译.北京:商务印书馆,1997.

[53] H.W.埃尔曼.比较法律文化[M].贺卫方,高鸿钧,译.北京:清华大学出版社,2002.

[54] 霍布斯.利维坦[M].黎思复,黎廷弼,译.北京:商务印书馆,1997.

[55] 海因里希·罗门.自然法的观念史和哲学[M].姚中秋,译.上海:上海三联书店,2007.

[56] 卡拉布雷西.制定法时代的普通法[M].周林刚,等译.北京:北京大学出版社,2006.

[57] 莱兰,安东尼.英国行政法教科书[M].杨伟东,译.北京:北京大学出版社,2007.

[58] 基佐.欧洲文明史[M].程鸿逸,沅芷,译.北京:商务印书馆,2005.

[59] J.M.凯利.西方法律思想简史[M].王笑红,译.北京:法律出版社,2002.

[60] 肯尼斯·O.摩根.牛津英国通史[M].王觉非,等译.北京:商务印书馆,1993.

[61] K.茨威格特,H.克茨.比较法总论[M].潘汉典,等译.北京:法律出版社,2003.

[62] 兰博约.对抗式刑事审判的起源[M].上海:复旦大学出版社,2010.

[63] 勒内·达维.英国法与法国法:一种实质性比较[M].潘华仿,高鸿钧,贺卫方,译.北京:清华大学出版社,2002.

[64] 洛克.政府论:下篇[M].叶启芳,瞿菊农,译.北京:商务印书馆,2007.

[65] 勒内·达维德.当代主要法律体系[M].漆竹生,译.上海:上海译文出版社,1986.

[66] 罗斯科·庞德.法律史解释[M].邓正来,译.北京:中国法制出版社,2003.

[67] 罗斯科·庞德.普通法的精神[M].北京:法律出版社,2005.

[68] 孟德斯鸠.论法的精神:上册[M].张雁深,译.北京:商务印书馆,2004.

[69] 马凌诺斯基.原始社会的犯罪与习俗[M].台北:桂冠图书股份有限公司,1994.

[70] 迈克尔·V.C.亚历山大.英国早期历史中的三次危机[M].林达丰,译.北京:北京大学出版社,2008.

[71] 麦基文.宪政古今[M].翟小波,译.贵阳:贵州人民出版社,2004.

[72] 梅特兰.普通法的诉讼形式[M].王云霞,等译.北京:商务印书馆,2009.

[73] 莫诺·卡佩莱蒂.比较法视野中的司法程序[M].徐昕,王奕,译.北京:清华大学出版社,2005.

[74] 马丁·夏皮罗.法院:比较法上和政治学上的分析[M].张生,李彤,译.北京:中国政法大学出版社,2005.

[75] 莫尔顿.人民的英国史:上册[M].谢琏造,等译.北京:生活·读书·新知三联书店,1976.

[76] 孟罗·斯密.欧陆法律发达史[M].姚梅镇,译.北京:中国政法大学出版社,2003.

[77] M.J.C.维尔.宪政与分权[M].苏力,译.北京:生活·读书·新知三联书店,1997.

[78] P.S.阿蒂亚.法律与现代社会[M].范悦,等译.沈阳:辽宁教育出版社,1998.

[79] R.C.范·卡内冈.英国普通法的诞生[M].李红海,译.北京:中国政法大学出版社,2003.

[80] R.C.范·卡内冈.法官、立法者与法学教授——欧洲法律史篇[M].薛张敏敏,译.北京:北京大学出版社,2006.

[81] S.李德·布勒德.英国宪政史谭[M].陈世弟,译.北京:中国政法大学出版社,2003.

[82] S.F.C.密尔松.普通法的历史基础[M].李显东,等译.北京:中国大百科全书出版社,1999.

[83] 斯科特·戈登.控制国家——西方宪政的历史[M].应奇,等译.南京:江苏人民出版社,2001.

[84] 塞西尔·黑德勒姆.律师会馆[M].张芝梅,译.上海:上海三联书店,2006.

[85] 穗积陈重.法律进化论[M].黄尊三,等译.北京:中国政法大学出版社,1998.

[86] T.R.S.艾伦.法律、自由与正义——英国宪政的法律基础[M].成协中,江菁,译.北京:法律出版社,2006.

[87] 托马斯·霍布斯.哲学家与英格兰法律家的对话[M].姚中秋,译.上海:上海三联书店,2006.

[88] 托克维尔.论美国的民主:上册[M].董良果,译.北京:商务印书馆,1988.

[89] 塔西佗.阿古利可拉传 日耳曼尼亚志[M].马雍,傅正元,译.北京:商务印书馆,1997.

[90] W.I.詹宁斯.法与宪法[M].龚祥瑞,侯健,译.北京:生活·读书·新知三联书店,1998.

[91] 威廉·布莱克斯通.英国法释义:第一卷[M].游云庭,缪苗,译.上海:上海人民出版社,2006.

[92] 丘吉尔.英语民族史:第一卷[M].薛力敏,林林,译.海口:南方出版社,2004.

[93] 丘吉尔.英语民族史:第二卷[M].薛力敏,林林,译.海口:南方出版社,2004.

[94] 小詹姆斯·R.斯托纳.普通法与自由主义理论[M].姚中秋,译.北京:北京大学出版社,2005.

[95] 约翰·V.奥尔特.正当程序简史[M].杨明成,等译.北京:商务印书馆,2006.

[96] 约翰·H.威格摩尔.世界法系概览[M].何勤华,等译.上海:上海人民出版社,2004.

[97] 约翰·亨利·梅利曼.大陆法系[M].顾培东,禄正平,译.北京:法律出版社,2004.

[98] 约翰·哈德森.英国普通法的形成[M].刘四新,译.北京:商务印书馆,2006.

[99] 程汉大.英国宪政传统的历史成因[J].法制与社会发展,2005(1).

[100] 程汉大.法治的英国经验[J].中国政法大学学报,2008(1).

[101] 程汉大.亨利二世司法改革新论[J].环球法律评论,2009(2).

[102] 程汉大.政治与法律的良性互动——英国法治道路的根本原因[J].史学月刊,2008(12).

[103] 陈景良.中国法学知识体系的建构必须重视从中华法制文明中寻求资源[J].法学研究,2011(6).

[104] 陈景良.讼师与律师:中西司法传统的差异及其意义——立足中英两国12—13世纪的考察[J].中国法学,2001(3).

[105] 陈景良.西方法律传统与基督教文明——伯尔曼法律思想论析[J].南京大学法学评论,1995(1).

[106] 范忠信.国家理念与中国传统政法模式的精神[J].法学评论,2011(1).

[107] 范忠信.专职法司的起源与中国司法传统的特征[J].中国法学,2009(5).

[108] 何海波.没有宪法的违宪审查[J].中国社会科学,2005(2).

[109] 李树忠.1998年人权法案及其对英国宪法的影响[J].比较法研究,2004(4).

[110] 李忠诚.英国司法解释的四项规则[J].政治与法律,1999(3).

[111] 李杰庚.布莱克斯通法学思想研究[D].长春:吉林大学,2010.

[112] 李红海.普通法的司法技艺及其在我国的尝试性运用[J].法商研究,2007(5).

[113] 李猛.除魔的世界与禁欲者的守护神:韦伯社会理论中的"英国法"问题[M]//韦伯.法律与价值(思想与社会:第1辑).上海:上海人民出版社,2001.

[114] 杨晓聪.权利请愿书研究[D].长春:吉林大学,2009.

[115] 俞江.是"身份到契约"还是"身份契约"[J].读书,2002(5).

[116] 于洪.柯克法治思想研究[D].长春:东北师范大学,2010.

[117] 于明.爱德华·柯克爵士与英国法学近代[J].环球法律评论,2009(2).

[118] 张朝霞.从所有人的正义看英国的刑事司法改革[J].法学家,2004(6).

[119] 中国政法大学刑事法律研究中心.英国刑事制度的新发展[J].诉讼法论丛,1998(2).

[120] 张立伟.人权史上的自由大宪章[J].山东公安专科学校学报,2003(2).

[121] 郑祝君.英美法:时代性背景下的制度变迁[J].法商研究,2002(2).

二、英文文献

[1] LYON B. A constitutional and legal history of medieval England[M]. Oxford：Oxford University Press,1961.

[2] LOVELL C R. English constitutional and legal history[M]. Oxford:Oxford University Press,1962.

[3] FELDMAN D. Civil liberties and human rights in England and Wales[M]. Oxford：Clarendon Press,1993.

[4] MAITLAND F W. The constitutional history of England[M]. Cambridge：Cambridge University Press,1926.

[5] POLLOCK F, MAITLAND F W. The history of english law before the time of Edward Ⅰ:Vol.1[M]. Cambridge:Cambridge University Press,1968.

[6] POLLOCK F, MAITLAND F W. The history of english law before the time of Edward Ⅰ:Vol.2[M]. Cambridge:Cambridge University Press,1923.

[7] FENWICK H. Civil liberties and human rights[M]. London：Cavendish Publishing,2002.

[8] POCOCK J G A. The ancient constitution and the feudal law:a study of English historical thought in the seventeenth century[M]. Cambridge:Cambridge University Press,1987.

[9] HOLT J C. Magna Carta[M]. Cambridge:Cambridge University Press,1969.

[10] BAKER J H. An introduction to English legal history[M]. London：Butterworths,1990.

[11] IRVINE L. Human right, constitutional law and the development of the English legal system[M]. Oxford;Hart:Oxford and Portlad Oregon,2003.

[12] BRAND P. The origins of the English legal profession[M]. Massachusetts：American Society for Legal History,1992.

[13] VAN CAENEGEM R C. Royal writs in England from the conquest to Glanvil: studies in the early history of the common law [M].London:Bernard Quaritch,1958.

[14] STENDON. English Justice,1066—1215[M]. Philadelphia:The American Philosophical Society,1964.

[15] HOLDSWORTH W S. A history of English law[M]. 7th ed. London:Methuen & Co. Ltd.,1956.

[16] KANTOROWICZ E. The King's two bodies:a study in medieval political theology[M]. Princeton:Princeton University Press,1957.

[17] ADAMS G B. Constitutional history of England[M]. New York:Harper & Brothers,1935.

[18] FORTESCUE S J. On the laws and governance of England[M]. Cambridge: Cambridge University Press,1997.

[19] TUBBS J W. The common law mind[M]. Maryland:The JohnsHopkins University Press,2000.

[20] STEPHEN J F. A history of the criminal law of England[M]. Cambridge: Cambridge University Press,2014.

[21] CORRE N,DAVID W. Bail in criminal proeeedings[M]. Oxford:Oxford University Press,2006.

[22] LANGEIN J. The origins of adversary criminal trail[M]. Oxford:Oxford University Press,2003.

[23] SHEPPARD S. The selected writings and speeches of Sir Edward Coke[M]. Indianapolis: Liberty Fund,2003.

[24] WILLIAMS E N. A documentary history of england: Vol. 2(1559—1931)[M]. Harmondsworth:Penguin,1965.

[25] HAYEK. New studies in philosophy, politics, economics and the history of ideas[M]. London:Routledge & Kegan Paul,1978.

[26] WILLIAMS F D. A constitutional history of habeas corpus[M]. Philadelphia: Greene wood Press,1980.

[27] WAMLASS L C. Gettell's history of political thought[M]. London: American Political Science Review,1956.

[28] HOSTETTLER J. Sir Edward Coke: a force for freedom[M]. London:Barry Rose Law Publishers Ltd.,1997.

[29] ORTESCUE J. On the laws and governance of England[M]. Cambridge: Cambridge University Press,1997.

[30] ALLAN T. Constitution justice:a liberal theory of the rule of law [M]. Oxford:Oxford University Press,2013.

[31] ALLAN T. The sovereignty of law: freedom, constitution and common law[M]. Oxford: Oxford University Press,2013.

致　谢

　　首先，感谢我的老师程汉大教授，程老师不仅以他深厚的学术修养，更以他仁厚正直的人格魅力影响我、教导我，将我引入学术的殿堂，帮助我完成了一次深刻的人生蜕变。

　　其次，感谢陈景良、范忠信两位老师。能在南湖之畔——中南财经政法大学法律文化研究院这个安静的小院静听两位名师的教诲，一直是我心底完美的骄傲。

　　再次，感谢李娥、姜运华、齐延平、李宗刚、周巨木、杨连友、荆月新、王宏、夏泽祥等领导和师长；感谢咸鸿昌、李培峰、李栋、邱红梅、杨松涛等同门师兄；感谢陈毅佃、王晓声、李克杰、孙政、姜福东、李勇、杜贵波等亲朋好友，感谢你们在学习、工作和生活中给予我热心的指导、帮助和鼓励。

　　最后，感谢我的学生王凯新、王朝晖、杨志伟等，他们对本书的付梓也有贡献。

刘吉涛

2018年10月